T0290448

CORAZONES INTELIGENTES

Edición a cargo de Pablo Fernández Berrocal
y Natalia Ramos Díaz

Numancia, 117-121
08029 Barcelona
www.editorialkairos.com

© 2001 by Pablo Fernández, Natalia Ramos y Editorial Kairós, S.A.

Primera edición: Abril 2002
Segunda edición: Diciembre 2005

ISBN: 84-7245-519-X
Dep. Legal: B-48.660/2005

Fotocomposición: Pacmer, S.L. Alcolea, 106-108, bajos. 08014 Barcelona
Impresión y encuadernación: Romanyà-Valls. Verdaguer, 1. 08786 Capellades

SUMARIO

LA COMUNICACIÓN

LAS RELACIONES

EL AMOR

LA EDUCACIÓN

EL TRABAJO

EL CAMBIO EMOCIONAL

CORAZONES
INTELIGENTES

INTRODUCCIÓN

Las personas que lean este libro probablemente no sean las que más necesiten de él. Serán personas sensibles con el mundo de las emociones en sus diferentes aspectos y en sus complejas relaciones con la inteligencia y la razón. En cambio, el analfabeto emocional o el ingenuo sentimental –especies en constante crecimiento– muy necesitados de lecturas, asesoramiento y educación sobre estos tópicos es difícil que sientan curiosidad por este tipo de escritos.

En los cursos sobre inteligencia emocional ocurre algo parecido, los que se apuntan son los más motivados y los que más han leído sobre el tema (aunque no siempre lecturas muy recomendables). No sucede lo mismo en los cursos sobre informática, en los que el profesor tiene la certeza de que los asistentes desconocen el tema.

Para acercar a los *otros* lectores a este libro quizá habría que engañarlos llamándolo algo así como la gramática de las emociones o la lógica difusa de los sentimientos.

Más allá de la ironía, el objetivo de estas páginas es facilitar un texto riguroso sobre las emociones y sus aplicaciones en diferentes campos. Hemos tratado que los capítulos sean atractivos e, incluso, divertidos pero sin que se pierda rigor. Los textos científicos resultan a menudo bastante áridos para los estudiantes. No digamos para el gran público. Sin embargo, existen fenómenos de la psicología como los relacionados con las emociones y la inteligencia emocional cuya divulgación nos parece necesaria, aunque esto suponga un cierto esfuerzo de adaptación por nuestra parte.

En este libro participan profesores de diferentes y prestigiosas universidades, así como profesionales de la psicología que se dedican a la práctica profesional.

El objetivo ha sido desarrollar un texto que analice en profundidad, y teniendo en cuenta diferentes orientaciones teóricas, tanto el concepto como la utilidad práctica de la inteligencia emocional. En otros libros existentes en el mercado, los autores han plasmado la importancia del concepto "inteligencia emocional", pero sin precisar exactamente en qué áreas podría ser de utilidad. Nuestro libro intenta cubrir esta laguna y acercarse a la realidad cotidiana. Este libro está organizado de la siguiente forma:

En la primera parte se expone en detalle qué es la inteligencia emocional y se relaciona con la noción de adaptación y maduración personal, tanto en sus aspectos conscientes como inconscientes. El tema que nos ocupa se aborda desde disciplinas tan diferentes como la psicobiología, la psicología cognitiva o la sociología.

Los capítulos posteriores profundizan en distintos campos de aplicación de la inteligencia emocional. Así, en la segunda parte, se estudian las relaciones existentes entre las habilidades emocionales y la salud de las personas.

La tercera parte tiene por objetivo determinar las formas a través de las cuales somos receptores y emisores del mundo emocional, nos referimos, claro está, a la comunicación.

En la cuarta parte analizamos el efecto de una adecuada gestión de las emociones en las relaciones interpersonales, tanto para establecer como para mantener los lazos sociales. En esta misma línea pero profundizando en la relación sentimental, la parte quinta parte enfatiza la importancia de lograr un adecuado dominio de las destrezas emocionales, necesarias para tener éxito en las relaciones íntimas.

En la sexta parte se analizan diferentes formas de enseñar a los jóvenes y niños las habilidades emocionales. No tendría sentido hablar de los logros asociados a la inteligencia emocional sin explicar de qué manera es posible desarrollar dichas habilidades.

Como no podía ser menos, la inteligencia emocional desempeña en nuestra sociedad actual un papel fundamental en el mundo empresarial. En la séptima parte, expertos en recursos humanos describen la importancia de la misma en el desempeño profesional.

Finalmente, y para concluir el texto, se incluye una serie de capítulos dirigidos a todas aquellas personas que deseen modificar la manera en la que habitualmente gestionan sus emociones.

El libro que presentamos a continuación viene a dar respuesta al gran interés suscitado por temas de naturaleza emocional, así como a un intento de comprender al individuo como ser completo no sólo racional sino también, y al mismo tiempo, emocional.

Pero ¿por qué el interés suscitado hacia estos temas? ¿Por qué ahora la sociedad reclama prestar mayor atención al mundo emocional?

A modo de ejemplo, vemos cómo en la actualidad se alzan voces de protesta contra la excesiva libertad concedida a los jóvenes y los efectos desoladores de la misma en la convivencia social. Lucha paradójica, teniendo en cuenta que hace apenas unos años luchábamos por lograr precisamente mayores cotas de libertad.

Algunos solicitan dar marcha atrás y reivindican modos de educación más coercitivos que pongan fin de una vez por todas a la violencia manifestada día tras día por nuestros jóvenes en el hogar y en las aulas.

Parece que nos encontramos en un punto en el que no sabemos bien cómo educar a nuestros hijos, de hecho, en ocasiones da la sensación de que es el pequeño el que educa a sus padres. Del mismo modo en los colegios, los maestros contemplan absortos el poco margen de movimiento experimentado y dicen tener la sensación de no controlar el medio y hallar dificultades en el trato con alumnos y padres.

En este estado de cosas, volver a métodos coercitivos puede parecer lo más sencillo, pero *educar en y para la libertad*, a pesar de la complejidad que encierra, viene a significar la madurez de una sociedad. Lograr este objetivo está todavía en nuestras manos y una buena forma de hacerlo es ayudar a las personas a adquirir un mayor conocimiento y regulación de sus estados emocionales.

Las emociones están presentes tanto en los seres humanos como en los animales y, gracias a la evolución, ahora nosotros podemos comprenderlas de forma adecuada. No es necesario estar a su servicio, sino más bien aprovecharnos de ellas para lograr alcanzar nuestros objetivos y deseos y, en último término, seguir soñando con crear un mundo en el que sea más fácil la comprensión entre las personas.

CORAZÓN Y RAZÓN

1. CORAZÓN Y RAZÓN

Pablo Fernández Berrocal
Natalia Ramos Díaz
Universidad de Málaga

Una mujer murió la noche del viernes en Esplugues de Llobregat (Barcelona) a consecuencia de las puñaladas que le asestó su marido tras mantener una fuerte discusión. Algunos testigos atribuyeron el homicidio a un ataque de celos del agresor.

Los amigos de la pareja estaban sorprendidos con lo ocurrido. Hasta ahora, aseguraron, no se había producido ninguna disputa entre ellos. «Era una pareja feliz», señalaron.

Este caso de violencia doméstica que apareció en el periódico *El País* se repite con lamentable frecuencia. El hecho de que «Era una pareja feliz», como señalaron sus amigos, y tuvieran unas buenas relaciones entre ellos, no evitó que en el cerebro del marido se disparara un instinto primitivo, muy básico, de agresión con consecuencias fatales. Nunca sabremos qué ocurrió exactamente en la mente del agresor y qué hizo que traspasara esa muralla que separa los celos del asesinato. Pero si tuviéramos que situar la conducta del agresor entre la mente y el corazón, entre lo racional y lo pasional, entre la cognición y la emoción como gustan decir los psicólogos la situaríamos, sin duda, en el lado oscuro del corazón.

Este suceso nos invita a pensar que la mente es lo racional y el corazón lo animal. Pero ¿siempre que respondemos emocionalmente lo hacemos de forma inadecuada? Este argumento además de ser un tópico es incorrecto por varias razones. La investigación reciente señala que ni la mente es tan racional como se presupone, ni el corazón es tan irracional como se afirma.

La mente –la cognición– por sí misma sufre de las suficientes ilusiones y errores como para dudar de ella y llevar a algunos científicos a la afirmación de que somos irracionales. Si, por ejemplo, le pedimos a una persona que elija entre estos dos números de la lotería el 00.001 y el 54.768, la mayoría de las personas prefiere comprar el segundo (54.768). Los dos números tienen la misma probabilidad de que salgan, pero el 00.001 nos parece más raro y extraño. Los libros de psicología del pensamiento están llenos de ejemplos parecidos en los que se cuestiona el carácter racional y lógico de nuestra mente. Las personas preferimos utilizar el modelo más simple de la realidad, aunque esta representación no coincida con la forma más racional de afrontar el problema. Sólo modificamos estos modelos tan simples, si la representación entra en contradicción con nuestras creencias, convicciones o emociones.[1]

Nuestro corazón –las emociones– tiene un carácter adaptativo para sobrevivir. Las emociones saltan en nuestro cerebro de forma automática, sin que requieran que pensemos en ellas. El miedo, el enojo, el asco, la tristeza son nuestros grandes aliados, producto de miles de años de evolución que le permitieron al hombre primitivo huir justo a tiempo antes de que un depredador lo convirtiera en el suculento banquete de su cena. Si ese ser primitivo se hubiera puesto a pensar sólo unos segundos, si se hubiera permitido el lujo de hacer algún modelo mental, entonces no habría tenido ni hijos ni nietos. Nosotros curiosamente somos los descendientes de los más inteligentes: los que utilizaron el corazón para sobrevivir.

En diferentes capítulos de este libro se resaltan las virtudes adaptativas y biológicas de las emociones por lo que no insistiremos más en ello.[2] El propósito de este capítulo reside en analizar otro aspecto de las emociones: la cooperación del corazón con la inteligencia para lograr una mejor adaptación al medio.

Dicho de otra manera, no nos interesarán las reacciones emocionales primarias, casi reflejas, sino las más elaboradas. Consideremos este esquema muy simple sobre el que mostraremos a lo que nos referimos (figura 1).

Juan está enamorado de Isabel. La desea. Intenta hacer algo para conseguir su amor.

Pregunta: ¿Lo consigue?

1. Sí → Tendrá una emoción positiva: estará alegre, excitado, satisfecho, etc.
2. No → Tendrá una emoción negativa: estará triste, enojado, con miedo, etc.

En este esquema tan elemental la pregunta sobre la que radica todo el resultado emocional es la *valoración*. Esto es, la interpretación consciente que

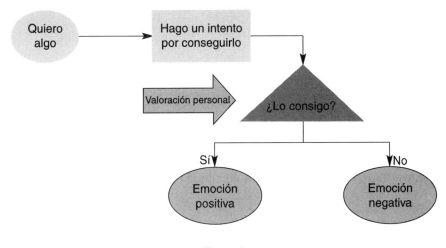

Figura 1.

hace la persona sobre el resultado. Es la persona la que valora si sale perjudicada o beneficiada con el resultado. A veces la valoración que hace la persona es mínima y viene dada por aspectos biológicos, sociales o culturales. El modelo que la persona crea de la situación es muy simple y se genera de forma muy rápida y automática. En cambio, en otras situaciones la interpretación es muy singular, única, y el modelo que la persona elabora muy complejo e intrincado.[3]

La relación tan esquemática de Juan e Isabel se hace más compleja en la famosa historia de Romeo y Julieta. Si el lector recuerda esta bonita narración, Romeo descubre el cuerpo de Julieta, ignorando que está dormida y creyendo que está muerta, decide suicidarse tomándose el veneno ya que no puede soportar el dolor de su ausencia eterna.

¿Racional o pasional? De nuevo, una falsa dicotomía. Depende de la valoración de la persona.

Para algunos la reacción de Romeo podría haber sido un poco más meditada y con consecuencias menos funestas. ¿Podría haber comprobado si realmente estaba muerta? Pero eran tan fuertes sus emociones y sus expectativas que no pudo hacerlo.

En cambio, para otros no se trata de que haya considerado de forma insuficiente lo que va a hacer. La respuesta de Romeo es la más coherente y razonable en esta situación. Como dice el poeta, qué sentido tiene la vida si el amante está ausente para siempre:

Me moriré besando tu loca boca fría,
abrazando el racimo perdido de tu cuerpo,
y buscando la luz de tus ojos cerrados.

Y así cuando la tierra reciba nuestro abrazo
iremos confundidos en una sola muerte
a vivir para siempre la eternidad de un beso.
PABLO NERUDA

Esta comprensión emocional que hace que interaccionen aspectos emocionales y cognitivos es la que fija nuestro interés y en la que vamos a profundizar.

La inteligencia emocional

Un término reciente que refleja la fusión del corazón y la razón es el de inteligencia emocional (IE). La definición más general, breve y más aceptada de la IE es:

La capacidad para reconocer, comprender y regular nuestras emociones y las de los demás.

Desde esta perspectiva, la IE es una habilidad que implica tres procesos:

1. *Percibir*: reconocer de forma consciente nuestras emociones e identificar qué sentimos y ser capaces de darle una etiqueta verbal.
2. *Comprender*: integrar lo que sentimos dentro de nuestro pensamiento y saber considerar la complejidad de los cambios emocionales.
3. *Regular:* dirigir y manejar las emociones tanto positivas como negativas de forma eficaz.

Estas habilidades están enlazadas de forma que para una adecuada regulación emocional es necesaria una buena comprensión emocional y, a su vez, para una comprensión eficaz requerimos de una apropiada percepción emocional.

No obstante, lo contrario no siempre es cierto. Personas con una gran capacidad de percepción emocional carecen a veces de comprensión y regulación emocional.

Tabla 1. Componentes de la IE con diferentes ejemplos

	Yo (competencia personal)	Los demás (competencia social)
Percepción	Conciencia emocional: *ser capaces* *de sentir y expresar* *la tristeza*	Descifrar mensajes no verbales: *¿esa mirada de Lucía* *indica tristeza?*
Comprensión	Dilemas emocionales: *¿debo seguir con* *mi pareja?*	Empatía: *identificarse con las* *emociones de una persona*
Regulación	Regulación de nuestros estados emocionales: *controlar la ansiedad* *antes de hablar en público*	Resolución de conflictos interpersonales: *lograr resolver un* *malentendido con un amigo*

Esta habilidad se puede utilizar sobre uno mismo (competencia personal o inteligencia intrapersonal) o sobre los demás (competencia social o inteligencia interpersonal; véase tabla 1).[4]

En este sentido, la IE se diferencia de la inteligencia social y de las habilidades sociales en que incluye emociones internas, privadas, que son importantes para el crecimiento personal y el ajuste emocional.

Por otra parte, los aspectos personal e interpersonal también son bastante independientes y no tienen por qué darse de forma concadenada. Tenemos personas muy habilidosas en la comprensión y regulación de sus emociones y muy equilibradas emocionalmente, pero con pocos recursos para conectar con los demás. Lo contrario también ocurre, pues hay personas con una gran capacidad empática para comprender a los demás, pero que son muy torpes para gestionar sus emociones.

La inteligencia emocional, como una habilidad que es, no se puede entender tampoco como un rasgo de personalidad. Observemos a un individuo que tiene como característica de su personalidad ser extravertido, ¿podremos pronosticar el grado de inteligencia emocional personal o interpersonal que posee? Realmente, no podemos pronosticarlo. Otra cosa es que haya cierta interacción entre la IE y la personalidad, al igual que existe con la inteligencia o el cociente intelectual (CI): ¿utilizará y desarrollará igual una persona su inteligencia emocional con un CI alto o bajo? En este sentido, las personas con cierto tipo de personalidad desarrollarán con más o menos facilidad, con mayor o menor rapidez, sus habilidades emocionales. Al fin y al cabo, la persona no es la suma de sus partes, sino una fusión que convive –milagrosamente– de forma integrada.

La IE ha cobrado una gran relevancia social al constatarse en diferentes investigaciones que el éxito personal y profesional no depende del CI de las personas, ni de sus destrezas lingüísticas, ni de sus destrezas lógico-matemáticas, sino de su capacidad para saber controlar y utilizar tanto sus propias emociones como las de su entorno.[5] No obstante, la IE y el CI no están reñidos ya que existen personas que poseen las dos cualidades o tipos de inteligencia. Por ejemplo, en el mundo del trabajo es muy probable que nuestro CI determine a qué tipo de profesión podemos optar (¿qué CI mínimo se necesita para estudiar arquitectura?), pero el éxito en nuestra profesión va a depender de nuestra IE.

En los siguientes apartados mostraremos cómo funcionan y se relacionan cada uno de los componentes de la IE.

«Tócala de nuevo, Sam»: la percepción de las emociones

El niño posee desde muy temprano mecanismos básicos para expresar sus emociones y reconocer sentimientos en los demás. Los bebés tienen una especial sensibilidad a las expresiones de felicidad, tristeza o enfado que muestra su madre o las personas que lo cuidan. Si la madre le mira y le sonríe, el bebé será capaz de responder con gestos parecidos y se molestará si la madre rompe el intercambio emocional. Incluso con dos meses son capaces de seguir la mirada de su madre hacia un objeto, una cualidad que muy pocos primates poseen. En otras palabras, desde pequeños nos interesan más las personas que las cosas, y nos vinculamos con nuestros semejantes de una forma especial.

Esta cualidad es muy elemental y primitiva, y no significa que nuestra capacidad para percibir emociones esté programada de forma innata. Más bien se trata de que poseemos las condiciones necesarias para alcanzar una comprensión y un conocimiento emocional cada vez más elaborado, que necesita construirse paso a paso y en el que la interacción social desempeña un papel primordial.

Fijémonos si no en la película *Casablanca* con Humphrey Bogart e Ingrid Bergman, un baúl inagotable en el que encontrar todo tipo de emociones. En particular, en la famosa escena en la que ella le pide los salvaconductos a Rick (Humphrey Bogart) para huir de Casablanca y salvar a su marido de los nazis. Esta escena muestra una diversidad de emociones que es difícil de percibir e identificar y, por supuesto, casi imposible de expresar salvo por una actriz del talento de Ingrid Bergman. Ella en menos de dos minutos pasa de una emoción a otra de forma asombrosa:

1. Primero, tono cordial, luego...
2. suplica,
3. se enfada,
4. llora,
5. se sorprende,
6. muestra rabia,
7. se pone agresiva,
8. llora y,
9. por último, se derrumba.

Mientras, Rick permanece impasible sin responder con ningún gesto a las sentimientos de ella (acaso una bocanada de humo), porque cree que intenta manipularlo emocionalmente para obtener los salvaconductos, hasta que comprende que está equivocado y que entre ellos dos aún sigue existiendo algo verdadero. En este momento es cuando su rostro cambia de expresión y muestra una emoción compleja entre sorpresa, preocupación, tristeza y... ¿quizá amor?

Al igual que ocurre con otros aspectos de nuestra mente, construimos modelos emocionales muy simples de las situaciones. Lo más simples y sencillos posibles. Lo más natural ante la agresión es la defensa, ya sea mediante la huida o mediante otra agresión. Cualquier otra representación de la situación implica modelos emocionales más complejos que, incluso, pueden ser contradictorios. Este nivel de complejidad se aprende y es fruto de la interacción entre el corazón y la inteligencia.

Los puentes de Madison: *la comprensión emocional*

La comprensión emocional va más allá de expresar nuestras emociones y reconocer los sentimientos de las personas. Es un nivel mayor de complejidad que nos permite interpretar el significado de emociones complejas y su vinculación con el contexto y la situación en la que se han generado.

Corazón y razón

La escena de *Casablanca* que hemos citado previamente podemos convertirla en un ejercicio de percepción emocional si nos limitamos a presentar los fotogramas del rostro de Ingrid de forma separada y vincularlos con las emociones básicas. Pero el interés de la secuencia reside precisamente en comprender la transición y la evolución de unas emociones a otras y observar la escena de forma más global. Por ejemplo, el contraste de la cara inexpresiva de Rick (Humphrey) con la pluriemocional de Elsa (Ingrid) produce un mayor relieve de las emociones de ella.

La percepción emocional es una condición, un prerrequisito para la comprensión emocional. Por otra parte, la comprensión de la escena tiene muchos matices y muchas posibles interpretaciones: ¿realmente seguía Elsa amando a Rick?

En la vida real nos ocurre igual. No basta con percibir las emociones, debemos comprender la ocurrencia de emociones contradictorias y la ambivalencia emocional de muchas situaciones para entender lo que pasa. La realidad para algunas personas es como *Casablanca*: una película rodada en blanco y negro. La paleta cromática de sus emociones resulta bastante limitada y la ambivalencia no cabe en ella.

La complejidad es un lujo para nuestra mente: optamos casi siempre por lo más simple. Percibir en algo dos cualidades diferentes de forma simultánea –por ejemplo, dulce y salado– resulta muy atractivo para algunas personas pero no para la mayoría. Con los sentimientos pasa algo parecido. Este fragmento de un poema de José Ángel Valente nos muestra lo ambivalente que puede ser la tristeza:

A veces viene la tristeza.

A veces hay en la tristeza odio,
ausencia y odio,
ceniza y rostros olvidados,
viejas fotografías y silencio
y una larga desposesión.
[...]

A veces viene.
Viene o está.
A veces hay en la tristeza odio
y arrepentimiento y amor.

Para el poeta la tristeza no es una emoción simple, sino que se presenta a la vez con otras emociones e, incluso, de sentido opuesto:

1. Odio.
2. Ausencia.
3. Arrepentimiento.
4. Amor.

Con las personas, como con las emociones, ocurre algo similar. Es difícil encontrar personas que, sin ser "demasiado neuróticas", sean a la par serias y divertidas, reservadas y extravertidas, apasionadas y dulces. Como *rara avis*, cuando se encuentran resultan fascinantes.

Pero la comprensión emocional no es un acto pasivo y reflejo, también se ve implicada en la toma de decisiones, en lo que se conoce como dilemas emocionales.

Dilemas emocionales nos encontramos a cada instante en nuestra vida y lo peor de estos dilemas es que no tienen una solución correcta. No se trata de un acertijo de lógica o de un crucigrama. Son elecciones con sus propios costes y beneficios, y cuya valoración es muy subjetiva, muy personal.

En la película *Los puentes de Madison* la protagonista, Meryl Streep –una mujer casada, con dos hijos y con una relación muy apática–, se enamora de un fotógrafo, Clint Eastwood, que visita la ciudad. En un momento muy intenso emocionalmente, ella tiene que decidir si se queda con su marido y su familia o se marcha con su amante. En la película esta situación queda representada visualmente en si abre o no la puerta del coche en el que se encuentra con su marido para salir e irse al coche de Clint:

Fuera hay una tormenta, llueve a mares; ella se aferra con una tensión terrible al manillar que abre la puerta del coche sin saber qué hacer.

Este dilema emocional que tiene la protagonista no tiene una única solución, y es imposible valorar cuál de las distintas opciones es la mejor. No obstante, si le preguntáramos a un grupo de personas qué harían, nos encontraríamos que la comprensión de la situación es muy variada y que la justificación de la decisión es del todo particular.

Al presentar este dilema a personas de entre 18 y 25 años, nos encontramos que el 80 % de las mujeres declaró que optaría por irse con su amante. La justificación reside en que no tiene sentido mantener una relación con una persona sin estar enamorado de ella y que la protagonista ha encontrado el verdadero amor y no puede dejar que éste se escape.

La respuesta de los hombres no es tan uniforme y depende de con quién se identifiquen. Muchos responden como el 80 % de las mujeres y se marcharían, pero otros se identifican con los hijos de la mujer y exclaman: «¡Cómo se va a ir mi madre con un fotógrafo y dejarnos a mí y a mi padre solos!»

En cambio, si este dilema se presenta a personas de más de 35 años y con hijos, nos encontramos que el 80 % de las mujeres optaría por quedarse con su marido y su familia. La justificación ahora es que la pasión desaparece después de un tiempo y no merece la pena sacrificar la familia por ello. No obstante, muchas mujeres matizan la situación y plantean que en el caso extremo de separarse, nunca se irían sin sus hijos.

¿Y usted qué haría? Sea cual sea la decisión que tome, sea joven o no tan joven, este dilema le hará pensar y sentir a la vez, y observará que una solución adecuada para usted requiere no olvidar ni su corazón ni su inteligencia.

El caso del cepillo de dientes: la comprensión emocional de los demás

Marga es una niña de cinco años que además de aprender a leer y a contar está descubriendo la complejidad de las emociones. Está de visita en casa de Juan, un amigo de su padre, y va al cuarto de baño. Llama a su padre para que le ayude y le pregunta tras observar los utensilios del cuarto de baño:

–Papá, ¿Juan tiene novia, no?
–¿Por qué, Marga?
–Porque tiene dos cepillos de dientes.

Esta inferencia aúna dos tipos de conocimiento: el conocimiento de las relaciones afectivas y la capacidad lógico-matemática para hacer deducciones. El salto de 1 + 1 = 2, puramente cognitivo, a la inferencia social de que Juan tiene novia. Evidentemente, existen otras muchas explicaciones para el curioso caso de los dos cepillos de dientes en casa de un soltero, pero la conexión de estos dos aspectos es una de las claves para entender la inteligencia emocional.

La comprensión emocional de Marga de las relaciones sociales es aún limitada, pero tiene ya todos los ingredientes de la IE de un adulto. Las personas no queremos saber sólo si una persona está triste o enfadada, pretendemos buscar la causa, porque anhelamos darle sentido a su comportamiento. Todos somos detectives en el mundo de los sentimientos. Intentamos adivinar las intenciones, los deseos y las emociones reales de nuestros semejantes. Al igual que Sherlock Holmes, en una mezcla de intuición y lógica, razonamos hacia atrás investigando las causas de las acciones. Buscando en nosotros mismos, en nuestras experiencias pasadas y en nuestra imaginación modelos emocionales que den cuenta de lo ocurrido.

Los bebés de apenas unos días son capaces de mostrar indicios de empatía. Cuando escuchan llorar a otros niños, lloran también. Técnicamente se denomina contagio emocional y es sólo un bosquejo de lo que será su capacidad de comprensión emocional o empatía.[6] Esta capacidad requiere un desarrollo cognitivo para ser capaz de tener en cuenta la perspectiva del otro, para entender el punto de vista de la otra persona.

Curiosamente, el engaño y la mentira requieren de estas mismas herramientas: la capacidad de leer la mente del otro. Si jugamos con un niño de tres años al juego de esconder una canica en la mano detrás de la espalda para que él adivine en qué puño está, nos encontramos que su estrategia se centra en escoger siempre la mano en la que vio por última vez la canica. Si nos señala la mano derecha, la abrimos y aparece la canica, en la siguiente jugada vuelve a elegir la mano derecha. En cambio, un niño de cinco años opta por la estrategia de coger la otra mano, pensando que el otro jugador intentará ponérselo difícil. Quizá un adulto cogería la misma opción que un niño de tres años, creyendo que el otro pensaría como él y, por lo tanto, no haciendo el cambio.

En la base de estas habilidades se encuentra lo que los psicólogos denominamos una *teoría de la mente,* por la cual las personas reconocemos en los demás un organismo con las mismas propiedades cognitivas y emocionales que nosotros.[7] Los animales son capaces de engañar, pero de una forma muy ingenua pues no lo hacen con una intención y un propósito. A los humanos nos gusta discernir cuándo alguien nos miente, detectar mediante la observación de su tono de voz, sus manos o su mirada (su lenguaje no verbal) pistas que delaten sus ocultas intenciones. No obstante, esa habilidad no ensombrece la auténtica curiosidad: ¿por qué nos miente?

Sin embargo, la complejidad cognitiva necesita de la conexión y el ajuste emocional con los demás para una auténtica comprensión emocional:

> Dan es un hombre de 45 años, inteligente, culto y refinado que trabaja como voluntario algunos sábados en un hospital cercano a una zona turística. Dan es de Suecia, aunque lleva residiendo en España 15 años. Su colaboración se centra en facilitar la comunicación entre el personal sanitario y los enfermos suecos que están en el hospital. Un día una enfermera, una mujer de 60 años, llora desconsolada. Dan se acerca para preguntarle en sueco

qué le ocurre. Ella no le contesta. Él entonces no sabe qué hacer. Conoce su idioma, pero no es suficiente para comunicarse con ella. Está paralizado, se siente incómodo y un poco ridículo. En la cama de al lado hay una mujer, Lucía, de 40 años –sencilla y sin estudios–, que está visitando a su madre enferma y que observa preocupada la situación. Lucía sin mediar palabra se acerca despacio a la enferma que llora. Le coge la mano y, poco a poco, ésta deja de llorar. La acoge en sus brazos y se queda dormida. Lucía desconoce su idioma, pero no le hace falta para comunicarse emocionalmente con la enferma.

¿Qué ha ocurrido? Cómo es posible que Dan, una persona culta que compra el periódico *El País* todos los días, conoce los secretos del genoma, distingue un Picasso de un Braque y se emociona escuchando las variaciones Goldberg –siempre que sea la versión de Glenn Gould–, se haya visto superado por esta situación. La respuesta está en que la capacidad intelectual de Dan no le bastó para enfrentarse a esta situación, porque su conocimiento emocional no está conectado con su capacidad intelectual. Sus emociones flotan como una mancha de aceite en el mar de sus razones sin diluirse nunca. Su conocimiento emocional es fruto de su interacción con objetos, eso sí, objetos dotados de grandes cualidades emocionales como un poema de Neruda o una cantata de Bach. Dan es un teórico de las emociones. Un pianista que sabe leer partituras, pero no se atreve a tocar el piano. La emoción intelectualizada es una caricatura de la unión del corazón y la inteligencia. Una especie de emoción simulada como cuando sonreímos ante un chiste que no hemos comprendido, mientras todo el mundo se ríe.

El arte nos permite profundizar en el conocimiento emocional y la capacidad para comprender obras de arte complejas y contradictorias facilita la educación emocional.[8] Cuando nuestra comprensión es auténtica se produce una verdadera simbiosis emocional entre el artista y el público:[9]

> ... cuando alguien lee y entiende un poema, no solamente entiende la expresión de las emociones del poeta, sino que expresa también sus propias emociones en las palabras del poeta, que así se han convertido en sus propias palabras. Como dice Coleridge, sabemos que un hombre es un poeta por el hecho de que hace de nosotros poetas. Sabemos que expresa sus emociones por el hecho de que nos da la oportunidad de expresar las nuestras.

No obstante, esta comprensión de los objetos emocionales no garantiza ni la empatía, ni la comprensión de situaciones interpersonales, ni siquiera la comprensión de nuestras propias emociones.

El caso extremo es el del psicópata Hannibal Lecter de la película *El silencio de los corderos* que en lugar de sublimar mediante la expresión artística su agresividad, en una variación perversa, es capaz de convertir en arte el asesinato y la crueldad humana.

Sin llegar al caso de Hannibal, por fortuna, las emociones están en algunas personas tan intelectualizadas que cuando hablan sobre su vida parece que están hablando acerca de otra persona: no hay un ápice de emoción en sus palabras cuando describen lo que les ocurre.

Salir de ese círculo implica tener un conocimiento práctico y real de las emociones interaccionando con personas, dejando que las emociones nos afecten y entendiendo cómo reaccionamos de forma espontánea a cada una de ellas. Aprender a reconocerlas y a sentirlas para después, en caso de que lo deseemos, cambiarlas hacia donde mejor nos guste.

Del Dalai Lama a Maquiavelo: la regulación emocional

Los niños utilizan modelos muy simples para enfrentarse a la regulación de sus emociones. Cuando desean algo y no lo consiguen, se sienten frustrados. Lloran y patalean, esperando que el adulto acceda a proporcionarles lo que pedían. Posteriormente, son capaces de activar una especie de autocontrol por sabotaje:

> Carlos es un niño de dos años al que le ponemos delante unos apetitosos bombones y le decimos que no los puede coger. ¿Qué hará? No hace falta saber psicología para adivinar la respuesta. Si no estamos delante lo más probable es que los coja, y si estamos vigilándolo de cerca y le regañamos cuando lo intenta, se enfadará y llorará.
>
> En cambio, Ramiro, que tiene 4 años, muestra un comportamiento para regular sus emociones muy distinto. Desea coger los bombones, pero como sabe que no debe, para inhibir su deseo se sienta encima de sus manos, mira hacia otro sitio y se pone a cantar.

Ramiro evita la tentación mediante el autosabotaje; Carlos aún no sabe cómo hacerlo. La estrategia de Ramiro es muy simple, pero efectiva e inicia el conocimiento de los mecanismos de nuestro deseo y su control.

Los modelos más complejos requieren de lo que se denomina como metavolición o la capacidad para cambiar y regular mi deseo. Los niños con cinco o seis años son ya capaces de negociar con el adulto: «Bueno, no puedo comer el helado ahora, pero y si me tomo las lentejas, ¿podré después?»

De mayores, somos capaces de planificar el deseo y hasta de prever sus cambios. Hemos alcanzado la racionalidad del deseo, salvo que tengamos una adicción o algún trastorno como la bulimia que revela que hemos perdido esta competencia. En realidad, estamos dispuestos a desear algo durante meses e, incluso años, y posponer su consecución hasta llegar a ser una especie de Dalai Lama, como metáfora del autocontrol total. La fantasía desempeña un papel muy importante en el autocontrol. La capacidad para crear, imaginar y simular mundos diferentes y sin las restricciones del nuestro nos facilita soportar incidentes cotidianos que ponen a prueba nuestros límites psicológicos.

No obstante, lograr regular las emociones no es fácil. En especial cuando lo que necesitamos es huir de nosotros mismos. En estos casos es difícil conseguirlo sin acudir a ayudas externas: una película, una música, el deporte o la compañía de nuestra pareja o amigos e, incluso, un terapeuta. Lo inteligente emocionalmente es saber reconocer esas situaciones, saber qué hacer y dónde acudir. Apreciar que los recursos no están siempre en nuestra mente, en nosotros mismos, sino en/con los demás.[10]

La imagen clásica que se da en los libros sobre IE es sobre cómo mejorar nuestras relaciones con los demás en el trabajo, en nuestra familia, cómo ser más comunicativo, abierto y sincero. Creemos que la IE se relaciona siempre con la capacidad de las personas para desarrollar sus aspectos positivos y deseables socialmente para ser más felices. A esta visión que podemos llamar rousoniana, podríamos contraponer la que se conoce como maquiavélica.

Nicolo Maquiavelo escribió en 1512, en la Florencia de los Médicis, un tratado sobre el perfil del perfecto gobernante y sobre los métodos a seguir para mantenerse en el poder: *El príncipe*.[11]

Los consejos al príncipe son bastante concretos:

> ... si vale más ser amado que temido, o todo lo contrario. Se responde que se quiere ser las dos cosas; pero como es difícil conseguir ambas a la vez, es mucho más seguro ser temido primero que amado, cuando se tiene que carecer de una de las dos cosas. Porque de los hombres en general se puede decir esto: que son ingratos, volubles, simuladores y disimulados, que huyen de los peligros y están ansiosos de ganancias; mientras les haces bien te son enteramente adictos, te ofrecen su sangre, su caudal, su vida y sus hijos, cuando la necesidad está cerca; pero cuando la necesidad desaparece, se rebelan.

¿Era el príncipe de Maquiavelo una persona con una alta IE?

Maquiavelo nos muestra que sí. Es posible una alta IE independientemente de los fines y las emociones que se utilicen para ello. La felicidad y el triunfo del príncipe provienen de que sabe leer en las personas y en sus motivaciones. Conoce cómo debe influenciarlos y manipularlos para conseguir su objetivo: el poder.

Todos conocemos en nuestra vida cotidiana personas que saben cómo movilizarnos y regular nuestras acciones para conseguir sus propios fines, pero con los medios más maquiavélicos. Utilizando emociones negativas como la culpa, el miedo, la vergüenza, la envidia o los celos logramos influir en los demás tanto o más que con las emociones positivas. Desde el inicio de la civilización el hombre conoce el poder de las emociones y nunca ha dudado en utilizarlas con mayor o menor fortuna. El historiador griego Heródoto en su *Historias* cuenta lo sucedido entre Candaulo y su reina en el país de Lidia:

> Aquel Candaulo se había enamorado apasionadamente de su esposa, por lo que la consideraba más bella, con mucha diferencia que ninguna otra mujer. Solía describir a Giges (pues de todos sus lanceros era el que más apreciaba) la belleza de su esposa y la elogiaba sobremanera. Dijo a Giges:
> –Me parece que no me crees cuando te hablo de la belleza de mi esposa, ya que los oídos de los hombres son menos aptos para creer que sus ojos. Así pues, idea algún medio para verla desnuda.
> –Creo que es, en verdad, la más hermosa de todas las mujeres, y te ruego que no me pidas que haga algo ilícito.
> Pero el rey le contestó así:
> –Ten valor, Giges, y no temas que diga estas palabras para ponerte a prueba (...) Te llevaré a la habitación en que dormimos, detrás de la puerta... Junto a la entrada de la alcoba hay una silla sobre la cual deja sus vestiduras a medida que se las va quitando una tras otra; de modo que podrás contemplarla con toda tranquilidad.
> La reina vio a Giges cuando abandonaba la alcoba, y comprendió lo que su marido había planeado, pero no le dijo nada. Al día siguiente hizo llamar a Giges a palacio.
> –Tienes dos opciones, y te voy a dejar elegir la que prefieras: o bien matas a Candaulo y tomas posesión de mí y del reino de Lidia, o bien recibirás muerte inmediata aquí mismo para que en el futuro no puedas ver, obedeciendo a Candaulo ciegamente, lo que no debes. Ha de morir o quien concibió ese plan o tú, que me has visto desnuda.

Además de una historia de amor inusual, es un ejemplo histórico de la planificación más intelectual en conjunción con las emociones negativas.

La vanidad, la soberbia y la arrogancia del rey le indujeron a querer ser envidiado por Giges, el mejor de sus guerreros. Natural, por otra parte, pues ¿qué sentido tiene ser envidiado por el peor de nuestros semejantes? La conducta del rey aunque humana, demasiado humana, no fue muy inteligente al menos si consideramos las consecuencias: Giges mató al rey y reinó en Lidia durante 28 años. En cambio, la reina se avergonzó, se enfadó, se sintió humillada y traicionada, pero no montó en cólera de forma descontrolada. Con una IE que hubiera dejado boquiabierto al propio Maquiavelo, urdió un plan y le hizo una proposición a Giges que no pudo rechazar.[12]

Conclusión

La visión que la sociedad ha tenido tradicionalmente de las emociones ha sido negativa. Sería algo parecido a la siguiente situación:

> Un individuo trabajando que no logra concentrarse en lo que está haciendo, porque está irritado, enfadado o triste o por alguna otra emoción negativa que lo perturba.

Desde esta perspectiva, lo ideal es eliminar o contener las emociones:

La persona sin emociones es libre para tomar decisiones.

Esto es, la razón sin corazón.

Afortunadamente, nos hemos dado cuenta de que es una tarea inútil y que a largo plazo es inviable. Siguiendo con el ejemplo anterior, una persona que niegue y reprima sus emociones obtendrá el efecto contrario: experimentará con más intensidad la emoción que intenta evitar, y su salud física y mental se verán afectadas. El hombre por su naturaleza biológica, psicológica y social es un ser emocional. Eso sí, un ser emocional que tiene que aprender a educar y dirigir sus emociones para que no se conviertan en un obstáculo.[13] La *virtud* como dice Aristóteles reside en saber en qué momento, con qué propósito, de qué modo y con quién debemos emocionarnos.

La falta de una educación emocional explícita ha provocado una generación de analfabetos emocionales que luchan en la oscuridad contra sí mismos. Las personas al ignorar las emociones, al negarlas, al intelectualizarlas han logrado que cuando de forma inevitable se encuentran con ellas sean incapaces de canalizarlas de manera adecuada. Como esos arroyos por los que nunca pasa el agua, pero en cuanto llueve un poco se inundan y se desbordan creando mil problemas inesperados.

¡Cuántas personas intelectualmente brillantes arruinan sus vidas porque no saben gestionar su corazón! Personas *normales*, sin especiales traumas, pero que por un fracaso amoroso se ven arrastrados al desastre. Un amor perdido que tiene el efecto de una piedra que se lanza a un estanque y termina provocando una ola.

Por otra parte, no debemos olvidar que lo más adecuado en algunas ocasiones es sentir y expresar las emociones de la forma más espontánea posible, con la ingenuidad y la frescura de un niño de cinco años. A veces, la mejor opción consciente es no pensar y, simplemente, sentir y dejarse llevar y traspasar por las emociones. A veces, lo mejor no es el modelo emocional más complejo, sino el más simple.

No obstante, siempre estamos a tiempo para recobrar las riendas de nuestro corazón o, simplemente, para encontrarlo si lo olvidamos en algún sitio. Siempre podremos rediseñar nuestras reacciones emocionales para convertirnos en lo que deseamos. Todos podemos ser los amos de nuestro presente. Para ello necesitamos asumir el pasado, para que sea una fuente de conocimiento y experiencias, y no un trastero desordenado con el que tropezamos a cada instante haciéndonos daño.

Aún podemos lograr que la inteligencia de nuestro corazón nos acerque a esa isla imaginaria, a esa utopía, llamada felicidad.

Notas

1. Este otro ejemplo ilustra con un problema aparentemente muy sencillo, y que en teoría deberíamos saber resolver, las dificultades que tenemos para representar de forma exhaustiva la realidad

   Los Pérez tienen dos hijos. Uno de ellos es una niña. ¿Cuál es la probabilidad de que el otro hijo sea una niña?

   Si eres una persona normal, es decir, como el común de los mortales habrás pensado que la probabilidad es más o menos de un 1/2. Lo que se corresponde con el siguiente modelo:

   Niña $\rightarrow$ 1/2
   Niño

   que representa la probabilidad de que un hijo sea una niña y que es un modelo muy simple. Como sospecharás no es la respuesta correcta. Lo que realmente se pide en el problema es que calculemos algo más difícil: la probabilidad condicionada de que dado que un hijo es una niña, el otro hijo sea también una niña [p(un hijo es niña/otro es niña)].

Esta situación se representa de una manera más compleja:

Primer hijo	Segundo hijo	
Niña	Niña	→ 1/3
Niña	Niño	
Niño	Niña	
~~Niño~~	~~Niño~~	

Dado que el primer hijo o el segundo tienen que ser una niña, obligatoriamente debemos eliminar la ultima de estas cuatro posibilidades (niño-niño). Con lo cual la probabilidad de que el otro hijo sea una niña es de 1/3. La dificultad de este problema reside en que no nos percatamos de que tenemos que resolverlo utilizando una probabilidad condicionada y con un modelo mental más complicado. Para un análisis de esta tarea y la teoría de los modelos mentales de P. Johnson-Laird, véase P. Fernández-Berrocal y C. Santamaría (2001), *Manual práctico de psicología del pensamiento*, Barcelona: Ariel.

2. Véase capítulos 2 y 7.
3. Resulta muy interesante para este punto el magnífico libro de Lazarus y Lazarus (1994), *Pasión y razón*, Barcelona: Paidós (trad. cast., 2000).
4. Sobre IE recomendamos la lectura del libro editado por Bar-On y Parker (2001), *The handbook of emotional intelligence. Theory, developmental, and application at home, school, and in the workplace*, San Francisco: Jossey-Bass. Incluye capítulos muy interesantes de Goleman, así como de Mayer y Salovey. El reciente libro de H. Gardner, (1999), *La inteligencia reformulada*, Barcelona: Paidós (trad. cast., 2001), hace algunos comentarios críticos sobre la IE muy pertinentes.
5. Véase capítulos dedicados a recursos humanos.
6. Véase capítulo «Compartir sentimientos».
7. Sobre teoría de la mente recomendamos al lector: J. Perner (1991), *Comprender la mente representacional*, Barcelona: Paidós (trad. cast., 1994), y A. Rivière (1991), *Objetos con mente*, Madrid: Alianza Editorial.
8. Véase capítulo sobre arte e intuición y literatura e IE.
9. R.G. Collingwood (1960). *Los principios del arte*, México: FCE.
10. Véase capítulo sobre comunicación emocional.
11. N. Maquiavelo (1512), *El príncipe*, Madrid: Ediciones B (trad. cast., 1999).
12. Aunque la manipulación no requiere necesariamente el uso de emociones negativas, también se basta con otras, aparentemente positivas, como la adulación.
13. Véase capítulo sobre educación emocional.

2. EVALUANDO LA INTELIGENCIA EMOCIONAL

PABLO FERNÁNDEZ BERROCAL
NATALIA RAMOS DÍAZ
Universidad de Málaga

En la película *Blade Runner* –dirigida por Ridley Scott en 1982– basada en la novela de Philip K. Dick *¿Sueñan los androides con ovejas eléctricas?,* el protagonista, Rick Deckard (Harrison Ford), debe eliminar a un grupo de androides –Nexus 6– de última generación idénticos a los humanos y que se han sublevado. Su problema reside en encontrar un test eficiente para detectar y diferenciar a los androides de los humanos. En la novela este test está basado en las emociones y en la capacidad empática y se llama Voigt-Kampff. El Voigt-Kampff mide las respuestas fisiológicas ante una serie de preguntas que se le plantean a la persona, o androide, y registra la dilatación capilar en la región facial, así como la tensión en los músculos oculares.

La tarea no es fácil, pues los Nexus 6 han sido diseñados para que simulen las emociones. A falta de una educación sentimental auténtica, a falta de unas vivencias reales, los creadores de estos androides insertaron en su memoria recuerdos de situaciones y relaciones emocionales. Para que no se notara que eran unos inexpertos emocionales, se les creo un pasado emocional sobre el que construyen las emociones que sienten.

Esta novela de ciencia ficción fue escrita en 1968 y las tesis y preocupaciones que se exponen no están resueltas aún por la *ciencia real*.

Los instrumentos y tests de los que disponemos para evaluar la inteligencia emocional no son tan sofisticados ni tan fiables como los que se emplean en *Blade Runner*. No obstante, disponemos de algunos tests de autoinforme que han sido validados con diferentes poblaciones y que han mostrado su utilidad tanto en contextos escolares como clínicos.

Uno de los más sencillos y fáciles de pasar es la TMMS-24.

La TMMS-24 está basada en Trait Meta-Mood Scale (TMMS) del grupo de investigación de Salovey y Mayer. La escala original es una escala rasgo que evalúa el metaconocimiento de los estados emocionales mediante 48 ítems. En concreto, las destrezas con las que podemos ser conscientes de nuestras propias emociones así como de nuestra capacidad para regularlas.

La TMMS-24 contiene tres dimensiones claves de la IE con 8 ítems cada una de ellas: percepción emocional, comprensión de sentimientos y regulación emocional. En la tabla 1 se muestran los tres componentes.

Tabla 1. Componentes de la IE en el test

	Definición
Percepción	Soy capaz de *sentir y expresar* los sentimientos de forma adecuada
Comprensión	*Comprendo* bien mis estados emocionales
Regulación	Soy capaz de *regular los* estados emocionales correctamente

Evaluación

Para corregir y obtener una puntuación en cada uno de los factores, sume los ítems del 1 al 8 para el factor *percepción*, los ítems del 9 al 16 para el factor *comprensión* y del 17 al 24 para el factor *regulación*. Luego mire su puntuación en cada una de las tablas que se presentan. Se muestran los puntos de corte para hombres y mujeres, pues existen diferencias en las puntuaciones para cada uno de ellos.

Recuerde que la veracidad y la confianza de los resultados obtenidos dependen de lo sincero que haya sido al responder a las preguntas.

	Puntuaciones Hombres	Puntuaciones Mujeres
Percepción	Debe mejorar su percepción: presta poca atención < 21 Adecuada percepción 22 a 32 Debe mejorar su percepción: presta demasiada atención > 33	Debe mejorar su percepción: presta poca atención < 24 Adecuada percepción 25 a 35 Debe mejorar su percepción: presta demasiada atención > 36
Comprensión	Puntuaciones Hombres Debe mejorar su comprensión < 25 Adecuada comprensión 26 a 35 Excelente comprensión > 36	Puntuaciones Mujeres Debe mejorar su comprensión < 23 Adecuada comprensión 24 a 34 Excelente comprensión > 35
Regulación	Puntuaciones Hombres Debe mejorar su regulación < 23 Adecuada regulación 24 a 35 Excelente regulación > 36	Puntuaciones Mujeres Debe mejorar su regulación < 23 Adecuada regulación 24 a 34 Excelente regulación > 35

TMMS-24

Instrucciones:

A continuación encontrará algunas afirmaciones sobre sus emociones y sentimientos. Lea atentamente cada frase y decida la frecuencia con la que usted cree que se produce cada una de ellas. Señale con una X la respuesta que más se aproxime a sus preferencias.

No hay respuestas correctas o incorrectas, ni buenas o malas.

No emplee mucho tiempo en cada respuesta.

1	2	3	4	5
NUNCA	RARAMENTE	ALGUNAS VECES	CON BASTANTE FRECUENCIA	MUY FRECUENTE- MENTE

1	Presto mucha atención a los sentimientos	1	2	3	4	5
2	Normalmente me preocupo mucho por lo que siento	1	2	3	4	5
3	Normalmente dedico tiempo a pensar en mis emociones	1	2	3	4	5
4	Pienso que merece la pena prestar atención a mis emociones y estado de ánimo	1	2	3	4	5
5	Dejo que mis sentimientos afecten a mis pensamientos	1	2	3	4	5
6	Pienso en mi estado de ánimo constantemente	1	2	3	4	5
7	A menudo pienso en mis sentimientos	1	2	3	4	5
8	Presto mucha atención a cómo me siento	1	2	3	4	5
9	Tengo claros mis sentimientos	1	2	3	4	5
10	Frecuentemente puedo definir mis sentimientos	1	2	3	4	5
11	Casi siempre sé cómo me siento	1	2	3	4	5
12	Normalmente conozco mis sentimientos sobre las personas	1	2	3	4	5
13	A menudo me doy cuenta de mis sentimientos en diferentes situaciones	1	2	3	4	5
14	Siempre puedo decir cómo me siento	1	2	3	4	5
15	A veces puedo decir cuáles son mis emociones	1	2	3	4	5
16	Puedo llegar a comprender mis sentimientos	1	2	3	4	5
17	Aunque a veces me siento triste, suelo tener una visión optimista	1	2	3	4	5
18	Aunque me sienta mal, procuro pensar en cosas agradables	1	2	3	4	5
19	Cuando estoy triste, pienso en todos los placeres de la vida	1	2	3	4	5
20	Intento tener pensamientos positivos aunque me sienta mal	1	2	3	4	5
21	Si doy demasiadas vueltas a las cosas, complicándolas, trato de calmarme	1	2	3	4	5
22	Me preocupo por tener un buen estado de ánimo	1	2	3	4	5
23	Tengo mucha energía cuando me siento feliz	1	2	3	4	5
24	Cuando estoy enfadado intento cambiar mi estado de ánimo	1	2	3	4	5

3. EMOCIONES CEREBRALES

A. Puigcerver
Universidad de Málaga

> *... No solamente nuestro placer, nuestra alegría y nuestra sonrisa, sino también nuestro pesar, nuestro dolor, nuestra aflicción, nuestras lágrimas nacen en el cerebro y tan sólo en el cerebro. Con él pensamos y comprendemos, vemos y oímos, y discriminamos entre lo repugnante y lo maravilloso, entre lo placentero y lo displacentero, y entre lo bueno y lo malo...*

Hipócrates de Cos (460-370 a.C.)

Introducción

En el siglo IV a.C. el filósofo griego Hipócrates estableció por primera vez que el cerebro era la sede de nuestra inteligencia y nuestras pasiones. Defendió que la salud se lograba con un equilibrio armónico entre la mente y el cuerpo (*nature is the healer of disease*) y, consecuentemente, la enfermedad se producía por el desequilibrio entre esos dos elementos. Las actitudes, pensamientos y los distintos estados emocionales provocan reacciones que afectan a la química cerebral, a la actividad cardiovascular e, incluso, a la actividad celular. Son hechos indiscutibles que, sin embargo, producen intensos debates sobre el grado en el que la mente puede afectar al cuerpo y sobre la naturaleza precisa de este vínculo. Los conflictos psicológicos (como las preocupaciones, la hostilidad, la ira o el estrés, etc.) y los eventos vitales dificultosos pueden afectar al funcionamiento hormonal, inmunológico y cardiovascular e incrementar el riesgo de enfermedades. A pesar de todas las incertidumbres, no se puede seguir ignorando por más tiempo la influencia que los distintos estados emocionales pueden ejercer sobre nuestra salud y estado físico.

El estudio científico de las emociones, desde luego, no es nuevo, pero en la actualidad asistimos a un renovado interés por conocer los mecanismos cerebrales que acompañan a la conducta emocional. Los avances experimentados por las neurociencias han posibilitado conocimientos de enorme relevancia e interés acerca de la relación existente entre las emociones y el cerebro. La neurociencia afectiva constituye, hoy en día, una disciplina muy novedosa, que cuenta con un campo propio y legítimo de estudio[1] que, con métodos de análisis muy sofisticados, está permitiendo comprender cómo se originan los sentimientos en el cerebro y cómo las emociones pueden afectar a la salud y a la enfermedad.

Uno de los principales problemas implicados en el estudio de las emociones ha sido la falta de acuerdo en la propia definición de la emoción (son numerosas y conflictivas), así como en cuanto al número de emociones básicas que existen. La terminología utilizada en los estudios de la emoción también ha sido problemática; se ha empleado el término emoción para designar tanto los aspectos expresivos (externos de este fenómeno) como la experiencia interna (subjetiva), sólo accesible al sujeto que vive la emoción.

El desacuerdo existente en la comprensión de la emoción perpetuó, durante algún tiempo, la idea de que ésta era un proceso íntimo y subjetivo, inabordable desde una aproximación científica. Esta postura, tratada previamente por Descartes (*cogito ergo sum*), fue el inicio de la extraña distinción entre cognición y emoción, como si, de algún modo, se pudiera tener pensamiento sin emoción, o mente sin afecto. El dualismo, es decir, la independencia del cuerpo y de la mente, separará durante años los procesos emocionales del cerebro, considerando que sólo el pensamiento racional y los procesos cognitivos superiores dependían del cerebro (sentimos con nuestro corazón y tripas y pensamos con nuestro cerebro). Sin embargo, progresivamente se va a ir acumulando una gran cantidad de datos experimentales en contra del dualismo y se reconocerá la importancia de la emoción en procesos que eran del dominio exclusivo del pensamiento racional como, por ejemplo, en los procesos de toma de decisiones, supervivencia, aprendizaje y en algunos trastornos psiquiátricos como la depresión y la ansiedad.

Antecedentes neurocientíficos de la emoción

Para comprender las bases biológicas de las emociones, es necesario comenzar con un breve recorrido por los antecedentes históricos más relevantes de la investigación psicofisiológica y neurocientífica.

Los estudios sobre las bases neurales de la emoción tienen una larga historia en las neurociencias. El artículo del filósofo y psicólogo americano William James titulado «What is an emotion?» (1884) marca el comienzo de la investigación sistemática de las emociones. Según la teoría de James, la respuesta emocional era la causa de la experiencia emocional (no lloramos porque estamos tristes sino que nos sentimos tristes porque lloramos; no corremos porque tenemos miedo sino que tenemos miedo porque corremos). Es decir, James consideraba que la sensación fisiológica (palpitaciones, temblores, sudoración, etc.) precedía a la experiencia emocional (al sentimiento) y, sin este componente fisiológico, no había emoción. Para este autor, no existían otros centros cerebrales ni circuitos neurales aparte de las áreas corticales y sensoriales necesarias para la experiencia emocional concreta.

Uno de los problemas de su teoría es que concedió realmente poca importancia al proceso de evaluación mental de la situación evocadora de la emoción y resaltó que las emociones eran las respuestas cognitivas provocadas por la estimulación periférica. Éste y otros enfoques similares de las emociones se denominaron teorías periféricas de las emociones. Nuestra experiencia diaria confirma que la información procedente del cuerpo, claramente contribuye a la experiencia emocional. Sin embargo, si la retroalimentación fisiológica fuera el único factor de regulación, las emociones no podrían durar más que el cambio fisiológico.

La teoría de James tuvo gran popularidad durante algunos años, pero progresivamente se iba acumulando cada vez más información sobre el cerebro, y comenzaba a ser aparente que, contrariamente a la opinión de James, existían áreas del cerebro específicamente implicadas en las funciones emocionales.

Así, Walter Cannon y Phillip Bard formularon en 1927 una importante teoría de las emociones según la cual las estructuras subcorticales (fundamentalmente talámicas) intervenían decisivamente en el control de las emociones. Presentaron además numerosas pruebas experimentales en contra de los modelos periféricos de la emoción; así, comprobaron que la estimulación visceral no producía necesariamente cambios cualitativos en la experiencia emocional y demostraron que la separación quirúrgica de las vísceras del sistema nervioso central no alteraba la experiencia emocional. Uno de los aspectos más importantes del trabajo de Cannon y Bard fue la descripción experimental de los circuitos neurales específicos implicados en la expresión y la experiencia emocional, en oposición directa a la teoría de James, que no aceptaba la existencia de centros neurales en la emoción.

La hipótesis de Cannon y Bard animó a otros investigadores en la búsqueda de estructuras corticales que se relacionaran con los procesos emocionales y, alrededor de 1930, existían suficientes pruebas indicativas de que algunas estructuras del denominado *lóbulo límbico* (Broca, 1878) estaban claramente implicadas en el control de las emociones. El neurólogo James Papez propuso en 1937 la existencia de un complejo circuito emocional que incluía el hipotálamo, el núcleo talámico anterior y la corteza cingulada, y que a partir de entonces se denominó *circuito de Papez*. Según este autor, la corteza cerebral controla la experiencia emocional y del hipotálamo depende la expresión de las mismas. Papez planteó la existencia de numerosas conexiones anatómicas que han sido confirmadas posteriormente y su modelo anatómico ha sido enormemente influyente durante años.

El término "sistema límbico" se popularizó en 1952 con la teoría especulativa de Paul McLean que denominó al sistema límbico *cerebro visceral*. Como han señalado distintos autores, el concepto de un sistema límbico unificado y global ayudó a clarificar y a caracterizar los circuitos neurales implicados en la expresión y en la experiencia emocional, pero se ha demostrado la imprecisión de estas primeras teorías de la emoción. La consideración de un sistema emocional global, cuyo sustrato neuroanatómico reside exclusivamente en estructuras límbicas, está superado en la actualidad.

El circuito emocional

A partir de las descripciones neuroanatómicas de Papez y McLean, el afecto y la emoción fueron definitivamente ligados al sistema límbico. En el código neurológico, se identificaba sistema límbico con emoción y esta concepción alineó las emociones con las estructuras más arcaicas del cerebro y las separó de los procesos superiores cognitivos que se vinculaban a estructuras cerebrales filogenéticamente más modernas. En otras palabras, la escisión entre cognición y emoción consiguió un fuerte respaldo neuroanatómico con la dualidad sistema límbico y neocorteza.

En 1940 se realiza la primera operación que vincula claramente el sistema límbico con las emociones. Heinrich Klüber y Paul Bucy utilizando monos descubrieron que la extirpación quirúrgica del lóbulo temporal y del complejo amigdalino provocaba un llamativo síndrome comportamental caracterizado, entre otras cosas, por inducir un estado de indiferencia afectiva. Los monos, hasta entonces bastante indómitos y feroces, se volvieron mansos y tranquilos, mostrando aplanamiento emocional y numerosas tendencias orales e hipersexuales.

Investigaciones posteriores consiguieron delimitar que era el complejo amigdalino y no la totalidad del lóbulo temporal la estructura cerebral más

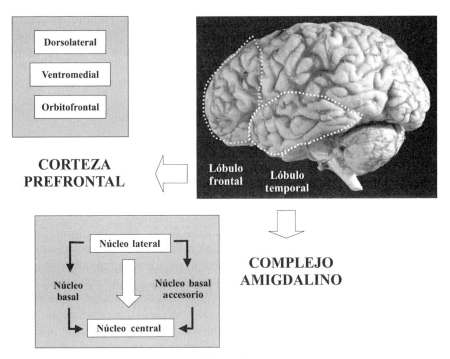

Figura 1.

vinculada a los procesos emocionales aunque, obviamente, no es la única estructura cerebral relacionada con las emociones, y el control emocional tampoco es la función exclusiva de la amígdala. La neurociencia moderna considera que la corteza prefrontal y algunas estructuras del lóbulo temporal (como la amígdala y el hipocampo) son los territorios cerebrales de los que dependen los procesos emocionales normales y también los desequilibrios afectivos presentes en muchas enfermedades mentales (figura 1). Es más, en una controvertida y reciente publicación de la prestigiosa revista *Nature*, se relacionan estas dos estructuras cerebrales (corteza prefrontal y amígdala) con la conducta antisocial y, concretamente, con la psicopatía criminal.[2] Aunque, realmente, es prematuro intentar establecer las bases biológicas del comportamiento violento y criminal, dos grupos de investigaciones independientes han propuesto que la condición subyacente a esta patología es biológica y que, por tanto, podría considerarse como una "enfermedad cerebral". El primer grupo (liderado por Adrian Raine y Antonio Damasio) señala que una región de la corteza prefrontal (la corteza orbitofrontal) es la estructura responsable del trastorno antisocial, y se apoyan en datos de lesión que demuestran su implicación en el proceso de toma de decisiones. Estos autores han comprobado, con técnicas de neuroimagen, que la lesión de la corteza orbitofrontal provoca graves problemas de conducta y un estado de agresividad continua. La segunda teoría, defendida por James Blair, ubica la alteración de estos pacientes en la amígdala, estructura del lóbulo temporal, claramente relacionada con el miedo y con el procesamiento emocional; para este autor, la lesión amigdalina provoca la ausencia de miedo y la falta de empatía observada en los psicópatas. Obviamente, hacen falta muchos más estudios que puedan verificar la existencia de lesiones en el cerebro de los criminales y los resultados deben ser interpretados con gran precaución y cautela.

El complejo nuclear amigdalino

Una gran cantidad de investigaciones animales (fundamentalmente en ratas) han establecido la importancia de los núcleos amigdalinos en los procesos emocionales.[3,4] Más concretamente, se ha establecido que la amígdala es necesaria para el establecimiento del miedo condicionado; es decir, es una de las estructuras cerebrales que nos recuerdan lo que es peligroso. Además, participa en otros muchos comportamientos adaptativos como por ejemplo en los procesos atencionales, en el refuerzo y, muy especialmente, en el aprendizaje emocional.

La amígala es una intrigante estructura con forma de almendra que, a pesar de su pequeño tamaño, controla muchos aspectos de la conducta emocional. Los estudios neuroanatómicos realizados a lo largo de los últimos años han comenzado a clarificar la organización anatómica y la heterogeneidad que esta estructura presenta. El complejo amigdalino se subdivide en cuatro grupos principales:

- Corticomedial.
- Basomedial lateral.
- Central.
- Basolateral.

Algunos de estos núcleos amigdalinos son de especial relevancia por la gran cantidad de conexiones recíprocas que mantienen con la neocorteza, con la formación hipocampal y con núcleos talámicos (reciben información del ambiente externo) e hipotalámicos (ambiente interno). La importancia de estos núcleos radica en que procesan tanto lo que la persona está experimentando internamente como el ambiente sensorial externo, y permitiendo una evaluación inicial sobre el contenido emocional de esa información. En otras palabras, interviene en la evaluación del estímulo productor de la emoción, y en la expresión corporal de esa emoción. Es, por tanto, la posición única de la amígdala entre estas estructuras y las numerosas conexiones que mantiene con algunos núcleos subcorticales implicados en la expresión de las emociones lo que le permite ejercer una función crucial en la interacción entre los mensajes sensoriales y la expresión de las emociones.

Joseph LeDoux[4] es un investigador muy conocido por su trabajo neurocientífico sobre las emociones y ha descrito la existencia de un complejo circuito para explicar cómo el cerebro aprende a tener miedo. Es lo que se conoce por miedo condicionado y, básicamente, nos proporciona claves que nos indican qué situaciones pueden ser potencialmente peligrosas. La amígdala es la pieza central en el proceso de evaluación del estímulo, activándose de forma inmediata ante la presencia de estímulos aversivos. La conexión de los núcleos sensoriales del tálamo con la amígdala (conexión tálamo-amigdalina) funciona como un sistema de alarma corporal y es fundamental en este proceso porque nos permite tener una reacción rápida y eficaz ante el peligro. Es decir, nos permite actuar primero y pensar después. Cuando el núcleo central de la amígdala recibe la información sensorial, esta estructura regula la actividad de otras regiones hipotalámicas y troncoencefálicas encargadas de activar las distintas respuestas autonómicas ante los estímulos con significado emocional. Este rápido sistema provoca tres tipos de respuestas en el organismo:

1. Activación del sistema nervioso autónomo, que induce un estado visceral, periférico, en función del tipo de estímulo amenazante.
2. Activación del sistema motor y esquelético, que provoca expresiones faciales y corporales características en esa emoción.
3. Activación neuroquímica y neuroendocrina.

Se ha comprobado en diferentes especies animales que la lesión del núcleo central y del núcleo basolateral de la amígdala anula la aparición de un amplio rango de respuestas fisiológicas y de conductas emocionales innatas o condicionadas[5] (por ejemplo, la rata no muestra signos de terror ante la presencia del gato). Por el contrario, la estimulación eléctrica de la amígdala produce en el animal un complejo patrón de efectos fisiológicos y conductuales que se asemeja mucho al inducido por el miedo. De esta forma, se producen aumentos en la frecuencia cardiaca, presión sanguínea y frecuencia respiratoria, se interrumpe la conducta en marcha, aumentan los niveles sanguíneos de ciertas hormonas relacionadas con el estrés, etc. De esta forma, numerosos estudios realizados con pacientes fóbicos han demostrado que cuando son enfrentados al estímulo fóbico (por ejemplo, hacer hablar en público a un paciente con fobia social) se produce una intensa activación en la amígdala que provoca de forma rápida una gran cantidad de cambios corporales de tipo autonómico, endocrino y motor.

Desde 1995, ha comenzado a aumentar el volumen de investigaciones que emplean técnicas de neuroimagen funcional para estudiar la función exacta de la amígdala en los procesos emocionales humanos. Aunque el número de pacientes con lesiones concretas en la amígdala es pequeño, su estudio ha proporcionado una información única acerca del papel de esta estructura en las emociones. De esta forma, Adolphs y su equipo[6] han demostrado que los pacientes con lesiones bilaterales en la amígdala tienen grandes dificultades para reconocer las expresiones faciales de miedo. Estos pacientes, por tanto, presentan alteraciones específicas en el procesamiento de la información social y, probablemente, en la expresión de las emociones negativas, como las originadas en situaciones amenazantes. La percepción de la expresión facial es de vital importancia en la cognición social, y en estos pacientes existen enormes problemas para reconocer y recordar la imagen productora del miedo. En este sentido, es interesante destacar la hipótesis de Adolphs[7] según la cual las personas con lesiones amigdalinas tienden a comportarse de modo excesivamente amistoso y amable con los demás; el problema de estos pacientes es que carecen de los mecanismos normales para detectar el tipo de personas que deben ser evitadas; es decir, no son capaces de discriminar qué tipo de personas, situaciones o contextos pueden resultar peligrosos o dañinos.

La corteza prefrontal

Una gran cantidad de datos experimentales (de lesión, neuroimagen y neurofisiológicos),[8] tanto en humanos como en animales, implican la participación de la corteza prefrontal en el circuito que controla los afectos positivos y negativos. La corteza prefrontal, lejos de ser un territorio cerebral homogéneo, presenta zonas diferenciadas con funciones específicas. Una importante subdivisión es la distinción entre los sectores dorsolateral, ventromedial y orbitofrontal. La segunda es la distinción entre los sectores derecho e izquierdo dentro de cada una de estas regiones de la corteza prefrontal. Así, los estudios que han examinado las consecuencias que tiene una lesión cerebral sobre los estados afectivos han comprobado reiteradamente que la lesión en el hemisferio izquierdo de la corteza prefrontal cursa con la aparición de sintomatología depresiva. Este dato se ha interpretado como demostrativo de que la corteza prefrontal izquierda está implicada en el control de ciertos tipos de afecto positivo y, cuando resulta lesionada, el paciente presenta incapacidad para vivir experiencias afectivas positivas, algo que sabemos que acompaña a la depresión.[9]

Históricamente, la primera demostración de la importancia del lóbulo frontal en el control de la emoción tuvo lugar en 1935 cuando se comprobó, en chimpancés, la eficacia de la lobotomía prefrontal para el control de la agresión y la agitación. Estos hallazgos interesaron especialmente al neurólogo portugués Edgar Moniz que aplicó este procedimiento quirúrgico (al que denominó psicocirugía o leucotomía prefrontal) para el tratamiento de la ansiedad y la agitación que acompañan al trastorno obsesivo compulsivo y a la esquizofrenia. Curiosamente, por esta aportación le concedieron el premio Nobel en 1949. Inicialmente, este descubrimiento fue bien recibido y aplaudido por la comunidad científica porque aliviaba la agitación y agresión de los pacientes. Parecía que casi se podía funcionar sin lóbulos frontales. Sin embargo, después de algunos años comenzaron a conocerse los devastadores efectos de la lobotomía prefrontal. Las emociones y los sentimientos de los sujetos leucotomizados estaban clara e irreversiblemente afectados. Estos primeros estudios en primates y humanos leucotomizados no permitieron conocer en profundidad qué región en concreto de la corteza prefrontal era la responsable de las desviaciones psicológicas observadas.

Hoy sabemos que uno de los sectores de la corteza prefrontal más importante en el control emocional es la región ventromedial, un área históricamente asociada con la emoción e ilustrada por los efectos que en esta estructura produce una lesión. El primer caso y más famoso se remonta al siglo XIX y es probablemente uno de los más conocidos en la literatura neurológica.[10] Phineas Gage era un eficiente y simpático capataz que trabajaba como dinamitero en la construcción de un ferrocarril. Una explosión inesperada hizo que una barra de hierro atravesara la cabeza de Phineas por los lóbulos frontales (figura 2). A pesar de que sangraba en abundancia, ni siquiera se desmayó y, sorprendentemente, sobrevivió a la herida, pero su conducta ya no volvió a ser la misma. Su personalidad y carácter cambiaron dramáticamente y para siempre. Las normas éticas y sociales se habían perdido definitivamente y la inestabilidad e impulsividad emocional predominaron en su vida a partir del accidente. Más de cien años después, utilizando el cráneo preservado de Gage, Hanna Damasio con el empleo de técnicas de neuroimagen ha reconstruido el lugar exacto de la lesión con la probable trayectoria que siguió la barra de hierro. A raíz de estos estudios se ha podido concluir que la lesión exacta que quedó destruida en el cerebro de Gage fue la parte ventromedial de la corteza prefrontal, área que parece ser crítica en el proceso normal de toma de decisiones.

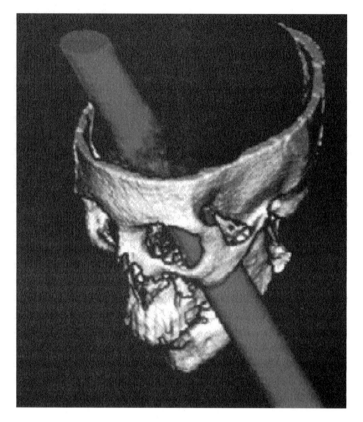

Figura 2.

En la era moderna, distintos neurocientíficos como Bechara[11] o Dama-sio[12] han estudiado sistemáticamente la conducta emocional que presentan pacientes con daños en este sector concreto de la corteza prefrontal. Así, han demostrado que estos pacientes tienen enormes dificultades para anti-cipar las consecuencias futuras (positivas o negativas) de sus acciones y su-fren de intensos desarreglos emocionales y sociales. Uno de los pacientes mejor estudiados ha sido EVR, que era una persona totalmente normal (in-teligente, trabajador y seguro), hasta que tuvo que someterse a una opera-ción quirúrgica para extirparle un tumor cerebral localizado bilateralmente en la corteza frontal ventromedial. A raíz de esta intervención, el paciente desarrolló profundas alteraciones de su personalidad y su vida se convir-tió en una cadena de desastres. EVR cambiaba continuamente de trabajo y de amigos, su conducta social era impresentable y grosera, y mostraba una total incapacidad para tomar decisiones rápidas; cualquier asunto sin importancia (qué ropa ponerse por la mañana, a qué restaurante acudir a comer, qué comida comprar, etc.) se convertía para EVR en motivo de debate interminable con indecisiones infinitas.

En definitiva, la corteza prefrontal ventromedial ejerce un importante papel en el razonamiento social y emocional. Los pacientes con lesiones en esta estructura son incapaces de tomar decisiones apropiadas sobre asuntos personales y sociales, cuando estos asuntos les conciernen a ellos mismos, provocando que sean personas incapaces de conducir su vida de un modo adaptativo. Simultáneamente, presentan reducciones en la reactividad emocional y en los sentimientos. Es un dato especialmente relevante el hecho de que los pacientes prefrontales suelen manifestar anomalías en el funcionamiento del sistema nervioso autónomo especialmente ante la presentación de estímulos con contenido emocional. Por ejemplo, la actividad electrodermal es un índice psicológico y biológicamente relevante de la actividad del sistema nervioso autónomo que en sujetos normales muestra aumentos en la conductancia ante estímulos con elevado contenido emocional. Cuando a los pacientes prefrontales se les presentan imágenes de horror, sangre o mutilaciones, no se altera su respuesta electrodermal; es decir, parecen ser no responsivos electrodérmicamente,[11] lo que sugiere una reducción clara en sus respuestas de activación emocional ante estímulos que, en sujetos normales, provocan cambios autonómicos importantes que reflejan un mayor nivel de ansiedad.

El neurólogo Antonio Damasio ha propuesto una interesante hipótesis para explicar las alteraciones en la discriminación de la información socialmente relevante en estos pacientes. Es la denominada *hipótesis del marcador somático*. Según esta teoría, las cortezas prefrontales ventromediales participan en un mecanismo mediante el cual realizamos una estimación de nuestras acciones futuras, imaginando respuestas posibles a esas situaciones. En otras palabras, el marcador somático nos posibilita una representación interna de las consecuencias de la respuesta elegida, sin que se presente necesariamente una reacción corporal emocional. Son procesos inconscientes y rápidos que constituyen avisos neurales que nos permiten sentir *como si* fuéramos a experimentar el estado emocional, permitiéndonos anticipar las consecuencias de una acción futura. La función del marcador somático es la de conducir el proceso de toma de decisiones hacia acciones que sean ventajosas para el individuo, basándose en la experiencia pasada del sujeto con experiencias similares. Es interesante recordar la teoría de William James (las respuestas físicas que acompañan a la emoción son la emoción) y la importancia que para las teorías periféricas de la emoción tienen los estados físicos en las reacciones emocionales. Las intuiciones, para este autor, pasan a ser elementos fundamentales de los procesos de toma de decisiones.

La idea básica de la hipótesis de Damasio es que la lesión en las regiones frontales altera el funcionamiento del marcador somático. Los sujetos lesionados, presentan una clara incapacidad de planificación del futuro y de conducirse según las reglas sociales. Parece como si el cerebro de estos pacientes fuera incapaz de confeccionar una imagen de la experiencia emocional ante el estímulo evocador de la emoción. En definitiva, estos datos son una interesante propuesta que empieza a tener respaldo empírico demostrando la existencia de estructuras cerebrales que son claramente necesarias para que el razonamiento culmine en la toma normal de decisiones.

Referencias bibliográficas

1. R.J. Davidson y S.K. Sutton (1995) «Affective neuroscience: the emerge of a discipline», *Current Opinion in Neurobiology*, 5, 217-224.
2. A. Raine (2001) «Into the mind of a killer», *Nature*, 410, 296-298.
3. J.P. Aggleton (1993) «The contribution of the amygdala to normal and abnormal emotional states», *Trends in Neuroscience*, 16, 328-333.
4. J. LeDoux (1996). *El cerebro emocional*, Barcelona: Ariel/Planeta.
5. M. Davis (1992) «The role of the amygdala in fear and anxiety», *Annual Review of Neurosciences*, 15, 353-375.
6. R. Adolphs, H. Damasio, D. Tranel y A. Damasio (1996) «Cortical systems for the recognition of emotion in facial expressions», *Journal of Neuroscience*, 16, 7.678-7.687.
7. R. Adolphs (1999) «Social cognition and the human brain», *Trends in Cognitive Sciences*, 3, 469-479.
8. R.J. Davidson, D.C. Jackson y N.H. Kalin (2000) «Emotion, plasticity, context, and regulation: perspectives from affective neurosciencie», *Psychological Bulletin*, 126, 890-909.
9. D. Watson, K. Weber, J.S. Assenheimer, L. Clark, M.E. Strauss y R.A. McCorming (1995) «Testing a tripartite model: Evaluating the convergent and discriminant validity of anxiety and depression symptom scales. *Journal of Abnormal Psychology*, 104. 3-14.
10. H. Damasio, T. Grabowsky, R. Frank, A.M. Galaburda & A. Damasio (1994) «The return of Phineas Gage: Clues about the brain from the skull of a famous patient», *Science*, 264, 1.102-1.105.
11. A. Bechara, H. Damasio, D. Tranel y A. Damasio (1997) «Deciding advantageously before knowing the advantageous strategy», *Science*, 269, 1.293-1.294.
12. A.R. Damasio (1994). *El error de Descartes*. Barcelona: Crítica.

4. EMOCIÓN Y ADAPTACIÓN. INTRODUCCIÓN AL CONCEPTO CIENTÍFICO DE EMOCIÓN

Francisco Martínez-Sánchez
Universidad de Murcia
Darío Páez,
Universidad del País Vasco
Natalia Ramos Díaz
Universidad de Málaga

Introducción

Las emociones son una parte fundamental del ser humano, determinan nuestro comportamiento manifestándose a través del ajuste social, el bienestar y la salud del individuo. Lo que no implica que podamos responder fácilmente a la pregunta ¿qué es una emoción?

En 1949 Donald Hebb defendió que el hombre era el más emocional de todos los animales. Esta afirmación tenía el objetivo de cuestionar una idea ampliamente extendida en aquel momento, según la cual el grado de emocionalidad correlaciona negativamente con el desarrollo filogenético y la sofisticación del sistema nervioso central. Hebb trataba de explicar la paradoja de que el primate más evolucionado, el hombre, es, además, el más emocional; y esto pese al efecto de los mecanismos de control socioculturales que modulan la alta emocionalidad humana.

Este hecho nos hace pensar que cualquier alteración en el procesamiento y regulación emocional tendrá como consecuencia graves problemas adaptativos. Éste es el motivo principal por el que incluimos este capítulo dentro de un texto sobre inteligencia emocional, con la intención de que el lector pueda valorar la importancia y función de las emociones. A lo largo de este capítulo defenderemos que las respuestas emocionales permiten a nuestra especie adaptarse a las condiciones ambientales impuestas por el medio en el que los seres humanos nos desarrollamos.

Definición de emoción

La emoción, a pesar de ser el principal sistema de evolución y adaptación de los seres inteligentes, es el menos conocido de los procesos psicológicos básicos. La propia dificultad para definirla, las múltiples formas de entenderla, la complejidad de las metodologías utilizadas en los diferentes ámbitos de estudio y las dificultades inherentes a su estudio científico vienen a explicar el escaso desarrollo de una psicología de la emoción.

La mayoría de los autores acepta que la emoción se manifiesta mediante un triple sistema de respuesta: activación fisiológica, conducta expresiva y sentimientos subjetivos. Aunque no hay acuerdo sobre cómo se organizan este tipo de respuestas. Cuando evaluamos la respuesta emocional ante un acontecimiento encontramos que las correlaciones entre lo fisiológico, comportamental y subjetivo suelen ser bajas.

En el intento por estudiar las emociones, los científicos analizan las diferencias entre individuos y en un mismo individuo a lo largo del tiempo, con el objeto de establecer principios y leyes respecto a la experiencia emocional.

Actualmente carecemos de una definición consensuada de emoción. La dificultad para definir qué es una emoción está recogida en la conocida afirmación de Wenger y colaboradores: «Casi todo el mundo piensa que sabe qué es una emoción hasta que intenta definirla. En este momento prácticamente nadie afirma poder entenderla.»

Tanto Fehr y Russel como Carrera y Fernández-Dols ponen en evidencia que cuando nos interesamos por las emociones, a los psicólogos nos gustaría disponer de una definición precisa que diera cuenta de qué fenómenos deben ser categorizados como emoción y cuáles han de ser excluidos de tal categoría; sin embargo, irremediablemente nos enfrentamos a la ambigüedad del concepto, puesto que una y otra vez se ha puesto de manifiesto que la palabra "emoción" podría estar denotando un concepto carente de límites precisos.

Tradicionalmente se la ha definido como un "estado de ánimo producido por impresiones de los sentidos, ideas o recuerdos que con frecuencia se traduce en gestos, actitudes u otras formas de expresión". Sin embargo, definiciones de este tipo no recogen la multidimensionalidad de este proceso psicológico.

Los intentos por aglutinar todas las dimensiones presentes en las diversas definiciones de emoción alertan sobre la dificultad de la empresa, ya que cada modelo la define en función de las variables que estima que mejor la describen.

Kleinginna y Kleinginna llegan a recoger 101 definiciones diferentes de emoción, que aluden a este proceso en función de diferentes variables, emoción como desorganización conductual, efectos funcionales organizativos de la emoción, aspectos afectivos, psicofisiológicos y motivacionales de la emoción. Estos autores definen la emoción como: «Un complejo conjunto de interacciones entre factores subjetivos y objetivos, mediadas por sistemas neuronales y hormonales que: (a) pueden dar lugar a experiencias afectivas como sentimientos de activación, agrado-desagrado; (b) generar procesos cognitivos tales como efectos perceptuales relevantes, valoraciones y procesos de etiquetado; (c) generar ajustes fisiológicos...; y (d) dar lugar a una conducta que es frecuentemente, pero no siempre, expresiva, dirigida hacia una meta y adaptativa.»

La definición de emoción es una cuestión todavía abierta y no resuelta satisfactoriamente. Cada una de las categorías y definiciones establecidas está sustentada por el marco teórico desde el que se formula. Sin embargo, recientemente, la mayoría de los autores suscriben definiciones operacionales que incluyen explícita o implícitamente el concepto de multidimensionalidad propuesto por en 1968 Lang, quien entiende la emoción compuesta por tres sistemas de respuesta claramente diferenciados: (1) el neurofisiológico-bioquímico, (2) el motor o conductual expresivo, y (c) el cognitivo o experiencial-subjetivo. Para definir y comprender la emoción se ha de estudiar conjuntamente los tres sistemas de respuesta, ya que cada componente sólo refleja una dimensión parcial de la emoción.

Descriptores emocionales

A la diversidad de enfoques e intereses de la psicología de la emoción se añade la dificultad para definir en su totalidad los componentes de las emociones. Es éste uno de los problemas fundamentales a los que en la actualidad se enfrentan los investigadores, la gran diversidad terminológica y conceptual en que se encuentra inmersa la psicología de la emoción. Así, frecuentemente se emplean numerosos descriptores para denominar los diversos estados afectivos y emocionales, conceptos que por su alto grado de especificidad pueden representar problemas para los no especialistas.

Los descriptores afectivos y emocionales tradicionalmente se han clasificado siguiendo criterios como duración, intensidad, origen y referencia con acontecimientos particulares. En la tabla 1 se resumen las principales características de los descriptores afectivo-emocionales más comunes.

El afecto

El afecto tiene que ver con la valoración que hace la persona de las distintas situaciones a las que se enfrenta; se considera que existe una tendencia innata hacia el afecto positivo, de tal manera que la meta de toda persona es generalmente el hedonismo, esto es, obtener placer.

Se ha investigado la estructura jerárquica que subyace a los afectos; en la mayoría de las investigaciones se apunta la existencia de dos dimensiones afectivas básicas unipolares: positiva (placer) y negativa (displacer). Sin embargo, otros postulan la existencia de una única dimensión cuyos extremos representarían el continuo placer-displacer, así como otra ortogonal, la activación. Lang propone la existencia de dos sistemas (aversivo y apetitivo), con bases neuronales específicas, sin embargo, los diversos tipos de registros de la respuesta emocional arrojan también la existencia de la dimensión de activación o intensidad (figura 1).

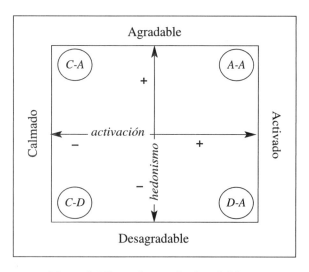

Figura 1. Dimensiones afectivas básicas.

Tabla 1. Características de diversos fenómenos y descriptores afectivos

	Afecto	Humor o estado de ánimo	Emoción	Sentimiento
Grado de especificidad	Es el más general	Más específico que el afecto, pero menos que la emoción	Alto	Alto
Evolución filogenética y ontogenética	Primitivo	Más reciente		
Origen	General	Hechos relativamente próximos	Inmediata, próxima al acontecimiento que la provoca	Inmediato, muy próximo al suceso que lo educe
Posee tono o valencia	Sí (positivo o negativo) dentro de un continuo			
Posee intensidad	Sí (alta o baja) dentro de un continuo			
Duración	Muy duradera (semanas)	Intermedia (horas, días)	Corta (segundos, minutos)	Muy corta (segundos)
Objeto, antecedentes	Difuso-global		Específico	
Carácter de la activación	Tónica		Fásica	

El humor o estado de ánimo

El humor o estado de ánimo implica la existencia de un conjunto de creencias acerca de la probabilidad que tiene el sujeto de experimentar placer o dolor en el futuro, esto es, de experimentar el afecto positivo o negativo; se estima que tiene una duración de hasta varios días y su causa es remota en el tiempo.

La diferencia entre el estado de ánimo y las emociones reside en tres aspectos: posee una mayor duración, menor intensidad, así como por un carácter difuso. En estos términos define Frijda el estado de ánimo como un estado afectivo no intencional, esto es, que no tiene por qué existir un objeto que lo elicite como en la emoción.

El criterio de globalidad o carácter difuso ha sido señalado por varios autores como el más característico del humor, en el sentido de que el humor carece de objeto o no tiene un objeto específico, de tal modo que una emoción también puede convertirse en humor cuando deja de focalizarse la atención en el objeto emocional, quedándose sin objeto o siendo éste inespecífico.

El humor tiene un efecto directo sobre el sistema cognitivo del individuo. La persona que lo experimenta se vuelve más sensible a determinados tipos de información, así como más susceptible a unos recuerdos frente a otros. Mientras que el estado de ánimo tiene efectos fundamentalmente cognitivos, la emoción repercute en la acción inmediata, su papel es claramente motivacional. Por ejemplo, los sujetos bajo un estado de ánimo depresivo ven más accesible el procesamiento de los estímulos congruentes con dicho estado, mientras que ven difícil procesar los estímulos opuestos (por ejemplo, recordar acontecimientos felices).

El humor y la emoción interactúan dinámicamente. Las emociones pueden conducir a un humor determinado, así una experiencia emocional de muy alta intensidad cuya expresión emocional se ha inhibido aumenta las probabilidades de experimentar un humor específico (por ejemplo, si se reprime la ira, es probable la aparición de un estado de irritabilidad). El humor también puede ser producido por cambios hormonales. Por otra parte, el humor puede alterar la probabilidad de que se desencadene una emoción particular. Sin embargo, carecemos de datos sistemáticos sobre la forma en que se producen estos cambios.

Se han señalado otras características diferenciales, tales como que la emoción tiene una expresión facial, mientras que el estado de ánimo no, así como que bajo un determinado estado de ánimo una persona se ve condicionada a la hora de regular un episodio emocional. Por ejemplo, bajo un estado de ánimo irritado, una situación que desencadene la emoción de ira será más intensa y menos controlada, es decir, el estado de ánimo puede incrementar la sensibilidad para sentir ciertas emociones congruentes con dicho estado de ánimo.

Emoción y estado de ánimo se diferencian también en el grado de activación fisiológica y cortical que provocan. Así, mientras que en la emoción aparecen intensos estados de activación cortical que conducen al organismo hacia una acción inmediata –activación fásica–, en el estado de ánimo se da un estado más sostenido, a la vez que menos intenso, que mantiene al individuo más responsivo a la estimulación –activación tónica–.

La emoción

El concepto de emoción se utiliza en la psicología teórica de al menos tres maneras diferentes:

1. Síndrome emocional.
2. Estado emocional.
3. Reacción emocional.

Un síndrome emocional es lo que comúnmente se experimenta durante una emoción: ira, tristeza, miedo, etc. Este término tiene un sentido tanto descriptivo como prescriptivo. Por ejemplo, el síndrome de ira describe y prescribe qué persona puede o debe experimentarla cuando está encolerizada o disgustada.

Cuando hablamos de estado emocional, nos referimos a una forma breve, reversible (episódica) en la que aparece una disposición a responder de una manera representativa que se corresponde al síndrome de ira.

Por último, una reacción emocional es el conjunto de respuestas manifestadas por un individuo en un estado emocional; esas respuestas incluyen expresiones faciales, cambios fisiológicos, conductas directamente observables y experiencias subjetivas.

Las emociones son fenómenos complejos que se pueden manifestar simultáneamente a través de tres tipos de componentes: el neurofisiológico-bioquímico, el conductual-expresivo y el cognitivo-experiencial. La emoción tiene una menor duración que el humor, siendo fruto de la relación concreta de la persona con el ambiente; en otras palabras, son fenómenos que pueden caracterizarse como "intencionales", puesto que suponen una relación sujeto-objeto. La causa de la emoción está, por tanto, más cercana en el tiempo, por lo que describe la relación concreta del sujeto con su medio ambiente en el momento presente.

El sentimiento

El sentimiento ha sido recogido en ocasiones como el componente experiencial subjetivo de la emoción, refiriéndose a la evaluación que el individuo realiza tras un evento emocional. Así, los términos "sentimiento" y "emoción" han sido utilizados indistintamente (por ejemplo, se dice «Me siento triste", de la misma manera que se afirma "Estoy triste").

Los sentimientos, también llamados "actitudes emocionales", son también explicados como una predisposición de los individuos a responder afectivamente ante cierto tipo de acontecimientos. Un sentimiento propicia la emoción de dos maneras:

1. Un sentimiento consiste en una disposición cognitiva a valorar un objeto de una manera particular, de modo que la valoración se produce de manera similar a como se hace durante una emoción.
2. Los sentimientos son disposiciones a tratar un objeto de manera similar a como lo hacemos durante la experiencia emocional, constituyen motivaciones latentes que pueden llegar a ser manifiestas ante la confrontación real con el estímulo emocional.

Las funciones de la emoción

La mayoría de los investigadores acepta la función adaptativa de la emoción valorando su origen filogenético. Es éste uno de los postulados fundamentales de la orientación biológica de la emoción, si bien lo comparte en gran medida también con la orientación cognitiva, para ambas, las emociones son formas de conductas que cumplen una función adaptativa. A pesar de ello algunas de las manifestaciones concretas de la respuesta emocional pueden no ser adaptativas.

El planteamiento en torno a si las emociones son o no adaptativas puede hacerse de manera inversa, ¿es disfuncional inhibir la emoción? A este respecto existen diversas aportaciones que muestran los efectos de la inhibición o represión de las emociones, tanto en el ámbito fisiológico como psicológico.

Scherer entiende que la función de las emociones es la detección y preparación de los sistemas de respuesta en las especies y organismos que pueden percibir y evaluar un amplio rango de estímulos ambientales. Para Scherer las principales ventajas de la emoción estriban en que:

1. A medida que aumenta la intensidad emocional también lo hace la velocidad con la que respondemos a los estímulos emocionales. Éste es

uno de los mecanismos que más potentemente contribuyen a la adaptación, lo que provoca que se actúe con impulsividad bajo condiciones emocionales muy intensas; tal vez por ello se diga que las emociones son algo "irracional". No obstante, la conducta emocional puede ser considerada paradójicamente racional en situaciones de emergencia.
2. La respuesta emocional resulta apropiada al estímulo y es ejecutada con extrema rapidez, permitiendo preservar las ventajas de la velocidad asociadas a las respuestas automáticas de especies filogenéticamente primitivas.

Además, las emociones cumplen diversas funciones, entre las que destacamos:

1. *Funciones intrapersonales.* Las emociones permiten: (1) coordinar los sistemas de respuesta subjetivos, fisiológicos y conductuales, (2) modificar el modo habitual de comportarse, activando conductas que pueden estar inhibidas normalmente (el miedo puede hacer que una persona valiente se acobarde, al igual que la ira puede hacer que un pacifista sea violento). La emoción puede hacer que, en un momento, por encima del aprendizaje y la cultura, emerjan respuestas adaptativas. Las emociones permiten asi mismo (3) proveer de un soporte fisiológico para conductas tales como la retirada y la lucha (4), y favorecen el procesamiento de la información, facilitando al individuo infinitas posibilidades de acción para adaptarse a las demandas ambientales.

2. *Funciones interpersonales.* A su vez, las emociones tienen diversas funciones interpersonales: (1) permiten comunicar y controlar: la cara, los gestos, la voz y las posturas cumplen importantes funciones de comunicación de nuestro estado emocional a los otros. El valor de estas funciones es doble: nos permiten comunicar a los demás cómo nos sentimos y al mismo tiempo regulan la manera en que los demás reaccionan ante nosotros; (2) las emociones pueden facilitar la interacción social y al mismo tiempo la expresión de determinadas emociones puede provocar el rechazo por parte de otros individuos.

3. *Las emociones motivan.* La emoción cumple una función motivacional ante los eventos que implica la movilización de recursos (activación); por ejemplo, el miedo, presumiblemente, motiva a la acción para autoprotegerse ante un acontecimiento, o para prevenir y anticiparnos a un acontecimiento que podemos entender como potencialmente lesivo.

Esta interpretación no parece aplicable a todas las emociones. Veamos un ejemplo: inicialmente la función de la tristeza parece que no sea primariamente motivacional, sin embargo, también podemos entender que la tristeza cumple la función de la llamada de atención o la solicitud de ayuda (por ejemplo, llorar para expresar la tristeza pidiendo ayuda). En este contexto, la función social-motivadora de las emociones es indudable: las emociones se desenvuelven en un contexto social y son elicitadas por acontecimientos ambientales; provocan también una actividad relacional, ya que nos aproximan o dificultan la interacción social. Por ejemplo, la vergüenza o la culpa cumplen una función reguladora de la motivación social, provocando conductas prosociales que previenen su ocurrencia. En este sentido la función de ambas emociones sería la anticipación y prevención, y en último, extremo la coherencia y prudencia en las relaciones interpersonales. Como vemos, las emociones están dirigidas a un fin, y a su vez cumplen funciones motivacionales de regulación social.

4. *Las emociones permiten comunicar.* Según Schwarz y Clore, la función principal de las emociones es proporcionar información personal; comunicar a otros individuos mediante la expresión facial, el tono de voz, y otros signos, sobre nuestro estado afectivo. Desde esta óptica, la expresión de la emoción es funcional o disfuncional dependiendo de cuál es el valor de la información que se transmite al otro.

Las emociones no sólo comunican a los demás cómo nos sentimos, sino que ante acontecimientos significativos actúan como un estímulo interno que alerta al organismo en torno a la necesidad de recabar información complementaria, por ello diversos tipos de situaciones están ligados a emociones específicas (por ejemplo, las señales de miedo para escapar ante un desastre inminente, o la aversión o repugnancia que se experimenta cuando se prueba un sabor amargo o ante un olor desagradable que advierte al organismo de la presencia de una sustancia potencialmente dañina).

5. *Las emociones son un índice de señalamiento (valoración) de la información.* Las emociones permiten que el sujeto valore un hecho como placentero o displacentero. La sensibilidad emocional supone un proceso general de valoración, por el que las emociones pueden ser entendidas como procesos que señalan la relevancia de ciertos estímulos; estas señales pueden ser relevantes para el bienestar del sujeto con relación a sus sistemas cognitivos y de acción.

Permiten detectar determinadas conexiones estímulos-respuesta, lo que resulta de utilidad para preservar la seguridad y bienestar, así como atender a aspectos relativos al fin de una situación, relacionados con el logro de un estado deseable –el individuo pone en funcionamiento determinados planes de acción cuando descubre una gran distancia entre su estado actual y el que desearía alcanzar–. Por último, las emociones son señales relevantes (positivas o negativas) en torno a eventos que han ocurrido.

Sin embargo, este énfasis en lo adaptativo, en lo funcional, contrasta con el concepto popular que enfatiza el papel disfuncional de la emoción. A este respecto, creemos que cada emoción es susceptible de ser interpretada individualmente como funcional o disfuncional. Por ejemplo, a la tristeza podemos atribuirle la función de conservación de recursos; así, cuando tras un esfuerzo prolongado no hemos tenido éxito, se reduce el esfuerzo o se produce un alejamiento o retirada que prepara una posterior estrategia más adaptativa. Esta característica sugiere un mecanismo diseñado para conservar la energía y administrarla eficientemente en todo el aparato psicobiológico. Sin embargo, en el caso de una fobia que puede aparecer ante situaciones u objetos inofensivos, podemos concluir que la emoción es desadaptativa y afuncional. Se considerará que las emociones pasan a ser disfuncionales según sean su intensidad, frecuencia, duración y aparición inapropiada.

En suma, aun aceptando la dimensión funcional de las emociones, debemos precisar también que:

a) Las consecuencias de la emoción no tienen por qué ser funcionales, puesto que pueden acarrear graves secuelas para el sujeto; así, en la ira, si su respuesta incluye agresión, puede conllevar efectos negativos para el individuo que agrede y obviamente para el que es objeto de dicha agresión.
b) Una conducta podría ser funcional a corto plazo y disfuncional a largo plazo, pero también podría ocurrir a la inversa (por ejemplo, la ira puede ser funcional, pero en ausencia del objeto y al prolongarse, puede ser muy negativa para el individuo que la experimenta).

El proceso emocional

El proceso emocional se compone de diversas fases: (1) evaluación de una situación antecedente; (2) cambios fisiológicos; (3) expresión motora; (4) efectos motivadores con tendencias hacia la acción; (5) sentimiento subjetivo, y (6) el afrontamiento.

La emoción, entendida fundamentalmente como un proceso, puede ser desencadenada tanto por condiciones internas como externas; tras la percepción de un desencadenante, se lleva a cabo el proceso de evaluación con funciones valorativas, se produce la activación emocional, compuesta por una experiencia subjetiva o sentimiento, una expresión corporal o comunicación no verbal, una tendencia a la acción o afrontamiento, así como por cambios fisiológicos que dan soporte a la respuesta global del sistema.

Por su parte, las manifestaciones externas de la emoción, sus efectos observables, están mediados por el bagaje experiencial del que nos ha provisto la cultura y el aprendizaje, los cuales ejercen una importante influencia sobre las manifestaciones emocionales. De tal forma que las experiencias subjetivas que recogemos mediante autoinformes pueden verse maximizadas, minimizadas e incluso reprimidas (por ejemplo, alguien nos empuja nos sentimos indignados y muy enfadados, sin embargo cuando lo miramos sonreímos); de igual forma, este filtro repercute también en las manifestaciones emocionales no verbales, en la conducta motora y en, menor medida, en las respuestas fisiológicas.

Las emociones pueden desencadenarse por muy diversas vías, tanto por procesos intra apersonales como interpersonales, en los que predominen bien los factores endógenos bien los exógenos, y más comúnmente la interacción de factores de origen neural, afectivo y cognitivo.

Desde una consideración multicausal de las emociones, pensamos que de entre los múltiples factores capaces de elicitar emociones prevalecen los estímulos que poseen una dimensión adaptativa, ya que las emociones son el fruto de miles de años de evolución, donde los principios biológicos de organización interactúan con los sociales y psicológicos.

La cultura ejerce también un importante papel mediador en los acontecimientos interpersonales e intrapersonales que anteceden a una emoción, ya que muchos de ellos son aprendidos socialmente.

Los estímulos capaces de desatar una emoción varían sobre todo en función de la demanda (principalmente sobre la base de las cualidades de urgencia y significación psicobiológica) de adaptación planteada al sistema, así como de las características propias del sistema individual. Paralelamente, el proceso está determinado también por el nivel de desarrollo de las capacidades evaluativo-cognitivas, tanto filogenética como ontogenéticamente.

Diversas "familias" o "núcleos" de estímulos serían capaces, posiblemente con carácter universal, de elicitar una respuesta afectiva. De estos estímulos prevalecerían algunas características especialmente significativas: (1) la novedad, la rareza o la incertidumbre ante un estímulo presente en el entorno; (2) su carácter placentero o displacentero, (3) la existencia de obstáculos relativos a la capacidad o incapacidad de control situacional, y (4) la compatibilidad del estímulo con las normas (tanto personales como del grupo) y el autoconcepto del sujeto. Como vemos, los desencadenantes irían, desde un nivel más primitivo, adquiriendo paulatinamente mayor grado de complejidad y sofisticación, implicando, a su vez, la participación de la cultura y el aprendizaje en su desencadenamiento.

A nivel filogenético sabemos que todas las especies con capacidad de aprendizaje –especialmente los mamíferos– se caracterizan por la función de evaluar constantemente el entorno y sus relaciones con él en relación con el mantenimiento de su bienestar. Las criaturas más biológicamente avanzadas e inteligentes, las más complejas, realizan evaluaciones más refinadas y sutiles que los organismos simples. Estos procesos permiten responder selectivamente a los estímulos que pueden provocar daño, amenaza, o por el contrario, beneficios, y permiten al organismo, en última instancia, elaborar estrategias a largo plazo que le ayuden a enfrentarse a las situaciones más próximas, así como anticiparse a las condiciones futuras.

A nivel ontogenético, el desarrollo de procesos emocionales está ligado a la maduración de los mecanismos y estructuras neurales que sustentan la emoción. Será a lo largo del desarrollo cuando se estructuren, con el concurso del aprendizaje y la propia historia personal, los patrones de evaluación y respuesta a las emociones, siguiendo el curso madurativo propio de nuestra especie.

Para que cada uno de estos antecedentes se constituyan en precursores de la emoción es preciso valorar la situación en función de parámetros afectivos. Este proceso no consciente, ni propositivo, se desarrolla en periodos que no exceden habitualmente de milisegundos, lo que asegura su origen innato.

La "respuesta de orientación" podría corresponderse con este primer nivel de análisis de la información, representando básicamente un índice del señalamiento de la información capaz de favorecer el estado de preparación preemocional. Este proceso facultaría para responder de forma rápida y eficaz a las situaciones y estímulos significativos a los que alude Ekman: la anticipación del daño y el dolor físico, la respuesta a los movimientos y ruidos súbitos desconocidos, a la pérdida de soporte e inestabilidad física, a la sorpresa, a una caricia.

Cuando los estímulos son más complejos, las respuestas dadas por los individuos están determinadas por la cultura; aunque los mecanismos de sensibilidad afectiva están modulados en cada cultura por acontecimientos propios que para nuestros antepasados han sido significativos, confiriendo cierto grado de especificidad a los antecedentes del proceso emocional en cada grupo social.

Entre los factores interpersonales, se acepta que los factores socioculturales afectan a la forma en que las personas responden a las situaciones y experimentan las emociones. Los procesos educativos y de socialización, las estructuras de valores, las normas y prescripciones morales, a la vez que constituyen procesos que unifican socialmente las emociones, permiten en cierta medida explicar las diferencias individuales en los patrones de respuesta emocional, su expresión y su regulación.

Un aspecto en el cual la cultura ha mostrado ejercer una importante función moduladora sobre las emociones es en el control o regulación de su expresión. La regulación incluye tanto el control inhibitorio como la amplificación voluntaria de la expresión emocional. Es decir, cada cultura tiene normas y reglas sobre cómo y cuándo se deben controlar las emociones, o bien expresarlas libremente; posiblemente es en el aspecto expresivo donde se observan las principales diferencias entre las culturas.

La multidimensionalidad de la respuesta emocional

Las respuestas emocionales humanas son fenómenos multidimensionales que abarcan cogniciones (sentimientos, memorias, evaluaciones); reacciones viscerales, humorales e inmunológicas; gestos, vocalizaciones y manifestaciones expresivas; orientaciones posturales y conductas manifiestas o combinaciones de éstas. Implican, por tanto, al organismo en su totalidad.

En este sentido una contribución importante al desarrollo de la psicología de la emoción fue la teoría propuesta por Lang, en la que se afirma que la emoción se expresa de manera casi simultánea mediante tres sistemas de respuesta. Los componentes de esta tríada se corresponden con las respuestas cognitivas, fisiológicas y motoras o conductuales. La escasa relación entre los resultados de la evaluación de una emoción mediante estos tres sistemas –fenómeno denominado fraccionamiento de respuesta– ilustra el funcionamiento relativamente independiente de éstos. Esta concepción de la respuesta emocional ha supuesto importantes cambios en su evaluación, así como en la etiología y tratamiento de los trastornos emocionales.

Los aspectos y patrones diferenciales de las respuestas emocionales en función del género constituyen uno de los temas más estudiados en los últimos tiempos. La mayoría de investigaciones apuntan a que las mujeres son más emocionales que los hombres cuando se utilizan medidas de autoinforme o medidas conductuales de tipo gestual, si bien son menos claros y más inconsistentes los resultados hallados con medidas psicofisiológicas, donde podemos encontrar resultados contradictorios.

Es muy posible que los varones y las mujeres aprendan diferentes reglas para la expresión de la emoción debido fundamentalmente a ciertos estereotipos culturales. En efecto, la expresión de la emoción parece estar más socializada encontrándose que los varones aprenden métodos efectivos del control de sus emociones que tienen una repercusión muy importante en el componente expresivo de la emocionalidad, a modo de una mayor supresión de este tipo de respuestas.

En suma, los resultados de diferentes investigaciones apoyan la idea de que las mujeres son, en términos generales, más reactivas que los hombres. Sin embargo, no queda claro que estas diferencias se produzcan en todos los sistemas de respuesta, ni que exista un nivel de concordancia entre las mismas.

La *experiencia subjetiva* se refiere a las sensaciones o sentimientos que produce la respuesta emocional, cuya principal temática es el placer o displacer que se desprende de la situación.

Así, en el caso del miedo, se genera aprensión, desasosiego y malestar. Su característica principal es la sensación de tensión, preocupación y recelo por la propia seguridad o por la salud, habitualmente acompañada por la sensación de pérdida de control.

En el caso de la ira, se producen sentimientos de irritación, enojo, furia y rabia; también suele ir acompañada de obnubilación, incapacidad o dificultad para la ejecución eficaz de los procesos cognitivos y focalización de la atención.

La tristeza produce sentimientos de desánimo, melancolía, desaliento y pérdida de energía; focaliza la atención en las consecuencias de la situación en el ámbito interno y es una aflicción o una pena que da lugar a estados de desconsuelo, pesimismo y desesperación que desencadenan sentimientos de autocompasión.

La *expresión corporal* se refiere a la comunicación y exteriorización de las emociones mediante la expresión facial y otra serie de procesos de comunicación no verbal tales como los cambios posturales o la entonación. Además, la expresión emocional cumple otras funciones como la de controlar la conducta del receptor, ya que permite a éste anticipar las reacciones emocionales y adecuar su comportamiento a tal situación.

La expresión facial de la respuesta emocional de miedo se caracteriza por la elevación y contracción de cejas y de párpados, tanto superior como inferior, y tensión en los labios.

En el caso de la ira, su expresión facial se caracteriza por unas cejas bajas, contraídas y en disposición oblicua, tensión del párpado inferior y una mirada prominente.

Por último, en el caso de la tristeza, la expresión facial está caracterizada por el descenso de los ángulos inferiores de los ojos y de las comisuras de los labios, además la, piel de las cejas se triangula.

El *afrontamiento* se refiere a los cambios comportamentales que producen las emociones y que hacen que las personas se preparen para la acción, es decir, para el conjunto de esfuerzos cognitivos y conductuales, que están en un constante cambio para adaptarse a las condiciones desencadenantes, y que se desarrollan para manejar las demandas, tanto internas como externas, que son valoradas como excedentes o desbordantes para los recursos de la persona. El afrontamiento es, por lo tanto, un proceso psicológico que se pone en marcha cuando en el entorno se producen cambios no deseados o estresantes, o cuando las consecuencias de estos sucesos no son las deseables.

La principal preparación para la acción de la respuesta emocional de miedo es la facilitación de respuestas de escape o evitación ante situaciones peligrosas. Si la huida no es posible o no es deseada, el miedo también motiva a afrontar los peligros. En cualquier caso es una respuesta funcional que intenta fomentar la protección de la persona.

Las respuestas de tipo fisiológico se refieren a los cambios y alteraciones que se producen en el sistema nervioso central, periférico y endocrino. De todos estos cambios, los más estudiados son los producidos en los sistemas somático y autónomo.

Los principales cambios fisiológicos de la respuesta emocional de miedo tienen su efecto sobre el sistema nervioso autónomo, en forma de respuestas fásicas, y se concretan en importantes elevaciones de la frecuencia cardiaca; de la presión arterial sistólica y diastólica; de la salida cardiaca; de la fuerza de contracción del corazón; de la conductancia de la piel, que es un indicador de descargas de la rama simpática del sistema nervioso autónomo, con incrementos tanto en su nivel general, como en el número de fluctuaciones espontáneas. Reducciones muy marcadas en el volumen sanguíneo y la temperatura periférica, como indicadores de una importante vasoconstricción, lo que es especialmente evidente en la palidez de la cara, produciendo la típica reacción de miedo de quedarse "helado" o "frío". Asimismo, se producen efectos sobre el sistema somático tales como elevaciones fásicas en la tensión muscular, que generalmente afecta a todo el cuerpo, y aumentos de la frecuencia respiratoria, acompañados de reducciones en su amplitud; es decir, se produce una respiración superficial e irregular. Todo ello favorece en un primer instante la sensación de "paralización" o "agarrotamiento", y seguidamente proporciona el tono muscular adecuado para iniciar una huida o evitación de la situación desencadenante.

El miedo puede desembocar en ataques de pánico que son condiciones extremas de "bloqueo" acompañadas de una actividad fisiológica inusual que implica hiperventilación, temblores, mareos y taquicardias, así como sentimientos altamente catastrofistas y de pérdida total del control de la situación.

Determinantes sociales y culturales de la emoción

La estructura social y la cultura determinan el sentimiento subjetivo de bienestar de sus miembros y su valoración sobre la vida. Aunque en todas las culturas la mayoría de las personas manifiestan estar satisfechas con su vida y experimentan más frecuentemente emociones positivas que negativas, las personas de países más desarrollados (de mayor riqueza, más nivel educativo y mayor esperanza de vida) experimentan más frecuentemente emociones positivas y menos negativas, que aquellos que viven en países menos desarrollados –este fenómeno se ha constatado comparando personas de diferentes naciones que tienen un nivel social y educativo similar (estudiantes universitarios)–. La mayor calidad de vida asociada al desarrollo produce una tonalidad más positiva de las emociones experimentadas, un mayor bienestar afectivo.

Si los países desarrollados tienen una media bastante más alta de frecuencia de emociones positivas que los países más pobres, dentro de cada nación las personas más ricas muestran un ligero mayor bienestar. La asociación entre riqueza y bienestar emocional es mayor en el ámbito colectivo que individual.

Las culturas que aceptan como legítimas las fuertes diferencias de poder entre las personas, como las latinas europeas (Francia, por ejemplo), asiáticas (Malasia, por ejemplo) o de América (Guatemala, por ejemplo) tienen una mayor frecuencia de emociones negativas y una menor frecuencia de emociones positivas, que las personas de culturas en las que las relaciones son más igualitarias, como ocurre en Costa Rica o Dinamarca. Generalmente las culturas denominadas de alta distancia jerárquica se caracterizan por una fuerte desigualdad de ingresos entre los más ricos y los más pobres. La asimetría de las relaciones sociales es la fuente de estrés que explica el menor bienestar de las culturas de mayor distancia jerárquica. Las culturas denominadas "femeninas" que enfatizan la importancia de la cooperación, la modestia y el apoyo a los más débiles, como Costa Rica y los países escandinavos, muestran mayor bienestar que las culturas "masculinas", como Estados Unidos y México, que enfatizan la competición, la recompensa material y la dureza. El mayor apoyo social y las menores exigencias de las culturas "femeninas" y el menor apoyo y las mayores exigencias en las culturas "masculinas" son los procesos que probablemente producen estas diferencias del bienestar subjetivo.

La cultura también influencian en el nivel de activación o intensidad emocional experimentado por los individuos. Las culturas individualistas, como la anglosajona (Estados Unidos, Canadá, Australia y Reino Unido) y la europea occidental, que valoran los aspectos internos y autónomos de las personas, refuerzan la vivencia de intensidad emocional subjetiva. Las culturas de tipo colectivista, como las de América Latina, África y Asia, que enfatizan la pertenencia al grupo, la familia extensa y las normas y obligaciones derivadas de las relaciones a largo plazo con el grupo de pertenencia, manifiestan menor intensidad emocional subjetiva.

Las personas individualistas orientan más la atención hacia sus reacciones internas, piensan más sobre ellas y les dan más importancia a la hora de tomar decisiones, de esta forma intensifican sus estados emocionales –sabemos que atender y pensar repetidamente sobre una emoción refuerza su intensidad–. En cambio, las culturas colectivistas se guían más por las reglas obligatorias de relación con otros, por las acciones abiertas, por lo que atenden y reflexionan más sobre su interacción con los otros que sobre sus reacciones internas (alejar la atención y el pensamiento de una reacción afectiva tiende a disminuir su intensidad).

Las culturas que consideran aceptables y legítimas grandes diferencias de poder y estatus percibes en sí mismas y en otros individuos menos intensidad emocional, en particular negativa. En estas culturas en las que el respeto y las normas de control son muy importantes se desaprueban las emociones –se considera menos aceptable la expresión pública emocional–, por lo que las personas aprenden a reprimir e inhibir sus emociones. Esto ocurre pese a que la frecuencia de emociones negativas es más alta en las culturas de alta distancia jerárquica.

En las culturas de baja distancia jerárquica, donde las relaciones son más igualitarias y se aceptan más las flaquezas, se sienten con más intensidad las emociones. Las personas de culturas igualitarias tienen una imagen de sí menos "dura" o masculina, por lo que probablemente aceptan más las respuestas emocionales. Las personas de culturas con fuertes diferencias de estatus y poder tienen una imagen de sí más "dura" y aceptan menos las respuestas emocionales. Estas diferencias se reflejan tanto en la frecuencia como en la intensidad de las reacciones corporales asociadas a las emociones.

La expresión verbal (hablar animadamente cuando se está alegre, en tono bajo cuando se está triste, chillar cuando se está enfadado), no-verbal o facial y motora (sonreír cuando se está alegre, apretar los puños y fruncir el ceño si se está enfadado) y la conducta emocional (aproximarse y compartir en alegría, alejarse cuando se está triste, agredir si se está enfadado) también son aspectos de las emociones influenciados por la cultura.

Las culturas individualistas e igualitarias consideran más aceptable la expresión pública de las emociones y valoran más que la persona exprese sus estados internos, por lo que las personas de estas sociedades expresan y actúan de forma más emocional. La inhibición emocional es más típica de las culturas asiáticas, de tipo confuciano budista, que aprecian la armonía y el equilibrio y en las que las emociones no son muy valoradas. Las culturas colectivistas africanas, americanas y del Mediterráneo se caracterizan por la expresión emocional fuerte de emociones positivas, ya que en ellas la sociabilidad y simpatía son valoradas. Las personas de cultura con fuertes asimetrías de estatus aceptadas no expresan abiertamente sus emociones, en particular negativas, porque hacerlo ante personas que disfrutan de mejor situación o igual constituye una falta de respeto y amenaza la armonía social. Las personas que viven en culturas "femeninas" o cooperativas también expresan más sus emociones. Tienen una imagen de sí más expresiva, y hombres y mujeres tienden a expresar sus emociones, lo que no se considera signo de flaqueza. Son, pues, personas de una mayor expresividad emocional. Por ejemplo, las mujeres españolas o chilenas, de culturas más "femeninas" expresan más físicamente sus emociones y actúan más conforme a sus estados afectivos que las mujeres belgas o mexicanas, de culturas más "masculinas".

La cultura también influye en el contenido de la expresión verbal de las emociones, es decir, los conceptos que definen las emociones y las creencias que existen sobre ellas. Las culturas individualistas favorecen la expresión emocional psicológica, mientras que las colectivistas refuerzan una expresión somática y relacional de las emociones.

En las primeras, la depresión se expresa con culpa y sentimientos subjetivos negativos, mientras que en las segundas se expresa más con sensaciones físicas (dolor de cabeza, etc.). También se valora menos la expresión verbal y la revelación de estados emocionales internos en las culturas colectivistas (lo importante es lo que se hace, no lo que se siente). En las culturas colectivistas asiáticas "el silencio es de sabios" y no está bien visto el hablar en exceso. En cambio, en algunas culturas individualistas se valora la extroversión y el hablar bien, aunque esto ocurre también en las culturas colectivistas africanas, americanas y del Mediterráneo, donde la retórica y la expresión emocional intensa son muy apreciadas.

Se han encontrado diferencias en el grado en que los lenguajes incluyen conceptos y creencias sobre las emociones. Algunas culturas tienen lenguajes con mayor riqueza de conceptos y creencias emocionales que otras. Una cultura puede poseer muchas creencias y conceptos somáticos y pocos psicológicos o mentales, y sin embargo tener una gran riqueza de conocimiento de sentido común de las emociones. Es frecuente que el lenguaje y las creencias sobre las emociones negativas estén más desarrollados que sobre las positivas. Los estados y hechos negativos producen mayor impacto en el pensamiento y se tiende más a buscar conocerlos y controlarlos, por ende hay un lenguaje más rico sobre ellos.

Algunas sociedades no tienen conceptos ni un lenguaje desarrollado sobre ciertas emociones –en algunas culturas del Pacífico, por ejemplo, ocurre esto con la emoción de la tristeza–. Cuando las personas experimentan una pérdida, la expresan y sienten como estado físico («me siento cansado», en vez de estoy triste porque me dejó mi pareja). Otras culturas tienen un lenguaje muy desarrollado sobre emociones que no deben sentirse y que son rechazadas, porque cuestionan los valores culturales. Esto ocurre, por ejemplo, con el enojo en el caso de los esquimales o inuits, que valoran la cooperación y rechazan los conflictos entre personas, aunque aceptan la violencia contra los animales. Esto no quiere decir que en estas culturas no existan o no se sientan estas emociones, sino que probablemente se inhiban más, ya sea por falta de elaboración en el primer caso de la tristeza, o por supresión y fuerte control de ellas, en el caso del enojo.

Se ha argumentado que, dado que los mismos conceptos emocionales no se encuentran en todas las culturas y que el significado de las causas y efectos de las emociones son diferentes, existirían distintos estilos emocionales. Sin embargo, una serie de síndromes emocionales se recogen como conceptos en la mayoría de los lenguajes, y las causas y reacciones de conducta de las emociones más simples (enojo, tristeza, miedo, alegría) se constatan en muchas culturas. Esto no obsta para que el sentido de algunas emociones y sentimientos más elaborados sean distintos y con elaboraciones diferentes en las grandes áreas culturales. Así, por ejemplo, la vergüenza en la India tiene una connotación positiva de respeto de la segregación de sexos, y el amor pasional tiene una connotación negativa, de cuestionamiento del orden cultural, en China.

Finalmente, la cultura también influye en la forma en como se afrontan o regulan las emociones y también en si ello se hace a menudo o no. Las culturas individualistas afrontan más las emociones, porque estas son más intensas. Lo contrario ocurre con las personas de cultura colectivista, donde las emociones se sienten menos intensamente y donde predominan los aspectos prosociales de la experiencia emocional. Las personas de cultura colectivistas y de alta distancia jerárquica enfatizan más la modificación de sí mismo o adaptación de la persona a la situación (por ejemplo, optan por ignorar la situación, aguantar o hablarse a sí mismo para calmarse). Las personas de cultura individualista aplican menos este tipo de control de sí mismo en situaciones emocionales y se orientan más a modificar el medio o a controlar directamente el entorno. Las personas de cultura colectivista y que legitiman las diferencias de estatus se caracterizan por un estilo de afrontamiento de las emociones más estoico, de represión e inhibición emocional y de adaptación al medio. Se sabe que la supresión y la distracción disminuyen la intensidad de la reacción emocional, por lo que la predominancia de este estilo de afrontamiento explica en parte la menor intensidad emocional de las culturas colectivistas y jerárquicas.

Las diferencias culturales se manifiestan de forma más clara en las reacciones subjetivas (mentales), expresivas y de afrontamiento que en las reacciones corporales. Además, se revelan más fuertemente en emociones más complejas (tristeza, enojo y alegría) que simples (como el miedo, vinculado a amenazas a la integridad física).

Hay menos datos que muestren que las diferencias subjetivas se traduzcan en diferencias en reacciones fisiológicas. El mayor apoyo social reduce las reacciones de conducta y subjetivas de la ansiedad, pero no disminuye el impacto fisiológico de una situación emocional negativa. Después de un hecho traumático, las personas de cultura colectivista y de alta distancia jerárquica muestran menor evitación afectiva y conductual. Coherentemente con lo antes descrito, manifiestan menos tratar de afrontar su miedo intenso evitando sentir y pensar sobre éste, así como evitando acercarse a lugares donde ocurrió el hecho traumático. Sin embargo, muestran con frecuencia similar a las personas individualistas reacciones de pensar repetidamente sobre el hecho traumático y una respuesta de hiperreactividad (fácil sobresalto, irritabilidad, problemas para dormir, etc.); ambas son respuestas más sencillas y con base fisiológica más directa. En otros términos, las diferencias en reacciones fisiológicas entre culturas serán aún menores que las existentes en conducta y reacción corporal percibida.

Las diferencias entre culturas se reproducen y son más fuertes entre clases sociales. Algunos estudios han mostrado que hay más similitudes que diferencias en cómo manejar las emociones de los niños entre personas de clase alta de naciones diferentes. Las personas de clase alta suelen tener mayores recursos, perciba, que controlan más el medio y son más individualistas, por lo que su emocionalidad es por lo general más intensa y expresiva, aunque exista un matiz de "buena educación". Las personas de clase popular tienen menos recursos, perciben que controlan menos el medio, utilizan un lenguaje más somático para expresar las emociones y muestran un perfil más parecido al de personas de culturas colectivistas.

La dinámica de la respuesta emocional

A continuación analizaremos la estructura temporal de la respuesta emocional. En términos generales implica un incremento rápido, que habitualmente dura menos de un minuto en la mayoría de los casos, seguido de un decremento responsivo relativamente lento. Después, la respuesta emocional puede durar horas, e incluso días, antes de volver la persona al estado basal previo a la aparición de la emoción. En el 50 % de los casos, si se pregunta al sujeto, el episodio emocional dura poco más de una hora, aunque sus consecuencias puedan notarse días; en concreto, el periodo de rumiación (pensamiento repetitivo e involuntario relacionado con el estado emocional) suele durar una media de once horas aproximadamente.

Existen interesantes relaciones entre la magnitud del acontecimiento vivido y los aspectos temporales de la respuesta emocional. En primer lugar, esta relación sigue una forma de "U" invertida, la mayoría de las emociones elicitan este patrón de respuesta inmediato, donde el pico se alcanza enseguida y va decreciendo paulatinamente su intensidad. Una explicación de este hecho es que la demanda de adaptación que suscita la atención tiene un carácter de urgencia, de ahí que se desarrolle de manera tan rápida; por el contrario, en las situaciones ambiguas o muy complejas que implican periodos relativamente prolongados de evaluación, el pico de intensidad se produce después y disminuye más lentamente.

A pesar de que el pico de respuesta (intensidad) puede ser relativamente común a diversas respuestas emocionales, es en la duración donde aparecen diferencias más patentes. Se atribuye a los procesos de rumiación un papel fundamental en la duración de la respuesta emocional, ya que el procesamiento que requiere volver a examinar el evento emocional, y los recursos atencionales que implican hacen que el episodio sea más duradero en el tiempo.

Existen notables diferencias individuales en los patrones temporales de respuesta en función de la valencia de la emoción. Se estima que los procesos rumiativos son mucho más duraderos en las emociones negativas que en las positivas, las cuales se desvanecen en el tiempo antes. En la figura 2 se representan los parámetros espacio-temporales típicos de las emociones positivas y negativas; puede apreciarse cómo las emociones negativas duran más tiempo que las positivas.

Las interpretaciones a este hecho pueden atribuirse tanto al efecto de la rumiación como a las consecuencias diferenciales de ambos tipos de emociones; mientras que las emociones positivas habitualmente poseen una di-

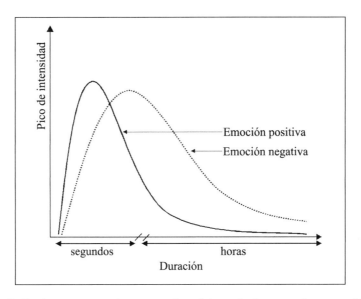

Figura 2. Parámetros espacio-temporales típicos de las emociones positivas y negativas.

mensión motivacional ligada al logro, y por tanto tras su consecución precisan poca elaboración, en las negativas, el bloqueo ligado a la consecución del objeto hace preciso elaborar planes que permitan su consecución, con lo que la dimensión displacentera se prolonga en el tiempo. En el caso de las emociones mixtas (por ejemplo, la ansiedad al hablar en público en un acto que nos resulta muy satisfactorio), suelen observarse niveles medios de afecto.

Por último, respecto a las características espacio-temporales de emociones específicas, existen diferencias estables en la duración y periodo de rumiación en al menos cinco emociones: alegría, orgullo, ansiedad, ira y tristeza. De ellas, las de más corta duración son el orgullo y la ira, que no suelen durar más de media hora; la felicidad suele superar una hora de duración en el 60 % de los autoinformes; por su parte, la ansiedad y la tristeza pueden durar horas, y en el 30 % de los casos duran más de varios días, e incluso semanas.

Las emociones no deben ser consideradas como fenómenos discretos, sino continuos, por lo que en su estudio debe ser tenida en cuenta la dimensión relativa a su duración. Fridja y sus colaboradores analizan la estructura temporal sobre la base de tres parámetros:

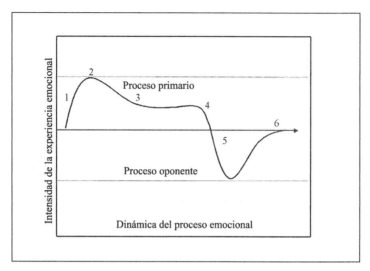

Figura 3. Dinámica de la respuesta emocional.

1. Tiempo de incremento: periodo de tiempo transcurrido entre el desencadenamiento de la emoción y el momento en que ésta alcanza su máximo nivel de intensidad.
2. Duración: tiempo transcurrido desde que se alcanza el punto máximo de intensidad hasta que se produce el retorno a la línea base.
3. Rumiación: periodo durante el cual el sujeto valora el suceso que ha provocado la emoción, así como sus consecuencias.

Los datos obtenidos por estos autores revelan que, en general, la organización temporal de una respuesta emocional conlleva un breve tiempo de ascenso o incremento (que dura menos de un minuto en la mayoría de los casos), seguido de una caída de intensidad relativamente lenta.

Durante el episodio emocional, el nivel de intensidad fluctúa en el tiempo, las fases más agudas y las menos agudas se suceden, como han descrito Solomon y Corvitt. Durante las fases agudas las tendencias motoras, la activación fisiológica, la actividad expresiva y la interferencia con otras tareas es pronunciada; durante las fases menos agudas, el estado del sujeto puede caracterizarse como humor o estado de ánimo consecuente y congruente con la emoción que le antecede, aunque teniendo en cuenta que un objeto puede convertirse en el foco de atención o puede ser reinstalado como tal en cualquier momento. Tras alcanzar el máximo nivel de intensidad en la respuesta emocional, pueden transcurrir horas hasta que la persona estabilice sus niveles basales habituales de activación.

Como puede apreciarse en la figura 3, la dinámica de la respuesta emocional se compone de una fase inicial de incremento de la intensidad (1), un pico de intensidad (2), un periodo de meseta o de adaptación (3) que desemboca en una fase pronunciada de decremento de intensidad, un proceso emocional oponente inverso (5) de valencia hedónica opuesta en intensidad, más lento y de menor intensidad que el primario, y que finaliza (6) al recobrarse los niveles basales de estabilidad pre-emocional.

Con el paso del tiempo y al repetirse la estimulación emocionalmente activadora, la reacción emocional primaria será menor, sin embargo, su ausencia repentina provocará una reacción posterior afectiva y un proceso oponente inverso cada vez mayor. Esta intensificación de la reacción oponente sería el mecanismo responsable de la tolerancia o disminución de la reacción emocional primaria por experiencia repetida con el estímulo.

Bibliografía

A. Echebarría y D. Páez (1989), *Emociones: perspectivas psicosociales.* Madrid: Fundamentos.

P. Ekman y R.J. Davidson (eds.), *The nature of emotion.* Oxford: Oxford University Press.

E.G. Fernández-Abascal y F. Palmero (1999), *Emociones y salud.* Barcelona: Ariel.

G. Hofstede (1991). *Cultures and organizations.* Londres: McGraw Hill.

M. Lewis y J.M. Haviland (eds.), *Handbook of Emotions.* Nueva York: Guilford Press.

D. Paez y M. Casullo (2000), *Cultura y Alexitimia: ¿cómo expresamos lo que sentimos?* Buenos Aires: Paidós.

5. LA EMOCIÓN CONOCE COSAS QUE LA RAZÓN DESCONOCE: ¿PODEMOS RENTABILIZAR ESA SABIDURÍA?

Inmaculada León Santana
Universidad de La Laguna

La aspiración máxima cuando uno ya puede despegarse de la madre y empezar su andadura como personita es alcanzar la independencia, y que lo dejen a uno hacer y sentir por sí mismo. El problema en la siguiente fase es conseguir el dominio y el control de las emociones e impulsos. Finalmente, en la tercera fase (sin que necesariamente se hayan conseguido superar las anteriores), surge la cuestión de la identidad; es decir, simplemente (y casi nada) el entender nuestras emociones y aceptarlas sin fingimientos. En esta última fase quiero situar mi planteamiento, en la de entender algunas cuestiones sobre la lógica de funcionamiento de nuestras emociones que nos permita utilizarlas como vía de autoconocimiento.

Si bien durante muchos años la psicología se ha alimentado del sentido común para indagar en las emociones, en estos momentos está en condiciones de comenzar a devolver ese préstamo. Intentando extrapolar sus datos de investigación a la vida cotidiana, creo que la psicología puede hacer aportaciones útiles que ayuden a la mayoría de las personas a desentrañar la complejidad con que casi siempre se vive la experiencia emocional. Y ese es mi objetivo en esta exposición.

Es posible que los datos que he tenido que seleccionar resulten insuficientes o, quizá, no sean los más representativos. Es posible, también, que yo no acierte a exponerlos como me gustaría. En cualquier caso, tengo la convicción de que el tema del estudio de las emociones es uno de los más apasionantes que aborda actualmente la psicología, y no sólo por su interés académico, sino porque, como ya he dicho, es de los que mayor trascendencia pueden tener para el enriquecimiento de las personas.

En aras de ese objetivo, de cómo podemos utilizar el conocimiento de las emociones para un mejor conocimiento personal, y qué aportaciones puede hacer la psicología en este sentido, voy a articular esta presentación en torno a tres puntos:

1. En la primera parte quiero hacer una reflexión sobre por qué las emociones son una fuente de sabiduría;
2. En una segunda parte presentaré diversos procedimientos y evidencias de investigación.
3. Y finalmente, en una tercera parte, intentaré hacer una valoración de los datos presentados, tratando de mostrar su aplicación en el manejo cotidiano de las emociones.

Por qué las emociones son una fuente de sabiduría

Es bastante común la creencia de que de las dos formas de responder al mundo, la de la pasión y la de la razón, es la de esta última, la de la razón, la más evolucionada, la que nos permite explicar y predecir, y también comportarnos de forma civilizada. La emoción, por su parte, ha residido siempre en algún sitio en las antípodas de ese cerebro racional, muy vinculada a las reacciones corporales, y sin que en muchas ocasiones podamos entender su razón de ser y su forma de operar. En esa dicotomía razón-emoción, la emoción ha sido, sin duda, la menos comprendida y la que se ha llevado peores calificaciones.

Su carácter primitivo no le ha dado muy buena prensa en el mundo "civilizado". Tampoco, por su forma imperante de expresarse, las emociones se han revelado como nuestras mejores aliadas a la hora de presentarnos y responder a las exigencias sociales como personas adultas y maduras. Con frecuencia son ellas las que nos traicionan en esas circunstancias, ya que para operar no siempre requieren de nuestro consentimiento, más bien, son algo que nos sucede sin que lo planeemos.

Efectivamente, todos sabemos por experiencia propia que en ocasiones nuestras "corazonadas", nuestras intuiciones, sentimientos, deseos o impulsos irracionales, pesan más que nuestras lógicas razones. A éstas, en muchas ocasiones sólo les está reservada la engorrosa tarea (creyendo que comprenden) de tener que buscar luego argumentos para justificarnos ante el mundo, y también ante nosotros mismos, por el camino tomado. Podríamos decir que las emociones tienen su propia agenda, y que no siempre nos dan las razones por las que actúan.

Esa tan traída y llevada frase de Pascal de que «El corazón tiene razones que la razón desconoce», y que ha inspirado el título de este capítulo, creo que explica muy bien esa forma misteriosa en que actúan las emociones.

Hay una situación experimental relatada por Gazzaniga[1] en su trabajo con sujetos con el cerebro dividido que me parece guarda cierto paralelismo con lo que estoy explicando. A estos sujetos se les proyectaban órdenes impresas sólo al hemisferio derecho, que entiende pero no sabe comunicar con palabras lo que ha entendido. Al hemisferio izquierdo, donde reside el habla, no llegaba ninguna información. La orden que se presentaba era una orden sencilla como "camina". En este caso la respuesta del paciente era normalmente empujar la silla y disponerse a abandonar la zona donde se realizaban las pruebas. Cuando se le preguntaba a dónde iba, una respuesta habitual, según Gazzaniga, era: "Voy a tomar algo." El sujeto no conocía con el cerebro izquierdo, que era el que tenía que dar una explicación, el móvil del movimiento. Sobre la marcha tenía que afrontar la tarea de explicar ese comportamiento e improvisar algo razonable.

Nuestro cerebro racional y nuestro cerebro emocional también a veces se comportan, como aquí, como dos mentes distintas. En ocasiones, el sistema emocional actúa tomando la iniciativa acorde con sus propias evaluaciones y anticipándose con una respuesta que luego va a generar una responsabilidad y un compromiso de explicación a nuestra mente más racional.

Un análisis funcionalista de las cosas (es decir si algo existe, existe por algo), nos lleva al planteamiento de que alguna labor importante deben tener encomendada las emociones para que tengan esa ascendencia y ese peso sobre nuestro pensamiento y nuestra conducta.

En efecto, esa capacidad para influir y controlarnos no parece algo casual y gratuito. Todo el que haya leído *La inteligencia emocional,*[2] por citar un libro bastante conocido, habrá visto una exposición clara de la utilidad biológica que tienen nuestras emociones. Ellas nos permiten sobrevivir: el miedo nos protege de los peligros; la rabia nos hace enfrentar obstáculos o luchar por nuestro territorio; la tristeza hace que nos repleguemos en situaciones poco ventajosas para nosotros para no exponernos o malgastar recursos; el asco hace que nos apartemos de elementos nocivos o peligrosos para el organismo; el apego en los niños hace que se mantengan cerca de sus progenitores evitando así correr peligros. Con ser mucho, y ser casi todo en la garantía de nuestra supervivencia, en el objetivo de esta exposición, que es dar claves para nuestro autoconocimiento, vamos a centrarnos en otra utilidad de las emociones de sentido más psicológico, más allá de estas funciones biológicas.

Algunas funciones "psicológicas" de las emociones

Podríamos decir que el sistema emocional es el que se encarga de vigilar y evaluar constantemente cómo van nuestros asuntos e intereses. Su misión es escudriñar continuamente el ambiente para detectar todas aquellas situaciones en que pueda estarse librando alguna cuestión de relevancia para nosotros. Detecta los peligros y las oportunidades del ambiente antes de que nosotros nos hayamos percatado.

También conoce, más allá de lo que nosotros mismos nos reconocemos, nuestras necesidades, debilidades, deseos y metas. Su valoración del mundo se hará con esos parámetros y, en función de ellos, se decidirá la medida en que los eventos van a afectarnos. Posteriormente, las emociones harán de mensajeros o servicio de correos de este sistema emocional a los distintos subsistemas del organismo a los que movilizarán para dar una respuesta adecuada. En ese sentido, las emociones son las que reflejan con su acción (y nos dan la oportunidad de descubrirlo si aún no lo sabíamos) la importancia que comportan los sucesos del mundo para nosotros. Ellas nos informan sobre cómo van nuestros asuntos y su estado de satisfacción o, en otras palabras, sobre las cosas que nos afectan y las que no.

De esta manera, la función de las emociones es amplificar o intensificar nuestros motivos y nuestras experiencias, de tal manera que se conviertan en una señal de que una situación es muy significativa o relevante. Así, todo acontecimiento que nos produzca una emoción o sentimiento es una clave que nos está revelando la importancia que en algún sentido tienen esos hechos para nosotros.

Esencialmente nuestras emociones ponen de manifiesto dos o tres cuestiones muy básicas que los seres humanos (también los animales superiores) queremos proteger. Suelen tener que ver con la supervivencia física (la salud), con nuestra imagen social (sentirse evaluado o posicionado socialmente), o con las relaciones afectivas (sentirse seguro, con vínculos de apego, respaldados afectivamente). En casi todas nuestras actividades cotidianas (cuando se nos ayuda o no, si se nos evita, si se nos quiere, si se nos juzga, si no somos tratados con justicia, etc.), van a estar comprometidas una o varias de estas coordenadas fundamentales.

No siempre le va a gustar a uno lo que siente en estas situaciones, e incluso expresarlo puede que no sea adaptativo, pero lo que sí es indudable es que cualquiera de nuestros sentimientos nos está señalando algún punto de vulnerabilidad.

Fundamentalmente, dado que en nuestro mundo desarrollado las demandas de supervivencia física están muy cubiertas (excepto en situaciones por enfermedad o gran pobreza), nuestro sistema emocional ocupa gran parte del tiempo en chequear el estado de nuestras relaciones (¿cuántas horas de nuestro pensamiento las dedicamos a revisar nuestros encuentros con los demás?). Es decir, si en nuestras interacciones se está librando algo sobre nuestra aceptación o rechazo, o sobre nuestra posición. Los resultados de esas evaluaciones nos predispondrán luego a sentir, pensar o actuar de una forma determinada.

En ese sentido, estar en contacto con nuestras emociones va a permitirnos ser conscientes de nuestras fuentes de preocupación y hacer algo para afrontarlas. Cuando uno experimenta emociones desagradables, eso significa que hay algo que no está bien, algo a lo que se debe prestar atención. Descifrar los mensajes de nuestras reacciones es una oportunidad que se nos brinda para resolver cuestiones con nosotros mismos o con las personas que tenemos alrededor, y que quizá estén requiriendo alguna solución.

Al final intentaremos volver sobre este tema y hablar un poco más sobre cómo podemos integrar de forma inteligente la información que las emociones nos aportan. Y también sobre cómo podemos utilizarlas como guías para orientar la acción.

Procedimientos y evidencias de investigación

Lo que ahora quiero es mostrarles diversos procedimientos y evidencias de investigación sobre el funcionamiento de algunos microprocesos de difícil acceso mediante la introspección, y cuyo conocimiento nos ayudará a entender un poco mejor cómo operan nuestras emociones. Presentaré evidencia en relación con tres cuestiones:

1. En primer lugar, sobre la independencia del sistema emocional con respecto a la conciencia. Es decir, que no se necesita de la identificación de un estímulo para que se produzca una respuesta emocional.
2. En segundo lugar, sobre la actuación de determinados microprocesos que hacen efectiva la función de vigilancia del sistema emocional.
3. En tercer lugar, sobre la actuación de otros mecanismos que nos protegen de la información negativa elaborada en nuestro sistema emocional.

Nuestro sistema emocional no necesita de la conciencia

La mayoría de las personas no tenemos problemas para aceptar que gran parte de nuestra actividad cognitiva es no consciente y automática. Por ejemplo, cómo calculamos la velocidad a la que conducir dependiendo de la distancia del coche que tenemos delante, cómo recuperamos una información en la memoria a largo plazo, cómo seleccionamos una construcción sintáctica o unas palabras para expresar una idea, etc. Por lo que se refiere a las emociones, sin embargo, su dimensión inconsciente, como reacciones que no llegamos a percibir, y que pueden poner de manifiesto motivaciones distintas de las que queremos presentar, que incluso, en ocasiones, se revelan a los otros antes que a nosotros mismos, o producidas por estímulos que permanecen inaccesibles, sigue generando curiosidad en lo general, pero recelo en lo personal. El inconsciente emocional es todavía un tema del que nos defendemos, a veces simplemente utilizando el prejuicio racional de poca evidencia científica, o de que eso es meterse en terreno del psicoanálisis.

Sin embargo, a estas alturas de la investigación parece que hay que aceptar la evidencia de que muchos de nuestros procesos emocionales son implícitos o inconscientes, y pueden influir en el pensamiento y la conducta sin que tengamos conciencia de ellos. Y esta suposición ha recibido un amplio apoyo empírico, al menos de tres campos:

1. Del estudio de sujetos normales.
2. Del estudio de animales.
3. Del estudio de sujetos con daño neurológico.

Evidencia procedente de sujetos normales

Uno de los primeros estudios que puso de manifiesto el carácter inconsciente de los mecanismos emocionales fue un estudio del año 1951.[3] Sus autores condicionaron la respuesta eléctrica de la piel a un conjunto de sílabas sin sentido. Cada sílaba era asociada a un shock eléctrico que, entre otros efectos "emocionales", produce la alteración de la respuesta eléctrica de la piel. Posteriormente, las sílabas condicionadas y otras que no lo eran iban siendo mostradas en una pantalla, muy rápidamente, y por debajo del umbral de reconocimiento. A pesar de que los sujetos fallaban en reconocer verbalmente las sílabas, mostraban, sin embargo, una mayor respuesta electrodérmica ante las que habían sido previamente condicionadas.

El mismo efecto se encontró cuando después de condicionar nombres de ciudades éstas se presentaban por un oído al que la persona debía desatender porque debía prestar atención al mensaje que se le presentaba por el otro oído. A pesar de que la persona no recordaba al final haber oído los nombres de las ciudades, la presentación de éstos generó un incremento de la respuesta electrodérmica.[4]

También se han conseguido respuestas emocionales trabajando con estímulos de arañas y serpientes de forma subliminal.[5] Primeramente se les creó a un grupo de sujetos un miedo condicionado a las arañas y a otro grupo a las serpientes. Una vez establecido el condicionamiento, es decir el miedo, se les fue presentando de forma subliminal el estímulo crítico mezclado con los otros estímulos como setas o flores. Los investigadores comprobaron que los sujetos a los que se les condicionó un miedo a las arañas mostraron una mayor respuesta electrodérmica, específicamente cuando eran expuestos a arañas. Lo mismo pasó con los que se les creó un miedo a las serpientes. Es decir, que aunque los sujetos eran incapaces de discriminar los estímulos conscientemente, mostraban una respuesta de miedo ante éstos.

Es más, no sólo se puede poner de manifiesto el miedo a estos estímulos presentados subliminalmente, sino que incluso se puede *adquirir* el miedo a un estímulo asociado a algo negativo, sin que los sujetos tengan conciencia de haber estado expuestos a ese estímulo en condiciones aversivas.[6] Esto podría explicar algunos de los casos en que la persona que teme a un estímulo, sin embargo, no tiene recuerdo explícito de haber tenido una mala experiencia con dicho estímulo.

También algunos estudios han evidenciado que se pueden preferir estímulos a los que ya se ha estado expuesto previamente, aunque no se tenga conciencia de esas exposiciones. Es lo que se ha llamado *el efecto de mera exposición*, y ha sido encontrado tanto con estímulos no significativos[7] (figuras geométricas) como con caras.[8] Igualmente, cuando se presentan caras felices de forma subliminal, previa a la exposición de otros estímulos, aumenta la preferencia afectiva por esos estímulos expuestos con las caras felices.[9]

Todos estos resultados no dejan de resultar un tanto paradójicos, porque de acuerdo con nuestro sentido común, para reaccionar ante algo, primero sería preciso tener conocimiento de que ese estímulo está ahí. ¿Cómo puedo yo reaccionar ante un sonido que no oigo o ante una imagen que nunca he visto, que es lo que, en definitiva, vienen a decir estos datos? Esta pregunta fue la que inquietó a un neurocientífico llamado LeDoux, y que ha hecho una de las aportaciones más interesantes a la comprensión de los procesos inconscientes implicados en la emoción. Desalentado por la incapacidad de entender el sustrato neurológico de las emociones en los seres humanos mediante las técnicas existentes, Le Doux trató de averiguar estos "misterios" experimentando con animales. De su investigación hablamos en el siguiente apartado.

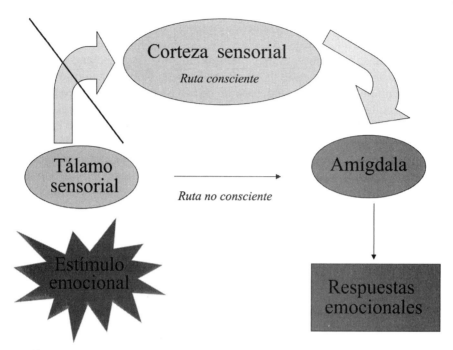

Figura 1. Representación de la doble ruta, que explica sólo el procesamiento automático de los estímulos emocionales o también su representación consciente (adaptado de LeDoux, 1996; nota 10).

Evidencia procedente de animales

LeDoux y sus colaboradores[10] hicieron lo siguiente: enseñaron a una rata a temer a un sonido mediante un condicionamiento con un shock eléctrico. Finalmente, cada vez que la rata oía el sonido ya se le generaban las mismas respuestas emocionales que ante el shock. El sonido (como estimulación sensorial que es), para ser procesado, va del sentido correspondiente (el oído en este caso) al tálamo. El tálamo es como la primera estación. Desde allí es enviado a la corteza sensorial (en este caso corteza auditiva) que es donde se interpretará. Para que se produzca la respuesta emocional, tal como puede verse en la figura 1, la información debe llegar luego a un centro en el cerebro identificado como la amígdala, que es el procesador emocional. Y es desde la amígdala desde donde se proyecta la respuesta emocional, tal como puede verse en la figura.

Para comprobar si era necesario que los estímulos hicieran la ruta consciente (tálamo-corteza), es decir que la rata "supiera" del sonido para responder con una conducta de miedo, cortaron esta conexión del tálamo a la corteza (ilustrado en la figura 1 por la línea que corta esta ruta). Efectivamente la rata quedó "sorda": cuando se le aplicaban sonidos de diferentes intensidades, el animal no se inmutaba. Finalmente, le aplicaron el sonido condicionado, y en este caso la rata sí respondió con una conducta de miedo. ¿Cómo era posible si estaba sorda? La razón estaba en que los investigadores le habían cortado las conexiones del tálamo a la corteza interrumpiendo la ruta "consciente", sin embargo no habían considerado la acción de una ruta secundaria que va del tálamo a la amígdala (la ruta "inconsciente"). Ahora sabemos que las partes más simples de los estímulos van mediante una sola sinapsis (rapidez máxima) desde el tálamo a la amígdala, donde se hace un análisis de los aspectos que pudieran tener una connotación emocional por si hay que dar una respuesta inmediata. Antes de que llegue la información por la ruta ortodoxa y más larga de la corteza, la amígdala ya ha sido informada y ha respondido emocionalmente.

El descubrimiento de esta ruta explica la existencia de procesamiento emocional y respuesta automática sin conciencia. Sería el que estaría operando en el caso, por ejemplo, de que un estímulo haya sido presentado en condiciones sensoriales desfavorables que no permiten que alcance el procesamiento cortical, o en el caso de material doloroso que tiene impedida una interpretación emocional consciente, o en el caso de lesiones que impiden el procesamiento vía racional.

Como dice el propio LeDoux, «El hecho de que el aprendizaje emocional dependa de vías que no entran en el neocórtex es fascinante porque sugiere que las respuestas emocionales pueden producirse sin la participación de los mecanismos cerebrales superiores de procesamiento, que se suponen responsables del pensamiento, el razonamiento y la conciencia.»[10]

Evidencia procedente de sujetos con daño neurológico

Otro considerable cuerpo de investigación en personas con daño neurológico ilustra procesos similares de independencia de las emociones de la conciencia.

Los pacientes con daño bilateral en el hipocampo (y que por tanto no pueden guardar registro de memoria de los estímulos presentados), si tienen la amígdala intacta, van a generar respuestas condicionadas a aquellos estímulos que se les hacen emocionales, incluso cuando no reconocen haberlos visto previamente.[11]

Los pacientes con el síndrome de Korsakoff que también experimentan déficit en la memoria explícita igualmente expresan juicios afectivos hacia estímulos que les han sido presentados como positivos o negativos. Por ejemplo, a un grupo de estos pacientes se les presentaron dos fotos de personas, cada una asociada con una biografía que la calificaba como buena o mala. A los quince días se les hizo una prueba de memoria y recordaban la fotografía pero no podían recordar nada de la biografía de cada una de las personas retadas. Sin embargo, el 78 % tenía una puntuación más favorable hacia la persona que se les presentó como "buena" que hacia la "mala".[12]

Por su parte, los pacientes con prosopagnosia, que han perdido la capacidad para reconocer las caras familiares (al menos conscientemente), muestran no obstante distinta respuesta electrodérmica ante caras familiares y no familiares.[13]

Otros casos que también ilustran el procesamiento emocional ajeno a la conciencia es el de los pacientes que tienen el cerebro dividido[14] y no pueden saber con un hemisferio lo que capta el otro. Sin embargo, sí pueden decir con el hemisferio izquierdo (que es el que dispone del habla y la conciencia) si un estímulo presentado al hemisferio derecho es emocional o no, aun cuando no puedan decir lo que han visto. Por ejemplo, cuando el hemisferio derecho ve la palabra "madre" el hemisferio izquierdo es incapaz de reconocer y nombrar esa palabra presentada al hemisferio derecho, sin embargo la califica como "buena". Cuando el lado derecho ve la palabra "diablo", el izquierdo la califica como "mala". Según lo que experimentaba el hemisferio izquierdo, las emociones conscientes eran producidas por estímulos que el paciente afirmaba no haber visto nunca

Ésta es sólo una muestra de las decenas de estudios que constatan el carácter independiente del funcionamiento del sistema emocional con respecto a la conciencia.

La actuación de microprocesos que hacen efectiva la función de vigilancia del sistema emocional

El siguiente aspecto, característico de la emoción, sobre el que quería también mostrar algunas evidencias de investigación, afina un poco más que el anterior, ya que entra en algunos microprocesos independientes de nuestra voluntad, y en ocasiones de nuestra conciencia, que son los que permiten que la emoción cumpla con esa función de evaluar de forma ininterrumpida y automática el ambiente. Ellos nos van a mostrar cómo se lleva a cabo esa misión de estar vigilante ante cualquier cuestión que sea relevante a nuestras necesidades o preocupaciones. El proceso más estudiado es el que se ha llamado *sesgo atencional.*

El sesgo atencional consiste en la tendencia automática a dirigir la atención, de forma preferente, hacia estímulos que pueden representar un peligro o amenaza potencial. Para estudiar este sesgo se ha trabajado con personas normales, pero sobre todo ha resultado muy útil el estudio de personas con fobias o ansiedad. El material que se ha utilizado son palabras o imágenes con diferente contenido emocional relativo a amenazas de tipo físico social o evaluativo, dependiendo del tipo de ansiedad que muestren las personas con las que se trabaje.

Para el estudio de este campo se han ideado tareas o procedimientos muy ingeniosos que, de forma efectiva, han permitido encontrar pruebas sobre esa tendencia de la atención a dirigirse hacia aquellas cosas que nos preocupan.

En una de estas tareas, a la persona se le presenta una diapositiva con un conjunto de estímulos iguales, repetidos, de entre los cuales debe detectar uno que es diferente. Por ejemplo, entre un conjunto de caras neutrales debe encontrar una cara agresiva o una cara de tristeza. Las personas somos más rápidas detectando las caras agresivas que cualquier otro tipo de rostros.[15] Lo mismo ocurre si se ha de buscar una araña o una serpiente entre una matriz de flores o setas. Se es más rápido encontrando una araña entre un conjunto de flores, que una flor entre un conjunto de arañas.[16]

En otra de estas tareas las personas deben detectar un estímulo que se presenta en condiciones de difícil percepción. Por ejemplo, en una investigación en que se utilizó esta tarea,[17] las personas debían oír y *repetir* un conjunto de palabras que eran presentadas sobre un fondo musical. Inicialmente las palabras se presentaron a un volumen muy bajo, lo que dificultaba su percepción. Después, se fue incrementando su volumen hasta hacerse perfectamente audibles.

En el momento de la prueba la mitad de los participantes estaba especialmente sensibilizada con el tema médico a causa de una operación quirúrgica a la que iba a ser sometido un familiar próximamente. La otra mitad era un grupo de personas normales que hacían de grupo control. Mientras que en las condiciones de óptima audición los dos grupos detectaron el mismo tipo de palabras, en los niveles de difícil audición los participantes con ansiedad detectaron más palabras relacionadas con medicina ("inyección", "dolor", "operación") que otras similares fonéticamente ("ingestión", "color", "ordenación").

Estos resultados nos permiten verificar que, efectivamente, las personas con ansiedad incrementan su sensibilidad a los estímulos relacionados con la amenaza causante de su ansiedad, a diferencia de los sujetos sin ansiedad.

Otra tarea muy sugerente llamada de *decisión léxica* muestra cómo la percepción subliminal de una palabra facilita la tarea de decidir, cuando esta palabra se presenta posteriormente, si esa palabra pertenece al léxico o no. En uno de los estudios en que se utilizó esta tarea[18] se trabajó con estudiantes ansiosos que estaban bajo situación de estrés por examen. A los sujetos se les presentaba o bien una palabra amenazante (por ejemplo, "suspenso"), o bien una palabra neutral (por ejemplo, "sombrero") precediendo a lo que podía ser la misma palabra amenazante, o bien un conjunto de sílabas. Los sujetos simplemente tenían que decir si esta última presentación constituía una palabra del léxico o no. Lo que se medía era el tiempo que la persona tardaba en decidir si se trataba de una palabra o no, ya que esto se toma como un indicador del grado de activación que tiene esa palabra y por tanto de la posible influencia que haya tenido el estímulo presentado previamente. Por su parte, el estímulo que se presentaba previamente podía estar enmascarado y no ser visto por los sujetos, o ser percibido conscientemente. Los resultados fueron diferentes en ambos casos.

Tabla 1. Tiempo de decisión léxica sobre la palabra amenazante (por ejemplo, "suspenso") dependiendo de que estuviera precedida por una palabra neutral o por la misma palabra amenazante, y de que fuera percibida conscientemente o no.

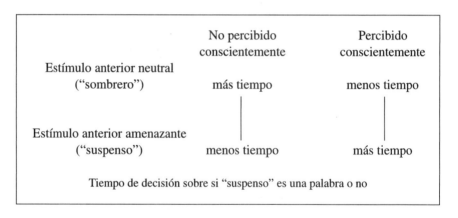

	No percibido conscientemente	Percibido conscientemente
Estímulo anterior neutral ("sombrero")	más tiempo	menos tiempo
Estímulo anterior amenazante ("suspenso")	menos tiempo	más tiempo
Tiempo de decisión sobre si "suspenso" es una palabra o no		

Tal como puede verse en la tabla 1, los alumnos, ansiosos y en situación de estrés por examen, fueron más rápidos decidiendo sobre la palabra amenazante cuando ésta estaba precedida por la misma palabra amenazante que se había presentado enmascarada, que cuando la precedía una palabra neutra. Es decir, la presentación previa activa la palabra y facilita la decisión. Y hasta aquí nada de particular. Esto sería lo que cabría esperar: una palabra antecedente siempre activará a la siguiente si ésta está relacionada, o es la misma. Lo sorprendente ocurrió cuando el mismo estímulo ansiógeno antecedente aparecía ahora de forma consciente.

Los alumnos bajo estrés por examen leían más lento la palabra amenazante si había sido ya precedida por esta palabra presentada de forma consciente, lo cual quiere decir que si la persona se "daba cuenta" surgía una tendencia a evitar las palabras relacionadas con el examen. Otros estudios, trabajando con otras tareas, también han obtenido datos similares.[19]

Lo que se deriva de estos resultados es que se da un sesgo atencional automático hacia la amenaza en las personas con ansiedad. Sin embargo, cuando es posible el reconocimiento consciente de la aversividad del estímulo, estas personas pueden tratar de evitar su procesamiento. Un mecanismo que nos previene de lo desagradable se dispara y nos protege de la información que se origina en nuestro sistema emocional Parece que en ocasiones el procesamiento inconsciente y consciente operan en dirección contraria sobre los mismos estímulos.

Esta combinación durante la ansiedad, de un incremento generalizado de la sensibilidad inconsciente a la amenaza y lo que parece una negación selectiva de lo amenazante cuando se permite la percepción consciente, sugiere un fenómeno similar a la represión donde a la información amenazante se le niega el acceso a la conciencia.

Este fenómeno es lo que Wegner[20] ha llamado *los procesos irónicos del control mental*. Estos procesos suponen sesgos opuestos hacia las amenazas y en contra de ellas, según opere el nivel inconsciente o consciente, respectivamente. Lo que parece derivarse de su dinámica es que la activación inconsciente de la ansiedad se aparea con la negación defensiva del estímulo conscientemente.

Este mismo autor, trabajando con material sexual, ha comprobado que los esfuerzos conscientes por suprimir un pensamiento llevan, por un lado, a procesos conscientes encaminados a parar el pensamiento cuando comienza a entrar en la conciencia y, por otro lado, a un proceso automático de búsqueda encaminado a detectarlo. Paradójicamente, este proceso automático mantiene el pensamiento activado, y los sujetos a los que se instruye para suprimir el pensamiento permanecen psicofisiológicamente excitados incluso cuando el pensamiento está fuera de la conciencia.

También en el campo de las actitudes raciales se han observado efectos diametralmente opuestos según los niveles de conciencia. Mientras que los autoinformes conscientes muestran actitudes no xenófobas hacia grupos raciales minoritarios, las actitudes implícitas medidas por procedimientos indirectos revelan una discrepancia en este sentido.[21]

Una evidencia más directa sobre la regulación inconsciente de los afectos viene de estudios sobre los estilos afectivos obsesionados con mantener sentimientos o pensamientos desagradables fuera de la conciencia.[22] Tal es el caso de las investigaciones sobre estilos de afrontamiento represivo, o sobre los estilos de evitación o minimización del apego, o sobre la salud mental ilusoria (es decir, informar de niveles bajos de afecto negativo mientras muestran altos niveles de afecto negativo implícito). Los resultados de estos trabajos no sólo demuestran que los procesos de regulación de los afectos ocurren fuera de la conciencia, sino que influyen en un rango amplio de conductas, desde la inhibición de la memoria de experiencias negativas infantiles a problemas de salud.

En la vida real, en muchas situaciones de interacción social, gestos faciales de otra persona, de frialdad, por ejemplo, que pueden durar milisegundos, ejercen su efecto de despertarnos incertidumbre o sumisión. Las personas podemos sentir temor en esas situaciones, ya que nuestros mecanismos automáticos pueden haber captado esos estímulos, pero sin que lleguemos a identificar conscientemente qué ocurre, por lo imperceptible del gesto o por nuestros propios mecanismos de evitación del dolor. Y así, uno puede atribuir erróneamente la sombra de preocupación que nos invade al tópico de la conversación, o algún otro factor, sin reparar en los gestos de dominancia que nos ha transmitido la cara de la otra persona.

Así, mientras que por un lado nuestro sistema emocional busca y registra los estímulos relevantes para la adaptación, y por tanto afectivamente salientes, por otro lado los mecanismos de regulación de los afectos negativos apartan la atención de estos estados y de las cogniciones que los generan.

Saber todo esto parece que nos exige monitorizar de cerca nuestros afectos y sus mecanismos de compensación, para comprobar si nuestras mejores intenciones raciales se corresponden con otros comportamientos, si nuestro distanciamiento explícito viene respaldado por nuestras sensaciones más íntimas, o si aquello que decimos despreciar, más allá de eso, lo que verdaderamente nos provoca es mucha curiosidad. Ambas reacciones emocionales y la información que nos ofrecen son igualmente interesantes. Una nos va a mostrar nuestras vulnerabilidades ante estímulos que comportan una amenaza, y la otra, la relacionada con la represión, nos va a indicar la dificultad para integrar con nuestra propia imagen (social o personal) la información negativa. Es decir, que tan interesante como descubrir qué nos afecta, es descubrir cómo nos protegemos de ello, lo que incluso podemos hacer con otra emoción más aceptable socialmente. Por ejemplo, desde alguna visión de la psicoterapia se afirma que, con frecuencia, las mujeres que han crecido escuchando que no deben mostrarse agresivas suelen llorar cuando en el fondo lo que están es enfadadas. Por su parte, los hombres que han crecido escuchando que tienen que ser fuertes encuentran dificultades para admitir sus sentimientos de miedo, así que cuando tienen miedo muestran enfado. La mayor parte de los sentimientos de enfado enmascaran sentimientos subyacentes de impotencia. A menudo, el enfado es una emoción defensiva, es una forma de bloquear el dolor. También en otras ocasiones sirve para borrar los sentimientos de inferioridad o los de culpa. En vez de sentirse culpable o sin valía, se critica a la otra persona, como por ejemplo ocurre en las peleas de pareja o en las relaciones padre-hijo. [23]

Sin embargo, a nuestro favor hay que decir, que la mayor parte del trabajo que hace posible la distorsión de la información o la transformación de nuestras emociones básicas en otras "políticamente más correctas" se realiza sin que seamos conscientes de ello. En realidad somos meros destinatarios pasivos de la versión de la realidad que tienen a bien ofrecernos esos mecanismos que nos protegen del dolor, y casi siempre es más fácil advertir esta clase de manipulaciones en los demás que en uno mismo.

En su libro *El punto ciego*,[24] que trata sobre los mecanismos de evitación de la verdad, Daniel Goleman defiende la tesis de que la forma en que transformamos las cosas para alejar la ansiedad de nosotros modela una manera de ser. Es decir, que nuestras estrategias defensivas favoritas hablan casi tanto de nosotros como nuestros miedos favoritos, por decirlo de algún modo. Lo más fácil cuando nos acecha el dolor es abandonarnos a los mecanismos que en el pasado se mostraron útiles para tranquilizarnos. Y cada uno ha encontrado los mecanismos para lidiar con el sufrimiento. En ese sentido, cómo somos tiene mucho que ver con los modos que desarrollamos para manejar la realidad, para tranquilizarnos, con los modos de mostrar aparente seguridad, o hasta con los modos de ser amables o agresivos. Y cuanto más vulnerabilidades tengamos, mayor será la tendencia a recurrir a maniobras evasivas para tratar de mitigar la ansiedad.

Y en medio de todo esto, ¿dónde podemos encontrar quizá una señal objetiva, la materia prima más genuina de nuestros sentimientos, algún referente fundamental más allá de esos mecanismos de evitación o de toma de conciencia? Yo creo (y no sólo yo) que una buena vía es aprender a identificar e interpretar las señales del cuerpo. Esta idea fue ya expresada hace más de un siglo por William James, y forma parte de una tradición conocida en la psicología. La idea básica es que las respuestas corporales son la esencia de la emoción y son elicitadas más o menos de forma independiente de los subsiguientes análisis mentales que las influyen. Recientemente el neurobiólogo Antonio Damasio[25] ha relanzado esta idea presentando el modelo más interesante sobre la importancia de las señales somáticas. De acuerdo con Damasio, el cuerpo va a ser siempre el primero en emitir una opinión sobre el encaje o la falta de encaje entre una situación que se presenta y nuestra naturaleza. Sobre la base de esa referencia fundamental que el cuerpo nos proporciona se construyen luego nuestras emociones y sentimientos. En este sentido, las reacciones del cuerpo son el contenido mismo de la emoción, el referente o la vara de medir en el que se basan nuestras alegrías y nuestras penas.

Damasio presenta evidencia neuropsicológica que apoya esta afirmación de que los estados corporales están en el origen de los sentimientos. Para ello trabajó con pacientes en los que aparecían destruidas aquellas zonas donde se localizan las valoraciones del cuerpo sobre las situaciones vividas. Estos pacientes tenían dificultades en sentir emociones ante situaciones que exigían representarse un daño. Así, por ejemplo, no generaron ningún tipo de conductancia dérmica ante escenas de dolor que se les presentaron en diapositivas (heridas, cadáveres, desastres, etc.). Los pacientes afirmaban reconocer exactamente lo que estaban viendo, pero explicaron que no les producía el sentimiento que debía esperarse ante esas situaciones. Lo que distingue el saber algo de sentir algo es que nuestro cuerpo se pronuncie produciendo una señal agradable o desagradable, indicativa de que esa situación es significativa para nosotros en algún sentido. Las señales del cuerpo actúan como intuiciones que nos orientan sobre la bondad o no de lo que estamos viviendo.

Damasio toma esos datos a favor de su hipótesis de que «la esencia de un sentimiento no es una cualidad mental, subjetiva, escurridiza, sino más bien la percepción directa de un lenguaje específico: el del cuerpo».

Y es más, desde el momento en que las valoraciones de nuestro cuerpo forman parte esencial de los sentimientos, y éstos lo son de la toma de decisiones, las sensaciones corporales también van a participar en la cadena de operaciones que lleva a la toma de decisiones. Damasio presenta algunas evidencias en este sentido: los pacientes que no disponen de las señales del cuerpo por una lesión en el lóbulo frontal no utilizan la guía que ofrecen estas señales a la hora de planificar racionalmente su futuro. Su vida personal sufre en este sentido un gran caos, ya que no son capaces de "sentir" el futuro en términos de bueno o malo para sus vidas.

En una situación controlada, de laboratorio, se comprometió a un grupo de este tipo de sujetos en un juego de cartas con el que se trataba de imitar decisiones de la vida real. Cada persona tenía ante sí cuatro barajas boca abajo y debía ir levantando cartas. Dos de las barajas eran "malas" o engañosas. Tenían siempre premios sustanciosos, pero de cuando en cuando requerían un desembolso muy importante, de tal forma que si el sujeto se dejaba llevar por su elección acababa en la bancarrota. Las otras dos ofrecían siempre premios pequeños, pero también pérdidas pequeñas. Era difícil hasta no haber jugado mucho descubrir la lógica implícita en las cuatro barajas. En contra de lo que hacían los individuos normales, los sujetos con lesión prefrontal se dejaban guiar por los refuerzos y castigos inmediatos, pero éstos no les creaban ninguna conexión somática que después los previniera de tomar posturas arriesgadas. Con relación a sus resultados, al medirles la conductancia eléctrica se pudo comprobar que los sujetos con lesión prefrontal respondían igual que los sujetos normales a las situaciones de ganancia y pérdida. Pero cuando al rato de juego estos últimos iban a elegir una carta de la baraja mala se generaba una respuesta de conductancia dérmica, y su magnitud aumentaba a medida que el juego continuaba. El cerebro estaba aprendiendo a predecir lo que era una carta mala y estaba "marcándola" antes de darle la vuelta. En cambio als personas con lesión prefrontal no mostraban ningún tipo de respuesta anticipatoria. La hipótesis más plausible es que hay una estima secreta en función de la proporción de la frecuencia de estados somáticos malos y buenos experimentados. Ayudado por esta clasificación automática, al sujeto le es posible pensar en el probable carácter malo o bueno de cada baraja. Es decir, acaba siendo guiado por una teoría sobre el juego construida a partir de las sensaciones del cuerpo. Podemos entonces decir que los marcadores somáticos funcionan a modo de intuiciones que nos guían en una dirección.

En este mismo sentido, otros autores[26] también han comprobado cómo un grupo de personas eran capaces de adivinar o predecir en qué momento se les aplicaría un shock, cuando tenían como único indicio la presentación subliminal (y por tanto inconsciente) de una imagen que previamente se había condicionado a ese shock. Las reacciones que se producían en el cuerpo, aun cuando no se percibía la imagen que las producía, le servían de clave a la persona para predecir la presencia inminente del shock.

En algunas ocasiones de la vida diaria uno tiene sensaciones de engaño, de amenaza, de censura por parte de otra persona que no se pueden argumentar con nada concreto y razonable, pero que sin embargo nos inquietan, nos alteran o nos ponen a la defensiva. Es ese "presentimiento" del que se habla coloquialmente, o que otros llaman "sexto sentido". La explicación a estos fenómenos es que se da un procesamiento previo no consciente que afecta el procesamiento mental posterior.

A menudo, esas pruebas del "sexto sentido", con tan poco fundamento, sólo nos sirven a nosotros. No parecen tener la entidad o la legitimidad para reprocharle a alguien algo, de lo que, en ocasiones, puede que ni siquiera sea consciente como emisor. Sin embargo, nuestro sistema emocional, tomando como referencia las experiencias de nuestra vida, que puede que en ocasiones ni nosotros mismos recordemos, evalúa la situación y nos hace llegar la "sensación" de que en el pasado esas señales siempre vinieron seguidas de consecuencias negativas.

El cuerpo nos va a dar en cada momento su opinión sobre si se da un ajuste o no con nuestro sistema básico de necesidades y preferencias. Dice Damasio que cuando a una situación que está considerando nuestro sistema emocional se le asocia un resultado futuro malo, "por fugazmente que sea, experimentamos un sentimiento desagradable en las entrañas".

La utilización que hagamos de esa información, o las deformaciones y negaciones que le apliquemos, es otra cuestión. Sobre ello hablaremos en el siguiente apartado donde, trascendiendo un poco del nivel básico de los datos expuestos hasta ahora, queremos considerar algunas aplicaciones que podemos encontrarles para la vida cotidiana. Esto es, cómo podemos rentabilizarlos para un manejo más constructivo de nuestras emociones y de la información que ellas nos envían.

¿Cómo podemos utilizar los datos afectivos y somáticos de un estímulo en el manejo de nuestras emociones?

Ya sabemos que la asignación de significado afectivo a un estímulo puede tener lugar sin que seamos conscientes. Del mismo modo, algunas veces también podemos ser inconscientes de la reacción corporal que ese significado emocional nos ha producido. Y en esto existe una gran variabilidad interindividual que no sólo se debe a factores genéticos, sino también a la atención que el cuerpo y sus sensaciones hayan recibido durante la infancia y la adolescencia.[27] Ya sabemos que vivimos en una sociedad en la que el cuerpo interno o visceral no recibe demasiada atención y es habitual encontrar personas en las que su vida consciente acaece en una esfera bastante alejada del cuerpo y de sus vivencias. Es frecuente encontrar una verdadera desconexión y en casos extremos una auténtica disociación entre las vivencias psíquicas y las sensaciones corporales.

También es posible que se produzca una situación intermedia. Que aunque el carácter afectivo de un determinado estímulo no llegue a acceder a la conciencia, sí que lo hagan las repercusiones somáticas del mismo: las palpitaciones, la sudoración o las sensaciones viscerales. En estos casos intermedios, la sensación corporal nos indica que algo, más o menos importante para nosotros, está sucediendo, aunque no lo hayamos registrado previamente y no comprendamos a primera vista de qué se trata. Nos proporciona una pista, una oportunidad para intentar averiguar la causa de ese malestar o de esa sensación corporal e identificar de dónde procede.

Esa irritabilidad, ese desorden o inquietud que nos deja una situación es la indicación que se necesita para buscar internamente lo que nos ha molestado. Entonces precisamos focalizarnos y hacernos preguntas. A menudo cuando formulamos la hipótesis correcta, nuestro cuerpo nos hace partícipes de que hemos acertado, de que ahí está lo que nos produce dolor. Y perseguir a través de nuestras reacciones aquello que nos inquieta o nos perturba es útil. Nos permite saber un poco más de nosotros.

Por ejemplo, cuando algo de otra persona nos molesta ¿Qué nos está diciendo acerca de nosotros el que eso nos haga sufrir? Cuando a uno *no* le gusta algo de alguien, eso podría darnos información de que esa persona puede tener un defecto en ese punto. Pero también cada persona que nos disgusta nos dice algo sobre nosotros, o sobre algún problema que podemos tener por resolver. Porque en bastante medida es cierto esa frase de que «No vemos a las personas *sólo* como son, sino *también* como somos». Y conocer lo que produce en nosotros una alteración es conocernos un poco más, y con buen sentido, darnos herramientas para mejorar. Con suerte, podemos hasta aprender a sacar partido de esas situaciones siguiendo la recomendación de Marcel Proust, para quien «Todo el arte de vivir consiste en aprender de aquellos individuos de los cuales sufrimos».

En resumen, aceptar sentir nuestros estados emocionales nos da la posibilidad de saber qué nos afecta, y hasta quizá por qué, y también revisar los mecanismos complementarios que desarrollamos para protegernos y mantenernos alejados de ellos. No permitirnos sentirlos nos obliga a ser sufridores pasivos de los criterios de nuestro sistema emocional y de los subsiguientes mecanismos de evitación. Es el mensaje que transmitía la película *American beauty,* donde cada persona, alienada de sus propias necesidades, vivía escondida detrás de una mentira, y sólo aquel que con mucha valentía decide romper el juego de mantener una imagen tiene la oportunidad de vivir una vida más cerca de sus intereses.

Si una idea se nos hace dolorosa es porque de algo nos avisa. No nos empeñemos todo el tiempo en mantenerla lejos, porque eso nos vaya a exigir renunciar a cosas o dar otro rumbo a la vida. Al contrario, el dolor es el aviso que nos da la vida de que por ahí no está nuestra felicidad. Cuanto más tardemos en darle cancha a esa idea y en aceptar lo que ello supone, más tiempo tardaremos en darnos otras oportunidades. Finalmente, hay gente que termina causándose y causando mucho sufrimiento porque no acepta un dolor. Aprender a vivir con el dolor es posible que nos libere de situaciones de verdadero sufrimiento.

Hay personas, por ejemplo, que acaban frustradas, desengañadas o completamente escépticas de las relaciones porque éstas siempre terminan mal para ellas. ¿Podría ser que el origen de esos fracasos no esté sólo en la relación, sino en la elección misma? Una pauta errónea de selección puede llevar a sentirnos atraídos o a iniciar amistades con personas que, a la larga, están enfrentadas con nuestras verdaderas necesidades. Necesidades que quizá no conocemos, dejándonos llevar en la elección por otros aspectos más superficiales o que nos apremian más, o por recursos aparentes más valorados socialmente. En este caso el sufrimiento estaría en nosotros y aparece porque nos resistimos al dolor del análisis, y por tanto no estamos en la conciencia de nuestro sentir más auténtico, y no le estamos ofreciendo las respuestas que éste nos exige.

Quizá alguien opine que no es bueno estar siempre en la verdad al precio del corazón, es decir ser siempre sinceros. Pero quizá podamos ir jugando con la verdad. Y si bien ante estímulos intensos, o en un primer impacto emocional, es bueno utilizar mecanismos de desviación de la atención, o de evitación, que nos sirven para mitigar lo desagradable y enfrentarnos a la situación, hay que soportar un poco de dolor e ir aceptando la situación.

No podemos estar siempre como el borracho que buscaba la llave perdida a la luz de la farola. Cuando alguien le preguntó: «Pero ¿dónde la perdió exactamente?», el borracho le contestó: «No, un poco más allá, pero busco aquí porque es donde hay luz.» Quizá, en ocasiones, tengamos que aventurarnos un poco y adentrarnos en cierta oscuridad para poder conocernos mejor y reconocer con más acierto las demandas que *nos* son propias.

Si finalmente decidimos aceptar nuestros sentimientos podemos usarlos como guía para buscar vías de acción. La experiencia de la emoción, por sí misma, no nos va a conducir a una acción más sabia. Ellas sólo son un movilizador. Lo que marca la diferencia es el sentido que le damos a esa experiencia emocional. Resulta necesario permitirle a nuestra emoción que informe a nuestra mente racional. En ese sentido son una luz, pero debe ser nuestra razón la que ponga a la emoción en perspectiva y proponga una acción razonada, inteligente. Una vez que tenemos una emoción, necesitamos pensar acerca de ella y decidir qué hacer, si seguir hacia aquello a lo que nos incita, es decir, dejarnos llevar por su mandato irracional, o cambiar de dirección, transformarla y presentarla de forma aceptable.

En definitiva, la cuestión consistiría en integrar el pensamiento y la emoción: lograr que la emoción no se imponga, pero tampoco obstruirla, ahogarla, para que nos pueda servir de guía o nos haga conscientes de cosas que necesitamos cambiar.

Referencias bibliográficas

1. Necesidad de búsqueda de explicaciones del hemisferio izquierdo a lo ejecutado por el hemisferio derecho en sujetos con el cerebro dividido: Gazzaniga (1985). *El cerebro social.* Madrid: Alianza.
2. Sobre la utilidad biológica de las emociones: D. Goleman (1996), *La inteligencia emocional.* Barcelona: Kairós.
3. Respuesta condicionada a sílabas presentadas subliminalmente: R.S. Lazarus y R.A. McCleary (1951), «Automatic discrimination without awareness: a study of subception», *Psychological Review*, 58, 113-122.
4. Respuesta condicionada a nombres de ciudades no atendidos: M.E Dawson y A.M. Schell (1982), «Electrodermal responses to attended and nonattended significant stimuli during dichotic listening», *Journal of Experimental Psychology: Human Perception and Performance*, 8, 315-324.
5. Respuesta condicionada a estímulos presentados de forma enmascarada: A. Öhman y J.F. Soares (1994), «Unconscious anxiety: Phobic responses to masked stimuli», *Journal of Abnormal Psychology*, 103, 231-240.
6. Adquisición de miedos sin conciencia de exposición a esos estímulos: A. Öhman (1999), «Distinguishing unconscious from conscious emotional processes: Methodological considerations and theoretical implications», en T. Dalgleish y M. Power (eds.), *Handbook of Cognition and Emotion*. Chichester: Wiley.
7. Desarrollo de preferencia por estímulos no significativos por el mero hecho de estar expuesto a ellos: W.R. Kunst-Wilson y R.B. Zajonc (1980), «Affective discrimination of stimuli that cannot be recognized», *Science*, 120, 1045-1052.
8. Idem anterior pero con caras: R.F. Bornstein, D.R. Leóne y D.J. Galley (1987), «The generalizability of subliminal mere expossure effects: Influence of stimuli perceived without awareness on social behavior», *Journal of Personality and Social Psychology*, 53, 1070-1079.
9. Preferencia por estímulos precedidos de caras felices: S.T. Murphy, J.L. Monahan y R. Zajonc (1995), «Additivity of nonconscious affect, combined effects of priming and exposure», *Journal of Personality and Social Psychology*, 69, 589-602.
10. LeDoux es uno de los neurocientíficos más relevantes en el estudio actual de las emociones. En su libro, de una forma accesible, hace un fascinante recorrido histórico por todas las investigaciones propias y de su equipo, así como de otros investigadores interesados en los circuitos y mecanismos cerebrales de las emociones. En él además habla de los déficit subyacentes a las fobias, sobre los mecanismos que explican la memoria y el olvido emocional en relación con eventos traumáticos, sobre la capacidad del neocórtex de regular la activación emocional, etc. Un libro, en definitiva, muy recomendable para todo aquel que, sin necesidad de ser un experto, esté interesado en el substrato biológico de las emociones: J. LeDoux (1996), *El cerebro emocional.* Barcelona: Ariel/Planeta.
11. Reactividad emocional en ausencia de recuerdo en pacientes con lesión hipocámpica: A. Bechara, D. Tranel, A.R. Damasio y otros (1995), «Double dissociation of conditioning and declarative knowledge relative to the amygdala and hippocampus in humans», *Science*, 269, 1.115-1.118.
12. Reactividad emocional en ausencia de recuerdo en pacientes con el síndrome de Korsakoff: M.K. Johnson, J.K. Kim y G. Risse (1995), «Do alcoholic Korsakoff's syndrome patients acquiere affective reactions?», *Journal of Experimental Psychology: Learning, Memory and Cognition*, 11, 22-36.
13. Reactividad emocional en ausencia de recuerdo en pacientes con prosopagnosia: R. Bruyer (1991), «Covert face recognition in prosopagnosia», A review: *Brain and Cognition*, 15, 223-235.
14. Le Doux (1996), véase nota 10.
15. La ventaja de las caras agresivas frente a otros estímulos: A. Öhman, D. Lundqvist y F. Esteves (en prensa), «The face in the crowd revisited: a threat advantage with schematic stimuli», *Journal of Personality and Social Psychology*.
16. La ventaja de las serpientes y arañas frente a otros estímulos: A. Öhman, A. Flykt, y F. Esteves (en prensa), «Emotion drives attention: detecting the snake in the grass», *Journal of Experimental Psychology: General.*

17. Sesgo atencional hacia estímulos aversivos: Parkinson y Rachman (1981), «Intrusive thoughts: the effect of an uncontrived stress», *Advances in Behaviour Research Therapy*, 3, 11-118.
18. El papel de la conciencia en la evitación de estímulos aversivos: C. McLeod y V. Locke (en prensa), «Diferentiating automatic from strategic patterns of anxiety linked encoding selectivity using a dual priming methodology», *Behaviour, Research and Therapy*.
19. El papel de la conciencia en la evitación de estímulos aversivos: C. McLeod y E.M. Rutherford (1992), «Anxiety and the selective processing of emotional information: mediating roles of awareness, trait and state variables, and personal relevance of stimulus materials», *Behaviour Research and Therapy*, 30, 479-491.
20. Acciones opuestas de los mecanismos conscientes e inconscientes: D. Wegner (1994), «Ironic processes of mental control», *Psychological Review*, 101, 34-52.
21. Diferencia entre actitudes raciales implícitas y explícitas: R. Fazio, J.R. Jackson, B. Dunton y C.J. Williams (1995), «Variability in automatic activation as an unobtrusive measure of racial attitudes: a bona fide pipeline?», *Journal of Personality and Social Psychology*, 69, 1.013– 1.027.
22. Revisión de aquellos estudios que manejan procesamiento implícito de estímulos emocionales y reconocimiento explícito de las reacciones que ocasionan: D. Westen (1999), «Psychodynamic theory and technique in relation to research on cognition and emotion: mutual implications», en T. Dalgleish y M. Power (eds.), *Handbook of Cognition and Emotion*. Chichester: Wiley.
23. Visión muy recomendable para quien esté interesado en un autoanálisis de las emociones: Greenberg, L. (2000), *Emociones: una guía interna*, Bilbao: Descleé de Brouwer.
24. En este trabajo se ofrece una visión muy interesante de los mecanismos de evitación de las emociones negativas: D. Goleman (1985), *El punto ciego*, Barcelona: Plaza Janés.
25. Desde una visión amena, apasionante y rigurosa, Damasio reflexiona y presenta evidencia experimental sobre la estrecha relación entre las reacciones del cuerpo y las emociones y de estas últimas con la toma de decisiones: A. Damasio (1994), *El error de Descartes*, Barcelona: Crítica.
26. Las reacciones del cuerpo como guía para la predicción de un resultado aversivo: A. Öhman y J. Soares, (1998), «Emotional conditioning to masked stimuli: expectancies for aversive outcomes fllowing non-recognized fear-relevant stimuli», *Journal of Experimental Psychology*.
27. Una revisión esencialmente basada en la teoría de Damasio sobre la relación entre cuerpo-emoción y toma de decisiones: V.M. Simon (1997), «La participación emocional en la toma de decisiones», *Psicothema*, 9 (2), 365-376.

6. APRENDIZAJE EMOCIONAL E IDENTIDAD PERSONAL. ESBOZO DE PSICOLOGÍA NARRATIVA

ALFREDO FIERRO
Universidad de Málaga

«Leyendo con especial atención las obras de los escritores más célebres, observando la conducta de los hombres, el instinto de los animales, el movimiento de toda esta materia, el autor se ha visto sorprendido por una serie de ideas nuevas que le han parecido del mayor interés, y ha escrito con bonhomía este tratado...» Eso escribía, transcrito con alguna libertad, Hérault de Séchelles al comienzo de un irónico libro, *Teoría de la ambición*, escrito, como también dice, «para reírse a solas o todo lo más con un amigo que no sea ambicioso». A Hérault no le perdió la ambición, de la que seguramente carecía, mas sí la militancia revolucionaria y, tras haber presidido la Convención, cayó bajo la guillotina, a cuenta de Robespierre, en la misma gloriosa jornada que Danton y Desmoulins.

Del proceder de Hérault, que a su vez confiesa practicar igual género de reflexión que Julio César, tiene mucho este ensayo, o más bien mero boceto, sobre la identidad personal y la emoción aprendida. Es, en realidad, un breve apunte de posible ensayo, breve porque el autor no tiene mucho que decir, y sin embargo ha llegado a escribirlo por creer que en él ha puesto en otro orden –no en el habitual– algunas de las metáforas de ficción y de las evidencias de ciencia más relevantes sobre el aprendizaje y el manejo de las emociones, de los sentimientos.

Los contenidos de esa puesta en orden provienen de fuentes dispares, tanto de la narrativa como de la psicología, y esto en un arco temporal que se extiende desde Homero hasta Skinner. Son todas ellas fuentes textuales, aunque no todas lo son como para formalizarlas en referencias bibliográficas. A los clásicos se les cita sin cuidado alguno por la localización de la referencia, pero no se les cita como autoridades: sus nombres valen por metáforas, por emblemas de una posición. Con o sin su soporte, las tesis no pasan de ser hipótesis: eso ni siquiera haría falta decirlo. Son propuestas tanto o más que proposiciones, y a menudo no afirman tanto como vaticinan o proponen. Han de tomarse, pues, a modo de aforismos o sentencias: valen por lo que iluminan, por lo que dan que pensar y hacen posible, y no siempre, o sólo, por lo que reflejan en lo ya real.

Mitos

1

Ha sido machacón León Felipe en recitarlo: que la cuna del hombre la mecen con cuentos, que los gritos de su angustia los ahogan con cuentos, que los huesos del hombre los entierran con cuentos y que el miedo ha inventado todos, todos los cuentos.

Donde León Felipe dice cuentos, son sobre todo mitos: esos que se siguen contando de generación en generación para adormecer a los niños, para ilusionar a los adolescentes, para llevar a los jóvenes a morir en la guerra.

Y, sin embargo, los mitos forman parte del equipaje y de la educación sentimental. Los relatos son precisos para aprender a amar, a convivir, a afrontar la adversidad.

2

Hasta para deshacer los demás cuentos en los que se ahoga la angustia humana, alguien que desconfiaba de todos ellos, Sigmund Freud, embarcado en una cruzada desmitificadora, cayó en volver a contar otra historia, otro mito, el de Edipo.

El homicidio de Layo a manos de un Edipo que no sabe con quién se ha topado en un cruce de caminos desencadena la tragedia. Sería hoy la del joven insolente al volante que mata en la noche a otro conductor, su padre, en ciega discusión sobre el respeto a una señal de vía prioritaria. Después del tremendo equívoco, acostarse con la madre será error ya menor, pero Freud le saca punta sobre todo a este segundo yerro.

Freud ha vuelto a narrar la leyenda de Edipo para añadir en advertencia: ésa es tu historia o, mejor, procura que no sea tu historia, pues vas mal por ahí. El mito de Edipo es el guión sentimental del hombre. Se comprende que mamá haya sido tu precoz amor de infancia, pero te está prohibida. Es mujer vedada para ti. La tuviste de pequeño, pero ahora es ya irrecuperable. Olvídala y busca otra para ocupar su lugar.

3

La tragedia de Edipo quizá sirve todavía para que el niño o, mejor, algunos niños aprendan en cabeza ajena. Pero las niñas ¿de quién aprenderán? Tuvo Carl Jung rapidez de reflejos para excavar en el mismo yacimiento mítico de Grecia y sacar a luz a Electra. El complejo de Electra no ha llegado a tanta celebridad como el de Edipo y ni siquiera a tan amplia acogida entre los freudianos, pero forma parte ya también del patrimonio simbólico postfreudiano.

Ahí está, pues, también Electra con sus claves freudo-jungianas, a disposición no sólo de versiones dramáticas modernas (así, la ópera *Electra* con libreto de Hoffmansthal y música de Richard Strauss), sino sobre todo de las mujeres que deseen asumir la lección del mito y que, en consecuencia, se propongan superar el complejo y no terminar en tragedia.

4

Había otros mitos, y no ya sólo para el niño y la niña, o para el adolescente, sino también para la mujer y el hombre entrados en años. A éstos ¿de qué les sirve ya la moraleja de Electra y la de Edipo? Es preciso beber y aprender en otras figuras: humanas, se sobreentiende, no divinas; en mitos no de diosas o dioses inmortales, sino de heroínas y de héroes mortales, sujetos a dolor y a fracaso.

Muchos de los mitos humanos donde aprender concluyen en desenlace trágico. En Occidente abundan mitos de la acción, una acción a la vez necesaria y condenable, que a menudo conduce al castigo del héroe: el titánico Prometeo, el sólo humano Sísifo.

Mientras Freud iba a darle vueltas a la tragedia de Edipo, casi un siglo antes el joven Marx, en su tesis doctoral sobre la filosofía de Demócrito y Epicuro, presentaba a Prometeo como el primero de los santos de un calendario laico. Y medio siglo después, Camus tomaba a Sísifo como símbolo de una acción humana condenada al esfuerzo y a la inutilidad, y pese a todo, acción inevitable, necesaria: Sísifo, emblema del hombre absurdo o más bien del hombre en un universo sin sentido, al cual dota de significado, sin embargo, precisamente con su acción. Ésta es la clave de su análisis del mito: «Dejo a Sísifo al pie de la montaña. Se vuelve a encontrar siempre su carga. Él también juzga que todo está bien. Este universo, en adelante sin dueño, no le parece estéril ni fútil. El esfuerzo mismo para llegar a las cimas basta para llenar un corazón humano. Es preciso imaginarse a Sísifo dichoso.»

5

En la lectura de Camus, el de Sísifo es un mito de perdedores y, sin embargo, luchadores pertinaces, resistentes, bien entendido que al final todos vamos a perder la partida frente a la muerte, como en *El séptimo sello*. «Los hombres mueren y no son dichosos», escribió el propio Camus. De ellos quedan tan sólo fantasmas y susurros, que también acabarán por borrarse, como muertos y borrados están todos los que se remueven y platican bajo la tierra imaginaria de Comala en *Pedro Páramo*.

El destino y la muerte siempre ganan a la postre, mas no por eso se desiste de levantar una y otra vez la roca hasta lo alto. Ésa es la lección de Sísifo, que tiene también una versión moral: la historia se mueve del lado malo, había sentenciado Hegel; mas no por ello, añade el resistente, se deja de pelear contra la maldad y el mal. La moral de Sísifo es la de una negativa insobornable a la desmoralización aun en el peor de los extremos: moral de aquellos que no aceptan la derrota, convencidos de que el hombre puede ser destruido y castigado, mas nunca derrotado, y que desde luego nunca se dan por derrotados.

6

De la leyenda de Sísifo hay variantes no tan trágicas. Pasa Sísifo por haber sido el más astuto de los mortales; y esto hasta el extremo de haber engañado a la muerte y no sólo haber conseguido verse libre del castigo de la roca. Y es hijo suyo Ulises, heredero de su prudencia y de su astucia.

Ulises es el más humano y próximo de los héroes griegos: entretenido con ninfas, aunque deseoso de regresar a la patria; enflaquecido ya de fuerzas, pero victorioso sobre cíclopes; extraviado entre archipiélagos, pero perdido, antes que eso, en el mar de su propio corazón.

Es el de Ulises el mito por excelencia del hombre adulto y de la vida como viaje peligroso, el mito más popular y difundido, también el más retomado y transformado por los mayores fabuladores de Occidente.

Dante le proporciona a Ulises otro final que Homero y no en Itaca. Por el ardiente deseo de conocer a los humanos, para alcanzar la ciencia y la virtud, para explorar el mundo no habitado, Ulises, junto con unos pocos audaces, se embarca otra vez, ahora hacia el mar desconocido y jamás antes surcado, trata de seguir al sol en su carrera hacia poniente por el Mediterráneo y más allá de las columnas que lo cierran. Y es en esa desatentada aventura donde termina engullido por las aguas, «cuando le plugo al Otro» (*Divina comedia*, Infierno, canto 26).

Cavafis poetiza: «Si vas a emprender el viaje hacia Itaca / pide que tu camino sea largo, / rico en experiencias, en conocimiento [...]. Ten a Itaca siempre en la memoria. / Llegar allí es tu meta, / mas no apresures el viaje [...]. Aunque la encuentres pobre, no te engañará Itaca. / Rico en saber y en vida, según regresarás, / ya sabes qué significan las Itacas».

Y Joyce ha relatado cómo las veinticuatro horas de una jornada en la vida banal de un cuarentón oscuro por las calles de Dublín pueden contemplarse como una odisea sin brillo en tierra firme.

7

De los mitos de heroínas no es Electra la única donde aprender de manera vicaria para no caer en el cepo de su fatal destino. Hay otros mitos y complejos para esquivar y superar: la poco simpática Casandra, la rencorosa Medea, la pasional Fedra. O bien para quedarse en ellos de por vida: prudente y fiel, acaso irresoluta Penélope; inteligente y proteica Ariadna, de siete distintas vidas y otras tantas muertes, auxiliadora de Teseo con un ovillo de hilo para que no se pierda a la salida del laberinto, pero también capaz de sustituir en su corazón a ese mismo Teseo, luego infiel, por el dios Dioniso, otro raptor; la deseable Helena, asimismo raptada y tampoco a disgusto, y eso aun a costa de que se arme luego la de Troya. Los hay como para aspirar a hallarse a su altura, aunque ojalá sin necesidad de estar en su piel: la sobrehumana Antígona, el más alto cenit de la tragedia griega (según Hegel, otra vez).

8

Ha habido asimismo mitos de pareja. El de Adán y Eva ha influido mucho en la concepción occidental del hombre y la mujer para mayor dominio y gloria del varón, por cierto. Los griegos se nutrieron en otras leyendas: la de Eurídice y Orfeo, aunque este último, por sí solo, tenía su ciclo mítico independiente; la de Cadmo y Harmonía, a cuyo convite de bodas acuden dioses y diosas del Olimpo; o la de Admeto y Alcestis.

Una negligencia al no haber celebrado el oportuno sacrificio el día de sus nupcias con Alcestis condena a Admeto a una muerte próxima, aunque en día incierto. Sólo será indultado si alguien se aviene a morir en vez de él.

Admeto acude a amigos y también a sus padres. Nadie acepta el canje de morir para salvar su vida. Entonces se lo pide a su joven esposa Alcestis, que consiente y en efecto muere. Pero esta leyenda también conoce un final feliz. Una diosa consiente –o Heracles desciende a los infiernos para ello, hay doble versión del mito– en que Alcestis sea devuelta a la vida y de nuevo viva feliz con su esposo.

Hubo más tarde otros mitos de pareja, grávidos aún algunos en la balanza de los sentimientos de las mujeres y hombres europeos. El de Tristán e Isolda ha sido, primero, la expresión del amor cortés medieval y, luego, fuente inspiradora del amor romántico y, en general, del amor-pasión: el enamoramiento como fatalidad y bebedizo, el sello de la muerte sobre el amor absoluto. La educación sentimental del siglo XIX y de buena parte del XX se ha nutrido de Isolda, Tristán y sus epígonos (así al menos lo sostiene una conocida interpretación: Rougemont, 1979).

Historias

9

Los siglos XIX y XX han seguido manteniendo mitos del amor y asimismo creándolos o amplificándolos: don Juan, Drácula, Frankenstein, Lolita. Cada uno enuncia una forma de inteligencia sentimental o emocional, a veces muy limitada y tosca, otras del todo refinada.

Ahora bien, la modernidad ha sustituido la épica mítica del héroe por la novela realista –aunque sea de realismo mágico– de personajes humanos. Y la diferencia yace en esto: los héroes de los mitos no aprenden; nacen ya expertos, maduros, están hechos de una pieza en roca, tallados de una vez por todas. Los personajes humanos, a menudo antihéroes más que héroes, en cambio, sí que aprenden, están condenados a aprender, hechos de arcilla moldeable una y otra vez. El más desesperanzado comentario que se le puede decir al todavía inexperto, pese a los coscorrones de la vida, es el de: «hijo (o hija), nunca vas a aprender».

Es propio de héroes y dioses la inteligencia emocional. Es propio de humanos el aprendizaje emocional.

10

La Ilustración introduce un género de relato que es la novela de formación, de aprendizaje. Su protagonista típico es el joven que se inicia en la vida y que va aprendiendo de ella: el *Emilio* de Rousseau, el *Cándido* de Voltaire, el *Wilhelm Meister* de Goethe; y así hasta los personajes todos de Hesse... Y hasta ese mestizo de Fausto, Frankenstein y Drácula que es Jekyll. Éste es humano, porque aprende a ser Hyde, porque deviene Hyde. Una versión en cine de la ficción, *Mary Reilly*, da a entender que Jekyll aprende el conocimiento del mal, pero antes de eso o al propio tiempo, mudado en Hyde, ha aprendido a amar la vida: el árbol de la ciencia, a la vez, del bien y del mal.

11

Toda la fabulación moderna presupone que los sentimientos se aprenden, que en la vida se da aprendizaje sentimental, emocional, un aprendizaje que conduce a una buena gestión de pasiones, emociones, sentimientos.

La obligada referencia es, desde luego, el Flaubert de *La educación sentimental*. Embozado en la figura de Frédéric Moreau, se ha propuesto Flaubert trazar ahí «la historia moral o, más exactamente, sentimental de los hombres de mi generación». Lo había hecho antes, para otra generación, Musset en *Las confesiones de un hijo del siglo*. Lo hará después, y en el retablo más completo, Proust con *En busca del tiempo perdido*.

12

Es delgada la franja que separa realidad y ficción. El relato novelado y la trama teatral son apenas discernibles de la historia verídica. «Madame Bovary soy yo mismo», aseguró Flaubert. La Bovary, la Karenina, la Albertine de Proust, son tan reales –y tan legendarias– como Lou Andreas Salomé, Alma Mahler, Frida Kahlo o Marilyn Monroe. El *Wilhelm Meister* de Goethe es tan verídico e histórico –en otro registro, desde luego– como su autobiográfico *Poesía y verdad*; y el *Emilio* tanto como las *Confesiones* de Rousseau.

Todo ello son "historias" con esa inquietante ambigüedad de la palabra castellana, que aúna lo históricamente sucedido y los relatos que, si no son verdaderos, muy bien podrían serlo o acaso merecerían serlo.

13

«Estas cosas jamás sucedieron, pero existen siempre» (Salustio, *De los dioses y el mundo*). ¿Ingenuos los antiguos? Sabían acerca de la realidad también de aquello que nunca fue acontecimiento.

Pero los modernos hemos decretado que sólo existe lo que sucede delante de nuestros ojos y, a ser posible, en un laboratorio donde no se entrometen e interfieren variables espúreas.

Experimentos

14

Esto sí que ocurrió, hace casi cien años. Estaba Pavlov investigando la fisiología de la secreción en la boca y en el estómago. Por medio de técnicas quirúrgicas rudimentarias, pero ingeniosas, consiguió implantar cánulas en diversos puntos del tubo digestivo de perros para recoger muestras de sus jugos gástricos. En el transcurso de su investigación se encontró con un fenómeno distorsionante: los perros comenzaban a salivar y segregar jugos gástricos en cuanto eran colocados en la situación experimental.

El resto de la historia es conocido. Pavlov llevó a cabo otro tipo de experimento en el que la presentación de la comida era precedida de una señal, de un sonido. Al cabo de muy pocas pruebas, los perros comenzaban a salivar nada más escuchar el sonido. Fue el experimento primordial demostrativo de la existencia de lo que llamó "reflejos condicionados": del aprendizaje de reacciones por un condicionamiento de pura y simple asociación.

El hallazgo de Pavlov ha mostrado luego ser ampliamente generalizable: lo que vale de la salivación vale de muchas otras reacciones, cuyos nudos, inextricables acaso para la propia persona, son susceptibles, sin embargo, de análisis psicológico.

Hay emociones innatas, pero muchas reacciones emocionales las adquirimos, las aprendemos. Y aprendemos emociones igual que aprendemos a salivar. Los recuerdos se cargan de emociones; unas sensaciones y experiencias llaman a otras con las que estuvieron asociadas; y así se va formando una madeja muy difícil de desenmarañar. En el final del enredo de las asociaciones, encadenamientos, condicionamientos, se llega a la magdalena de Proust: su simple presencia y olor despierta todo un mundo emocional de la infancia.

15

Estos perros son otros y recibieron no-comida, sino choques eléctricos incondicionales.

El perro es colocado en un compartimento donde recibe descargas eléctricas. La colocación allí se desarrolla en dos condiciones experimentales distintas. En una, el animal puede evitar los choques sólo con saltar por encima de una barrera a otro compartimento vecino; en la otra, no. La reacción espontánea de cualquier animal en la primera de esas condiciones es la de correr de modo frenético hasta que en algún momento salta la barrera y evita las descargas. En la secuencia de los siguientes ensayos el salto sucede cada vez más pronto. Si el comienzo de las descargas es anunciado por una luz o un sonido señalizador, el perro salta al otro lado en cuanto se produce la señal y existe la posibilidad de salto liberador. Éste es el curso normal de los acontecimientos.

La historia discurre bien dispar, en cambio, cuando desde el comienzo, en otra condición experimental y para otro animal, la situación ha sido muy distinta. En esta diferente condición (de indefensión, de no control), el perro no tiene acceso en ningún momento al compartimento vecino, donde estaría a salvo; a diferencia de lo que sucedía para otros animales en la primera condición experimental, recibe descargas repetidas inevitables para él. Al comenzar las descargas, hace el animal lo esperado y habitual: corre de manera frenética y desorganizada. Sólo al cabo del tiempo termina por abandonar, por dejar de moverse y permanecer quieto emitiendo gemidos.

No es antropomorfismo cómodo decir que en la segunda de las situaciones esos perros se sienten indefensos. Lo intrigante y significativo es que no sólo experimentan desamparo, sino que adquieren un comportamiento perdurable de indefensión. Cuando esos mismos animales son colocados luego en una situación evitable, continúan adoptando igual comportamiento de abandono pasivo: no se han percatado de que cambió la situación; han aprendido que están indefensos. Es la indefensión aprendida (Seligman, 1975 / 1981).

Aprendemos la indefensión o desamparo, adquirimos los consiguientes sentimientos y emociones de malestar y abatimiento a semejanza de los perros y de otros animales. O, si se prefiere, en circunstancias y procesos así, perros y otros animales aparecen dramáticamente humanos.

16

No todo son historias de animales, aunque sus historias, como han sabido ya los fabulistas, de Esopo a Samaniego, nos brindan, en deslumbrante sencillez, testimonios acerca de nosotros mismos. Hay también historias de humanos que se portan como corderitos.

Érase una vez, pues, que cuarenta hombres, varones, entre los veinte y los cincuenta años, acudieron de forma voluntaria –con el incentivo de unos dólares– a un laboratorio de psicología para un experimento donde supuestamente habían de colaborar con un investigador. Les decía éste hallarse interesado en saber cómo aprenden las personas bajo condiciones de castigo. En realidad el investigador tenía su interés en otra cosa, que luego se llegará a saber. En verdad, los voluntarios que así acudieron eran los sujetos del experimento y no colaboradores de la investigación. El experimentador tenía un cómplice, el supuesto sujeto experimental, realmente un actor, al que estos otros y verdaderos sujetos experimentales, uno a uno, habían de proporcionarle choques eléctricos de creciente intensidad, al comienzo en un voltaje bajo, pero luego en incrementos de 15 en 15, hasta 375 voltios. El actor, al que se le veía tras una mampara de cristal, no recibía las descargas eléctricas, pero desempeñó muy bien su papel.

El hecho fue que la mayoría de los cuarenta hombres accionó la palanca de supuestas descargas hasta el extremo máximo. Cuando alguno se resistía a hacerlo, el experimentador le hablaba de modo más perentorio e imperioso: «el experimento requiere que usted siga adelante; usted debe continuar». Pese a todo, de los cuarenta sujetos, cinco se negaron a accionar las descargas por encima de los presuntos 300 voltios; otros cuatro, a los 315 voltios; dos más rehusaron por encima de 330; y todavía uno en cada uno de los niveles superiores (345, 360 y 375); lo que totaliza un número de catorce sujetos que en algún momento se negaron a realizar lo que se les pedía. El informe también señala que muchos manifestaron ostensible malestar (Milgram, 1963).

Se desprenden diferencias tanto o más que semejanzas entre los sujetos y no es fácil extraer una ley general. Alrededor de una tercera parte de los sujetos no fue conformista. Así pues, las personas difieren ampliamente en su docilidad. Sin embargo, aun contando con tales diferencias, esta historia –dícese también experimentación– pone de manifiesto hasta qué extremo buena parte de los hombres, dos tercios en su muestra, es capaz de obedecer las instrucciones más aberrantes con tal de que provengan de una fuente a la que se supone legitimidad, en esta ocasión, la de hablar en nombre de los intereses de la ciencia. ¿Qué no sucederá cuando alguien da órdenes en nombre de la patria, del bien público y de otros dioses menores y mayores?

El aprendizaje de mecanismos de obediencia da razón de crueldades y, no menos, en el opuesto extremo, de autosacrificios hasta la propia victimación; da razón de la "cobardía" del último rango de ejecutores –marionetas dóciles– de atrocidades en los "lager" nazis al dictado de mandos criminales, y, al propio tiempo, del "coraje" de la primera fila de asalto de infantería que, a la orden de mandos presuntamente honorables, se encamina bajo inciertas banderas a una muerte cierta o, en el mejor de los casos, al hospital y a la invalidez para el resto de sus días.

17

A los perros, palomas y conejillos de Indias no hace falta contarles historias al llevarles al laboratorio. Pero a los humanos sí. También hubo que contarles un cuento verosímil a estos otros veinte sujetos. Para no revelar la verdadera naturaleza del experimento se les dijo también que estaban participando en una investigación sobre aprendizaje (hay que ver cuánto juego da este relato). Y se les pidió que aprendieran una lista de quince parejas de trigramas (conjuntos sin significado de tres letras del tipo de: kzd, mhv, xlp). Una vez que la aprendieron según el criterio establecido (prueba 1), se acabó esta primera sesión hasta tres días más tarde, en que habían de volver al laboratorio.

En una segunda sesión, a los tres días, a los sujetos se les mostró un conjunto de cinco cubos, cuatro de los cuales estaban ligeramente espaciados en línea recta encima de la mesa y el quinto en las manos del experimentador, quien les decía: «Con este cubo en mi mano voy a ir tocando en algún orden los cubos de la mesa, y usted tendrá luego que hacer exactamente lo mismo que yo.» Hasta ese momento el procedimiento fue el mismo para todos los sujetos, pero a partir de ahí varió drásticamente para dos subgrupos, el de control y el experimental.

Para el grupo de control el nivel de la tarea de cubos fue muy sencillo, ajustado de forma que los sujetos nunca o rara vez fallaran. Tras quince minutos en la tarea, el experimentador se limitaba a decir: «Todo muy bien.» Y se pasaba entonces a una nueva presentación y ensayos de aprendizaje de trigramas o, más bien, de comprobación de su retención en la memoria (prueba 2 para este subgrupo).

El grupo experimental fue tratado de modo muy distinto en la segunda sesión. El experimentador se mostró meticuloso y severo. Las instrucciones para la tarea de cubos fueron las mismas; pero las secuencias por imitar eran mucho más largas con objeto de hacer muy improbable su reproducción exacta. Además, si en la primera ocasión el sujeto había conseguido una imitación acertada en la dirección misma del experimentador, se le decía que había procedido mal, que debía haberlo hecho exactamente al revés, puesto que su derecha coincidía con la izquierda del experimentador, y a la recíproca. Tras cada fracaso, el sujeto era informado de su fracaso y podía ver cómo el experimentador iba rellenando una hoja para registrar los fallos. Llegado cierto momento, el experimentador interrumpía un instante la sesión para decirle al sujeto que estaba dando unos resultados tan pobres como jamás había visto. Algunas de las personas participantes llegaron a tal desazón que resultaron incapaces de reproducir una secuencia de cuatro unidades. Después de eso pasaron, al igual que los sujetos control, por una sesión de aprendizaje de trigramas asociados (prueba 2 del subgrupo experimental).

Ambos subgrupos de sujetos regresaron al laboratorio de nuevo tres días después. Se comenzó por la prueba de aprendizaje (retención) de sílabas sin sentido (prueba 3). A continuación, la condición del grupo de control se desarrolló como en la segunda jornada. La del grupo experimental también continuó por los cubos, pero el experimentador actuó de modo bien distinto: ahora proponía secuencias de tareas sencillas, de modo que los sujetos tuvieran éxito en todas las pruebas; y, además, les reconocía cada vez el acierto. Y no sólo eso; también les explicó lo sucedido en la sesión anterior, el engaño a que habían sido sometidos. Fue impresionante el cambio de actitud de estos sujetos. Todos se hicieron cooperativos y muchos se mostraron eufóricos. Después de quince minutos con tareas de cubos pasaron al aprendizaje de trigramas (prueba 4).

Los resultados fueron patentes e inequívocos a lo largo de las cuatro pruebas de aprendizaje de trigramas, cuyo rendimiento era la variable dependiente del experimento. Y se resumen en esto: ninguna diferencia en las pruebas de aprendizaje 1 y 4, es decir, cuando la influencia de la variable independiente (el distinto trato en la tarea ficticia de cubos) no ha intervenido o se ha desdibujado ya; y, en cambio, muy importantes diferencias en las fases 2 y 3 de la prueba, cuando aquella influencia, inmediata o tras tres días, se hallaba en plena efectividad (Zeller, 1950).

La alteración emocional nos torna estúpidos. Bajo el impacto negativo de una prestigiosa sentencia derogatoria de nuestra dignidad podemos llegar a equivocarnos en operaciones tan simples y mecánicas como memorizar breves listas de tríos de letras.

18

En sus informes de experimentación, los investigadores cuentan historias: hice esto y esto otro; y sucedió aquello y aquello otro. Pavlov, Seligman, Milgram, Zeller relatan historias verídicas de laboratorio. ¿En qué son éstas más verídicas que otras historias, como las que nos constan por el relato de cronistas fiables? En que pueden reproducirse a voluntad. Cada cual puede llegar a realizarlas y verificarlas de nuevo por sí mismo. En eso tales historias –reproducibles, replicables– ponen de manifiesto estructuras y regularidades del mundo, de la vida, de la condición humana.

19

Invitado a describir sus actividades como investigador, Skinner ha dejado un testimonio autobiográfico de primer orden. Lo titula «Un caso dentro del método científico» (cf. en Skinner, 1959 / 1975, cap. 8; y hay al menos otro escrito suyo paralelo, cuya versión castellana puede consultarse en Pérez-Gómez y Almaraz, 1981, lectura 1ª). El género textual al que pertenece es el de informe de ciencia; pero es también, y a la vez, el de una narración, relato de un fragmento de vida de estudioso. Su informe de método está salpicado de elementos narrativos: «lo primero que recuerdo ocurrió cuando yo contaba sólo 22 años», «cuando llegué a Harvard...»; «que yo recuerde, comencé simplemente buscando procesos válidos en la conducta del organismo intacto». Y en la misma vena de narrador en primera persona relata los artilugios que ideó y utilizó para estudiar el comportamiento de las ratas.

Las lecciones de método que Skinner va extrayendo corresponden a su ideal científico de *serendipity*, vocablo forjado por Walpole y del que se apropia: arte de encontrar algo cuando se está buscando otra cosa (como ya le sucedió a Pavlov). Son lecciones cargadas de ironía. Léanse, si no, los tres principios que destaca como reglas de método. Primero de ellos: «Cuando tropieces con algo interesante, deja todo lo demás y estúdialo.» Segundo principio: «Hay maneras de investigar que son más fáciles que otras.» Tercero: «Hay gente con suerte», la suerte de hallar lo que ni siquiera estaban buscando. Parece escucharse a un artista más que a un científico, al Picasso del «Yo no busco, encuentro».

Y concluye Skinner: «El científico es el producto de una historia única, y las prácticas que encuentra más apropiadas dependerán en parte de esta historia.» Lo cual no significa que la suya deba ser ejemplar para otros investigadores: «Tal vez sea mejor no querer encajar a todos los científicos en el mismo molde.»

El psicólogo experimental Skinner es del todo lúcido en profesar que los informes científicos son historias de hallazgos propios. Son a la vez historias de eventos sucedidos a otros individuos, sean ratas, perros, hombres o mujeres.

20

Descartes escribió un *Discurso del método*, que pasa por contener reglas metódicas de universal validez, pero que realmente se parece no poco al relato skinneriano de un caso de método científico. Lo dice el filósofo en modo expreso: «Mi propósito no es enseñar aquí el método que cada cual debe seguir para conducir su corazón, sino solamente mostrar de qué manera he tratado yo de conducir el mío [...], no proponiendo este escrito más que como una historia o, si lo preferís, como una fábula».

21

Son posibles conclusiones audaces, que seguramente, sin embargo, pertenecen ya al orden de la discutible extrapolación. Es, primero, la de contemplar las presuntas leyes generales, reputadas nomotéticas, como relatos de sucesos en experimentos donde n = 1 (Dukes, 1965; Sidman, 1960 / 1978) y que no han sido refutados hasta la fecha; o si acaso, y además, como agregación o suma de regularidades idiosincrásicas. Es, aun por encima de eso, preconizar una comprensión de la psicología o de alguna de sus disciplinas como historia (Gergen, 1973).

Sin extralimitarse en ese doble salto mortal que muda en historia la ciencia de la conducta humana, hay desde luego fundamento para sospechas y preguntas de este género: ¿y si muchas de las descripciones de una psicología del desarrollo, del ciclo vital, no fueran sino narraciones de la historia y biografía más común de las mujeres y los hombres de la extensa tribu occidental?; ¿y si lo fueran igualmente los hallazgos sobre liderazgo, sobre motivación de logro, sobre lugar de control, y tantos otros tópicos de psicología social y de la personalidad?

Discusión

22

Los mitos son la ciencia de una sociedad sin ciencia. La ciencia es el mito de una sociedad sin mitos; mejor dicho, de una sociedad –en rigor, una pequeña comunidad, la de los científicos– que presume de no tenerlos.

23

¿Quién ha escudriñado más a fondo la condición humana? ¿Y dónde aprender mejor cómo manejar emociones y pasiones?, ¿en Sófocles o en Skinner?, ¿en Pavlov o en Proust?, ¿en Shakespeare o en Freud?, ¿en los fabuladores de las peripecias del amor novelado o en los estudiosos del amor en sus informes de investigación empírica?

En su repaso a los clásicos de nuestra cultura en *El canon occidental*, Harold Bloom (1995) hace de Freud poco más que un epígono de Shakespeare. Una vez leído éste, no tendríamos mucho ya que aprender de aquél. ¿Y tras leer a Proust tendremos mucho que aprender de los tratadistas de psicología de la memoria autobiográfica?

Es posible y necesario traer a investigación de ciencia, a experimento incluso, las observaciones de Proust sobre la memoria de episodios del propio pasado. Es posible y necesario traer a investigación empírica, quizá a experimentación sirviéndose de análogos, las moralejas de los mitos y las fábulas.

24

Dos milenios y medio les separan, pero se les puede colocar en paralelo: a Aristóteles sobre la felicidad y a Bandura sobre la determinación recíproca entre acción, persona y situación. El léxico y los temas son distintos, pero en cuanto a tesis de fondo no se separan ni un milímetro.

«Es dentro del marco del determinismo recíproco que el concepto de libertad adquiere significado. Los individuos no son ni impotentes objetos controlados por fuerzas ambientales ni agentes enteramente libres que puedan hacer cualquier cosa que escojan. Es posible considerar a las personas parcialmente libres en la medida en que modelan futuras condiciones que influirán en el curso de su acción... En el proceso de determinismo recíproco se halla la clave tanto de que los hombres modelan su destino como de los límites de su autodirección» (Bandura, 1981, pág. 178).

«Suele preguntarse si es posible aprender a ser dichoso, si se adquiere la felicidad por medio de ciertos hábitos; o si es, más bien, efecto de algún favor divino y, si se quiere, resultado del azar [...] Yo digo que si la felicidad no nos la envían exclusivamente los dioses, sino que la obtenemos por la práctica de la virtud, mediante un largo aprendizaje o una lucha constante, no por eso deja de ser una de las cosas más divinas de nuestro mundo [...] Y añado que la felicidad es, en cierta manera, accesible a todos [...] Como vale más conquistar la felicidad a este precio que deberla al simple azar, la razón nos obliga a suponer que es así realmente como el hombre puede llegar a ser dichoso» (*Moral a Nicómaco*, libro 1º, capítulo 7).

113

25

Es posible y legítimo en ciencia referir historias. En algunas ciencias que tratan de acciones humanas, incluida la psicología, puede llegar a ser obligado referirlas. Guarda alguna relación con ello el proyecto de una psicología narrativa. Ahora bien, con esa atractiva denominación de "psicología narrativa" cabe entender empresas de corte muy distinto, y ninguna de ellas opuesta a una psicología científica y empírica.

La primera de las posibles acepciones consiste en servirse de narraciones, incluso de fábulas –historias de animales– en la exposición, hacerlo con finalidad clarificadora, didáctica, para ilustrar leyes y principios obtenidos al margen del relato o fábula. Es una forma de exposición que gozó siempre de prestigio entre ensayistas y filósofos y que todavía hoy utilizan autores contemporáneos nada sospechosos de ligereza y ni siquiera de aficiones literarias. Bunge (1969) da inicio a un grueso volumen metodológico sobre la investigación científica con "un cuento para empezar", un apólogo donde varios sabios son llamados a la corte e interrogados por la reina acerca de una cierta "cosa rara". Hofstadter (1987) jalona su todavía más grueso volumen sobre *Escher, Gödel, Bach*, con historietas, una por capítulo, donde aparecen viejos personajes filosóficos –Aquiles y la tortuga– y también algunos otros nuevos. El propio Skinner, en el escrito antes referido, incluye una conocida viñeta o broma conductista, en la que un ratoncillo le dice a otro que está condicionando al hombre que les tiene en la caja: cada vez que presiona la palanca, el tipo le da comida. Detrás de la broma asoma la oreja una pregunta trascendental: ¿quién condiciona a quién en los procesos interactivos, recíprocos, de condicionamiento?

He ahí, pues, un primer uso, superficial ciertamente, de la narración –la parábola, la fábula, la broma– en ciencias del comportamiento. ¿Por qué no escribir psicología contando algunas historias fingidas o incluso verdaderas? Es así como cabe, por ejemplo, preguntarse por qué las cebras no tienen úlcera, y servirse de ello para poner en claro algunos de los mecanismos del estrés (Sapolsky, 1995).

Una segunda noción de psicología narrativa es la que entiende que los informes de ciencia son, en sustancia, relatos de acontecimientos: de lo que sucedió en una ocasión dada y bajo ciertas circunstancias, de lo que hizo tal o cual investigador y de cómo se condujeron tales y tales sujetos investigados, de lo que hace el hombre o la mujer de laboratorio y de cómo responden sus hámsters, sus palomas o también sus humanos, conejillos de Indias por un día.

Ahora bien, en rigor, sin renunciar a las acepciones anteriores, antes bien, incorporándolas a su esquema propio, por psicología narrativa habría de entenderse aquella que asigna a las autonarraciones un papel crucial en la construcción de la identidad y de la madurez personal: emocional, sentimental, y no sólo intelectual. Esta psicología narrativa constituye una variedad de psicología cognitiva y de interpretación del autoconcepto. Reside su peculiaridad en resaltar que son narraciones acerca de uno mismo, y no tanto esquemas o imágenes, las que definen la propia identidad.

26

He ahí media docena de tesis discutibles para una psicología narrativa de la construcción de la identidad personal:

1. Cada cual tiene sus relatos personales, bien guardados en su almario –mejor que armario: aviso para el corrector de imprenta–, aunque no los narre nunca a los demás y ni siquiera a sí mismo.
2. Las narraciones de la autobiografía explícita o tácita propia son los mitos personales de cada cual: relatos originados en parte en la interpretación de pasadas experiencias, y en eso intransferibles; pero nacidos también de la interiorización de mitos y relatos colectivos.
3. Dime qué historias te cuentas a ti mismo y te diré quién eres, cómo sientes.
4. Los relatos de autobiografía contribuyen de modo notable a la conciencia del sentido de la vida, a la estructuración de las emociones y, en definitiva, a sentimientos de felicidad o de desdicha. A falta de esos relatos la vida aparece desordenada, inconexa, desquiciada.
5. Es posible modificar los esquemas cognitivos, las imágenes de la memoria sensorial, las autonarraciones.
6. Cuéntate a ti mismo otras historias y serás otro: puedes fabricarte otro yo, otros sentimientos, si no te gustan los que tienes; y presumiblemente serás entonces más feliz.

En la imposibilidad de dar respaldo teórico y empírico bastante a tan ambiciosas tesis en un par de líneas, acéptese la convención de remitir a libros sólidos sobre alternativismo constructivo (Kelly, 1955), sobre la fabricación del yo en la historia personal (Greenwald, 1980) y sobre la operación de "reescribirse" a uno mismo (Freeman, 1993; véase también Gergen y Gergen, 1988).

27

He ahí alguna otra tesis o, mejor, digresión, no menos discutible, de teoría interdisciplinar y antropológica sobre los relatos de identidad para el 2000: La edad postmoderna –y eso no es sólo siglo XXI, puede ser también la edad de los cuarenta años en la vida de un hombre o una mujer– se caracteriza por la pérdida de plausibilidad de los grandes relatos legitimadores (Lyotard, 1979 / 1984). Sigue habiendo mitos, ficciones, crónicas, historia; pero no hay ya mitos, ni leyendas, ni historias universalmente plausibles (la globalización es otra cosa). Ahora cada cual ha de confeccionarse los suyos; y la tarea propuesta algo más arriba (en la tesis 2) se ha tornado bastante más difícil (como también ha visto Gergen, 1991 / 1992).

Incluso para los expertos usuarios del Edipo la tarea se ha vuelto endiabladamente complicada. Los legatarios de Freud pueden seguir diciendo: esa historia de Edipo (o de Electra) es también la tuya. Pero ahora ya ni todos ellos se la creen. Los más lúcidos han llegado a reconocerlo: esa historia, esa teoría edípica, si es que vale, sólo vale como ficción, como relato potencialmente esclarecedor en la medida en que el psicoanalizado se reconozca en ella (Mannoni, 1979 / 1980).

Lo crucial, sin embargo, es el reconocimiento de la amplitud de los relatos virtualmente iluminadores. Mi historia puede ser la de Orestes o la de Ulises, la de Ariadna o la de Helena, y eso tanto si soy hombre como si soy mujer, pues las lecturas y apropiaciones posibles de esos relatos de identidad se sitúan más allá del género, del sexo, así como también de la edad. Todo el legado mítico y simbólico, desde Sísifo y Penélope hasta James Dean y Marilyn Monroe, proporciona un código y sintaxis de argumentos narrativos capaces de contribuir al diseño de la identidad y proyecto personales propios por la vía de la descodificación de las emociones experimentadas. Pero es peligroso reducirse sólo a mitos antiguos o a leyendas todavía vivas. Hay en ello el grave riesgo de montarse una película acaso fascinante, pero falsa y frágil, que acabará por desmoronarse como un castillo de arena en el polvo de lo sin sentido, tal vez de la sinrazón y el caos. Menos fascinante pero más seguro es entender mis sentimientos diciendo: soy el pobre animal salivador de Pavlov, o el tembloroso de Seligman, o el dócil súbdito de Milgram.

28

Un escéptico –frente a la ciencia– Ortega y Gasset ha escrito: «El hombre es un desconocido y no es en los laboratorios donde se le va a encontrar.» En contra de semejante escepticismo y también en contra del subyacente supuesto de que todo lo humano es misterioso, imposible de escrutar, la ciencia ha demostrado que el hombre es escrutable. Lo es también en su laberinto sentimental, donde a menudo se halla a ciegas y perdido, sin hilo de Ariadna que le permita salir a clara luz.

Al hombre no se le va a encontrar en los laboratorios antes que en la calle, eso también es cierto. Pero la ciencia ha avanzado gracias, sobre todo, a algunos experimentos básicos, que proporcionan paradigmas de conocimiento de la acción y de la condición humana. El hallazgo de Pavlov fue la piedra Rossetta en el desciframiento del lenguaje jeroglífico de las reacciones emocionales.

Aprendemos las emociones como quien aprende a salivar. Ésa no es toda la verdad. Pero es verdad.

29

Cambia tus autorrelatos y cambiarás tu experiencia. Puede que sí; pero...

El pero es que las narraciones son palabras, palabras, palabras: «*words, words, words*», carcajea Hamlet. Y las palabras no cambian la dura realidad que obstinadamente rige nuestras vidas. Sólo las acciones pueden modificar algo en ella. Una psicología narrativa, al igual que una psicología cognitiva, no da razón completa ni de la conducta ni de la experiencia. El conductismo no tiene toda la razón, ni mucho menos; pero desde luego tiene más razón que el cognitivismo, denunciable como idealista (véase la temprana crítica de Sampson, 1981), y más que su reciente descendencia en forma de constructivismos narrativos. Sólo que la prescripción conductista clásica –«cambia la situación y cambiarás la conducta» (y la emoción al mismo tiempo)– queda incompleta: no dice cómo modificar la situación.

Por eso, la mejor recomendación dice: «cambia tus acciones para cambiar en algo la realidad que te circunda». Una psicología narrativa no puede cerrar el círculo de una explicación integral de la conducta; sólo puede aspirar al limitado espacio de un capítulo o sección dentro de una psicología de la acción.

Conclusión

30

Las historias y los experimentos dibujan un puzzle, un rompecabezas, en el que faltan todavía muchas piezas. Aun con enormes lagunas, sin embargo, el conocimiento de ciencia ha llegado a perfilar una imagen suficientemente clara de la génesis y aprendizaje de las emociones, de los sentimientos humanos. En este ensayo se ha intentado darle forma a esa imagen en alguna correspondencia, a veces casi especular, con aquella otra que se dibuja en el corpus mítico y narrativo de nuestra cultura.

No han podido colocarse aquí todas las piezas disponibles y de confianza; sólo algunas, las suficientes para trazar, como en dibujo al carboncillo, las líneas más gruesas de un aprendizaje –y construcción– de la propia identidad que es aprendizaje emocional.

31

Hay modos canónicos de terminar. Los cuentos infantiles se concluyen con «y fueron muy felices». Los informes científicos suelen terminar en párrafos de rutina con vagos comentarios de este género: «Aunque sabemos hoy más que ayer, el tema permanece abierto, lleno de interrogantes. Es precisa mucha más investigación. Pero el esfuerzo empleado en ella bien valdrá la pena.» Éste es el "colorín colorado" habitual de los informes de ciencia.

Así que cabe concluir de modo parecido: acerca del aprendizaje emocional sabemos mucho más que los griegos y que los románticos; incluso mucho más que hace treinta o cuarenta años; pero es necesario seguir investigando; y el interés humano en las emociones bien se merece el trabajo empleado en el estudio para su mejor conocimiento.

32

Hay modos únicos, irrepetibles, geniales, de poner punto final. Su genialidad absoluta otorga licencia a los escribidores sin ingenio para tomar de ella en préstamo y aprovecharla sin recato. Encontrar y aprovechar un texto apropiado de cierre le deja al escribiente más satisfecho que forjar sus propias líneas mediocres; y sin duda al lector le proporciona satisfacción aún mayor, al no cerrar el texto, sino abrirlo y sostenerlo en nuevas resonancias. Sea permitido, por tanto, tomar en usufructo y glosa, primero, a un evangelista y, después, a un filósofo.

Del evangelio de Juan se toma, pues, el párrafo final; se le glosa y transforma, en pertinencia para el presente caso, según sigue: «Hay otros muchos hechos, enseñanzas, informes de ciencia que podrían relatarse; pero éstos han sido recogidos y se han traído a cuento para que aprendáis y, habiendo aprendido, disfrutéis de la vida.»

Del filósofo Wittgenstein, de su *Tractatus*, sea igualmente glosada y transformada su tesis penúltima: «Las historias, sentencias, evidencias científicas aquí expuestas contribuyen a algún esclarecimiento a partir del hecho de que quien las comprende las reconoce al final como innecesarias, si es que, pasando por ellas, sobre ellas, por encima de ellas, ha llegado a ascender, para salir. Es preciso que sobrepase esas proposiciones y entonces adquiere una justa visión del mundo.»

Aquí se ha tratado nada más de un fragmento de mundo, de un mundo, por tanto, mucho más pequeño que el de Wittgenstein: de esa minúscula parcela del universo humano que son los relatos de identidad personal en emociones y pasiones. A propósito suyo el presente ensayo se ha limitado a levantar un andamiaje para ascender y alcanzar un nivel más alto e ilustrado desde donde se adquiere una visión también más acertada del mundo emocional.

Bibliografía

A. Bandura (1978), "The self system in reciprocal determinism", *American Psychologist*, 344-358.

H. Bloom (1995), *El canon occidental*, Barcelona: Anagrama.

M. Bunge (1969), *La investigación científica*, Barcelona: Ariel.

W.P. Dukes (1965), «N = 1», *Psychological Bulletin*, (64), 74-79.

M. Freeman (1993), *Rewriting the self: history, memory, narrative*, Londres: Routledge.

K.J. Gergen (1973), «Social psychology as history», *Journal of personality and social Psychology*, 26, 309-320.

K.J. Gergen (1991), *The saturated self. Dilemmas of identity in contemporary life.* Nueva York: Harper. [Versión castellana: El yo saturado. Dilemas de la identidad en el mundo contemporáneo, Barcelona: Paidós, 1992.]

K.J. Gergen y M.M. Gergen (1988), «Narrative and the self as relationship», en: L. Berkowitz (ed.), *Advances in social experimental psychology*, vol. 21: *Social psychological studies of the self.* Nueva York: Academic Press.

A.G. Greenwald (1980), «The totalitarian ego: fabrication and revision of personal history». *American Psychologist*, 35(7), 603-618.

D. Hofstadter (1987), *Gödel, Escher, Bach.* Barcelona: Tusquets.

G.A. Kelly (1955), *The psychology of personal constructs.* Nueva York: Norton.

F. Lyotard (1979 / 1984), *La condition postmoderne.* París: Minuit. [Versión castellana: *La condición posmoderna*. Madrid: Cátedra, 1984.]

M. Mannoni (1979), *La théorie comme fiction.* París: Senil. [Versión castellana: *La teoría como ficción.* Barcelona: Grijalbo, 1980.]

S. Milgram (1963), «Behavioral study of obedience». *The Journal of abnormal and social Psychology*, 67(4), 371-378.

I.P. Pavlov (1973), *Actividad nerviosa superior.* Barcelona: Fontanella.

A. Pérez-Gómez y J. Almaraz (eds.) (1981), *Lecturas de aprendizaje y enseñanza.* Madrid: Zyx.

D. Rougemont (1979), *El amor y Occidente.* Barcelona: Kairós.

E.E. Sampson (1981), «Cognitive Psychology as ideology», *American Psychologist*, 36(7), 730-743.

R. Sapolsky (1995), *¿Por qué las cebras no tienen úlcera?* Madrid: Alianza.

Corazón y razón

M.E.P. Seligman (1975), *Helplessness*. San Francisco: Freeman. [Versión castellana: *Indefensión*. Madrid: Debate, 1981.]

M. Sidman (1960), *Tactics of scientific research*. Nueva York: Basic Books. [Versión castellana: *Tácticas de investigación científica*. Barcelona: Basic Books / Fontanella, 1978.]

B.F. Skinner (1959), *Cumulative record*. Nueva York: Appleton-Century-Crofts. [Versión castellana: *Registro acumulativo*. Barcelona: Fontanella, 1975.]

A.F. Zeller (1950), «An experimental analogue of individual failure and success on memory measured by relearning». *Journal of Experimental Psychology*, 40, 411422.

7. ¿SIENTEN LAS SOCIEDADES? EMOCIONES INDIVIDUALES, SOCIALES Y COLECTIVAS

EDUARDO BERICAT ALASTUEY
Universidad de Málaga

Las emociones son parte de la conciencia

Estamos acostumbrados a hablar de las emociones como si éstas fueran entidades independientes que habitan o penetran en el interior de nuestro ser y hacen que nos comportemos en formas que escapan a nuestra voluntad. Toda una tradición del pensamiento occidental está basada en que la libre voluntad deriva del control racional de la conducta, mientras que las emociones pretenden llevarnos por derroteros no deseados y generalmente indeseables. Afectos, sentimientos y emociones son considerados, sin distinción de matiz o grado, como pasiones, como tormentas afectivas cuya fuerza, casi telúrica, nos arrastra a la deriva sin que podamos oponer la mínima resistencia. Siempre náufragos de las tempestades emotivas, sujetos a la pasión y objetos de la pasión, los individuos han sido alertados desde tiempo inmemorial sobre las funestas consecuencias de los sentimientos.

En el lenguaje de la emoción,[1] en sus metáforas más queridas, queda registro de la ideología que subyace a nuestro modo de entender y juzgar las emociones. Todas las manifestaciones de la ira, por ejemplo, pueden contemplarse desde la metáfora de un fluido contenido en un recipiente cerrado sujeto a presión y temperatura. La ira es calor y fuego, mientras que el cuerpo es su recipiente. Sabemos que el aumento de temperatura provoca la evaporación de un líquido, y así podemos escuchar que tal persona "echa humo" o que tal otra persona tiene "muchos humos". Del mismo modo, el incremento de temperatura en un continente cerrado eleva la presión interior y, en caso de superar cierto umbral, el recipiente puede estallar. Los estallidos de rabia o ira constituyen su imagen típica. El recipiente se rompe, algo de dentro sale al exterior, se pierde el control, el individuo está fuera de sí, ya no es él mismo, la conducta deja de ser previsible y las consecuencias pueden llegar a ser peligrosas. Está metáfora da cuenta también de los efectos fisiológicos de la ira: la presión de la sangre aumenta, la coloración aparece en la superficie facial, el esfuerzo por contenerse es evidente. La ira es fuego y calor, energía, en el interior de un recipiente. Y el fuego puede llegar a quemar, es peligroso.

En las metáforas lingüísticas del miedo también está presente la imagen de que el miedo es una entidad o fluido en el interior de un recipiente, el cuerpo humano. Sin embargo, pese a que algunas manifestaciones fisiológicas son similares, la idea de fuego, calor y presión no aparece en las metáforas del miedo. El miedo parece ser una entidad exterior que se nos introduce en el cuerpo, de ahí que tenga sentido la frase que alude a "meter miedo" o a "meterse el miedo en el cuerpo". Entre las metonimias fisiológicas del miedo encontramos el temblor, el enpalidecimiento de la cara, la piel de gallina, los pelos de punta, el sudor, la paralización psicomotora y el descenso de la temperatura corporal. Sentimos el miedo como una especie de animal que puede atraparnos entre sus garras, que puede atormentarnos y torturarnos, un animal que nos debilita y enferma, un ser a veces obscuro y desconocido que nos domina causándonos un inmenso daño. En cualquier caso, la metáfora del miedo también responde a una concepción sustancialista de la emoción en la que el sujeto del miedo aparece de nuevo careciendo de todo control sobre su conducta.

Las emociones parecen entidades separadas de los individuos que logran introducirse en el continente corporal, atrapando y privando a la persona del dominio y control sobre sus propios actos, esto es, privándola de su libertad y de su responsabilidad. Aquí el sujeto activo, el comandante, ya no es la persona, sino la emoción que pone bajo su mando y dominio al individuo que, desde ahora, es movido por una gran energía capaz de superar toda resistencia. Por tanto, los sujetos aparecemos como objetos, pequeñas barcas movidas por el vendaval, zarandeadas por las olas de la pasión.

Esta forma de ver las emociones, arraigada profundamente en el lenguaje, no deja de ser una ideología. Forma parte de lo que podría denominarse nuestra "cultura emocional", una cultura empeñada en llevar a la práctica lo contrario de lo que proclama en la teoría, esto es, empeñada en dominar, controlar, suprimir y censurar cualquier expresión de nuestras emociones.

Inoculando el temor a la emoción se sientan las bases de su control. Pero esta cultura pretende algo imposible, pues las emociones no constituyen ninguna "entidad" o "substancia" ajena al individuo, ni tampoco son seres que pretendan dominarnos y privarnos de nuestra libertad y control. Reducir el amplio, complejo y matizado universo emocional a los exabruptos emocionales, esto es, a las manifestaciones más intensas y extremas de la emoción constituye sin duda el primer error. Las sensaciones, los afectos, los sentimientos o las emociones casi nunca aparecen en su forma de pasión desbordada. Más bien se parecen a los suaves y traslúcidos tonos de la acuarela que a los intensos y opacos colores del óleo. Sentimos continuamente cada minuto y cada segundo, y solemos sentir al mismo tiempo varias emociones que oscilan según el más mínimo cambio de nuestra perspectiva, según la más leve de nuestras consideraciones. Esto no significa que la intensidad de la emoción se eleve en algunos casos, que alcance cotas insospechadas, pero estos casos son más la excepción que la regla.

Las emociones pertenecen a la realidad de nuestro cuerpo, son sin duda cuerpo, aunque su realidad resulta ser a este respecto paradójica. No podemos hablar de emoción sin la presencia de manifestaciones fisiológicas, sin una determinada convulsión de nuestras vísceras. Pero la emoción no es sólo cuerpo, sino también y al mismo tiempo conciencia. *Las emociones son la conciencia del cuerpo.* Pensemos por un momento en la sensación de dolor cuando nos pinchamos con un objeto punzante en la pierna. Podríamos hacer alguna de las siguientes preguntas: ¿nos duele en la pierna o nos duele en la cabeza?, ¿dónde está el dolor, en la piel o en el cerebro?, ¿sentimos en el cuerpo o sentimos en la conciencia? Preguntas paradójicas que ponen de manifiesto el carácter informativo de toda sensación y, por ende, de toda emoción. El dolor informa en esencia al sistema que constituye nuestra persona de una determinada relación entre el entorno y el cuerpo, pero el dolor, en tanto dolor, sólo puede ser conciencia de algo, información. Información que cataliza una respuesta, que moviliza la energía del sistema de nuestra persona en una determinada dirección y sentido. Lo mismo sucede con el miedo, en tanto que también nos alerta de un peligro y moviliza al individuo bien para la huida, bien para la lucha. Si sólo percibiésemos los peligros, pero no sintiéramos miedo, el cuerpo carecería de motivos o de motores, de energía, en suma, para iniciar la marcha o para disponerse a la lucha.

Existe otra paradoja emocional cuyo mero planteamiento nos advierte contra las burdas simplificaciones que afectan a las emociones. Charles Darwin publicó en 1872 un libro titulado *La expresión de las emociones en el hombre y en los animales.*[2] Aunque su intención última era encontrar parentescos biológicos entre las especies, analizando las similitudes en el modo en que hombres y animales expresaban un conjunto de emociones consideradas universales, nuestro interés particular se centra en el hecho de que para Darwin la "expresión" era exclusivamente el reflejo de un estado fisiológico, un estado emocional interno sin virtudes comunicativas. Los gestos, adquiridos en un periodo prehistórico, permanecían como un mero residuo de las conductas a las que conducían determinados estados biológicos. Así, en la conducta de los perros abrir la boca y enseñar los dientes son los primeros pasos conductuales necesarios para llevar a cabo una determinada agresión, en este caso un mordisco o dentellada. Las expresiones emocionales son, desde este punto de vista, meros actos reflejos o conductas truncadas respecto del acto completo que supondría el morder.

Sin embargo, esta perspectiva orgánica o biológica, en la que se reducen los gestos emocionales a meros protoactos, no se corresponde con el contenido de conciencia de las emociones, ni mucho menos con su asociado contenido de comunicación. Pensemos por un momento en un niño que llora. Y hagámonos alguna de las siguientes preguntas: ¿llora porque le duele o llora para decir a alguien que le duele?, ¿su llanto es una respuesta mecánica al dolor o es una proyección de su conciencia sobre el entorno?, ¿el llanto está en el niño o está en el padre? Si el dolor sirve como señal de alerta, si asimismo el miedo avisa y predispone al individuo frente a un peligro, de la misma manera nuestras expresiones de ira señalan al otro o a los otros la relevancia que para nosotros tienen algunas consecuencias de sus actos. No son únicamente actos truncados de agresión, son fundamentalmente comunicaciones dirigidas al entorno con las que pretendemos unos determinados ajustes en nuestras conductas respectivas. Este valor comunicativo de las emociones está sin duda especialmente desarrollado en el ser humano desde la más tierna infancia, y por dos razones. Primero, porque el in-fante, es decir, etimológicamente "el que carece de palabra", no tiene otro modo de señalar a los demás la importancia que algunas cosas tienen para él, y sólo para él. Nadie, sino él y cómo él, sabe de su hambre, de su frío o de su sueño. Segundo, porque dada la original y total invalidez de los recién nacidos, y dado nuestro largo periodo de dependencia, estamos abocados desde el principio a la comunicación con el otro. Nuestra subsistencia depende de la comunicación con los otros y de los vínculos afectivos que establezcamos con ellos.

Así pues, desde un punto de partida fisiológico, orgánico y biológico, que no negamos, hemos llegado a una conceptualización más amplia de las emociones en tanto conciencia y, por ende, en tanto comunicación, indicativas de la esencial interrelación que todos los seres vivos mantienen con su entorno. Unas veces de fuera hacia dentro, como en el miedo, y otras de dentro hacia fuera, como en la ira o en el llanto, las emociones son una parte más de la conciencia, y cumplen para el sistema de la persona, como ya indicara adecuadamente Sigmund Freud respecto de la ansiedad, una *función de señal*. Esto significa que las emociones están exclusivamente dentro de los individuos, pero significa que las emociones sólo pueden entenderse por las relaciones que los individuos mantienen con su entorno. En palabras del prestigioso biólogo chileno Humberto Maturana el emocionar sólo puede comprenderse como un fenómeno biológico relacional.

Me explico. Golpean la puerta. Salgo a abrir; es un amigo muy querido. Con mi efusivo abrazo, el brillo de mis ojos, mi sonrisa, expreso la felicidad de verlo. Mi mensaje es claro y no necesitamos palabras. Él me retribuye con la misma emoción. Si al abrir la puerta, en cambio, me encuentro con alguien desconocido, con el rostro tenso y la mirada dura, mi reacción es totalmente diferente: doy un paso atrás, pregunto qué quiere con un tono civilizado pero no amistoso y recién al escuchar lo que me dice (que viene de parte de un amigo) cambia mi actitud y, con un gesto acogedor, lo hago pasar. Pero si lo que me dice es más concordante con la expresión tensa de su rostro, es probable que murmure algo entre dientes y cierre la puerta.[3]

Las emociones están socialmente reguladas

Se consideran las emociones, no sin razón, como los elementos más subjetivos de la conciencia. Pertenecen exclusivamente a "un" sujeto, sólo pueden existir en el interior de "un" sujeto y tienen como punto básico de referencia "un" sujeto. *Las emociones señalan la relevancia que tiene para un individuo concreto un determinado hecho o situación.* Sentiremos envidia si alguien posee algo que nosotros deseamos, nos alegraremos si nos dan un premio, y podemos enfurecernos ante un castigo injusto. La tristeza, que es una forma del amor, sólo aparece cuando a algún ser querido le ha sucedido algo malo. Pero si eso mismo le sucede a una persona que odiamos, probablemente no podamos reprimir nuestra satisfacción o alegría. Los hechos objetivos no determinan por sí mismos la intensidad y el tipo de emoción. Son las consecuencias particulares que tiene un determinado hecho para un sujeto concreto las que provocan la naturaleza e intensidad de la emoción que sentirá esa persona. La emoción constituye un mirar el mundo desde la perspectiva del sujeto y, por tanto, se trata de una autoobservación del propio sujeto en ese mundo.

Esta radical individualidad y subjetividad de las emociones no ha gozado de muy buena prensa. Sin embargo, a poco que se reflexione, nada tendría "sentido" si careciésemos de sentimientos. Si todas las consecuencias del mundo exterior, tanto las buenas como las malas, nos resultaran absolutamente indiferentes, no podríamos decir que estamos vivos. Los campos de concentración nos resultarían indiferentes, y asimismo el hambre, el calor o el frío, la enfermedad y la salud, el amor o el desprecio, la justicia, la violencia o la libertad. El mundo carece de un valor en sí y para sí; sólo adquiere valor en relación con unos seres que sienten, unos seres que disfrutan o sufren. De ahí la importancia de percibir y comunicar nuestras emociones, por ejemplo, en las relaciones que mantenemos con los otros. El otro debe saber cómo nos sentimos, pues éste es el único modo de poder alcanzar un acuerdo. Un padre que besa a uno de sus hijos, pero que olvida besar a otro también presente, deberá ser sensible al enojo de este último, pues sólo una adecuada comprensión de sus sentimientos podrá regenerar el vínculo dañado por este olvido. El enojo del niño es un mensaje dirigido al padre indicándole la importancia que para él tiene su afecto y su cariño.

Ahora bien, el hecho de que las emociones tengan siempre como punto de referencia a un individuo, y sólo puedan ser sentidas por un individuo, no significa que su naturaleza, su intensidad, su presencia o ausencia se desenvuelvan exclusivamente en el interior de un sujeto. Es cierto, la sensación de realidad que ofrecen los sentimientos es tan individual, tan evidente, y está tan pegada a nuestro propio cuerpo, que nos resulta difícil siquiera imaginar un mero condicionamiento externo. Al hablar de emociones tendemos a mirar espontáneamente hacia nuestro interior, pensando que la realidad emocional, su flujo, sigue una dirección de dentro hacia fuera. La expresión de las emociones es vista, desde esta perspectiva, como un salir de algo que escapa de los cerrados límites de nuestra individualidad, algo que originariamente está en el interior y luego emerge al exterior. Pero en la medida que las emociones son conciencia, en esa idéntica medida son también comunicación. Por más que sintamos las emociones como una realidad exclusivamente interior, lo cierto es que el universo emocional, y lo que cada uno puede llegar particularmente a sentir, está en gran medida socialmente condicionado.

De la misma forma que existen normas sociales que indican cuál es la conducta apropiada en una determinada situación, existen *normas emocionales*[4] que definen cuáles son las emociones que debemos sentir. La lógica social de los derechos y los deberes, de las prescripciones y proscripciones, de lo que estamos obligados a hacer y de lo que tenemos prohibido hacer, también se aplica a los sentimientos. Así, nos pueden reprender por estar demasiado o injustamente enfadados contra alguien. Algunas veces tenemos derecho a enfadarnos, pero otras muchas no. Existe el legítimo orgullo, pero también el falso orgullo. Si en determinada ocasión no sentimos vergüenza por algo que hemos hecho o dicho, seremos acusados de sinvergüenzas. Tenemos derecho a sentir algunas emociones, pero no tenemos derecho a sentir otras. Debemos estar alegres en una fiesta, pero debemos estar tristes en un funeral. Nuestra pareja espera que nos alegremos cuando le ha sucedido algo bueno, y mostrará su extrañeza o nos expresará sus críticas si manifestamos una evidente indiferencia. En cierta ocasión, un jugador de fútbol, que por estar lesionado presenciaba un encuentro de su equipo desde las gradas, no manifestó ninguna alegría cuando éste marcó un gol. La imagen, recogida por una cámara de televisión, apareció en todos los informativos.

Las normas emocionales definen qué emoción es la apropiada al caso, cuál es la carga o intensidad emocional considerada correcta, e incluso regulan la duración aproximada de nuestros sentimientos. Es considerado normal, por ejemplo, sumirse en un profunda tristeza ante la muerte de un ser muy querido, pero esta tristeza ha de tener un límite temporal. También somos condescendientes con sentimientos de odio comprensibles o justificados, pero si el odio perdura en exceso se le considerará como la expresión de una patología indeseable que debemos erradicar. El hecho es que el propio individuo opera sobre sí mismo para alterar sus estados emocionales con el objeto de que se adapten a estos patrones colectivos. Si la emoción surgiera de dentro hacia fuera, y derivase exclusivamente de reacciones biológicas, estos controles no existirían. De ahí que la existencia de normas emocionales se corresponda, como bien señala Arlie Russell Hochschild, con los instrumentos y procesos mediante los que el individuo opera para modificar sus sentimientos, procesos a los que la profesora de la Universidad de Berkeley denominó *trabajo emocional.*

En este trabajo el individuo no realiza una simple labor de ajuste en la expresión de sus emociones, lo que constituiría una mera actuación superficial, sino que trata de modificar sus sentimientos reales en el sentido de lo indicado por la norma. Constituye un trabajo profundo que podemos observar en nuestra experiencia cotidiana. Si estamos preocupados o ansiosos, tratamos de pensar en otra cosa o concentrar nuestra atención en aspectos menos inquietantes de nuestra vida. Muchas veces inspiramos y espiramos aire lenta y profundamente para relajarnos y contener determinada agitación. En otras ocasiones contamos hasta cien en espera de que nuestro acceso de ira decrezca en intensidad antes de hacer o decir algo. También hablamos con nosotros mismos en términos emocionales recomendándonos determinados sentimientos y tratando de evitar otros. El hecho de que intentemos modificar nuestros sentimientos, que tratemos de evocar o de suprimir, según los casos, algunas emociones, no significa que siempre tengamos éxito en nuestro empeño, pero deja clara constancia de que una cosa es lo que sentimos, otra lo que debemos sentir, y otra lo que queremos sentir. En este juego, queda en gran parte diluida la supuesta consistencia orgánica o biológica de nuestras emociones.

Lo que debemos sentir no opera sólo en el plano de las manipulaciones conscientes que realizamos para adaptarnos a las normas que la cultura de cada sociedad y época consideran apropiadas. También opera en el plano inconsciente de la socialización. Cada sociedad tiene un universo emocional propio que los individuos asimilan de modo inconsciente desde su más tierna infancia en procesos de aprendizaje emocional. El amor romántico, por ejemplo, es una invención sentimental bastante reciente sin correspondencia en otras sociedades. Los celos, lejos de ser un sentimiento "natural", sólo son concebibles en sociedades en las que se ha institucionalizado el matrimonio monogámico y su correspondiente valor de fidelidad, siendo tal sentimiento evocado por la comisión o expectativa de comisión de adulterio.[5] Los individuos introyectan en el aprendizaje pautas de reacción emocional acordes con las estructuras y desempeños de las sociedades a las que pertenecen. En algunas sociedades muy belicosas, en las que grupos locales realizan frecuentes incursiones violentas en comunidades locales vecinas, quemando posteriormente a los capturados, los niños compiten en un juego para ver quién soporta durante más tiempo un ascua ardiente entre sus dedos.[6] En nuestras sociedades opulentas, paradójicamente, la frustración es endémica y tiene orígenes sociales pues, según Merton,[7] mientras que los deseos de consumo son estimulados universalmente por la publicidad y por los medios de comunicación, los recursos económicos necesarios para comprar los bienes y servicios deseados no están al alcance de todos.

Norbert Elias, en su magnífica obra titulada *El proceso de la civilización*,[8] nos ofrece una interesante panorámica del cambio sufrido por las sociedades occidentales, desde la baja Edad Media y el Renacimiento temprano hasta la actualidad, en lo que podríamos denominar su *estructura emotiva*. Elias entiende que el proceso de civilización sigue a un proceso precedente de civilidad, proceso en el que se detecta un cambio en el modelo de control social imperante, que deja de basarse en la coacción externa de los individuos, y va imponiendo un nuevo sistema de autocontrol de muchos de nuestros impulsos afectivos. En la medida que una emoción sólo puede ser contrarrestada o anulada con otra emoción,[9] este autocontrol de impulsos afectivos sólo pudo hacerse modificando la estructura emocional de los individuos, esto es, inoculando un conjunto de sentimientos, principalmente vergüenza, capaces de controlar desde dentro al individuo.

La prueba empírica de su tesis la obtuvo analizando la evolución de las normas de cortesía imperantes durante estos siglos y, en especial, analizando cambios en el contenido de los manuales de buenos modales. El concepto de lo cívico, o *civilité*, según Elias, data del segundo cuarto del siglo XVI, y aparece en una pequeña obra de Erasmo de Rotterdam, que tuvo amplia difusión en su época, titulada *De civilitate morum puerilium*. Esta obra trataba en general de la conducta de las personas en la sociedad y, en especial, del decoro externo del cuerpo, estando dedicado al adoctrinamiento de un muchacho noble. Aquí aparecen claros consejos sobre los buenos modales en la mesa. Desde el momento que todo el mundo comía con la mano, Erasmo aconseja lavárselas antes de las comidas, así como no meter las dos manos en la fuente, sino utilizar tan sólo tres dedos, lo cual es mucho más elegante. No es correcto chuparse los dedos o secárselos con la ropa. Si te ofrecen el vaso o se bebe de una jarra común lo propio es que antes de beber te limpies la boca. Volver a mojar en la salsa un trozo de pan es de aldeanos y todavía es menos elegante sacarse de la boca los trozos masticados. Rascarse la cabeza, hurgarse entre los dientes, gesticular con las manos, jugar con el cuchillo, toser, resoplar o escupir en la mesa tampoco es civilizado. Sin embargo, contener los gases apretando las nalgas no es conveniente: «Retener un pedo producido por la naturaleza es cosa de necios, que conceden mayor importancia a la educación que a la salud.»

En la Edad Media también se escribieron algunos libros sobre normas de buen comportamiento en la mesa, libros llamados de cortesía, que hacían referencia a las conductas aprobadas en la corte, conductas de los grupos superiores de la clase alta medieval. En todos ellos, así como en los escritos durante el Renacimiento, nos produce cierto malestar la franqueza con que tratan algunos temas. Veamos algunos ejemplos de recomendaciones:

• Muchos, tras haber mordido el pan,/ vuelven a mojarlo en la fuente/ al uso de los campesinos/ las gentes bien no hacen tales cosas.
• Otras sienten la necesidad/ tras haber roído un hueso/ de devolverlo a la fuente/ lo cual es una costumbre muy fea.
• El que carraspea cuando va a comer/ y se suena la nariz con el mantel/ hace dos cosas que no están bien.
• No es correcto tocarse las orejas/ o los ojos, como hacen muchos/ o sacarse los mocos de la nariz.
• Cuando estornudes/ o cuando vayas a toser, ten cuidado,/ vuélvete a otra parte, en la cortesía piensa/ para que no caiga saliva en la mesa.
• El que come o sirve la mesa no debe sonarse con los dedos,/ con los trapos de limpiarse los zapatos mostráis vuestra cortesía.

El hecho de que estas recomendaciones se incluyan en los manuales de cortesía prueba hasta que punto era habitual toser, chuparse los dedos, escupir, sonarse la nariz o comer con las dos manos. Sin embargo, la mera mención de estas conductas en una sociedad civilizada provoca evidentes escrúpulos, repugnancia y asco. Sin duda, ninguno de estos sentimientos aparecían en nuestros antepasados medievales, y sólo tras un proceso de socialización que ha llevado cientos de años podemos llegar a creer, erróneamente, que los sentimientos de repugnancia que nos producen hoy este tipo de conductas proceden de una reacción biológica espontánea y natural de nuestro organismo. Los efectos fisiológicos que nos provoca el asco son evidentes, pero esto nada tiene que ver con el origen de estos sentimientos. Los efectos fisiológicos son, precisamente, la condición sine qua non del control emocional de nuestra conducta, pero como acabamos de ver han sido elaborados, a través de los siglos, en el proceso de la civilización.

Este proceso sociogenético en el que la sociedad civilizada va elevando los umbrales mínimos necesarios para la provocación de ciertas emociones, un proceso que Elias registra también para otras conductas asociadas al cuerpo, como la micción, la defecación, la desnudez del cuerpo y los actos sexuales, conductas en las que se detecta igualmente un fomento de los sentimientos de vergüenza y de pudor, ha de reproducirse en el proceso psicogenético que va desde el nacimiento de un nuevo miembro de la comunidad hasta la formación de su personalidad social. Este proceso de siglos se reproduce en la socialización primaria de los niños en unos cuantos años, y toda madre y padre conocen los esfuerzos que son necesarios para infundir estos mismos sentimientos de repugnancia, de asco y de pudor en un niño. Cuando el niño crece no recuerda el proceso de socialización, sólo percibe como autoevidentes sus reacciones emocionales y los efectos fisiológicos asociados. Esto es y debe ser así; pero una cuestión bien diferente es cómo ha llegado a ser así.

Emociones sociales y emociones colectivas

Hemos sostenido que las emociones son la conciencia del cuerpo, y que siempre señalan la relevancia que tiene para un determinado sujeto un determinado hecho o situación. Pero esta relevancia nunca se resuelve en el marco cerrado del individuo, nunca puede ser estricta y pura subjetividad. La mayor parte de las emociones catalogadas en una cultura, así como la mayor parte de nuestros sentimientos, están orientados hacia los otros, se dirigen a otros individuos o provienen de otros individuos. Envidia, resentimiento, odio, respeto, celos, ira, desprecio, miedo, compasión, tristeza, cariño, simpatía, indignación, amor, vergüenza, confianza o culpa se instituyen en la relación que mantenemos con los otros, se constituyen en el orden de *la natural intersubjetividad del ser humano*. En la medida que los otros, las personas con las que convivimos, esto es, el mundo social, resulta siempre extremadamente relevante para los individuos, el universo emocional recoge en toda su amplitud, y con una riqueza inigualable de matices y tonos, el amplio abanico de tipos de relación que podemos mantener con ellos. Estas relaciones sociales, por otra parte, nunca pueden considerarse como algo dado y estático, sino que siempre se encuentran en una especie de equilibrio inestable en el que a cada instante corresponde un determinado sentimiento o emoción. A veces en un tono detectamos un cierto desprecio, a veces nos fundimos en un abrazo, a veces sentimos dolorosamente su indiferencia, a veces el otro provoca en nosotros vergüenza ajena, a veces nos da miedo y a veces nos da lástima. Los sentimientos son un reflejo fiel de la naturaleza y el estado de nuestros vínculos sociales. Como el fiel de una balanza de precisión, oscilan al son de los microimpulsos que llegan de cada uno de los platillos, platillos que han de bailar necesariamente al ritmo de un sistema intersubjetivo en el que los movimientos independientes resultan ser a la postre movimientos imposibles.

Tanto el carácter intersubjetivo como el basamento comunicativo de las emociones se revela de un modo perfectamente claro en el sentimiento de la vergüenza, considerada por el profesor Scheff como la *emoción social* por antonomasia.[10] En nuestra cultura individualista resulta difícil advertir su mecanismo porque se trata de un sentimiento que sólo pueden reconocer abiertamente los niños. Los adultos también estamos expuestos al doloroso sentimiento de la vergüenza, pero reprimimos su reconocimiento porque ello sería incompatible con el ideal moderno del individuo autónomo y autosuficiente, ajeno al juicio que provenga de los demás. Para el profesor Scheff la vergüenza es la emoción que nos señala el estado de un *vínculo social*. Si el vínculo que tenemos con otra persona, por ejemplo con nuestra pareja o con un amigo, es seguro, sentiremos orgullo. Si, por el contrario, nuestro vínculo social es inseguro, sentiremos vergüenza. Dado que el mantenimiento de vínculos sociales seguros constituye el más importante de los motivos humanos o, como solía afirmar Lacan, dado que nuestro principal deseo es ser el deseo de otro, el sistema emocional de la vergüenza y el orgullo opera de una forma continua, segundo a segundo, para alertarnos sobre las mínimas modificaciones que afectan al estado de nuestros vínculos sociales. De ahí, precisamente, su importancia.

Charles Horton Cooley fue quien por primera vez describió el mecanismo de la vergüenza. Sentimos esta emoción cuando, en primer lugar, imaginamos la percepción que otro individuo tiene de algún aspecto de nuestra persona y cuando, en segundo lugar, imaginamos que la valoración que hace el individuo de este aspecto de nuestra persona es negativo. Si llevamos una mancha en la ropa, imaginamos que otra persona ve la mancha, e imaginamos que se forma un juicio negativo sobre nosotros, por ejemplo, pensando que no somos una persona aseada y limpia, entonces sentiremos vergüenza. En estos casos sentimos que la distancia social con el otro se incrementa, que nuestro vínculo social se deteriora. Tanto niños como adultos estamos expuestos de modo continuo a la vergüenza porque siempre estamos expuestos a la percepción de los otros y a su juicio. Tropezamos en la calle e imaginamos que los demás pensarán que somos unos torpes; suspendemos una asignatura e imaginamos que los otros pueden pensar que somos tontos; mostramos miedo e imaginamos que nos creerán unos cobardes; tenemos un acceso de ira e imaginamos que los demás pensarán que somos unos violentos. En todos estos casos y en muchísimos otros más, lo queramos reconocer o no, sentiremos vergüenza.

Sin embargo, lo que nos provoca el dolor en la vergüenza, y en todos los sentimientos de esta familia emocional, desde el simple ridículo a la más profunda humillación, no es el hecho en sí de ser torpes, tontos, cobardes o violentos, sino el hecho de perder valor ante los ojos de los demás, el riesgo que corremos con nuestra torpeza, necedad, cobardía o violencia de deteriorar el estado de un vínculo social. Es importante señalar, a este respecto, que en la evocación de la vergüenza no es necesario que el otro realmente vea y juzgue, basta con que imaginemos que percibe y juzga. El mecanismo opera exclusivamente en nuestro pensamiento, es decir, en nuestra conciencia, que es comunicación. Por eso cuando el otro nos confirma con su palabra o con su gesto, esto es, cuando nos dice, comunica o manifiesta la opinión negativa que de nosotros tiene, por ejemplo, expresando una crítica, la evocación de la vergüenza es inevitable. En los contextos típicos que provocan vergüenza, por último, nunca opera el temor a una represalia o castigo físico, sino el temor a una comunicación, a un juicio negativo que reduce nuestro valor ante los ojos de los demás. Reducción que puede acabar siendo la antesala de un realmente temido distanciamiento o deterioro del vínculo social.

En la vergüenza y en el orgullo sentimos los individuos, pero sentimos con los ojos de los demás. Esta necesaria mediación del otro, esta intersubjetividad, es lo que determina que tanto la vergüenza como el orgullo puedan ser consideradas como prototipos de emoción social.

Otra realidad bien diferente asoma cuando hablamos de *emociones colectivas*. En este caso nos enfrentamos a fenómenos en los que un conjunto de personas sienten al mismo tiempo y en un mismo lugar una idéntica emoción. En una fiesta podemos estar todos contentos, y podemos estar todos tristes en un funeral. Podemos compartir con otras personas sentimientos de admiración, de respeto o de afecto, de resentimiento, odio o indignación. Es bastante común sentir las mismas emociones de otros que comparten con nosotros un determinado contexto vital. Pero este sentimiento común que se observa en las emociones colectivas, deriva siempre de las consecuencias que un mismo hecho o situación puedan tener para cada una de las personas, consideradas en su individualidad, que forman parte de un agregado social. La emoción colectiva es, en el fondo, una mera suma de emociones individuales provocadas por un mismo hecho. De ahí que el estar en el mismo lugar y en el mismo tiempo suela ser una de sus condiciones claves. Ante una prolongada sequía, que amenaza con poner en riesgo el normal abastecimiento de agua, todos los individuos afectados podrán sentir parecida o idéntica preocupación. Cuando se produce un desastre, como el fatal accidente de un autobús, que llega a segar la vida de muchas personas, es lógico que los familiares de los viajeros compartan un conjunto similar de sentimientos. Si dos personas se pierden en la montaña, y cae la noche, ambas se exponen a un contexto típico en el que puede aparecer la emoción del miedo.

Mientras que en las emociones sociales, o de interacción, las personas implicadas en un mismo contexto suelen tener diferentes sentimientos, o el mismo sentimiento orientado a, o dirigido hacia, un diferente objeto, en el caso de las emociones colectivas cada individuo es afectado de la misma forma por un mismo contexto, de ahí que exista en todos ellos una clara propensión a sentir de la misma manera y con respecto al mismo objeto, hecho o situación. El pánico quizá pueda ser considerado como el prototipo de emoción colectiva. Según L. Crocq, el pánico es un «miedo colectivo, sentido simultáneamente por todos los individuos de una población, caracterizado por la regresión de la conciencia a un estadio arcaico, impulsivo y gregario, que se traduce en reacciones de desbandada, de agitación desordenada, de violencia o de suicidio colectivo».[11] Se trate del pánico desatado en un teatro a la vista de un incendio, o del pánico bursátil que emerge ante una brusca falta de confianza financiera, el miedo intenso es sentido por todos los individuos que se encuentran en una misma situación.

Pero lo que aquí nos interesa resaltar es que en el pánico, una emoción que típicamente ha sido considerada por la psicología social de masas, el comportamiento colectivo deriva de una estricta y máxima individuación. En el contexto del pánico las personas tienden a comportarse como individuos aislados sin consideración alguna por el destino de sus semejantes. Lo que constituye de por sí un grupo socialmente estructurado, como es el caso de los asistentes al teatro, que se saludan, se observan y se desean parabienes, se desintegra en el momento en que se desata una competencia desbocada por la escasez de recursos, léase la angostura de las puertas de emergencia, disponibles para escapar del peligro, para huir de una muerte segura. Toda la situación, para cada uno de los individuos allí presentes, es ahora considerada desde un único y exclusivo foco de atención, una atención individual sobre sí mismo, incapaz de ver al otro como un ser con derecho a idénticas pretensiones. Las otras personas aparecen desde este preciso momento como meros obstáculos, simples objetos del mundo exterior, no personas, que se interponen en nuestro camino de salvación.

Paradójicamente, el efecto masa que observamos en la conducta del colectivo, es un fenómeno que dista con mucho de poder considerarse como un fenómeno social. Es colectivo en la medida que se producen efectos mecánicos agregados, pero no es social por cuanto las personas, en esa situación, apenas se reconocen como personas. En el contexto del pánico participamos y sufrimos una misma estructura de inter-actividad en la que se han desintegrado las normales estructuras sociales de interacción. En este sentido sucede lo que en un embotellamiento de tráfico. Las decisiones de escapar de la ciudad en un fin de semana o en un puente son estrictamente individuales, pero el efecto acumulado de estas decisiones, ante la escasez de recursos viarios, crea el fenómeno colectivo del embotellamiento, del que apenas nos sentimos responsables. La masa se impone al individuo como un obstáculo objetivo y externo que, sin embargo, él mismo ha contribuido a crear. Una parecida falsa conciencia respecto de las estructuras colectivas de interactividad aparece también en los *cracks* financieros. Ante un posible aunque incierto descenso de la confianza, todos quieren evitar al mismo tiempo, y por las mismas razones, pérdidas económicas derivadas del descenso en el valor de sus activos financieros. Pero el efecto agregado de este comportamiento estrictamente individual puede resultar catastrófico para todos ellos.

Dupuy[12] trata de explicar los comportamientos de pánico recurriendo, como lo ha hecho en otras obras, al mecanismo social de la imitación. En una situación de incertidumbre radical respecto de hechos que pueden tener consecuencias consideradas muy relevantes para un conjunto de individuos, tomados en tanto individuos, cada uno de ellos busca desesperadamente en los demás algunos signos que les clarifiquen y definan la situación ante la que se encuentran. Por ejemplo, observamos una pequeña nube que aparece entre bastidores, o la expresión de terror de una persona que corre despavorida por el pasillo del teatro. La nube puede significar el inicio de un fuego, y la causa del terror que afecta al otro puede que también me afecte a mí, aun sin saberlo. En este momento trataré de ver en los demás algún signo que clarifique la situación, pero los demás también hacen lo mismo, es decir, los demás me miran a mí en busca de información. Nos observamos unos a otros alertas ante la más mínima señal, y en este mirarnos, circular y recíprocamente, la tensión y la ansiedad se intensifican. La expresión de miedo de las otras caras incrementa nuestro miedo y ansiedad, y la expresión de nuestro miedo incrementa el de los demás. Sube y sube la tensión. La interactividad social contribuye definitivamente a crear esta escalada de tensión. Todos codician "saber", y cualquier hecho puede catalizar, concretar, objetivar y universalizar ese supuesto saber. En cierto momento se estabiliza y consolida una idea, sea la presencia del fuego sea la expectativa de *crack* financiero, y la simultánea unanimidad de nuestras percepciones desata la unánime y sincrónica realidad de nuestros sentimientos. El pánico colectivo está aquí y ahora, está en todos y al mismo tiempo. Cada individuo sólo pensará en sí mismo, y se comportará buscando su propio interés. Pero el más radical de los individualismos, manifiesto en las situaciones de pánico, provocará, paradójicamente, la que se considera más colectiva de nuestras acciones. La masa de átomos individuales se mueve desde la pura racionalidad individual hacia el desastre colectivo. Sean las muertes por asfixia, sea la desaparición de capitales que siempre genera un *crack*.

Emociones de la sociedad

¿Sienten las sociedades? Si ofreciésemos al lector una respuesta afirmativa a este interrogante incurriríamos, al menos a tenor de lo dicho hasta ahora, en un absurdo manifiesto o en una franca contradicción. Hemos sostenido que las emociones son las realidades más subjetivas de la conciencia, que sólo pueden tener como referencia a un individuo y que, finalmente, señalan la relevancia de un hecho o situación para ese concreto individuo. Sin embargo, las cosas no son lo que parecen, o al menos no suelen ser tan sencillas o planas. Hemos visto que todas las personas realizamos esfuerzos para ajustar nuestros sentimientos a normas emocionales de carácter social, que nosotros no hemos creado. También hemos visto, al hablar del asco y la repugnancia, que cada sociedad moldea nuestra estructura emocional en los procesos inconscientes de socialización primaria. Asimismo, algunas de nuestras emociones, que creemos muy nuestras, como la vergüenza y el orgullo, se constituyen únicamente a través de los otros en los procesos de interacción social. A estos sentimientos los hemos denominado emociones sociales. Por último, incluso cuando nuestras emociones se fundan en una perspectiva puramente individualista, como en el pánico, el estímulo que dispara el sentimiento y las conductas asociadas a él están mediatizadas por el fenómeno colectivo de la imitación. Es decir, muchas veces sentimos con otros lo mismo que sienten otros. Y esto sin duda afecta nuestros sentimientos. La existencia de normas emocionales, de socialización emocional, de emociones sociales y colectivas pone en cuestión hasta cierto punto el hecho de que los sentimientos pertenezcan en exclusiva al reino cerrado de la individualidad. Todos estos hechos demuestran que existe una *ósmosis emocional* entre las realidades individuales y las realidades sociales. Ahora bien, la existencia de esta ósmosis todavía no demuestra el hecho de que las sociedades sientan. Además, en caso afirmativo, quedaría por dilucidar si los grupos, las comunidades y las sociedades sienten ellas mismas, por y para ellas mismas, o sólo pueden sentir por mediación de los individuos, esto es, haciendo sentir a los individuos, provocando determinadas emociones en las personas que forman parte de esos grupos, comunidades o sociedades.

El sociólogo clásico Émile Durkheim, uno de los fundadores más preclaros de esta disciplina científica, se atrevió a hablar de "conciencia colectiva", atrayendo por este motivo para sí un abultado cúmulo de críticas feroces. Dado que la única conciencia posible es la conciencia individual, y todos los componentes básicos de nuestra conciencia, sean pensamientos o ideas (componentes cognitivos), sean principios morales o éticos, esto es, valores (componentes valorativos), o sean sensaciones, afecciones o sentimientos (componentes emotivos), sólo pueden cobrar vida en la conciencia de un individuo, el concepto de conciencia colectiva carecería de sentido. Según estos críticos, la sociedad no puede pensar, no puede valorar y mucho menos puede sentir. No existen en realidad pensamientos, valores o sentimientos de la sociedad, en la misma medida que existen pensamientos, valores y sentimientos individuales. En caso de que nos atrevamos a usar estos términos, advierten los críticos, sólo podremos hacerlo sabiendo que son meras metáforas, meros nombres para referirnos a fenómenos que no cuentan con un sustrato real autónomo e independiente.

Volvamos, pues, a la cruda realidad de los individuos de carne y hueso. Es verdad que muchas veces sentimos en función de la importancia directa que para nosotros tienen ciertos acontecimientos. Sin embargo, muchas otras veces sentimos con intensidad ante situaciones que no nos afectan directamente. Por ejemplo, ante un asesinato de una persona desconocida, o cometido en un país lejano, el individuo no tendría ningún motivo para sentir una especial cólera o indignación. Sin embargo, en muchas ocasiones se dispara la indignación social, y es por medio de esta indignación que las personas particulares llegan a sentir algo por esa víctima que les resulta indiferente, y llegan a sentir algo por ese asesino que en ningún caso podría causarle daño alguno.[13] Pensemos, asimismo, en el millar de atentados terroristas cometidos en España desde la formación de la banda terrorista ETA. Y pensemos por qué las reacciones emocionales de la sociedad han sido muy diferentes según fuera la víctima y según fuera la época en que se cometieron. Para los familiares de las víctimas, afectados directamente por cada atentado, la reacción ha sido siempre la misma: dolor, ira, indignación, tristeza, odio, etc. No ha sido así, sin embargo, para el resto de miembros de la sociedad. Y no ha sido así porque la sociedad no ha sentido de la misma manera cada muerte.

En algunos casos, como en la muerte del almirante Carrero Blanco, se reprimió una apenas disimulada alegría. Durante una época posterior, la sociedad sintió las muertes con una casi descarada indiferencia. En el caso de Miguel Ángel Blanco, concejal de un pueblo del País Vasco, se produjo una gran explosión emocional, dando lugar al conocido Espíritu de Ermua, un espíritu o conciencia colectiva cargada intensamente de emociones que afectó a gran parte de la sociedad. El valor de las víctimas para cada uno de sus familiares es el mismo y, desde esta perspectiva puramente individual, toda muerte vale lo mismo que otra. Por el contrario, para la sociedad en su conjunto, como hemos visto, toda muerte no tiene idéntico valor. Depende del valor social de la víctima,[14] de lo que representa la persona para la sociedad (policía, político, gente común, guardia civil, profesor de universidad, etc.). Depende también de la cantidad de víctimas. Pero depende, en último extremo, de las consecuencias que esa muerte pueda tener para la estructura y la dinámica sociales. Depende de que esa muerte específica afecte íntimamente al orden y a la integración social, o ponga en riesgo el cumplimiento de alguna importante meta colectiva. En estos casos, lo que sienten los individuos no deriva de la relevancia que para ellos tenga, en cuanto individuos, un determinado hecho o situación, sino de la relevancia que para la sociedad tenga tal hecho o situación.

Este predominio de lo colectivo sobre lo individual también puede observarse, según Durkheim, en la erupción del sentimiento patriótico que emerge ante un gran peligro o amenaza. «Resulta de ello un impulso colectivo en virtud del cual, la sociedad, en su conjunto, siente como un axioma que los intereses particulares, hasta los que pasan de ordinario por los más respetables, deben desaparecer ante el interés común. Y el principio no se enuncia solamente como una especie de desiderátum; si es necesario se le aplica a la letra.»[15] Las emociones particulares suelen, en este caso, presentar una forma mucho menos intensa que la correspondiente emoción colectiva, y eso habla a favor de la diferencia entre ambas. El sentimiento patriótico individual ha de enfrentarse a otros sentimientos individuales, por ejemplo al miedo a morir en combate. Pero la emoción colectiva es pura en su constitución, pues el patriotismo expresa el temor a la muerte de la propia sociedad, en ningún caso de este o de aquel individuo, sino de la sociedad como tal y en tanto tal.

Las *emociones de la sociedad* pueden distinguirse en contenido e intensidad de las emociones de los individuos porque, como acabamos de ver, son conciencia de diferente cuerpo, el cuerpo social y el individual, y porque cumplen su función indicativa o de señal tomando como referencia a distintos sujetos, el social y el individual. Sin embargo, en algunos casos veremos que ambas emociones llegan a confundirse, llegan a fundirse en una única, idéntica e indiferenciada conciencia sentimental. En algunas ocasiones, concretamente en los *ritos*, la sociedad dispone de un conjunto de mecanismos cuyo último objetivo es provocar un sentimiento en común, esto es, provocar una *conmoción*.

Durkheim, en una de sus últimas obras, titulada *Las formas elementales de la vida religiosa*,[16] analizó los ritos sacrificiales de algunas tribus aborígenes australianas. Observando estos ritos llegó a la conclusión de que todos ellos contenían básicamente dos actos: un acto de comunión o comunicación; y un acto de oblación o de renuncia. En el primero los miembros de la tribu comían del *tótem*, un animal o planta que representaba al grupo y con el que se identificaban los miembros del grupo, poniéndose así en comunicación con lo sagrado. Es el mismo acto que pervive en la comunión cristiana, en el que el fiel comulga con el cuerpo de Cristo y se identifica con el cuerpo de Cristo. El segundo acto siempre hace referencia a un sacrificio expresado generalmente por el derramamiento de sangre o por alguna ofrenda material. Así sucede en el catolicismo al aludir a la sangre de Cristo que, como hombre, aun siendo Dios, murió en la cruz por todos los hombres. El significado de todo rito aparece en la conjunción de estos dos actos, si bien su sentido no puede deducirse de la materialidad específica y concreta de estos actos, sino de su componente simbólico o comunicativo. Todos los ritos se ejecutan en el marco de una previa *reunión social*, condición imprescindible para provocar el sentimiento en común. Y en todos los ritos, este sentimiento en común se provoca desviando la atención de los asistentes hacia algún símbolo colectivo sin conexión alguna con los intereses individuales. Precisamente, esta capacidad del rito para hacer que el individuo se olvide de sí mismo, y sienta en común con referencia a algún símbolo común, expresa la renuncia o sacrificio individual a la que se someten las personas en los rituales colectivos. En el rito, el individuo se olvida de sí mismo y se somete en forma pura a las fuerzas colectivas. Por este motivo, lo que sentimos en los ritos nada tiene que ver con la individualidad de nuestra concreta persona. Lo que llegamos a sentir en los ritos son las emociones de la sociedad.

Sin duda, el análisis del rito *intichiuma*, nombre original utilizado por la tribu australiana de los arunta, puede resultar un poco extraño e incomprensible para la mentalidad de un lector contemporáneo. Quizá ritos más actuales, como *el ritual futbolístico* o los *rituales del horror* que aparecen en los medios de comunicación, puedan ayudarle a comprender tanto la validez del análisis como la actual vigencia del rito y de las emociones de sociedad.

En el estadio, y más aún frente al televisor, el fútbol congrega a una enorme cantidad de personas y es capaz de producir una ingente cantidad de energía emocional. Esta presencia en un mismo espacio, bien sea física, bien sea virtual o comunicativa, constituye el contexto de reunión social en el que opera todo rito. En este contexto, podríamos preguntar, ¿existe algún interés individual que justifique la intensidad de las emociones que las personas allí presentes pueden llegar a sentir? ¿Cambiará su vida en algún aspecto dependiendo de la victoria o de la derrota de su equipo? ¿Acaso si gana su equipo le incrementarán el sueldo, o mejorarán sus relaciones de pareja, o sus hijos obtendrán mejores notas en los estudios, o dejará de hacer frío? Por muchas vueltas que diéramos a estas preguntas, nunca encontraríamos un motivo individual que justificara las emociones que sienten estas personas. Y entonces, podemos preguntarnos, ¿qué función de señal cumplen, qué indican estas emociones? Desde la perspectiva individual, estas emociones son literalmente absurdas y, por ello, incomprensibles para las personas que no han llegado a sentir en un partido de fútbol, como hasta hace poco sucedía con las esposas, incapaces de comprender la afición de sus maridos. Las mujeres, mucho más enfrentadas a los problemas prácticos y cotidianos, y mucho más encerradas en los límites personales del mundo familiar, eran incapaces de llegar a sentir emociones con un fundamento tan absurdo.

Este dilema, una verdadera aporía, sólo llega a disiparse tras una radical inversión de la perspectiva con la que tratamos de comprender el fútbol. El fútbol, de hecho, nada tiene que ver con las emociones individuales, pues constituye un ritual organizado para producir emociones de sociedad. Se trata, en el fondo, de lograr que muchas personas compartan unas mismas percepciones (que vean el partido); que compartan unos mismos valores (la victoria); y que sientan unas mismas emociones (ante el gol). El fútbol genera sociedad mediante la producción colectiva de orgullo, es una máquina social de provocar orgullo con el objeto de fundamentar la identidad social. Pero si el fútbol es un rito, ¿qué es aquello que sacrifica el individuo al asistir a un partido? El individuo, precisamente, sacrifica su identidad. Deja, por un tiempo, de pensar, valorar y sentir en términos puramente individuales, y concentra su atención en algo que realmente no le interesa. El fútbol es apto para la congregación colectiva por las tremendas dimensiones de su cancha, permitiendo así que muchas personas puedan seguir, incluso a considerable distancia, el juego. Y es también apto para el ritual porque la dificultad de marcar un tanto hace que la espera suba la tensión, hace que con el paso del tiempo el valor del gol se eleve exponencialmente. Cuando, por fin, el gol llega, el gol, ese gran sincronizador de las emociones colectivas contemporáneas, señala el momento en el que todos los individuos, al unísono, en un momento casi orgásmico y mágico, descargan la gran energía acumulada. ¿Qué mejor modo tiene la sociedad actual de hacernos sentir en común?

Que el fútbol es un rito dispuesto por la sociedad orientado a provocar sincrónicas conmociones colectivas de orgullo que fundamenten la identidad social queda fuera de toda duda razonable. ¿A qué viene, si no, el hecho de que casi la mitad del tiempo de algunos telediarios se dedique al fútbol. ¿A qué viene, si no, el hecho de que tanto el gobierno catalán como el gobierno vasco estén demandando selecciones catalanas o vascas que puedan participar en los torneos internacionales. ¿Qué sentido tiene decir que el Barcelona C.F. es "más que un club", o la reciente disputa política sobre los derechos de retransmisión deportiva, en la que llegó a afirmarse que los partidos entre el Real Madrid y el Barcelona eran de "interés general"?

Una misma lógica se descubre en los rituales que hemos denominado del horror,[17] aunque al tratarse de otro sentimiento su funcionalidad también es diferente. El sentimiento del orgullo que genera el gol sirve a la identidad colectiva, y es señal de esta identidad o, como antes se ha dicho, indica el estado seguro o sólido del vínculo social que sustenta la identidad. En el caso del horror la mecánica es muy parecida y, asimismo, se utiliza para la provocación de conmociones colectivas. Por rituales del horror entendemos el conjunto de noticias que aparecen en los medios de comunicación mostrando algún hecho horroroso, cuanto más horroroso mejor, por muy excepcional, lejano o irrelevante que sea para los individuos que atienden esas mismas noticias. Si, por ejemplo, un escolar lleva a cabo una matanza en un colegio de una pequeña población de Estados Unidos, pese a que la probabilidad de que este hecho nos afecte es mínima, y pese al escaso interés que pueda tener para los españoles, individual o personalmente considerados, la noticia aparecerá en la primera plana de todos los periódicos y abrirá los telediarios e informativos radiofónicos. La cantidad de acontecimientos y de muertes horrorosas que pueblan los medios de comunicación tampoco puede llegar a entenderse desde una lógica puramente individual.

El punto clave es que los acontecimientos horrorosos pueden hacer que todos los miembros de una sociedad sintonicemos nuestra atención, ajustemos nuestros valores y sincronicemos nuestras emociones. Lo importante no es la probabilidad del hecho, o su relevancia, sino la facultad que tienen para hacer que sintamos en común. Muchas noticias de acontecimientos suscitan discusión acerca de los hechos, de los valores y de las emociones que debemos sentir. Pero cuando son acontecimientos horrorosos, todos los miembros de la comunidad estamos en el mismo lado, en el lado del repudio ante tales hechos. El horror puede ser más o menos jocoso, como cuando todos calificamos a la cantante Tamara (instrumento del horror colectivo) como un ser impresentable. O puede ser terrorífico, como es el caso de las matanzas infantiles o juveniles. Pero en ambos casos, siempre, el horror nos hace sentir en común. Consigue que una gran cantidad de personas concentre su atención sobre un mismo hecho, lo valore de una misma forma, y llegue a sentir lo mismo. Consigue, por tanto, el objetivo de cualquier otro ritual: que los individuos sientan las emociones de la sociedad.

El horror se corresponde con la salvaguarda de los tesoros y valores más queridos y respetados por la sociedad, cumple la función de marcar los límites del orden social, de señalar a los individuos las fronteras que no deben transgredir los miembros de una comunidad en tanto deseen seguir perteneciendo a esa comunidad. El horror está, así, vinculado a los objetos, instituciones, normas sociales y conductas que nos inspiran un respeto sagrado. Por ejemplo, está vinculado al tabú del incesto, a la profanación de lo sagrado, y a todo tipo de actos sacrílegos. Está vinculado al trato inhumano y degradante que viola los umbrales mínimos de dignidad a los que todo ser humano, por el mero hecho de serlo, tiene derecho. El horror nazi, los horrores de la guerra, el horror de los desastres naturales, el horror sobrenatural a lo desconocido, y muchos otros que aparecen en la noticias de los medios de comunicación, siempre transmiten a los miembros de una comunidad los límites del mundo de vida propio de esa comunidad. Más allá de los límites, existe el vacío, lo desconocido, la soledad, la animalidad, el monstruo, los demonios, el mal y el puro caos que reinan en los espacios exteriores fuera de la comunidad.

De ahí que a cada sociedad, y a cada época, corresponda tanto una particular definición de los límites de su mundo natural, social y personal, como un conjunto correspondiente de provocaciones de horror. No es extraño, pues, que idénticos acontecimientos, por ejemplo el maltrato femenino, o la violencia doméstica ejercida por los maridos sobre la esposas, aún existiendo antes de 1995, no apareciesen en la prensa como horror hasta después de esta fecha. Un individuo, antes de que la propia sociedad marcara estos límites sagrados de la conducta, podía no sentir horror antes hechos similares. Una vez que la sociedad establece sus límites mediante el horror, la conducta se convierte en sacrilegio, y nadie que quiera seguir perteneciendo a la comunidad puede transgredir el límite, puede permanecer emocionalmente impasible ante tales conductas. Por tanto, el horror que sentimos los individuos, estimulado comunicativamente por medio de los rituales del horror, constituye también una emoción de la sociedad, una emoción con la que la propia sociedad marca las fronteras o límites de su imperio en la conciencia y en el cuerpo de los individuos.

¿Sienten las sociedades?

Quizá no estemos todavía en condiciones de ofrecer una respuesta cierta y segura a esta pregunta, aunque el mero hecho de llegar a plantearla y reflexionar sobre ella no se nos antoja ni inútil ni baladí. En el curso de nuestros pensamientos se han revelado algunos importantes aspectos de la cuestión que pueden cambiar radicalmente nuestra vigente cultura emocional, caracterizada por un profundo *individualismo*, por una concepción *organicista* o biológica, y por una importante *desvalorización* de las emociones.

Es cierto que sólo los individuos pueden emocionarse, al menos en el estricto sentido del término en que la emoción remite a un cuerpo y es la conciencia del cuerpo. Pero convertir al individuo y a sus emociones en una entidad absoluta, cerrada en y para sí misma, constituye un flagrante error. Hemos visto cómo los sentimientos individuales están regulados socialmente mediante un complejo universo de normas emocionales, así como que derivan de procesos inconscientes de socialización emocional. Sentimos nosotros, pero sentimos en el contexto de un universo emocional configurado por la sociedad. También hemos visto que, en gran parte de las ocasiones, nuestros sentimientos están mediatizados por la conducta y la conciencia de los otros en los procesos de interacción social, así como que muchas veces sentimos colectivamente con otros en contextos de interactividad que modifican nuestros estados emocionales. Por último, hemos descubierto que también existen emociones de sociedad, es decir, emociones sentidas por nosotros, pero que no pueden explicarse desde una perspectiva puramente individual. En las emociones de la sociedad las personas sienten aquellas emociones necesarias, no para la satisfacción de sus propios intereses, sino para la constitución del orden social.

En el curso de nuestras reflexiones también se ha revelado el hecho de que la presencia del cuerpo, en tanto entidad fisiológica en la que se sustenta el individuo y la persona, tampoco constituye un absoluto. El cerebro y el estómago, la conciencia y el cuerpo interactúan para provocar, modular, nombrar, orientar, limitar, expresar o reprimir nuestras emociones. Si las emociones fueran sólo fisiología, mera respuesta orgánica del cuerpo del individuo, los procesos de conciencia serían incapaces de afectar a nuestros sentimientos. Pero esto no es así, las emociones tienen un componente orgánico, pues el asco puede llegar a hacernos vomitar, o el miedo nos provoca una sudoración y temblor difíciles de controlar, pero tienen un componente cognitivo o de conciencia, pues está demostrado que leves cambios en la definición de la situación o del hecho que estimula un particular sentimiento son capaces de eliminar las sensaciones asociadas a una concreta emoción.

Por último, nuestra cultura occidental ha desarrollado e impuesto, especialmente desde la modernidad, una idea de ser humano racional obligado a reprimir sus emociones. Emociones concebidas desde esta cultura como pasiones malignas cuyas nefastas consecuencias podrían arruinar al individuo y a la sociedad. De ahí la desvalorización de la vida emocional del ser humano, del puro emocionar y emocionarse que constituye el sentido de la vida de todo ser vivo. Emocionarse, en la cultura de nuestra modernidad, produce vergüenza. Sin embargo, nosotros hemos destacado algunas de sus importantes funciones, sobre todo la función de señal que las emociones tienen tanto para el individuo como para los demás. De ahí que la comunicación de los sentimientos resulte ser a la postre necesaria e inmanente a toda comunicación que merezca el nombre de humana. Es imposible establecer una verdadera comunicación entre personas si en el flujo comunicativo omitimos las emociones vinculadas al tema objeto de nuestra comunicación.

¿Sienten las sociedades? Ahora me inclino a pensar que sí. Sienten a través de los individuos que forman parte de la comunidad, pero sienten también en las propias comunicaciones que produce y mantiene la sociedad. Si toda comunicación contiene componentes emotivos, en toda comunicación social podremos descubrir estados emocionales propios de la cultura específica por la que circulan estos mensajes. Sea en los mensajes de los medios de comunicación, sea en las conversaciones cotidianas de las personas, sea en las imágenes que pululan por nuestro universo cultural. Pero si hubiéramos de señalar una parte del universo cultural en la que aparecen de modo más evidente las emociones de la sociedad, el sentimiento de las sociedades, sin duda habríamos de señalar al arte, a todas las artes en la medida que tratan de expresar el sentido de la vida, sentido que, en último término, puede expresarse sólo en clave emocional. Las grandes obras de la literatura, la música, la escultura, la pintura, así como las grandes obras del resto de formas de expresión artística, contienen y transmiten en su pura y absoluta objetividad, la pura y absoluta subjetividad de las emociones que el individuo en sociedad o la sociedad en el individuo sienten en el mundo de la vida que configura su existencia.

Una de las más célebres frases de Karl Marx pasó a la historia tristemente truncada. La frase completa decía que en una sociedad sin corazón, la religión es el opio del pueblo. Desde entonces, todos han repetido la segunda parte de la frase, sin ni siquiera reparar en el carácter condicional del aserto. En una *sociedad sin corazón*, esto es, en una sociedad, como la sociedad industrial, insensible al dolor y al sufrimiento de muchos trabajadores, las promesas de felicidad celestial de la religión sólo podían causar efectos sedantes sobre los sentimientos de compasión que este panorama espectacular debía causar a cualquiera que mereciese el calificativo de ser humano. No sólo las personas tienen corazón, las sociedades también deben y pueden llegar a tenerlo, y nuestra felicidad, como bien intuyó Marx, depende de esto.

Para ser felices necesitamos sociedades con corazón.

Referencias bibliográficas

1. Z. Kövecses (1990), *Emotion concepts*, Nueva York: Springer-Verlag.
2. Ch. Darwin (1955), *The expression of emotions in man and animals*. Nueva York: Philosophical Library.
3. H. Maturana y S. Bloch (1996), *Biología del emocionar y alba emoting,* Santiago: Dolmen, pág. 54.
4. A.R. Hochschild (1979), «Emotion Work, Feeling Rules, and Social Structure», en *American Journal of Sociology*, 85, págs. 551-575.
5. K. Davis (1936), «Jealousy and sexual property», *Social Forces*, 14, págs. 395-410.
6. M.H. Ross (1995), *La cultura del conflicto.* Barcelona: Paidós.
7. R.K. Merton(1964), *Teoría y estructuras sociales.* México: F.C.E.
8. N. Elias (1993), *El proceso de la civilización. Investigaciones sociogenéticas y psicogenéticas*, México, F.C.E.
9. A.O. Hirschman (1999), *Las pasiones y los intereses*, Barcelona, Península.
10. Th. Scheff (1990), *Microsociology. Discourse, emotion and social structure.* Chicago: The University of Chicago Press.
11. Citado en J.-P. Dupuy (1999), *El pánico.* Barcelona: Gedisa.
12. J.-P. Dupuy, *op. cit.*
13. E. Durkheim (1998), *El suicidio*, Barcelona: Akal, pág. 347.
14. R. Hertz (1990), *La muerte y la mano derecha.* Madrid: Alianza.
15. E. Durkheim (1998), *El suicidio*, Barcelona, Akal, pág. 346.
16. E. Durkheim (1993), *Las formas elementales de la vida religiosa.* Madrid: Alianza.
17. E. Bericat (1999), «El contenido emocional de la comunicación en la sociedad del riesgo. Microanálisis del discurso», *Revista Española de Investigaciones Sociológicas* (REIS), 87, pág. 221-253.

LA SALUD

8. INTELIGENCIA EMOCIONAL Y AJUSTE PSICOLÓGICO

PABLO FERNÁNDEZ BERROCAL
NATALIA RAMOS DÍAZ
Universidad de Málaga

Introducción

La mayoría de las personas tenemos periodos en los que nos sentimos tristes, abatidos y depresivos. Perdemos nuestras motivaciones, el interés en el trabajo e, incluso, nos sentimos hundidos y fatigados físicamente. Para una gran mayoría estos síntomas sólo duran unos días y desaparecen progresivamente casi sin darse cuenta. En cambio, para otras personas los síntomas se alargan durante semanas e incluso meses.

Numerosos estudios han mostrado que la forma en la que las personas afrontan estos síntomas iniciales de depresión, afecta a la gravedad y duración de su problema.

Por ejemplo, las personas con un estilo rumiativo de afrontar sus síntomas iniciales de depresión tienen episodios de depresión más graves y prolongados que las personas con estilos de afrontamiento más activos. La importancia de estos procesos en la etiología y el mantenimiento de la depresión se encuentra también en otros trastornos mentales como el de ansiedad generalizada, fobia, estrés postraumático y trastorno obsesivo-compulsivo.

Por otra parte, la investigación sobre la inteligencia emocional ha mostrado la influencia que la expresión afectiva, la percepción emocional, el conocimiento de las emociones y la regulación de nuestros estados de ánimo tienen sobre nuestras vidas. Existen trabajos muy recientes que relacionan la inteligencia emocional con ámbitos tan diferentes como el estrés ocupa-

cional, el ajuste psicológico y emocional, la percepción de satisfacción vital y la calidad de las relaciones personales.

En este capítulo vamos a mostrar las relaciones existentes entre la inteligencia emocional, la rumiación y el ajuste psicológico.

Inteligencia emocional y ajuste emocional

En la actualidad diferentes investigaciones tratan de comprobar si cuando los individuos son hábiles en el manejo de sus estados emocionales experimentan un mayor ajuste psicológico a su entorno. La cuestión reside en
si las personas que saben gestionar de forma adecuada sus emociones cotidianas están más capacitadas para prevenir y afrontar de modo adecuado alteraciones de tipo emocional.

Un trabajo realizado por Martínez-Pons estudió las relaciones existentes
entre inteligencia emocional y una serie de variables relacionadas con el
ajuste psicológico (depresión y bienestar personal). Los resultados obtenidos le llevaron a concluir que las personas con mayor inteligencia emocional también informaban de un mayor dominio en las tareas que realizaban
y esto les conducía a experimentar más bienestar personal. Sin embargo,
una menor inteligencia emocional se relacionaba con un pobre bienestar
personal y con depresión.[1]

Davies y sus colaboradores realizaron un estudio con individuos de Australia y América para analizar las relaciones existentes entre inteligencia
emocional y medidas de ajuste emocional e interpersonal. Los resultados
reflejaron que aquellos individuos con una alta inteligencia emocional no
eran tan a menudo víctimas de la depresión y la ansiedad. La capacidad para
gestionar emociones parecía una forma efectiva de prevenir determinadas
alteraciones de tipo emocional. Además, los individuos con una inteligencia emocional alta inhibían menos la expresión de estados emocionales y
mostraban mayores índices de empatía o capacidad de comprender las emociones experimentadas por otros individuos.[2]

Recientemente, el grupo de investigación de Ciarrochi, en un estudio
llevado a cabo con universitarios australianos, analizan cómo la inteligencia
emocional se relacionaba con determinadas variables de adaptación psicológica. En general, la inteligencia emocional mantuvo relaciones positivas
con la autoestima, la empatía, la extroversión, la apertura a los sentimientos, la satisfacción vital y la calidad de las relaciones sociales.[3]

Al analizar las diferencias existentes entre hombres y mujeres se comprobó que estas últimas obtuvieron mayores puntuaciones en inteligencia

emocional (percepción de emociones, comprensión y manejo emocional). Esto es consistente con estudios anteriores que sugieren que las mujeres son mejores que los hombres percibiendo sus emociones.

En Canadá los investigadores Dawda y Hart llevaron a cabo una investigación con estudiantes universitarios evaluando cinco componentes de la inteligencia emocional (inteligencia emocional intrapersonal e interpersonal, adaptación, gestión del estrés y humor general; más la puntuación inteligencia emocional total).

Los resultados mostraron relaciones negativas entre inteligencia emocional intrapersonal con respecto a la depresión y sintomatología somática, así como con alexitimia (puntuaciones especialmente altas en mujeres). La inteligencia emocional interpersonal mantuvo relaciones positivas con la extraversión e la intensidad de la experiencia afectiva, y negativas con la alexitimia y la afectividad negativa.

Las personas con un índice elevado en inteligencia emocional total mostraron menos sentimientos de naturaleza negativa y más de naturaleza positiva, se mostraban más agradables, tenían menos dificultades para identificar y describir sentimientos, y no eran propensos a la sintomatología somática o a un incremento de la misma en situaciones de estrés.[4]

Estos resultados tomados conjuntamente vienen a demostrar cómo una adecuada gestión de las emociones lleva asociado un mayor ajuste psicológico al entorno. A la luz de estas investigaciones, cabe pensar que los esfuerzos encaminados a instruir a los individuos en la comprensión y manejo de sus estados emocionales pueden ser muy útiles como factores que garantizan la salud psicológica de los individuos. En los siguientes puntos y a fin de entender el papel de la inteligencia emocional en el ajuste y adaptación vamos a tratar de explicar de qué forma puede una adecuada gestión emocional repercutir en mejoras psicológicas a corto y largo plazo.

De alguna manera tendré que olvidarte: los pensamientos rumiativos

La supresión de pensamientos es uno de los muchos recursos que nuestra mente utiliza para controlarse a sí misma, es decir, un medio para lograr el *control mental*. La supresión de pensamientos es por tanto una estrategia utilizada por los individuos a fin de eliminar determinadas ideas y procesos de la conciencia, que se manifiestan de forma estable y repetida en algunas personas.

> * Pensamiento de carácter persistente, recurrente y ajeno a la voluntad del individuo.
> * Suele ir acompañada del informe subjetivo de cierto malestar.
> * Fruto de emociones intensas, responde a acontecimientos pasados.
> * Suele ir acompañada de la revelación del suceso que la generó.

Figura 1. ¿Qué es un pensamiento rumiativo?

Este tipo de pensamiento "intrusivo" se caracteriza por su naturaleza persistente, recurrente y ajeno a la voluntad del individuo y suele estar asociado al informe subjetivo de cierto malestar (figura 1).[5]

Las intrusiones pueden ser el reflejo de algún tipo de discrepancia cognitiva, (por ejemplo, sensación subjetiva de que algo es difícil de comprender). Los pensamientos se mantienen hasta que el individuo logra resolver estas divergencias. Para algunos autores la discrepancia implicaría metas no alcanzadas (por ejemplo, cuando esperamos que un sueño se haga realidad el pensamiento nos acompañará hasta que lo hallamos alcanzado).[6] Para otros investigadores, que analizan los pensamientos intrusivos como un tipo de respuesta a situaciones estresantes, hace referencia a la distancia entre los esquemas de conocimiento de los que parte el individuo y la nueva realidad a la que se enfrenta (por ejemplo, la concepción que la mujer tiene sobre el mundo antes y después de ser violada).[7]

Los pensamientos intrusivos son un síntoma claro de que algún tipo de información no ha sido debidamente integrado en las estructuras de conocimiento de los individuos. Pueden ser reflejo de situaciones concretas; situaciones vitales no resueltas (por ejemplo, integración a un nuevo entorno laboral), o bien se constituyen en un rasgo típico de aquellas personas caracterizadas por la confusión ante el mundo que les rodea (por ejemplo, falta de metas claras y valores que los orienten en su desarrollo vital).

Algunos autores, sin embargo, defienden que los pensamientos intrusivos pueden ir acompañados de emociones placenteras.[8] Esta postura no es contradictoria con el hecho de que las intrusiones aparezcan en el contexto de divergencias cognitivas. Así, el enamoramiento puede hacer surgir pensamientos intrusivos placenteros para el individuo que los experimenta, pero en todo caso representa un acontecimiento vital importante que la persona deberá integrar como cualquier otro tipo de experiencia.

Las intrusiones son una experiencia normal en el individuo; se experimentan entre el 80 y el 100 % de los casos en muestras no clínicas.[9] Pese a todo, es frecuente que los pensamientos intrusivos se encuentren incrementados en determinados trastornos clínicos (por ejemplo, trastorno obsesivo-compulsivo, ansiedad, depresión).

El malestar subjetivo provocado por las intrusiones no sólo obedece a experimentar una serie de pensamientos de manera recurrente e involuntaria, también manifiesta la propia confusión experimentada por el individuo ante su incapacidad de estructurar de manera organizada la información que le rodea.

Como señala el poeta Luis Eduardo Aute en su canción *De alguna manera tendré que olvidarte*, eliminar de nuestra cabeza un recuerdo o una relación no es tarea sencilla:

De alguna manera
tendré que olvidarte,
por mucho que quiera
no es fácil, ya sabes,
me faltan las fuerzas,
ha sido muy tarde,
y nada más, y nada más,
apenas nada más.

Y, curiosamente, mientras más intentamos no pensar en esa persona hasta lo más cotidiano –el aire, la noche, una música– se termina relacionando con ella:

Las noches te acercan
y enredas el aire...

Esta respuesta de intentar suprimir los pensamientos intrusivos es muy común y natural –¡quién no ha caído en ella!–, pero como Daniel Wegner ha mostrado, no es de gran utilidad.[10] Los primeros trabajos sobre los efectos de suprimir un pensamiento indeseado se hicieron utilizando una instrucción tan simple como "trata de no pensar en un oso blanco". Nosotros para comprobarlo vamos a realizar este pequeño experimento intentando no pensar en el sexo o en la comida:

Condición de supresión durante 5 minutos... (elija una de las dos situaciones)	
Intente no pensar en el sexo	Intente no pensar en la comida
Después de los 5 minutos	
Tarea de asociación de palabras: Escriba al lado de cada palabra, lo más rápidamente posible, el primer término que se le ocurra:	
León	
Boca	
Manzana	
Hombre	
Plátano	
Verde	
Pantalón	
Pelo	
Mujer	
Blusa	

Si usted ha elegido la situación de no pensar en el sexo, encontrará que, paradójicamente, en la tarea de asociación de palabras se le ocurrirán más términos conectados con lo sexual que con otros temas. Por ejemplo, las personas que intentan no pensar en el sexo ante la palabra "boca" suelen decir "beso", en cambio las personas que tratan de no pensar en comida dicen "morder".

¿Por qué ocurre esta asociación con lo que no deseamos? Este fenómeno *perverso* se denomina "efecto rebote". La supresión es una tarea difícil, porque el individuo pone en juego dos mecanismos cognitivos de naturaleza diferente. Por una parte, un proceso controlado y consciente para suprimir y evitar la presencia del pensamiento negativo buscando otras ideas o pensamientos que lo sustituyan. Por otra parte, un proceso automático –que no requiere de nuestra atención consciente– que busca si el pensamiento negativo aún está en la memoria para iniciar o no la búsqueda de un distractor.

Imaginemos la situación descrita por Aute en el poema. Intentamos olvidar a una persona con la que hemos tenido una intensa relación amorosa y con la que hemos roto recientemente. Tratamos de pensar en otras cosas para distraernos, por ejemplo, escuchamos música (*proceso controlado*). Mientras, y sin nuestra autorización, se inicia el proceso de búsqueda automática en nuestra memoria de algún rastro de la persona en cuestión. Evidentemente, este proceso encuentra algún retazo o imagen de esta persona, pues sería literalmente imposible haber eliminado por completo esa información de nuestra mente. Ahora, el recuerdo o la imagen de esa persona está disponible en nuestra conciencia y se conecta con la música que estamos escuchando. Nos sentimos incómodos y molestos. Buscamos otro pensamiento distractor. Probamos con una película. Nuestro *simpático* proceso automático busca, de nuevo, en nuestra memoria... En fin, vuelta a empezar. Curiosamente, nos encontramos que lo que logramos suprimiendo estas imágenes y pensamientos sobre esta persona es reavivar su recuerdo y las reacciones emocionales que nos suscitaba en el pasado.

Cuando la supresión de pensamientos se convierte en una respuesta habitual del individuo, se denomina estilo rumiativo. La rumiación como un estilo estable de afrontamiento de los problemas se caracteriza también por estar centrada en la emoción e implica dirigir la atención hacia los sentimientos y pensamientos negativos de forma pasiva y repetitiva («Estoy cansado, desmotivado y triste») y a su significado y sus consecuencias («¿Qué pasará si no logro aprobar este examen?»).

Una estrategia alternativa a la rumiación es fijar nuestra atención en situaciones agradables (por ejemplo, ir a cenar a nuestro restaurante favorito con nuestros amigos, ir de compras, practicar un deporte, etc.) que impliquen actividades que mejoren nuestro estado anímico para después, si es posible, centrarnos en la solución específica del problema. Esta estrategia se denomina de forma general distracción.

Diversos estudios longitudinales han mostrado que las personas con un estilo rumiativo de respuesta ante situaciones de estrés tienen episodios depresivos más graves y prolongados que las personas con estilos más activos y menos rumiativos (figura 2).

La rumiación no predice sólo la sintomatología depresiva que las personas informan tras cumplimentar un autoinforme (como el BDI, Cuestionario de depresión de Beck), sino también el diagnóstico de depresión derivado de una entrevista clínica estructurada. Los efectos de la rumiación son también parecidos para los trastornos de ansiedad y para el estado emocional de enfado.

Ejemplos:

• Sentarse solo y pensar en lo cansado y lo poco motivado que se siente.

• Preocuparse por cómo su depresión puede entorpecer su trabajo.

• Revivir de forma pasiva todas las cosas negativas de su vida.

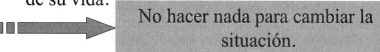 No hacer nada para cambiar la situación.

Figura 2. Estilo rumiativo y depresión (Nolen-Hoeksema).

Además, la rumiación hace que los sujetos inestables emocionalmente evalúen sus problemas como graves e irresolubles y reduce la probabilidad de que implementen soluciones específicas.

Para Nolen-Hoeksema, la rumiación funciona como un único mecanismo en tres vertientes diferentes:

1. La rumiación aumenta los efectos negativos de la depresión en el pensamiento, porque convierte las interpretaciones depresivas y los eventos negativos que tenemos en nuestra memoria en material muy disponible para elaborar juicios sobre nuestra propia vida.
2. Interfiere con la resolución de problemas interpersonales, porque aumenta el pensamiento distorsionado y pesimista.
3. Inhibe que las personas se impliquen en su vida cotidiana en conductas instrumentales que aumenten su sentido del control y el tono positivo de sus estados emocionales.

Para estos autores, la función de la rumiación es tan importante que consideran que es el mecanismo fundamental que media entre los acontecimientos estresantes y el ajuste emocional.

Sexo, estilo rumiativo y depresión

La función mediadora de la rumiación ha servido como explicación para dilucidar las diferencias existentes en cuanto a género en depresión. Uno de los fenómenos más robustos en epidemiología es que las mujeres experimentan una mayor incidencia de trastornos depresivos que los hombres. No obstante, esta mayor propensión a la sintomatología depresiva no es una constante en la mujer desde su nacimiento sino que surge en la adolescencia. En la niñez, las investigaciones revelan que los niños preadolescentes manifiestan síntomas depresivos y desórdenes en una proporción similar o mayor que sus compañeras. Sin embargo, en la adolescencia ocurren ciertos cambios en las chicas que promueven, a partir de los trece años, una mayor aparición de síntomas depresivos, que experimentan un incremento significativo a la edad de dieciocho años.

Estas diferencias de género en depresión durante la adolescencia han sido explicadas mediante un modelo interactivo sobre depresión según el cual algunos rasgos de personalidad, más prototípicos en chicas que en chicos, tales como bajos niveles de asertividad, mayor utilización de estrategias de afrontamiento basadas en la rumiación más que en afrontamiento activo, y menores niveles de agresión y dominio en las relaciones interpersonales, posibilitan, al interactuar con ciertos cambios sociales y fisiológicos, el desarrollo de mayores niveles depresivos en las adolescentes.

Nolen-Hoeksema ha comprobado recientemente su modelo interactivo sobre depresión en una muestra representativa de más de 1.100 personas de diferentes razas y con un rango de edad entre 25 y 75 años.[11] En su estudio controló cuatro variables: experiencia crónica de acontecimientos negativos, control percibido, estilo rumiativo y depresión. Los resultados de su investigación señalan que las mujeres sufren de más acontecimientos negativos, tienen una mayor tendencia a la rumiación y menor control percibido que los hombres. Estas diferencias sociales y de personalidad entre hombres y mujeres median totalmente las diferencias de género que se encuentran en depresión. La relación de estas variables entre sí es de mutua influencia, es decir, las personas víctimas de acontecimientos negativos son más rumiativas, pero a su vez las personas rumiativas informan que sufren más acontecimientos negativos. No obstante, los efectos directos de las variables sociales y de personalidad desaparecen cuando se controla el estilo rumiativo de la persona. La rumiación media totalmente los efectos de la experiencia de acontecimientos negativos y el control percibido sobre la depresión.

Inteligencia emocional y supresión de pensamientos

En relación con los pensamientos intrusivos los individuos pueden adoptar dos tipos de estrategias. Podrían tratar de analizar la situación que disparó tales intrusiones y el malestar asociado a las mismas (por ejemplo, el individuo analiza reflexivamente lo ocurrido y trata de encontrarle algún sentido), es probable que este tipo de estrategia genere como resultado el ajuste emocional a la experiencia. En otras ocasiones, el individuo, a fin de reducir el malestar experimentado, puede optar por suprimir los pensamientos intrusivos. Como ya hemos comentado, estrategias de este tipo, lejos de lograr el objetivo deseado llevan al sujeto a experimentar aún mayor número de intrusiones, lo que no le permite reducir el malestar subjetivo.

Llegados a este punto cabe preguntarse si la inteligencia emocional guarda alguna relación con los pensamientos de tipo intrusivo. Es decir, ¿pueden las personas con mayor inteligencia emocional afrontar de forma adecuada sus intrusiones? Si la respuesta resulta afirmativa cabe preguntarse todavía si las personas con mayor inteligencia emocional experimentarán un menor número de intrusiones o si lo que lograrán es reducir el impacto emocional de las mismas. A fin de dar respuestas a estos interrogantes algunas investigaciones tratan de determinar la relación existente entre inteligencia emocional e intrusión de pensamientos.

Salovey y su grupo estudiaron en el laboratorio la adaptación a experiencias estresantes teniendo en cuenta las habilidades emocionales de los participantes (su capacidad para percibir, comprender y regular sus estados emocionales). Los autores se interrogaban sobre si dichas destrezas contribuirían a la integración y asimilación de los pensamientos intrusivos que siguen a los sucesos negativos.

El estudio se llevó a cabo con estudiantes universitarios y constó de tres sesiones experimentales. En la primera, se evaluó la personalidad de los participantes y su inteligencia emocional. Posteriormente, fueron expuestos a un vídeo sobre conductores ebrios con escenas reales sobre las consecuencias de una conducción temeraria y el relato de las víctimas. Finalmente, los participantes debían valorar el grado de positividad, intensidad, insistencia y controlabilidad de los pensamientos relacionados con la película y, para concluir, debían hablar sobre sus pensamientos.

Los investigadores esperaban que a mayor claridad en la discriminación de emociones y reparación emocional (o capacidad para modificar estados emocionales negativos y transformarlos en positivos), los participantes informarían de una disminución en la intrusividad e incontrolabilidad de los pensamientos negativos y generarían más estados positivos al finalizar el experimento.

Los resultados constataron que la presentación de la película tuvo un fuerte impacto emocional. Con relación al efecto que sobre las emociones tuvieron los diferentes componentes de la inteligencia emocional (atención, claridad y reparación), se encontró que antes de la presentación de la película el estado emocional positivo estaba asociado de modo significativo con la reparación y con una baja atención.

Después del vídeo, fueron los participantes con una mayor puntuación en reparación los que menos afectados estaban, incluso cuando se tenía en cuenta el estado de ánimo inicial.

Finalmente, la recuperación emocional (la aparición de un estado de ánimo positivo en un tercer momento) fue predicha por la claridad. Es decir, aquellos sujetos que informaban que "normalmente tenían muy claro sus sentimientos" fueron los que mejor se recuperaron del estado de ánimo negativo inducido, y presentaron una tasa más baja de pensamientos intrusivos.[12]

Siguiendo en esta misma línea de trabajo, nuestro grupo de investigación ha estudiado el ajuste psicológico relacionándolo con la inteligencia emocional y la supresión crónica de pensamientos en la vida cotidiana de dos poblaciones diferentes: mujeres embarazadas y estudiantes adolescentes.

En uno de estos estudios, analizamos las relaciones existentes entre la supresión crónica de pensamientos y la inteligencia emocional durante el embarazo.[13] Pensábamos que las mujeres que suprimían pensamientos experimentarían mayores niveles de ansiedad y depresión. Por otra parte, veíamos que las que tenían una buena capacidad para clarificar y modificar sus estados emocionales manifestarían un mayor ajuste psicológico durante el embarazo.

Los resultados mostraron que las mujeres embarazadas que presentaban niveles más bajos de ansiedad y depresión poseían un mayor conocimiento de sus estados emocionales (puntuaciones elevadas en claridad emocional y reparación de las emociones, y puntuaciones bajas en Atención a los sentimientos), y además tendían a suprimir menos sus pensamientos. Como se predijo, la supresión de pensamientos se vio acompañada de altos niveles de ansiedad y depresión.

En un segundo estudio analizamos la incidencia que tiene la inteligencia emocional y la supresión crónica de pensamientos sobre el ajuste psicológico de los adolescentes.[14] Con este objetivo seleccionamos a una muestra formada por estudiantes adolescentes.

Los resultados indicaron diferencias entre sexos. Las mujeres obtuvieron niveles más elevados en atención, ansiedad, depresión y empatía que los hombres. Mientras que éstos presentaron puntuaciones más altas en claridad, reparación e inhibición emocional.

Posteriormente, agrupamos a los participantes en tres grupos en función de sus puntuaciones en depresión (estado normal, depresión leve o moderada). El principal hallazgo fue que los adolescentes con un estado normal se diferenciaban de los clasificados como depresivos en que eran más diestros a la hora de regular estados emocionales y distinguir claramente sus estados emocionales y las razones a los mismos.

Sin embargo, los escolares clasificados como depresivos presentaron mayores puntuaciones en ansiedad y supresión de pensamientos. La relación negativa entre claridad y reparación con depresión, y ansiedad y supresión del pensamiento, indica que la creencia de poder prolongar los propios estados emocionales positivos e interrumpir los negativos, así como la de que se puede experimentar con claridad los sentimientos, asegura un nivel aceptable de salud mental, entendiendo ésta como la ausencia de síntomas de ansiedad y depresión.

En resumen, la literatura señala relaciones significativas entre supresión crónica de pensamientos, pensamientos intrusivos, depresión y ansiedad. Al mismo tiempo, se ha constatado que tanto la ansiedad como la depresión se relacionan con la ocurrencia y extensión en el tiempo de los pensamientos intrusivos y de evitación. De otra forma, el análisis de la inteligencia emocional refleja que Claridad y reparación emocional mantienen relaciones negativas con la depresión, la ansiedad y la supresión de pensamientos.

Pero ¿cómo podríamos explicar este tipo de resultados? ¿Qué hace que las personas emocionalmente más inteligentes experimenten menos intrusiones y se vean menos necesitadas de tratar de eliminar pensamientos indeseables?

Si entendemos el pensamiento intrusivo como un síntoma de que la experiencia no ha sido debidamente integrada en nuestros esquemas de conocimiento previos y comprendemos que este tipo de pensamiento conlleva altas dosis de sufrimiento para las personas que lo experimentan, quizá estemos más cerca de entender cómo la inteligencia emocional puede tener un papel prioritario en la integración y desaparición de las intrusiones.

La persona que regula adecuadamente sus estados emocionales podría, entre otras cosas, reducir la intensidad del malestar provocado por las intrusiones. De esta forma, estaría más capacitada para enfrentarse a las mismas de un modo reflexivo y no necesitaría suprimir estos pensamientos a fin de eliminar un malestar que le resulta muy molesto.

El malestar que genera el pensamiento intrusivo en el individuo, cuando no es excesivo, le obliga a adentrarse y profundizar con más detenimiento en la experiencia causante de tales pensamientos y, por tanto, a analizar aquellas creencias que le impiden afrontar lo ocurrido. Esta estrategia como ya mencionamos resulta adecuada para integrar debidamente la experiencia. Cuando el malestar experimentado es excesivo, los individuos tratan de evitar los pensamientos indeseables, pero esta estrategia, lejos de lograr un mayor ajuste, lleva a la persona a experimentar más intrusiones.

Los individuos reparadores, caracterizados por un mayor conocimiento de sus estados emocionales y una mayor capacidad de modificarlos experimentan menos pensamientos intrusivos relacionados con la experiencia, y este hecho repercute en un buen ajuste emocional.

No hay que olvidar además que cuando un individuo modifica sus estados emocionales, al mismo tiempo está modificando sus cogniciones respecto a un acontecimiento concreto. Esta reestructuración cognitiva se manifiesta, entre otras cosas, por una disminución de las intrusiones experimentadas.

Conclusiones

La inteligencia emocional tiene un papel prioritario en el ajuste psicológico. Como algunas investigaciones han revelado, las personas con mayor inteligencia emocional se caracterizan por experimentar menos estados psicológicos de naturaleza negativa (depresión, ansiedad) y para adaptarse mejor al medio (bienestar personal).

A pesar del papel prioritario dado por algunos autores a las intrusiones como mecanismo explicativo del ajuste psicológico (mecanismo que explica el origen y mantenimiento del desajuste emocional),[15] las investigaciones presentadas vienen a poner de manifiesto dos hechos fundamentales.

1. Otro tipo de variables, como la reparación emocional, tienen un papel importante en el ajuste psicológico de los individuos.
2. En la inteligencia emocional podemos encontrar un factor prioritario que da cuenta de las intrusiones experimentadas por los individuos, así como del mantenimiento de las mismas.

De este modo, vemos cómo la inteligencia emocional tiene un efecto directo en el ajuste psicológico e indirecto a través de su acción sobre las intrusiones experimentadas. Por tanto, un adecuado desarrollo de la inteligencia emocional puede garantizar una existencia más libre de alteraciones de tipo psicológico y un mayor bienestar a las personas que la poseen (figura 3).

Es necesario, llegados a este punto, incidir en el hecho de que una adecuada adaptación a situaciones vitales de naturaleza estresante requiere de los

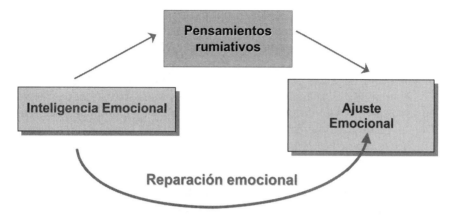

Figura 3. Modelo teórico propuesto siguiendo a Nolen-Hoeksema. Los efectos de inteligencia emocional sobre ajuste emocional no son sólo indirectos a través del mediador (pensamientos rumiativos).

individuos la suficiente inteligencia emocional para lograr disminuir la intensidad de las emociones generadas por acontecimientos estresantes y de la suficiente inteligencia para saber analizar y reflexionar sobre los pensamientos experimentados a fin de dotarlos de sentido y poder integrarlos debidamente en su sistema cognitivo. De esta manera, la nueva información no resultará discrepante con la que contaba el sujeto antes de vivir la experiencia.

No obstante, este trabajo no siempre se puede llevar a cabo en solitario, como veremos en el capítulo sobre comunicación emocional, a veces debemos contar con personas receptivas con las que podamos compartir nuestros estados emocionales.

Por todo ello, creemos que la inteligencia y la habilidad de las personas para identificar, clarificar y regular estados emocionales es una clave importante para descubrir el camino hacia una vida más sana y feliz.

Si lloras
por no haber visto el sol
las lágrimas
te impedirán
ver las estrellas.

RABINDRANATH TAGORE

Referencias bibliográficas

1. M. Martínez-Pons (1997), «The relation of emotional intelligence with selected areas of personal functioning», *Imagination, Cognition and Personality*, 17, 3-13.
2. M. Davies, L. Stankov y R.D. Roberts (1998), «Emotional intelligence: in search of an elusive construct», *Journal of personality and Social Psychology*, 75, 989-1.015.
3. J.V. Ciarrochi, A.Y.C. Chan y P. Caputi (2000), «A critical evaluation of the emotional intelligence construct». *Personality and Individual Differences*, 28, 539-561.
4. D. Dawda y S.D. Hart (2000), «Assessing emotional intelligence: reliability and validity of the Bar-On Emotional Quotient Inventory (EQ-i) in university students», *Personality and Individual Differences,* 28, 797-812.
5. D.B. Gold y D.M. Wegner (1995), «Origins of ruminative thought: Trauma, incompleteness, non-disclosure, and suppression», *Journal of Applied Social Psychology*, 25 (14), 1.245-1.261.
6. L.L. Martin y A. Tesser (1989), «Toward a motivational and structural theory of ruminative thought», en J.S. Uleman y J.A. Bargh (eds.), *Unintended thought* . Nueva York: Guilford, págs. 306-326.
7. M.J. Horowitz (1997), *Stress response syndromes* (3.ª ed.). Nueva Jersey: Jason Aronson.
8. B. Rimé, B. Mesquita, P. Philippot, y S. Boca (1991), «Beyong the emotional event: Six studies on the social sharing of emotion», *Cognition and Emotion*, 5, 435-466.
9. D. Páez (1993), «Introducción: Salud, expresión y represión social de las emociones», en D. Páez (ed.), *Salud, expresión y represión social de las emociones* . Valencia: Promolibro, págs. 77-93.
10. D.M. Wegner y R.M. Wenzlaff (1996), «Mental control», en E.T. Higgins y A.W. Kruglanski (eds). *Social psychology: Handbook of basic principles* . Nueva York: Guilford Press, págs. 466-492. Véase también D.M. Wegner y S. Zanakos (1994), «Chronic thought suppression», *Journal of Personality*, 62, 615-640.
11. S. Nolen-Hoeksema, J. Larson y C. Grayson (1999), «Explaining the gender difference in depressive symptoms», *Journal of Personality and Social Psychology*, 77, 1.061-1.072.
12. P. Salovey, J.D. Mayer, S. Goldman, C. Turvey, y T. Palfai (1995), «Emotional attention, clarity, and repair: Exploring emotional intelligence using the Trait Meta-Mood Scale», en J.W. Pennebaker (ed.) *Emotion, disclosure, and health* . Washington, D.C.: American Psychological Association, págs. 125-154.
13. P. Fernández-Berrocal, N. Ramos, y F. Orozco (1999), «La influencia de la inteligencia emocional en la sintomatología depresiva durante el embarazo», *Toko-Ginecología Práctica*, 59, 1-5.
14. P. Fernández-Berrocal, R. Alcaide y N. Ramos (1999), «The influence of emotional intelligence on the emotional adjustment in highschool students», *Bulletin of Kharkov State University N439 «Personality and Transformational Processes in the Society. Psychological and Pedagogical Problems of the Modern Education»*, 1-2, 119-123.
15. S. Nolen-Hoeksema (2000), «The role of rumination in depressive disorders and mixed anxiety/depressive symptoms», *Journal of Abnormal Psychology*, 109, 304-311.

9. EMOCIONES Y DOLOR

ROSA ESTEVE ZARAZAGA
CARMEN RAMÍREZ MAESTRE
Universidad de Málaga

Imagínese que está acostado en la cama. Son las tres de la mañana y aún no ha podido dormir. Siente un dolor muy intenso en las muñecas. Es como si un clavo las atravesara. Se las frota para ver si se le pasa, pero no sirve de nada. Es un dolor horrible que parece que nunca se va a terminar. Siente una desagradable sensación de agarrotamiento, es como si le estuviesen apretando las muñecas muy, muy fuertemente y, de vez en cuando, siente calambrazos. Es una sensación horrible... Piensa que ese dolor le está amargando la vida... No hay forma de que los médicos consigan curar el dolor. Hoy ha sido un día horroroso, prácticamente lo ha pasado en la cama... Se dice a sí mismo: «Como ayer estuve haciendo cosas en casa hoy me duele todo... Realmente no sirvo para nada; en cuanto hago algún esfuerzo lo pago... Pero es que no me pude resistir, me encontraba tan bien y me apetecía tanto hacer cosas... ¡Con lo que yo era antes, Dios mío! ¡Qué agilidad tenía, era una máquina trabajando! Y ahora ya no sirvo para nada. Y este dolor de las manos es horrible, es insoportable, es como si me fueran a explotar las muñecas. Ya no puedo más, mañana cuando me levante será otro día más con dolor. Soy una ruina. Los demás piensan que soy un trasto y que no valgo para nada. No me puedo concentrar en nada. Se me olvidan las cosas. Y luego la gente me viene con las peloteras de que he perdido unos papeles, o las gafas... Esto no se puede aguantar, ya no puedo más... Y luego, la gente está harta de que te quejes. Y no te atreves a pedirles que te ayuden... Cuando te duele estás harto de tener que pedir hasta un vaso de agua. Voy a ser un inválido toda la vida... Me paso la vida dependiendo de los demás... Y el dolor, ese dolor intenso, que no cesa, que me rompe...»

De una forma similar nos hablaba Cristina, una de las miles de personas que padecen dolor crónico en nuestro país. Podríamos caer en la tentación de considerar que el dolor crónico es un dolor agudo que dura mucho tiempo, de hecho, el dolor crónico se define como aquel con una duración superior a seis meses. Sin embargo, como intentaremos justificar en las páginas que siguen, el dolor crónico es una experiencia no sólo cuantitativamente distinta del dolor agudo, sino también, y sobre todo, cualitativamente distinta. Es más, cabría preguntarnos si, desde la psicología no sería útil considerar al dolor crónico como una emoción.

¿Psicología y dolor?

Durante mucho tiempo, se pensó que el hecho de sentir más o menos dolor depende únicamente del daño que nos hemos hecho. Así, si tenemos una lesión grande nos dolerá más, y si la lesión es pequeña nos dolerá menos. Éste sería el llamado *modelo lineal simple*. Sin embargo, esta forma de entender el dolor se vio que era claramente insuficiente para explicar algunos fenómenos clínicos. Es especialmente llamativo el *dolor del miembro fantasma*. Si el dolor depende exclusivamente de la magnitud del daño en los tejidos, es imposible explicar que a ciertas personas les siga doliendo una pierna o un brazo mucho tiempo después de que estos miembros les hayan sido amputados. Otro fenómeno clínico inexplicable desde este modelo es el *efecto placebo*: ¿por qué a algunos enfermos una simple pastilla de sacarina puede quitarles de raíz un dolor intenso si creen que se trata de un potente analgésico?

A veces, el mismo daño a unas personas les duele más que a otras, o incluso a la misma persona, un mismo golpe le duele más unas veces que otras. Son de sobra conocidos los ejemplos de las lesiones deportivas y de las heridas de guerra: frecuentemente, mientras que se está realizando una actividad con una carga motivacional fuerte (ganar un tanto en un partido, salvar la vida en una batalla), las personas no se dan cuenta de que se han hecho una herida, ni se quejan de dolor hasta que termina esa actividad.

No es necesario recurrir a ejemplos tan dramáticos. Posiblemente muchos de ustedes, cuando han tenido alguna enfermedad que les ha producido dolor, han notado que éste se hace más intenso en el silencio y la oscuridad de la noche, en la cama, sin ninguna distracción...

El dolor crónico representa también un importante reto para este modelo, pues no explica la ineficacia de dosis elevadísimas de analgésicos muy potentes, ni por qué el dolor puede persistir a pesar de haber sanado la lesión que lo causó.

Para intentar comprender y explicar los anteriores fenómenos, a finales de los años cincuenta el modelo lineal simple se ve superado por la introducción del *componente reactivo o emocional* del dolor. Sin embargo, la psicología entró de lleno en el estudio del dolor de la mano de la Teoría de la puerta de control formulada por Melzack y Wall en 1965. Esta teoría considera que la experiencia de dolor está compuesta por tres dimensiones: la *sensorial* o *discriminativa*, o de las propiedades físicas del dolor; la dimensión *motivacional* o *afectiva*, o de los aspectos emocionales del dolor; y la *dimensión cognitiva* o *evaluativa* del dolor, relativa a la interpretación del dolor en función de los aspectos atencionales, experiencias anteriores, contexto sociocultural, pensamientos y creencias asociadas al dolor, etc. Un mecanismo de control (o puerta) situado en la médula espinal sería el responsable de seleccionar la información dolorosa que llega al cerebro, el llamado *sistema de control de la compuerta* que se vería influido por las tres dimensiones postuladas. Veamos un ejemplo que se recoge gráficamente en la figura 1. Supongan que se tuercen la muñeca. Para sentir el dolor es necesario que nuestra muñeca le envíe un mensaje al cerebro en el que le diga "me he hecho daño". Nuestro cerebro recibe el mensaje y hace que nos duela la muñeca para que así la protejamos e intentemos curarla. Sin embargo, entre el mensaje que envía la muñeca y el cerebro hay como una puerta que, si se abre, el mensaje llega y sentimos dolor, mientras que si se cierra el mensaje no llega, el cerebro no se entera y no nos duele la muñeca. Pero ¿qué hace que la puerta se abra o se cierre? El daño físico abre la puerta, pero además hay más factores que hacen que la puerta se abra, es decir, que empeoran el dolor. Pueden ser de varios tipos:

1. Pueden ser factores físicos como la tensión muscular. Cuando sentimos dolor solemos tensar los músculos y esto hace que el dolor sea más intenso, es decir que se abra más la puerta.
2. Otros factores tienen que ver con los sentimientos y emociones que tengamos en ese momento, bien provocados por el dolor que sentimos o por otros hechos que nos han ocurrido y que no tienen nada que ver con el dolor. Por ejemplo, la preocupación sobre el dolor, la ira, el enfado, el nerviosismo y la tristeza hacen que se abra la puerta y sintamos más el dolor.
3. Por último, hay otros factores que tienen que ver con lo que pensamos. Por ejemplo, la atención que le prestemos al dolor, el aburrimiento, el control que creamos tener sobre el dolor (o sea, si creemos que no podemos controlar el dolor la puerta se abre más), y en general, las creencias acerca de lo que significa el dolor. Por ejem-

plo, no nos dolerá lo mismo un dolor en el pecho si creemos que se debe a una indigestión que si creemos que se debe a un ataque cardiaco. En realidad, no se siente lo mismo, aunque es el mismo dolor. Por lo tanto, hay algunas creencias respecto al dolor que harán que la puerta se abra.

Si revisamos la lista de factores que hacen que la puerta se abra y el dolor empeore, nos damos cuenta de que casi todos ellos aparecen como consecuencia de la reacción ante el dolor prolongado. De ahí que se creen los *círculos viciosos del dolor*: la tensión muscular o el ánimo deprimido, por ejemplo, "abren la puerta" del dolor y, al mismo tiempo son reacciones usuales ante el mismo, lo cual de nuevo "abre la puerta".

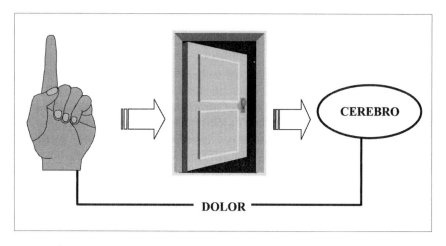

Figura 1. Teoría de la puerta de control de Melzack y Wall (1965).

De la misma manera, la "puerta se puede cerrar" por factores como los siguientes:

1. De los factores físicos destacaremos los medicamentos, la aplicación de calor, el descanso, los masajes, la acupuntura, la cirugía, y reducir la tensión de los músculos.
2. En cuanto a los factores que tienen que ver con las emociones, los que hacen que la puerta se cierre son, por ejemplo, la calma y la tranquilidad.

3. Por último, entre los factores del pensamiento que cierran la puerta y, por lo tanto, hacen que nos duela menos, citar las distracciones, atender y concentrarnos en cosas que no sean el dolor, y llevar a cabo acciones para controlar el dolor por uno mismo.

Aunque la teoría de la puerta de control no ha sido aceptada en su totalidad, al menos en los términos en que originalmente la formularon sus autores, lo que sí es evidente es que la percepción de los estímulos nocivos no es directa, sino que existe una modulación del mensaje a nivel espinal. La llegada de una tecnología más precisa para medir la actividad del cerebro durante una estimulación aversiva ha permitido ampliar los aspectos psicobiológicos de la teoría original; no obstante, hoy en día se sigue aceptando que el cerebro tiene un papel dinámico en la percepción del dolor y que no se limita a recibir pasivamente la información procedente de una acción nociva sobre el organismo.

En la última década, Melzack ha propuesto un modelo de *redes neuronales*. Se postula que, aunque el procesamiento del dolor esté genéticamente determinado, este procesamiento se puede modificar por la experiencia. De esta forma, los factores que aumentan el flujo sensorial de las señales de dolor, a lo largo del tiempo, podrían modificar los umbrales de excitabilidad, aumentando la sensibilidad al dolor. Los factores que "abren la puerta" podrían amplificar las señales de dolor llevando a la larga al sujeto a un estado crónico de extrema sensibilidad dolorosa.

¿Psicología y dolor? Hoy en día parece claro que el dolor no depende únicamente de los cambios físicos. También está muy influido por los cambios en lo que sentimos, en lo que pensamos y en lo que hacemos. Actualmente no tiene sentido hablar de *dolor psicógeno* y de *dolor orgánico*. Simplemente, en los seres humanos, el dolor siempre está influido por factores psicológicos.

¿Qué hacen los pacientes con dolor crónico para enfrentarse al dolor?

Desde los años ochenta los psicólogos llevan estudiando qué hacen los pacientes con dolor crónico para enfrentarse al dolor y cómo influyen en su adaptación estas estrategias que utilizan. Los pacientes con dolor crónico pueden intentar cambiar las emociones que experimentan y que están asociadas al dolor, por ejemplo, no sentirse nerviosos o tristes por tener dolor. Otra posibilidad es que "piensen en el dolor" de una forma distinta, por ejemplo, como picor o como calor. O bien, ante el dolor pueden llevar a cabo actuaciones encaminadas directamente a hacerlo desaparecer como, por ejemplo, darse un masaje o tomarse una dosis extra de medicamentos. En la tabla 1 se definen las principales estrategias que se han estudiado en numerosas investigaciones. En estos trabajos se intentaba establecer si el uso de unas determinadas estrategias hace que las personas que sufren dolor crónico se encuentren mejor, es decir, que tengan menos dolor, que tengan un estado de ánimo menos deprimido o ansioso, que se relacionen con los demás y que tengan una actividad parecida a la de una persona media de su edad.

Tabla 1. Definición e ítems de ejemplo de las estrategias
que utilizan los pacientes para enfrentarse al dolor crónico.

Estrategia	Definición
Distracción de la atención	Pensamientos o actividades que sirven para no estar pendiente del dolor: contar números, cantar.
Autoafirmaciones	Decirse a uno mismo que puede enfrentarse al dolor sin grandes dificultades: «Tengo que ser valiente y conseguir superar el dolor.»
Ignorar las sensaciones de dolor	Se niega que el dolor esté afectando a la persona de alguna forma: «Me digo a mí mismo que no me duele.»
Rezar	Decirse a sí mismo que hay que tener esperanza y orar para que el dolor mejore: «Rezo a Dios para que esto no se alargue.»
Catastrofismo	Pensamientos muy negativos referidos a que el dolor no tiene fin, ni solución, ni puede hacerse nada para mejorarlo: «Estoy preocupado todo el tiempo pensando si esto terminará algún día.»

Aumento del nivel de actividad	Realizar conductas activas que distraen del dolor: leer, hacer ejercicio físico.
Control percibido del dolor	Grado en que el paciente siente que puede dominar el dolor: «Puedo hacer que me duela menos.»
Búsqueda de apoyo social	Recurrir a otras personas para enfrentarse al problema: «Hablé con alguien que podía hacer algo concreto por mi problema.»
Fantasías y pensamientos agradables	Alejarse de la situación mediante la evocación de situaciones placenteras o irreales: «Soñé o imaginé otro tiempo y otro lugar mejor que el presente.»
Autoculpa	Atribuirse la causa de un empeoramiento: «Me critiqué a mí mismo.»
Adherencia pasiva al tratamiento médico	Hacer frente al dolor exclusivamente siguiendo las recomendaciones médicas: tomar la medicación, rehabilitación, etc.
Evaluaciones comparativas	Poner en contraste la propia situación con la de otras personas para sentirse afortunados: «Pensé en otros más jóvenes que están peor que yo.»

Teniendo en cuenta todas estas investigaciones, ¿se puede decir qué es lo que deben hacer las personas con dolor crónico para estar mejor? O al menos, ¿se puede establecer que en unas circunstancias determinadas es mejor para ellas que hagan una u otra cosa? Los resultados de estos estudios no son del todo concluyentes. Aunque parece que es más efectivo intentar influir sobre el dolor directamente que sobre las emociones y pensamientos asociados, esto no siempre es así. Algunas estrategias aparecen como efectivas en unos estudios e inefectivas en otros. Sólo aparecen resultados consistentes y claros respecto a una de las estrategias: el catastrofismo. Expresado de forma contundente cabría afirmar que lo importante no es lo que se hace o se piensa o se siente para enfrentarse al dolor, lo que realmente ayuda a los pacientes con dolor crónico a tener una vida feliz es NO utilizar el catastrofismo. En la tabla 1 el catastrofismo se ha definido como: «Pensamientos muy negativos referidos a que el dolor no tiene fin, ni solución, ni puede hacerse nada para mejorarlo», y el ítem de ejemplo elegido es: «Estoy preocupado todo el tiempo pensando si esto terminará algún día.» Parece claro que las personas que padecen dolor crónico y que presentan este tipo de pensamientos tienen un estado de ánimo peor, es decir, frecuentemente están tristes y ansiosos. Además, sus actividades están más restringidas: apenas se relacionan con otras personas, usualmente no mantienen relaciones sexuales, por lo general han abandonado su trabajo y presentan una movilidad muy reducida.

La contundencia de estos resultados ha hecho que en los últimos años los esfuerzos se dediquen a estudiar concretamente el papel del catastrofismo en el dolor crónico. Son especialmente dignos de mención los trabajos de Sullivan y su equipo realizados en la Universidad Dalhousie de Halifax, Canadá. Estos autores han construido un instrumento para evaluar específicamente el catastrofismo ante el dolor crónico y distinguen tres dimensiones: magnificación, indefensión y rumiación. En la tabla 2 se recoge la escala y entre paréntesis se indica qué dimensión mide cada pregunta.

Como puede observarse la *rumiación* se refiere a que el paciente no puede apartar de su mente el dolor, no puede dejar de pensar en él. La *magnificación* alude a la exageración de las propiedades amenazantes del estímulo doloroso, y la *indefensión* hace referencia a que la persona estima que no puede hacer nada para influir sobre el dolor. Los resultados obtenidos con este instrumento son especialmente interesantes pues muestran que, de estos tres componentes, el que se relaciona de forma más consistente con la intensidad del dolor es la rumiación. Es decir, el carácter persistente, recurrente de esos pensamientos más que su cariz negativo es el que hace que estas personas presenten niveles más elevados de dolor y un peor funcionamiento cotidiano. Para explicar sus resultados, estos autores proponen que consideremos al catastrofismo como un *esquema de dolor.*

¿Cómo se formaría este esquema? En primer lugar, debemos considerar que el dolor naturalmente se asocia con emociones y pensamientos desagradables. Ello tiene un sentido adaptativo, pues su cariz desagradable nos hace buscar solución inmediata para hacerlo desaparecer, ya que, a su vez, el dolor suele ser una señal de aviso de daño en los tejidos. Pero ¿qué ocu-

Tabla 2. Escala de catastrofismo ante el dolor (Sullivan, Bishop y Pivik, 1995)

Con este cuestionario queremos saber lo que usted piensa y siente cuando le duele. Le voy a leer trece frases que describen varios pensamientos y sentimientos que pueden asociarse al dolor. Cada vez que yo le lea una frase, dígame, por favor, el grado en que usted tiene esos pensamientos y sentimientos cuando le duele, siendo:

NADA	ALGO	BASTANTE	MUCHO	MUCHÍSIMO
0	1	2	3	4

☐ 1. Estoy pensado todo el día si el dolor se me pasará. (Indefensión.)

☐ 2. Siento que ya no puedo más. (Indefensión.)

☐ 3. Es terrible. Creo que nunca me pondré mejor. (Indefensión.)

☐ 4. Esto es horrible y puede conmigo. (Indefensión.)

☐ 5. No puedo soportarlo más. (Indefensión.)

☐ 6. Me temo que el dolor irá a peor. (Magnificación.)

☐ 7. Siempre estoy pensando en cosas relacionadas con el dolor. (Magnificación.)

☐ 8. Deseo desesperadamente que se me pase el dolor. (Rumiación.)

☐ 9. Tengo la sensación de que no puedo sacar el dolor de mí mente. (Rumiación.)

☐ 10. Estoy todo el rato pensando en lo mucho que me duele. (Rumiación.)

☐ 11. Estoy siempre pensando en las ganas que tengo de que el dolor termine. (Rumiación.)

☐ 12. No puedo hacer nada para aliviar mi dolor. (Indefensión.)

☐ 13. Tengo la impresión de que algo malo puede suceder. (Magnificación.)

rre cuando el dolor es crónico y ya pierde este valor de señal? En este caso la experiencia continuada del dolor fortalece su asociación con las emociones y pensamientos negativos que suelen acompañarle, de forma que los estímulos dolorosos activarían de forma automática los otros componentes del esquema de dolor, es decir, los pensamientos y emociones negativas (figura 2). Lo contrario también puede ocurrir: emociones y pensamientos negativos pueden activar el componente de dolor del esquema. Por ejemplo, una persona con dolor crónico que se entristece en el transcurso de una discusión familiar, al activarse el nodo de esa emoción negativa,puede experimentar la activación del nodo del dolor al que está fuertemente asociada y podría interpretar como dolor la tristeza que experimenta. Por ello, este esquema de dolor hace que se procese preferentemente información relacionada con el dolor y lleva a que se interpreten sensaciones ambiguas como dolorosas. El esquema de dolor funciona como un filtro que sesga la experiencia de los sujetos y la rumiación es el mecanismo que mantiene ese esquema continuamente activado.

Veamos primero cómo funciona la rumiación; después veremos cómo actúa este esquema de dolor filtrando la experiencia de las personas que lo padecen de forma crónica.

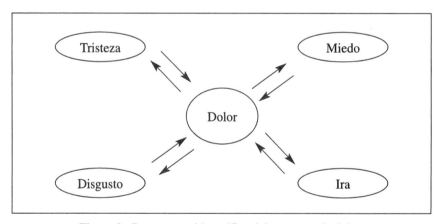

Figura 2. Representación gráfica del esquema de dolor.

La rumiación

En los últimos tiempos se ha estudiado la rumiación y su papel sobre todo en relación con la vivencia de acontecimientos traumáticos. Parece que cuando las personas se ven expuestas a acontecimientos que evalúan como muy estresantes, posteriormente, durante un cierto tiempo, no pueden apartar de sus mentes pensamientos e imágenes relacionados con esa experiencia. De hecho, y esto es muy importante, parece claro que cuando intentan eliminar esos pensamientos e imágenes intrusivas, éstos se hacen más fuertes y frecuentes. Así pues, cabe pensar que en el caso del componente de rumiación del catastrofismo asociado al dolor crónico el control funciona de igual forma, fortaleciendo la rumiación. Ello explica el hecho de que no todos los individuos con dolor crónico tienen la misma cantidad e intensidad de pensamientos negativos e intrusivos relacionados con el dolor: el esfuerzo por eliminarlos, por controlarlos, fortalecería la rumiación que, a su vez, mantiene continuamente activado el esquema de dolor.

Pero ¿tenemos alguna evidencia que indique que el esquema de dolor actúa como un filtro que sesga la experiencia de los pacientes con dolor crónico? La respuesta es afirmativa, veamos primero los sesgos cognitivos.

Sesgos cognitivos en los pacientes con dolor crónico

Las investigaciones sobre este aspecto se enmarcan en la *t*eoría de las redes asociativas de Bower y su equipo. El dolor, en esta teoría, se considera como un estado emocional que estaría representado en la memoria por un nodo. Este nodo se ve activado por estímulos de tipo fisiológico y verbal que, al alcanzar un determinado umbral, hacen que éste se transmita por la estructura de memoria con la que está asociado. Por tanto, la Teoría de las redes predice que los estímulos relacionados con el dolor activan dicho nodo y esta activación contribuye a mantener la experiencia de dolor. Si unimos los trabajos de Sullivan y su equipo a esta línea de investigación, cabe plantearse, como hacen dichos autores, si no es la rumiación el mecanismo responsable de la permanente activación del nodo del dolor, lo que supondría un funcionamiento cognitivo anómalo.

Evidencia a favor de este funcionamiento sesgado la encontramos en el hecho de que, según algunas investigaciones, los pacientes con dolor crónico presentan un deterioro en la memoria lógica y visual y en el aprendizaje asociativo, siendo la memoria a corto plazo la más afectada. Igualmente, se ha observado que estos sujetos tienen una velocidad y una capacidad de procesamiento de información significativamente inferior que las personas sanas. También se ha podido ver que los pacientes con dolor crónico, en comparación con los sujetos de control sanos, presentan parámetros de actividad electroencefalográfica significativamente distintos ante palabras relacionadas con el dolor.

Centrándonos ya en la memoria, parece que las personas con dolor crónico, ante una lista de palabras de dolor, negativas y neutras, recuerdan más los términos relacionados con el dolor que los sujetos sanos. Cabe pensar que este sesgo hacia las palabras de dolor se debe a la familiaridad que tienen tales términos para los pacientes. Sin embargo, un trabajo posterior demostró que éste no es el motivo, y para ello se compararon sujetos con dolor crónico con personal médico, para los cuales también son palabras familiares, y aun así, se vio que los pacientes con dolor crónico recordaban significativamente más palabras relacionadas con el dolor. Otra serie de estudios ha mostrado que los pacientes con dolor crónico procesan la información ambigua como información relacionada con el dolor, y esto es así independientemente del grado de ansiedad y depresión.

Parece, por tanto, que los pacientes con dolor crónico difieren de los sujetos sanos en la forma en que procesan información y, en particular, parece que muestran sesgos en la memoria. Estas personas suelen quejarse frecuentemente de ello pues estas alteraciones interfieren con su funcionamiento normal disminuyendo su capacidad para enfrentarse a las demandas cotidianas y constituyen una importante fuente de malestar. Aunque la evidencia no es en absoluto concluyente, algunas investigaciones indican que ni la medicación contra el dolor, ni las alteraciones del estado de ánimo parecen ser responsables de estos déficit.

Así pues, parece que disponemos de evidencia suficiente que indica que las personas con dolor crónico presentan sesgos en el procesamiento cognitivo, ¿qué hay entonces del procesamiento emocional?

Sesgos en el procesamiento emocional en los pacientes con dolor crónico

Desde mediados del siglo XX, y con unas profundas raíces psicoanalíticas la llamada medicina psicosomática intentó buscar la *personalidad previa* característica de cada enfermedad. Y ya desde ese momento se extendió la idea de que el dolor crónico estaba asociado con la inhibición emocional.

Los opioides endógenos son sustancias que segrega naturalmente nuestro cuerpo y que tienen un efecto analgésico. A mediados de los años ochenta se propuso que la dificultad para expresar emociones intensas y negativas, especialmente la ira, provoca una disminución de estas sustancias, lo que hace que aumente la sensibilidad al dolor. De hecho, se llevaron a cabo algunos estudios en los que se aplicaron terapias dirigidas a pacientes con dolor crónico cuyo objetivo era la expresión de emociones reprimidas. Los resultados no fueron concluyentes, pues no se encontraron diferencias entre los pacientes a los que se les enseñó a expresar sus emociones y aquellos que aprendieron únicamente a comprender sus sentimientos.

En los años noventa algunas investigaciones indicaron que los pacientes que muestran una mayor represión de la ira son los que sienten más dolor y tienen una adaptación peor. En esta misma línea, algunos estudios muestran que en pacientes con dolor lumbar crónico la inhibición de la ira aumenta el dolor a través de la activación de los músculos más cercanos a la zona del dolor.

Con el término alexitimia los psicólogos nos referimos a la dificultad que presentan algunas personas para identificar, etiquetar y comunicar las emociones. Además, ante estímulos emocionales, estos individuos presentan una activación fisiológica baja. En la represión emocional la activación fisiológica es alta y, por tanto, hay una contradicción entre el estado fisiológico y la vivencia afectiva. Pues bien, también contamos con algunas investigaciones en las que se relaciona el dolor crónico con la alexitimia.

Todas las investigaciones comentadas parecen indicar que los pacientes con dolor crónico presentan ciertas peculiaridades en su vivencia emocional, pero todos estos estudios consideran que el dolor crónico es una consecuencia de la inhibición de las emociones o de la alexitimia. También cabe plantearse si no podría ocurrir lo contrario: que el dolor crónico, concretamente el esquema de dolor, actuara sesgando también el procesamiento de las emociones. De hecho, algunas investigaciones muestran que las víctimas de acontecimientos traumáticos y las personas diagnosticadas de enfermedades crónicas y amenazantes presentan con frecuencia un estado de inhibición y entumecimiento emocional.

El abandono del control y la aceptación

Si unimos las ideas expuestas en líneas anteriores tendríamos que (la figura 3 representa gráficamente estas relaciones):

1. El dolor como emoción desagradable naturalmente se asocia con emociones y pensamientos desagradables.
2. Las personas que intentan suprimir esas emociones y pensamientos desagradables.

3. Acaben desarrollando un esquema catastrofista, porque al intentar suprimirlos, se hacen más fuertes y se produce la rumiación que los tendrá activados continuamente.
4. Al estar continuamente activados se asocian a su vez a otras emociones y pensamientos desagradables, lo que contribuye a fortalecer el esquema catastrofista.
5. El fortalecimiento del esquema catastrofista sesga los procesamiento cognitivo y emocional de forma que los sujetos procesarán como dolor una amplia gama de información, lo cual, a su vez,
6. Fortalecen el esquema catastrofista y contribuyen a la persistencia del dolor.

Entonces, ¿cuál deben ser la intervención de la psicología en el dolor crónico? De acuerdo con nuestra propuesta, parece claro que una intervención que proponga a los pacientes que su objetivo es contribuir a eliminar completamente el dolor no sólo podría ser ineficaz sino, incluso, perjudicial. Lo mismo cabría decir de una intervención dirigida a promover pensamientos y emociones positivas respecto al dolor. Por tanto, si parece que los intentos de control son perjudiciales, ¿habría que promover la resignación como meta de la intervenciones psicológicas en dolor crónico?

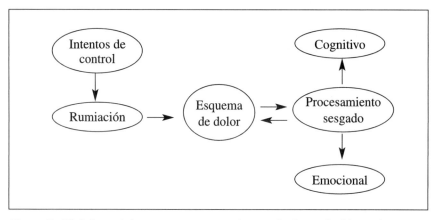

Figura 3. El dolor crónico como esquema: el control y la rumiación actúan como mecanismos que influyen en la gestación y fortalecimientodel esquema del dolor. Los procesamientos cognitivo y emocional sesgados son la consecuencia del esquema de dolor que actúan como un filtro de la experiencia de estos pacientes y que, a su vez, contribuiría a reforzar el esquema de dolor.

Especialmente en los dos últimos años contamos con algunas investigaciones clínicas y experimentales que están estudiando el papel de la *aceptación* en el dolor crónico. La aceptación no se entiende como resignación, no se trata de sustituir el control por la ausencia de control. Más bien, el control se aplica selectivamente a aquello que es controlable. ¿Un poco complicado? Veamos. La mayoría de los pacientes con dolor crónico desean librarse para siempre del dolor, y buscan impenitentemente una solución definitiva. En la búsqueda de esa solución suelen acabar abandonando su trabajo, la mayoría de estos pacientes cada vez dedican más tiempo al reposo y se relaciona con menos personas. Se someten a repetidas intervenciones quirúrgicas, y reclaman de los médicos que les atienden un continuo aumento de la medicación. Las intervenciones quirúrgicas son, en la mayoría de los casos inefectivas, pero les llevan a periodos de aislamiento y a repetidas decepciones. El aumento de la medicación tampoco se realiza sin costes: es frecuente que algunos pacientes sufran una somnolencia que les impide seguir una conversación con los ojos abiertos; hinchazón en la lengua que les hace desagradable la comida, y un estreñimiento feroz que les obliga a realizar sus evacuaciones siempre con enemas. Así pues, cabe preguntarse si las consecuencias que acarrea el intentar eliminar completamente el estado emocional desagradable que supone el dolor no son más perjudiciales que el soportar una cierta cantidad de dolor. Todas estas medidas son lógicas y adecuadas cuando se tiene un dolor agudo o en un enfermo terminal, pero en una persona que va a sufrir una cierta cantidad de dolor toda su vida tienen unas consecuencias claramente devastadoras. Es obvio que los intentos de eliminar completamente el problema pueden acabar convirtiéndose en "el problema".

Pensemos ahora en una situación distinta. ¿Qué ocurriría si los pacientes con dolor crónico, lógicamente con una medicación, estuviesen dispuestos a *aceptar* que toda su vida tendrán una cierta cantidad de dolor? Se trata de la aceptación de lo que no se puede cambiar. Desde este punto de vista, las intervenciones psicológicas no se propondrían como meta enseñar a los pacientes estrategias para eliminar el dolor, sino estrategias para mejorar su calidad de vida, vida con dolor. Por tanto, en primer lugar habría que contrarrestar la tendencia a la evitación del dolor y de las emociones y pensamientos desagradables a él asociados, pues se parte de que cualquier intento de supresión no va a hacer más que fortalecerlos.

Aunque todavía son pocas las investigaciones en esta línea, contamos con un estudio realizado en la Universidad de Chicago que informa de que las personas que mostraban una mayor aceptación del dolor, también eran quienes informaban de menos dolor, menos ansiedad y depresión, menor discapacidad, mayor nivel de actividad y mejor estatus laboral.

Dos estudios experimentales recientes han comparado la tolerancia en dos grupos de sujetos a los que se les indujo dolor. A las personas de uno de los grupos se les dio la instrucción de que debían controlar el dolor y a las del otro se le animó a experimentar la sensación y a no intentar suprimirla. El segundo de los grupos, al que se le dio las instrucciones dirigidas a la aceptación, fue el que presentó una mayor tolerancia al dolor.

De acuerdo con todo lo expuesto, parece que la intervención psicológica en dolor crónico debe intentar promover la aceptación en tanto en cuanto la supresión del dolor y de las emociones desagradables a él asociadas lleva a fortalecer el esquema catastrofista que, por los mecanismos explicados, contribuye a agravar y perpetuar el dolor. Precisamente en la última década se viene desarrollando un enfoque terapéutico que se ha denominado terapia contextual o terapia de aceptación y compromiso cuyos artífices fundamentales son Hayes y Wilson, aunque todavía se ha aplicado escasamente en el terreno del dolor crónico. En este enfoque terapéutico no se intenta cambiar las emociones y los pensamientos, lo que se pretende es cambiar su función; se intenta que los pacientes experimenten que los pensamientos y emociones les "suceden" a ellos, pero que no son la "causa" de su conducta. Por tanto, si se descarta a los estados internos como "causa", ¿cuál será entonces el motor de la conducta? Se propone que, ayudado por el terapeuta, el paciente elija los valores que habrán de guiar su conducta, elección que no está necesariamente exenta de inconvenientes. Respecto al dolor crónico, se trata de que los pacientes asuman que van a tener dolor y no intenten suprimirlo, pero que se impliquen en otras actividades vitales orientadas a objetivos distintos. Finalicemos con una de las metáforas que se usan en la terapia de aceptación y compromiso y que animan a los pacientes a abandonar la lucha contra el dolor, sus emociones, pensamientos y recuerdos. Esta metáfora es especialmente efectiva para indicarles que el control debe dirigirse a seguir la vida hacia delante:

> Es un autobús con unos cuantos pasajeros, que representan las emociones, los pensamientos, los recuerdos y el dolor. A algunos de ellos da miedo mirarlos porque tienen un aspecto horroroso. Usted es el conductor y los pasajeros empiezan a desafiarle haciéndole llevar el autobús en la dirección que quieren. Usted les hace caso y se tranquilizan, le dejan en paz y se van a los asientos traseros. Pero las exigencias continúan. Un día usted se cansa, para el autobús y echa fuera a esos pasajeros insoportables. No puede, son fuertes. Vuelve al acuerdo anterior: hace lo que le obligan y consigue estar en paz por un momento. Entonces usted conduce donde ellos quieren e incluso llega a convencerse a sí mismo de que iría en la misma dirección si no

le hubiesen presionado. Ahora el poder de los pasajeros es total. Pero quien conduce el autobús es usted, y si se levanta del asiento, entonces el autobús quedará sin control. Pero de la otra manera usted ha pactado el control con los pasajeros. No lleva el autobús como quiere, es decir, pierde el control de su vida y su dirección» (Adaptado de Hayes, Strosahl y Wilson, 1999, p. 157).

Notas

1. El libro de W. Penzo, publicado en 1989 por Martínez Roca, recoge extensamente los aspectos fundamentales del concepto, evaluación y tratamiento psicológico del dolor crónico. Con un enfoque más clínico, es también muy útil el libro de Miguel Ángel Vallejo y Mª Isabel Comeche titulado *Evaluación y tratamiento psicológico del dolor crónico* publicado en 1994 por Fundación Universidad Empresa.
2. El libro de Clare Phillips *El tratamiento psicológico del dolor crónico,* publicado en nuestro país en 1991 por la editorial Pirámide, resume de forma muy práctica, sesión a sesión, los principales componentes de un paquete terapéutico cognitivo-conductual.
3. Marino Pérez Álvarez en su manual *La Psicoterapia desde el punto de vista conductista* (Ed. Biblioteca Nueva, 1996) en el capítulo 12 resume magníficamente las líneas maestras de esta terapia.

10. ACTIVIDAD FÍSICA Y EMOCIÓN, A VECES FELICIDAD

ANTONIO HERNÁNDEZ MENDO
Universidad de Málaga

Ya empiezo. A cada paso, una palabra. Hablar, hablar conmigo. Durante horas. No tengo remedio. Pero me ayudo así, me acompaño. Me engaño. Engaño al tiempo; y a mis piernas, que van rítmicas, firmes, llevándome hacia delante. Hablar –en silencio– y correr, dosificando mis fuerzas, tanteándolas, tanteando las de los otros, que respiran a mi lado, con regularidad, seguros. Todavía.
CARLOS MURCIANO (1995). *Maratón*, en
Nunca olvides las letras de mi nombre. Zaragoza: Edelvives.

La gimnasia, que me hizo fuerte. Porque ahora comprendo que aquel luto que llevaba en mi corazón juvenil por las aflicciones y desgracias de mi madre Euskalerría estaba muy íntimamente relacionado con la estrechez y angustia de mi pecho de entonces, y con el escaso aguante que tenía para la fatiga física. Así que ensanche mi pecho y retemple mis músculos y mis nervios, se me fue desvaneciendo la compasión hacia los que sabían y podían divertirse.
MIGUEL DE UNAMUNO. *Recuerdos de niñez y mocedad,*
Obras completas, VIII, pág. 250.

El juego es más viejo que la cultura.
JOHAN HUIZINGA. *Homo ludens*

Cuando las citas que anteceden a un texto son de enjundia singular, siente el autor la necesidad sino de continuar, sí de estar –o al menos intentarlo– a la altura de la línea argumental. Para lo cual, mi única posibilidad pasa por considerar un axioma –por otra parte, de Perogrullo, lo cual no le desmerece–: «La felicidad es una emoción». Considerando lo anterior, basta con que justifique la relación entre emoción y deporte para que resulte obvio la relación entre éste y la felicidad.

Junto al anterior argumento –y a modo de apuntalamiento conceptual–, cabe además la posibilidad de realizar una asociación etimológica. Si consideramos al juego como el antecesor de toda expresión deportiva, Huizinga cuando se refiere a las palabras παιδεια ("esfera de juego"), παιζειν ("jugar") y παιγμα o παιγνιον ("juguete"), afirma que a este «grupo de palabras parece vincularse la significación de contento, alegría y despreocupación». Por tanto, consideraremos por bien justificada la idea de partida.

Emoción y deporte establecen una relación íntima y sinérgica. Podríamos aseverar, in extremis, que no existe deporte sin emoción, y ¿emoción sin deporte? La primera aseveración aparece meridianamente clara, ¿podemos imaginarnos a un deportista o a unos espectadores triunfales que no estén ungidos por la alegría? El deportista triunfal (que consigue sus objetivos y derrota a los adversarios) inflama su corazón y su mente con la emoción del júbilo, la alegría. Pero cuando no ha cumplido sus objetivos y tampoco ha logrado derrotar a sus adversarios, su espíritu se torna triste y meditabundo, melancólico, abatido... Estas sensaciones también aparecen cuando el deportista se lesiona o sufre sobreentrenamiento. Se nos descubre, con cierto grado de claridad (sin aportar –hasta ahora– pruebas contundentes), la íntima relación entre emoción y deporte. No dude el lector que suministraremos pruebas empíricas de todo lo anterior.

Junto a esta primera digresión, queda aún pendiente otra: ¿existe emoción sin deporte? En principio y "aparentemente" –destaco este término con la intencionalidad, nocturnidad y descampado que me permite el texto– parece una cuestión banal y sencilla de responder... ¡pues claro! Permítame el lector una breve fundamentación: si consideramos la vida como un ejercicio de competición (competimos para sobrevivir, para aprobar unos estudios, para lograr un trabajo, incluso para conseguir pareja, para obtener la ansiada hipoteca, etc.), podemos argüir –quizá de forma metafórica– que vivir es un deporte... ¡y qué deporte! A la vista queda que si vivir es un deporte, ¿acaso podemos imaginarnos una vida sin emoción? Yo compito siempre. Cualquier cosa que esté haciendo estoy intentando siempre hacerla lo mejor que puedo. Y siempre en lo que hago pongo lo mejor de todo lo que tengo. Luis Leardy (2000). *La fiebre del oro*, en Doce historias y una meta. Madrid: Comité Paralímpico Español, Escuela Libre Editorial y Fundación ONCE.

Siguiendo esta línea argumental, la Universidad de Valencia editó en 1974 el volumen 21 de *Cátedras universitarias de tema deportivo-cultural*. En ese volumen Ricardo Marín Ibáñez publicó el artículo «La vida como deporte», donde planteaba tres líneas de trabajo que el transcurso de los años se ha encargado de ratificar:

1. El deporte sin ser un valor prioritario está enlazado con casi todos los valores que dan calidad a la vida.
2. Las actitudes del deporte, transferidas a los otros campos, pueden hacer más valiosa y lograda la vida y la cultura.
3. El deporte, si a su vez no se le desorbita, si es deporte auténtico, esfuerzo personal y no sólo profesionalismo mercantilizado, o mero espectáculo pasional y elemental de las masas, tiene rasgos que pueden ser modélicos, paradigmáticos, y de un valor urgente en los momentos actuales, de vértigo y tensión, de cambio e inestabilidad, por los que atraviesa la humanidad.

Me permitiré, a la vista de lo anterior –corriendo el riesgo de ser tachado de simplista–, afirmar que puesto que también otros así lo han conceptualizado (*El deporte de vivir* es el título de un vídeo de Eulalia Martínez Cardona), queda pues avalada la idea de considerar la vida como un deporte.

Después de usar y abusar de licencias estilísticas que me han permitido construir una asociación bidireccional entre deporte y emoción, sin duda deberé aportar pruebas empíricas que den fe de lo anterior. Dentro del amplio campo de la actividad físico-deportiva cabe establecer cuatro áreas de estudio de la emoción:

1. Las emociones asociadas al deportista que compite en una prueba deportiva.
2. Las emociones que generan los espectáculos deportivos en los espectadores.
3. Las emociones generadas/asociadas a un deportista en sus entrenamientos.
4. Las emociones generadas/asociadas a una persona que realiza con asiduidad actividad física.

Pasemos pues, de las licencias de la métrica, a la sintaxis adusta de los datos... con pequeñas licencias literarias.

La emoción asociada a la competición

Un conocido poeta inglés, Alfred Edward Housman, que vivió entre 1859 y1936, escribió en 1895 el poema «To an Athlete Dying Young» (A un joven atleta moribundo), que describe de forma sencilla la intensa emoción del triunfo, la felicidad, tanto del deportista como de sus seguidores:

Mientras ganaste las carreras de tu ciudad
te hemos llevado triunfal a través del mercado;
hombre y muchacho de pie aplaudiendo,
y te trajimos a tu casa a hombros.

Hasta hoy, por el camino de todos los corredores,
te hemos traído triunfal,
hasta el umbral de tu casa,
habitante de un pueblo inmóvil.

Esta descripción de la alegría del triunfo en los deportistas también es descrita por Desmond Morris en su libro *El hombre al desnudo. Un estudio objetivo del comportamiento humano.* En él, Morris describe los gestos triunfales de los deportistas y cómo pervive, simplificada, la versión romana del triunfo –al igual que en el poema de Housman–, llevando a hombros al victorioso:

Inmediato a la consecución de una victoria surge un sentimiento que, a menudo, lleva al gesto triunfal, que puede variar en su expresión desde el personal y alegre salto en el aire a una ceremonia pública completa. La base de estas exhibiciones es el súbito crecimiento del individuo triunfante. El que antes de la victoria luchaba para vencer se ha convertido en el conquistador, aumentando instantáneamente su categoría.

Ahora bien, dado que la categoría está siempre asociada con la mayor estatura, no es raro que, en los momentos triunfales, el vencedor exprese, su alegría elevando esa estatura de una forma u otra. Puede ser con un salvaje salto en alto, un excitado baile arriba y abajo, o la forma menos dramática de erguir la cabeza y levantar todo cuanto sea posible los brazos.

La forma de exhibirse varía con el logro obtenido y las circunstancias deportivas. Un equipo infantil que obtenga el triunfo generalmente saltará de forma errática, mientras sus integrantes gritan llamándose unos a otros. A medida que se hacen mayores, esa alegría incontrolada deja paso a una ceremonia más elaborada y con cierto aire de fingida modestia. En los distintos deportes hay formas diversas. El boxeador triunfante eleva las dos manos enguantadas por encima de la cabeza, o una sola, que a veces es levantada por el árbitro para declararle vencedor del combate.

Junto a esta emoción, la competición ofrece también otras, menos festivas. Cuando era más joven y dedicaba gran parte de mis esfuerzos, energías y tiempo a correr, recuerdo haber participado en algunas competiciones en las que sentía con extrema viveza aquellos que los entrenadores repetían hasta la saciedad: «corre, lucha, con garra, con nervio, no te des por vencido». También recuerdo otras ocasiones, en las que competir se convertía en un suplicio, tenía la sensación de no poder alcanzar o ejecutar lo que se esperaba de mí.

Una de las líneas de investigación más fructífera en psicología del deporte es aquella que estudia la relación entre estados de humor y rendimiento deportivo. Para llevar a cabo una evaluación de los estados de humor se utiliza un cuestionario denominado POMS (*Profile of Mood States–* [Perfil de estados de humor]). Este cuestionario fue desarrollado en 1971 por McNairr, Lorr y Dropleman para detectar estados de humor transitorios, y medir cambios resultantes de medicaciones de psicoterapias y psicotrópicos. Aunque el manual recomienda su uso para pacientes psiquiátricos, el POMS se utilizó en investigaciones con sujetos no psiquiátricos. Este cuestionario se ha empleado en numerosas investigaciones en el ámbito de la psicología del deporte, y consta de seis factores: tensión, depresión, angustia, vigor, fatiga y confusión.

Entre los numerosos estudios que se han llevado a cabo, podemos entresacar cuatro situaciones prototípicas donde los estados de humor conforman patrones distintivos en o para la competición, dos de ellos de carácter positivo (los dos primeros) y otros dos de implicación negativa:

1. *Detector de talentos deportivos.* Los jóvenes deportistas con cualidades especiales presentan un perfil denominado de iceberg, con una máxima punta en la escala de vigor. Cuando este perfil se mantiene estable podemos considerar (y siempre acompañado de las habilidades deportivas necesarias) que nos encontramos ante un joven con potenciales cualidades para la practica deportiva. Este perfil lo podemos observar en la figura 1.

2. *Predictor de rendimiento deportivo.* Al igual que en el apartado anterior, este perfil es en forma de iceberg, pero con un repunte más acusado en la escala de vigor. Los resultados de numerosos deportistas con los que hemos trabajado y la literatura científica así lo confirman. Cuando un deportista de élite prepara una competición y se observa un repunte de la escala del vigor por encima de lo habitual en su perfil, la experiencia nos con-

La salud

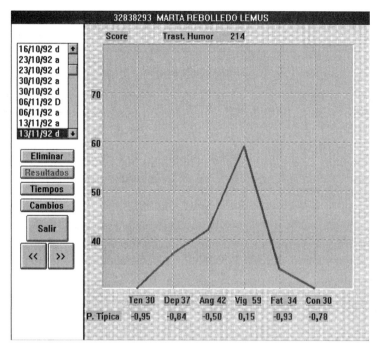

Figura 1. Perfil de una joven deportista.

firma que tendrá una muy buena ejecución, ya sea obteniendo mejoras de marcas personales o a través de la consecución de un récord (o acercándose a la obtención de los mismos de forma no habitual).

3. *Detector de sobreentrenamiento.* El sobreentrenamiento puede ser usado, en combinación con la supercompensación, como técnica de optimización de la forma física en un deportista. Pero cuando aparece sobreentrenamiento sin la intencionalidad anterior, pueden desarrollarse perturbaciones en el estado de ánimo. Asumir un modelo de salud mental que considere que la salud está asociada con niveles altos de forma física, mientras que alteraciones en el estado de ánimo se prevé que producirán disminuciones en la forma física, tiene un éxito de predicción en torno al 80 %, y por tanto el seguimiento de los estados de ánimo durante los microciclos ofrece un método potente de cuantificar el estrés y valorar las cargas de entrenamiento a partir de una base individual. De aquí la importancia de la inclusión de parámetros psicológicos en los modelos de esfuerzo, como detección temprana, con el fin de prevenir la fatiga.

4. *Evaluador del seguimiento en la rehabilitación de lesiones deportivas.* El deporte de élite exige un rendimiento de máximo nivel en las abundantes competiciones existentes, esto unido al incremento de las cargas de trabajo necesarias en las sesiones de entrenamiento está produciendo un progresivo incremento en el número de lesiones.[1] El perfil producido por un deportista lesionado se caracteriza por estar excesivamente desestructurado. En muchos casos será un perfil inverso al iceberg o donde el repunte máximo se alcanza en el factor depresión. Este perfil se puede apreciar en la figura 2.

Las emociones que generan los espectáculos deportivos en los espectadores

Al igual que en las emociones asociadas a la competición, las emociones que generan los espectáculos deportivos tienen esa doble vertiente. Por un lado, la emoción de euforia asociada a la victoria; por otro, la tristeza aso-

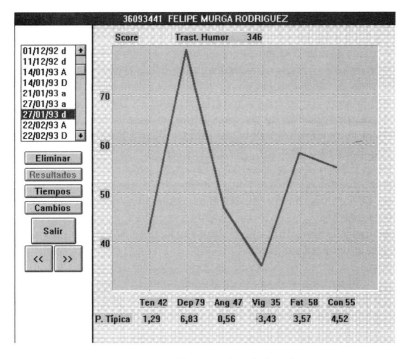

Figura 2. Perfil de un atleta lesionado.

ciada a la derrota. Cuando una de ellas se desborda surgen problemas de convivencia, cuando son ambas las que se desbordan de forma simultánea y en el mismo punto espacio/temporal, surge la violencia. Y se hace necesario acudir al concepto orteguiano de masa.

Cuando Brown establece su tipología de las masas, distingue entre masas activas y masas pasivas, asociándoles unas emociones –a las primeras– claramente negativas, las destiladas por la violencia. A las primeras las denominó turbas y a las segundas audiencias o públicos. Las denominadas turbas (sean del tipo que sean) han hecho su aparición en las canchas y terrenos de juego –en realidad, y siguiendo a Eric Dunning y Noberto Elias, nunca se han ido, han estado ahí– y han comenzado a llenar la emoción del deporte con su violencia. En los últimos años, acrecentada en frecuencia e intensidad, debido –entre otras muchas causas– al poder mediático de los medios–, ha surgido el fenómeno del *hooliganismo*.

El *hooliganismo*, aunque siempre ha estado presente, quizá se manifieste ahora de forma más intensa. En una entrevista estremecedora recogida en el trabajo que Paul Harrison publica en 1974 con el título de *Soccer's Tribal Wars* en el número 29 de la revista *New Society* (página 604), afirma:

> Yo voy a los partidos por una sola razón: el *agro*.[2] Es una obsesión, no puedo dejarlo. Disfruto tanto cuando estoy en ello que casi me meo de gusto en los pantalones... Buscándolo, recorro todo el país... Todos los días, por la noche, damos vueltas por la ciudad buscando camorra. Antes de los partidos vamos como si nada, con pinta respetable... Luego, cuando vemos a alguien con aspecto de enemigo, le preguntamos la hora; si responde con acento extranjero, le damos una paliza, y si lleva dinero encima, se lo quitamos además.

Quien realiza tal afirmación es un personaje al que el autor denomina Frank, un camionero de ventiséis años, declarado «hincha fanático y violento de fútbol».

De forma literaria, Eduardo Galeano en su libro *El fútbol a sol y sombra*, al respecto del fanático afirma:

> El fanático es el hincha en el manicomio. La manía de negar la evidencia ha terminado por echar a pique a la razón y a cuanta cosa se le parezca, y a la deriva navegan los restos del naufragio en estas aguas hirvientes, siempre alborotadas por la furia sin tregua. [...]
> En estado de epilepsia mira el partido, pero no lo ve. Lo suyo es la tribuna. Ahí está su campo de batalla. La sola existencia del hincha de otro

club constituye una provocación inadmisible. El Bien no es violento, pero el Mal lo obliga. El enemigo, siempre culpable, merece que le retuerzan el pescuezo. El fanático no puede distraerse, porque el enemigo acecha por todas partes. También está dentro del espectador callado, que en cualquier momento puede llegar a opinar que el rival está jugando correctamente, y entonces tendrá su merecido.

Un estudioso del tema del *hooliganismo*, Jhon Kerr, de la Universidad de Tsukuba en Japón, para explicar el comportamiento de los fanáticos acude a dos estados de ánimo o metamotivaciones opuestas basadas en la teoría de la inversión de Apter: télico y paratélico. A estos conceptos añade los de *Arousal (Activación) sentido* y *tono hedónico*. A modo de extracto, podemos considerar –resumiendo sus grandes diferencias– que télico y paratélico se diferencian en su capacidad para orientarse al futuro –los primeros– y al presente –los segundos-; y también en su capacidad para posponer la obtención de refuerzos –los primeros– y su incapacidad para posponerlos. Por su parte, *Arousal* sentido o activación sentida, sería el grado en que una persona siente que está excitado. El tono hedónico placentero en un estado télico se obtendrá con bajos niveles de activación (los niveles altos son displacenteros). En un estado paratélico, el tono hedónico placentero se logra con altos niveles de activación; mientras que los niveles bajos producen aburrimiento. El estado paratélico es el patrón de comportamiento de los *hooligans*. Además, utilizando el modelo de Brown de las adiciones, el comportamiento de *hooligan* se establece como lo haría cualquier conducta adictiva. «Nuestros hooligans van de mal en peor, y lo peor es que se multiplican. Ellos son una monstruosa excrecencia de nuestra civilización». *The Times* en 1890.

Las emociones generadas/asociadas a un deportista en sus entrenamientos

Cuando observamos a un deportista que durante largas y abundantes horas, cada día, se entrena, a veces en solitario –piensen los lectores en los atletas maratonianos–, nos planteamos, quizá, la misma hipótesis que el investigador americano de origen polaco Mihayl Csikszentmihalyi, ¿qué hace que una persona permanezca durante largos períodos de tiempo realizando una actividad que aburre a otras personas o les produce un nivel importante de ansiedad? Csikszentmihalyi afirma que se produce una experiencia óptima. La experiencia óptima requiere un balance entre los retos percibidos (propios de la tarea) y las habilidades del sujeto. Cada acción que requiera una habilidad puede producir una experiencia autotélica. La experiencia óptima o estado *flow* (también denominado estado de flujo) solamente aparece en actividades altamente estructuradas. Cuando se adquiere el control de la atención y de la conciencia es más fácil mantener la homeostasis entre retos y habilidades para obtener experiencias *flow*. El *flow* es, por tanto y de acuerdo a lo propuesto por George Herbert, la desaparición del yo-social para que se haga realidad el yo-individual. Las características del *flow* son:

1. Hay un equilibrio entre los retos y las habilidades.
2. Hay una formulación clara de las metas.
3. La información es inmediata.
4. Se produce una distorsión en la percepción del tiempo.
5. Se produce un olvido de los problemas.

Cuando se produce un desequilibrio entre retos y habilidades pueden darse dos situaciones:

1. Hay más retos que habilidades y por tanto un aumento de la ansiedad ya que el sujeto con sus habilidades actuales no puede hacer frente a los retos.
2. Hay más habilidades que retos, aparece el tedio, el aburrimiento; la actividad no presenta reto, y de esta forma no hay aliciente.

Las emociones generadas/asociadas a una persona que realiza con asiduidad actividad física

Uno de los poetas que ha descrito las emociones asociadas –a lo que anteriormente denominamos– al deporte de la vida ha sido el poeta inglés –habitante/conocedor de la India–, gran descubridor/narrador de emociones que creímos desaparecidas, Rudyard Kipling. En uno de sus poemas de mayor fuerza («A song in storm», «Una canción en la tormenta»), ensalza la fuerza del hombre que se enfrenta a su destino:

> *No importa que las cubiertas sean barridas por las aguas,*
> *que cedan mástiles y cuadernas,*
> *Nosotros podemos hacer buenas todas las pérdidas excepto la pérdida de*
> *retroceder.*

Así que, entre estos diablos y nuestro mar,
Permitamos que atentas trompetas den
la bienvenida a la descortesía del destino;
por ella se verá que,
cómo en todo el tiempo de nuestro dolor
y de nuestra liberación también,
el juego es más que el jugador que lo juega,
y la nave es más que la tripulación

En esta misma línea, de versos llenos de fuerza, y en otro popular y conocido poema titulado «If», («Si»), Kipling vuelve a ensalzar los valores y
las emociones humanas de aquellas personas que hacen frente al destino,
por encima de aquellos otros que se dejan arrastrar por los antojos y vaive-
nes de la vida:

Si te enfrentas al triunfo y al fracaso
  y das el mismo trato a esos dos impostores
  [...]
Si juntas todas tus ganancias para jugártelas a cara o cruz,
  y pierdes
  y vuelves a empezar de nuevo, una vez más,
  sin mencionar siquiera lo perdido.
  [...]
Si no desaprovechas ni un segundo
  de cada minuto de carrera,
  la tierra y cuanto en ella existe es para ti;
y serás, al fin, todo un hombre, hijo mío.

Circunscribiéndonos exclusivamente al ámbito deportivo, Ortega y Gasset en un magnífico ensayo titulado *El origen deportivo del Estado*, fecha-
do en 1966, subraya, en relación con la actividad física, el derroche espontáneo de fuerza por el placer de la propia realidad, y afirma:

Todos los actos utilitarios y adaptativos, todo lo que es reacción a pre-
miosas necesidades, son vida secundaria. La actividad original y primera de
la vida es siempre espontánea, lujosa, de intención superflua, es libre de expansión de una energía preexistente [...] esto nos llevará a transmutar la in-
veterada jerarquía y considerar la actividad deportiva como la primaria y
creadora, como la más elevada, seria e importante en la vida, y la actividad
laboriosa como derivada de aquella, como su mera decantación y precipita-

do. Es más, vida propiamente hablando es sólo la de cariz deportivo, lo otro es relativamente mecanización y mero funcionamiento (Ortega y Gasset, 1966, p. 609-610).

La actividad física, sin ánimo de competición, aunque lejos del *agon* griego, no pierde su esencia básica y aun le añade el aspecto lúdico. Así, en la misma línea que Ortega, Schiller afirma que «el hombre juega sólo cuando es hombre, y es enteramente hombre sólo cuando juega». ¿Será la mezcla de *agon* y *ludos* la que imprime una atracción especial a la actividad físico-deportiva? En un libro de singular belleza (*Homo ludens*), Johan Huizinga escribe que «la cultura, en sus fases primarias, tiene algo de lúdica, es decir, que se desarrolla en las formas y con el ánimo de un juego». Y más adelante afirma: «Lo mismo que cualquier otro juego, la competición aparece, hasta cierto grado, sin finalidad alguna. Esto quiere decir que se desenvuelve dentro de sí misma y su desenlace no participa en el necesario proceso vital del grupo.» Para finalmente dar respuesta a nuestra pregunta:

> El *agon,* en el mundo griego, o en cualquier otra parte donde se haya presentado, muestra todas las características formales del juego y pertenece, en virtud de su función, más que nada al dominio de la fiesta, es decir a la esfera del juego. Es imposible separar la competición, como función cultural, de la triple unión entre juego, fiesta y acción sacra.

Muchos deportistas urbanos disfrutan de sus ejercicios diarios, además de por el efecto de sus endorfinas, porque son capaces de disfrutar de la anticipación de meta, de un cansancio que les recuerda su epopeya diaria, solitaria (en muchos casos) y desconocida para el resto. Han sido capaces de superar sus limitaciones diarias, temporales, espaciales, fisiológicas... sencillamente porque han corrido, han nadado, han caminado, han danzado, han saltado... más alto, más lejos, más fuerte. Han hecho suyo de una manera personal e intransferible el lema olímpico «*Citius, altius, fortius*». Y ese lema –a medida que la autestima, una de las variables psicológicas más afectada por la práctica asidua de ejercicio físico, se incrementa– se internaliza, se introduce tan adentro de su ser que pasa a ser su *leitmotiv*.

¿Podremos acaso concluir?

En todo el discurso anterior hay una pregunta –flotando entre líneas– que no ha sido respondida, ¿cuál es la emoción que han sentido los miles/mi-

llones de personas que imitando a Filípides –y en otros muchos casos des-
mitificándolo– se han echado, corriendo, a las calles de pueblos y ciudades?, ¿cuál es la emoción que embarga el espíritu de ese grupo de amigos, que
con la pesadez de la grada solitaria juegan/compiten de forma lúdica/agóni-
ca, los jueves o los viernes de cada semana a las 11 o 12 de la noche?, o ¿la
de aquel otro, que sin el eco del reportaje periodístico, se enfrenta en solitario (y acaso a escondidas) a la ascensión de una pequeña cumbre cercana?

No hay un lugar que resalte tanto lo bueno del ser humano [...] como una
situación de montaña. Nadie te manda someterte a un estrés tan tremendo para
llegar a la cima. Tus camaradas están ahí, pero te sientes de todos modos
igual, estáis todos juntos en ello. ¿En quien podríais confiar más en todo el
siglo XX que en ellos?... Una unión como esa con otras personas es en sí misma un éxtasis (entrevista con un montañero en una experiencia *flow*) en
Csikszmihalyi (1992).

¿Será acaso la emoción de nuestra aventura personal? La necesidad de
imponer, en nuestra rutinaria existencia, la ruptura con la cotidianidad y
sentir la emoción de la incertidumbre, incertidumbre de poner a prueba nuestras habilidades frente a los retos de la tarea y poder lograr, en palabras de
Mihayl Csikszentmihalyi, un estado de conciencia especial, la sensación
de fluir.

Pero también es cierto que la actividad física, el deporte, se puede realizar como un puro recurso hedónico. Siguiendo a Ortega, Eduardo Galeano,
en su libro *El fútbol a sol y sombra*, escribe:

Por suerte todavía aparece en las canchas, aunque sea muy de vez en
cuando, algún descarado carasucia que se sale del libreto y comete el dispa-
rate de gambetear a todo el equipo rival, y al juez, y al público de las tribu-
nas, por el puro goce del cuerpo que se lanza a la prohibida aventura de la
libertad.

Esta cita de Galeano no sólo enlaza, con la tesis fundamental del modelo
de flujo de Csikszmihalyi, sino también con el paradigma situacional de
Neulinger y con el modelo Witt y Ellis; alcanzar el placer en la ejecución
de una actividad de ocio, como es el deporte y la actividad física, a través de
la percepción de libertad.

Para finalizar, debo señalar que a lo largo de estas páginas he intentado
desgranar, de forma ordenada y buscando el apoyo científico/literario necesario, una visión íntima de las emociones que he encontrado en la práctica

La salud

deportiva, y que creo, las refleja con certera maestría Fred Rohé en su libro
El zen de correr cuando escribe:

> *Al principio jadearás*
> *inspirando y espirando en cada peldaño,*
> *entonces ¿qué?*
> *sé un poco más danzarín corriendo*
> *corre gozosamente,*
> *saboreando este presente que nos ha sido concedido,*
> *y poco a poco,*
> *a medida que dilates tu carrera,*
> *tu respiración se dilatará también.*
> *[...]*
> *Serás capaz de correr sin cansancio*
> *si sigues esta regla:*
> *corre en el interior de tu aliento,*
> *no corras nunca delante de él*
> *(tienes que correr*
> *para saber lo que esto significa).*
>
> *Cada vez que corres*
> *creas la calidad*
> *de tu propia experiencia.*

Notas

1. A este incremento del número de lesiones hay que añadir, como señala Rotella (1990), las que se producen por una falta de motivación adecuada. Estas lesiones son observables en deportistas de alto nivel que no están en la élite o en los deportistas suplentes de los deportes de equipo.
2. El término *aggro* es utilizado por Peter Marsch en su libro *Aggro: the illusion of violence*, publicado en Londres en 1979. Pero en este contexto es un término del argot de las bandas juveniles que deriva de *aggravation*, cuyo significado es "conducta agresiva" con todo lo que esto significa: irritar, exasperar, provocar y vejar.

194

LA COMUNICACIÓN

11. MÁS ALLÁ DE LAS PALABRAS

ALMUDENA GIMÉNEZ DE LA PEÑA
Universidad de Málaga

Introducción

La mayor parte de los lectores estarán de acuerdo en que no hay instrumento mejor para comunicarse que el lenguaje. Mediante las palabras podemos expresar nuestros pensamientos, relatar experiencias, comentar nuestros recuerdos, hablar de nuestros sentimientos o nuestro estado emocional… En definitiva, con las palabras conseguimos verter al exterior el contenido de nuestra intimidad. También los lectores estarán de acuerdo en que son las experiencias emocionales las más difíciles de comunicar. En ocasiones la dificultad obedece a que no es posible apresar con las palabras el amplio repertorio de matices que contienen las emociones. Otras veces, la turbación que nos provoca el que otros conozcan lo que sentimos entorpece nuestras palabras. En estos casos hablar puede convertirse en una tarea difícil, incluso imposible, aunque el hablante lo desee o la incomunicación le suponga la pérdida de algo valioso. Cyrano de Bergeraç nunca se atrevió a decirle a Roxana que la amaba. Sólo pudo expresar sus sentimientos poniéndolos en boca de otros y disfrutar de forma vicaria de la amorosa inquietud que provocaba en Roxana, quien reclamaba sus palabras:«Perded … todo cuidado / y haced de bellas frases más derroche». A lo que Cyrano contestaba haciéndose pasar por Cristián: «El alma que ama y revelarlo no osa, / con la razón se encubre, pudorosa. / Me atrae un astro que en el cielo brilla; / mido su altura, en mi ruindad reparo, / y, por miedo al ridículo, me paro a coger una humilde florecilla».

Hay personas que dominan el arte de la comunicación. Saben qué decir y, lo que es más importante, cómo decirlo. Cuando tienen que dar una mala noticia o manifestar desagrado, encuentran las palabras adecuadas para que su interlocutor les escuche sin sentirse dañado ni ofendido. La facilidad con la que conectan provoca en los demás una actitud colaboradora que les dispone a atender sus peticiones. Otras personas consiguen que los demás se sientan cómodos hablando con ellos, hacen la comunicación tan fácil que a menudo sus amigos y compañeros les cuentan sus proyectos o sus preocupaciones más secretas. ¿No se ha preguntado alguna vez qué lleva a estas personas a resolver hábilmente situaciones comunicativas conflictivas? ¿En qué consiste el mecanismo que dispara la confianza de otras personas?

El carácter espontáneo de la comunicación puede llevar a la impresión engañosa de que se caracteriza por la ausencia de reglas. Nada más contrario a la realidad. Es cierto que las normas que rigen la comunicación no son fijas y carecen del carácter inflexible propio de las reglas sintácticas. La clave de la comunicación reside en saber aprovecharse de estas normas no explícitas, fuertemente ligadas a pautas culturales, que sirven de punto de partida para seleccionar qué decir, cómo decirlo y cuándo hacerlo. Las personas que se desenvuelven con éxito en situaciones comunicativas han ido asimilando en el curso de su vida estos elementos que sostienen la interacción y los han incorporado hasta formar parte de su conducta habitual. De modo que se comportan espontáneamente siguiendo unas pautas que favorecen una comunicación fluida y eficaz, en la que tanto emisor como receptor se sienten cómodos

Dedicaremos este capítulo a describir las reglas conversatorias y a analizar cómo se conectan con conductas concretas. Es peligroso hablar de reglas porque puede inducir a confusión. Se tiende a pensar que son mecanismos estructurados que aseguran el éxito por el simple hecho de ponerlas en práctica. Las normas a las que nos referiremos son estrategias generales que sirven como mecanismos organizadores en situaciones comunicativas y, por tanto, su puesta en funcionamiento es altamente sensible al contexto.

Un ejemplo bastará para entender cómo funcionan las reglas. Una de las normas generales en toda situación comunicativa es adaptarse al nivel de conocimiento de la persona con la que se está conversando.* Llevar a la práctica esta consigna hará que en unos casos el hablante considere que lo más adecuado es expresarse con un lenguaje culto (por ejemplo, cuando se habla ante una audiencia numerosa o en un medio de comunicación), mientras que en otras ocasiones se pensará que es más adecuado elegir un lenguaje llano y coloquial. En cualquier caso, el éxito depende de las decisio-

---

* De ahora en adelante nos referimos frecuentemente a la conversación porque es la forma más habitual de comunicarse.

nes tomadas por el hablante. La riqueza y, a la vez, la debilidad de las normas conversatorias reside en que son tan flexibles que se adaptan a múltiples contextos. Pero su funcionamiento carece de autonomía por lo que dependen de la evaluación de otros elementos del contexto. No olvidemos que, como señala Ortega y Gasset, nuestras palabras son en rigor inseparables de la situación vital en que surgen.

No cabe duda de que gran parte de la habilidad comunicativa reposa en la destreza del hablante para reconocer los sentimientos e intereses de otras personas. Las personas que conectan fácilmente con otros se caracterizan por su sensibilidad a los signos emocionales y por la habilidad para responder a las necesidades de los demás.

Contaba una persona que acababa de volver de un viaje organizado que el guía les hablaba siempre de forma muy autoritaria, seguía rígidamente el programa, sin introducir pequeñas modificaciones para adaptarlo a los gustos de los clientes. No trataba de buscar lugares interesantes para los más jóvenes, ni paraba en el camino para quienes desearan descansar. Los turistas se sentían disgustados y engañados, y durante todo el viaje hubo un clima de crispación poco favorable a la diversión. Cuando surgía algún contratiempo todo el mundo estaba tenso y poco dispuesto a colaborar, por lo que un pequeño incidente se convertía en un problema grave. Si el guía hubiera atendido a las pequeñas demandas de sus clientes, éstos habrían soportado sin protestar las incomodidades que surgen en todo viaje.

La consecuencia que se extrae de este ejemplo es que para elegir las estrategias a seguir en un contexto interactivo es preciso reconocer las demandas e intenciones de los participantes. Esto requiere escuchar lo que otros expresan verbalmente, pero también ir más allá de las palabras e interpretar lo que se trasluce de sus gestos y actitudes, aunque no se exprese de modo explícito en ningún momento. En un libro divertido J. Gray afirma que hombres y mujeres hablan distintos idiomas y que para lograr entenderse necesitan traducir a su propio lenguaje las palabras de los otros. En realidad, esta tarea interpretativa no se debería limitar a las personas de otro sexo, sería conveniente adaptar a nuestro propio código cualquier emisión para detectar la intención que la originó.

Un psicólogo experto en comunicación, Watzlawick, hizo célebre la idea de que es imposible dejar de comunicar porque cualquier gesto es interpretable. Incluso el silencio posee un matiz expresivo que, en ocasiones, llega a ser muy claro. Sin embargo, no todas las personas son igualmente sensibles a los signos no verbales. A algunas personas les es difícil integrar la información procedente del tono de la voz o de los gestos. La queja de muchas mujeres acerca de sus maridos pone de manifiesto que éstos atienden sólo a la demanda verbal explícita, sin detenerse a pensar que las palabras no encierran todo lo que ellas desean expresar. Al contrario, el verdadero mensaje puede ir encerrado en una ligera insinuación contenida en el tono de voz.

Un hombre en el inicio de su separación le comentaba a su abogado que algo que le desconcertaba enormemente era que su esposa se quejara de que no la entendía y no se preocupaba por ella. Aunque él le preguntaba cómo se encontraba con frecuencia, no acababa de captar el valor de las respuestas de su esposa. La escena que sigue a continuación se convirtió en algo habitual, que llenaba de incertidumbre al esposo:

–Pero si me has dicho que estabas bien –le contestaba él tratando de explicarse.

–Ya, pero tú tenías que haberte dado cuenta de que no era cierto.

Ahí, es donde está la clave: él tenía que haber advertido que la respuesta sólo es un estímulo para provocar el interés de él, porque ella desea que descubran sus necesidades, no expresarlas explícitamente.

Una norma a tener en cuenta en la comunicación es que lo expresado verbalmente sólo es una parte de lo que otra persona desea comunicar. El resto está contenido en los gestos, en el tono de voz, que acompañan una expresión. Por eso, es necesario prestar atención a los pequeños detalles que le restan armonía de conjunto a una emisión.

No cabe duda de que para entender cómo se siente otra persona o qué se esconde detrás de sus palabras es indispensable reconocer los sentimientos que uno mismo experimenta y qué reacciones provoca nuestro comportamiento en los demás.

Haga un ejercicio bastante simple. Sitúese frente a un espejo y diga: «No quiero más, gracias» poniendo un gesto serio. Ahora repita la misma frase, pero esta vez sonriendo. Seguro que ha experimentado un cambio notable en cómo ha interpretado su propia expresión. Mientras que en el primer caso se habrá percibido distante, incluso irritado, en el segundo la amabilidad será el matiz predominante. A veces, volver la mirada hacia nosotros mismos nos aclara no sólo nuestras propias emociones, sino las reacciones que observamos en nuestros interlocutores.

El estado de ánimo es muy *contagioso*. Piense en esas personas que están constantemente tensas y a la defensiva. Al final terminan transmitiendo su tensión a los demás. Lo mismo ocurre cuando se conversa con personas de ánimo deprimido, la conversación se enlentece y finalmente decae. Introducir una nota de humor, o participar adoptando una expresión amable, facilita el curso de la comunicación y contribuye a que se desarrolle un buen clima.

Para que la comunicación funcione es conveniente:

1. Evaluar las condiciones de nuestros interlocutores: si están cansados o disgustados; si les interesa o entienden lo que decimos.
2. Analizar nuestras expresiones y nuestras propias emociones.
3. Ajustar nuestro comportamiento a la situación, a las personas participantes y las normas conversatorias.

La comunicación es el resultado de la combinación de varios factores que incluyen tanto la puesta en funcionamiento de estrategias comunicativas ancladas en la cultura que llevan a la normalización del comportamiento, como la evaluación de las necesidades individuales en un contexto concreto que introducen ajustes a las demandas situacionales y a las metas personales.

¿Jugamos al mismo juego?

Diversos autores han enfatizado el carácter interactivo de la comunicación (Clark, 1998). En cierto modo es como un juego en el que para llegar a la meta los participantes necesitan la colaboración del resto de los jugadores. Los más expertos dan la oportunidad a todos los participantes para hacer su juego y así todos se divierten. La equidad es una propiedad que se puede aplicar a la comunicación. No es una casualidad que las conversaciones se comiencen compartiendo información básica para que todos los participantes estén equipados con los mismos recursos. La razón de ello es asegurar que todos los participantes poseen datos suficientes para interpretar cada emisión y que lo harán de acuerdo a los términos con que fue elaborada por el hablante. A partir de ahí, basta con seguir las reglas y dejar que el juego continúe.

Imaginemos dos amigos, Carlos y Miguel, que conversan mientras toman un café. Si Carlos comenta: «Hoy a mi jefe se le ha vuelto a estropear el coche, así que te puedes imaginar el día que he pasado», es poco probable que Miguel entienda el incidente si no dispone de la información que reviste de significado al relato. Una de las razones por las que es fácil hablar con los amigos reside precisamente en la cantidad de conocimiento compartido puesta a nuestro alcance. Gracias a esta información, se dispone de criterios para interpretar un hecho concreto y entender sus consecuencias. El conocimiento compartido del contexto, las características de las personas que participan, sus intereses y las relaciones que mantienen permite resumir en una simple oración algo que llevaría horas explicar a cualquier otra persona.

Para interactuar eficazmente con otras personas hay que asegurarse de que comparten la misma realidad. El destino de las relaciones está ligado a la disponibilidad de datos para elaborar una explicación acertada del comportamiento de los demás. Para hacernos una idea de lo importante que es situar a los demás en un contexto que les permita entender lo que se habla y participar activamente, imaginemos que los amigos del ejemplo se encuentran, pero Carlos se muestra de mal humor y poco comunicativo. Si Miguel desconoce el incidente en el trabajo, no podrá entender la actitud de su amigo, y es posible que se sienta incómodo y decida marcharse. No se puede esperar que la comunicación funcione cuando alguno de los participantes ha quedado fuera de juego, pues no dispone de todos los elementos necesarios para responder eficazmente. De igual modo, tampoco se puede esperar que otras personas respondan a una petición que no se ha expuesto con claridad.

Conviene hacer algunas matizaciones para no dar a entender que el hablante es el único responsable de la marcha de la comunicación. El carácter interactivo de la comunicación coloca el peso de la continuidad en todos los participantes por igual. Durante la conversación es habitual que el hablante formule preguntas cuyo único objetivo es sondear en qué medida el oyente sigue su discurso: "¿entiendes?", "¿sabes?". No son verdaderas preguntas, sino fórmulas para evaluar la implicación del oyente y coordinar, de acuerdo a esta valoración, sus próximas intervenciones. Las preguntas del oyente tienen un papel decididamente aclaratorio que no desvirtúa la comunicación, sino que, por el contrario, contribuye a afianzar la base de conocimiento compartido y evita que se realicen juicios casuales cuando ocurren hechos inesperados o inusuales. Los hablantes disponen de recursos sumamente heterogéneos. Las respuestas verbales constituyen sólo una parte y, no siempre, la más importante de los medios de comunicación. Para entender el complejo entramado que pueden presentar las relaciones sociales, las personas son sensibles a los gestos, los silencios o al comportamiento en general. Con todos estos elementos construyen una representación que troca un hecho o una oración casuales en un comportamiento con significado.

La comunicación es un producto de la actividad de todos los participantes. Unos y otros aseguran que se satisfagan sus metas comunicativas y que cada uno logre hacerse entender y, a su vez, entender a los demás. Por eso lo importante es que todos disfruten de las mismas oportunidades para participar.

Paso a dos

Una conversación puede compararse a un baile. Los que danzan acoplan sus movimientos a los de su pareja para que los pasos se sucedan sin romper el ritmo. Para conseguirlo no sólo tienen que seguir la melodía, sino observar e interpretar cada gesto con el fin de predecir la dirección del próximo paso. Algo semejante ocurre al conversar. Como en la danza, los movimientos de quienes participan en una conversación no son completamente libres, se desenvuelven dentro de unos límites marcados por el contexto y están sujetos a unas normas, aunque éstas permitan múltiples variaciones.

Fue Grice (1975) quien definió una serie de principios que regulan las emisiones de los participantes en una situación comunicativa. No son otra cosa que normas generales que actúan como reguladoras del comportamiento comunicativo. Alguien podría argumentar que son sólo normas de educación (Levelt, 1989) y quizá no le falte razón, en el sentido de que están incorporadas a nuestro comportamiento y raras veces percibimos que estamos optando por una forma de actuar determinada. Sin embargo, si analizamos las respuestas sociales de otras personas o de nosotros mismos podremos advertir que las metas comunicativas se alcanzan más fácilmente si las pautas de comportamiento se ajustan a los principios definidos por Grice. Esto hace que en lugar de desechar el papel de los principios defendamos su papel en la organización de la conducta comunicativa. No obstante, nuestro objetivo es fundamentalmente propositivo, ya que, como puede imaginar el lector, los principios no dan garantía absoluta de éxito.

No es de extrañar que el principio rector de la comunicación sea el principio de cooperatividad. De acuerdo con este principio las personas comparten como mutuo interés el lograr entenderse y lo consiguen siguiendo una serie de máximas que vamos a comentar a continuación.

El refranero proporciona buenos ejemplos de la máxima de cantidad ¿Quién no conoce eso de «Lo bueno, si breve, dos veces bueno»? En la comunicación la cantidad es importante. La experiencia nos demuestra que extenderse en detalles no siempre es sinónimo de una buena explicación. Al contrario, alguien que relata un hecho minuciosamente puede que sólo consiga cansar al oyente o confundirle porque disminuye su atención a los aspectos más relevantes. En realidad las personas sólo necesitan ser informadas de los elementos inusuales o novedosos porque cuentan con un bagaje cultural que les permite asumir un punto de vista e interpretar lo que otras personas pretenden expresar. Igual que los chistes pierden su gracia cuando el narrador explica el motivo jocoso, la prolijidad en el detalle puede llevar al agotamiento del oyente. Realizar inferencias no es un mero ejercicio intelectual, sino una actividad que proporciona dinamismo a la interacción y evita que el receptor se transforme en un elemento pasivo.

Poco puede hacer el receptor si no se le proporcionan las coordenadas que le permitan activar el marco de referencia a partir del cual interpretar el mensaje implícito en una emisión. La experiencia nos muestra que los relatos comienzan proporcionando una descripción de los personajes y la época en que se desenvuelven. En las películas con frecuencia esta información se introduce mediante efectos visuales. El objetivo es proporcionar al receptor los elementos de anclaje que sirven para construir un marco interpretativo y poder recuperar de su memoria detalles que no se hacen explícitos, pero que son necesarios para vincular distintos aspectos del mensaje. Nadie necesita que le expliquen que para ir al cine hay que sacar una entrada, que en los restaurantes hay camareros, o qué significa ir de vacaciones. Las personas de una cultura comparten una base de conocimiento que hace innecesario explicitar episodios de sobra conocidos. Actuar de acuerdo a esta máxima es complicado porque significa bordear el límite que separa la prudencia de la escasez o del exceso: dar la información precisa, sin escatimar datos o excederse en el detalle. Afortunadamente las personas no somos insensibles a ciertas reacciones del oyente que dan la señal de alarma cuando se traspasa alguno de estos límites, por lo que podemos evitar que alguien nos describa como a la protagonista de *Una mujer irrelevante*: «Habla todo el rato. Pero carece del don de la conversación. No tengo ni idea de lo que habla» (O. Wilde).

Esto no significa que existan ocasiones en las que la repetición no sólo es conveniente sino necesaria. Los oyentes agradecen que el hablante se extienda cuando la idea es compleja o cuando carecen de una base de conocimiento sólida. Una herramienta adecuada puede ser presentar un resumen de las ideas principales para asegurar no sólo que se mantendrá en el recuerdo, sino que será menos probable que el contenido se desvirtúe con el paso del tiempo.

Una máxima que provoca algún tropiezo es la *máxima de sinceridad*. Según esta máxima, la comunicación se sostiene en la confianza que las personas depositan en que lo que dicen otros se ajusta a la verdad porque las opiniones que sostienen están apoyadas en algún tipo de prueba que les confiere validez. Sin embargo, la paradoja de esta máxima reside en que coloca en un mismo nivel de competencia a aquellos que son completamente sinceros y a aquellos que son capaces de enmascarar la verdad. La contradicción que acabamos de señalar es más aparente que real. En ningún caso estamos proponiendo el engaño como estrategia comunicativa. La interacción destaca por su carácter normativo e impone una serie de constricciones que llevan a introducir matices en el contenido de nuestras emisiones. Sólo los ingenuos y los que carecen de cordura dicen toda la verdad porque, en honor de la cooperatividad, a veces es conveniente omitir o suavizar un argumento con el fin de evitar expresiones que dañen u ofendan a otras personas. Es difícil precisar cuál es la clave del uso de esta máxima porque sus límites son difusos y en cualquier caso están marcados por las circunstancias puntuales en el momento de la interacción. Como norma general uno estaría dispuesto a defender la conveniencia de ajustarse a la verdad tanto como sea posible y expresarse con moderación cuando se describen hechos u objetos. Sin embargo, no son infrecuentes las ocasiones en que los hablantes se permiten ciertas veleidades con el propósito de obtener pequeños beneficios que no causan perjuicio a otras personas. Una de las formas que toman estos devaneos con la verdad es la exageración. Si alguien afirma que hace *footing* con mucha frecuencia, cuando en realidad sólo lo hace una o dos veces al mes, introduce una cierta desmesura que restringe la veracidad de su argumento. No obstante, estas pequeñas licencias son perfectamente aceptables, ya que son las consecuencias adversas para la interacción lo que hace a una emisión censurable y en este caso son escasas o, en todo caso, sólo afectan al hablante mismo que corre el riesgo de perder credibilidad si otras personas consideran que todas sus intervenciones se caracterizan por el exceso. Y si no, recuérdese lo que le ocurrió al pastor de la fábula. Cuando realmente apareció el lobo, nadie le creyó.

Lo cierto es que si dijéramos siempre toda la verdad nos veríamos envueltos en múltiples problemas. En palabras de un personaje de M. Atwood: «si los jueces pudieran oír nuestros pensamientos, todos estaríamos cerca de la horca». Para ilustrar con un ejemplo este argumento imagínese la siguiente situación: Pilar va con su amiga María a comprarse un bañador. Ha cogido unos cuantos kilos y no encuentra ningún modelo de su agrado. Mientras se mira al espejo le pregunta a María: «¿Estoy muy gorda?» ¿Imagina el lector qué ocurriría si la amiga respondiera: «Sí, estás como una vaca»?

Alguien ha acuñado el término de *sincericidio* para referirse a estos arrebatos de sinceridad porque actúan como un arma letal que apunta al corazón de las relaciones. No debe entenderse este argumento como una defensa del engaño. A la verdad se llega por múltiples caminos, y el más directo puede ser también el más peligroso. Siguiendo con el ejemplo anterior, María puede aconsejar a Pilar que elija un modelo poco ajustado o de colores menos llamativos. Con toda seguridad se puede encontrar un modo de hacer partícipes a otras personas de lo que pensamos, sin llegar a herir sus sentimientos y sin faltar a la verdad. Por desgracia no existe una estrategia válida para todas las ocasiones, y son los individuos los que tienen que tomar la decisión sobre qué decir, cómo y cuándo hacerlo. Pero si tuviéramos que hacer un resumen de urgencia nos limitaríamos a parafrasear a O. Wilde: En asuntos de extrema importancia, el estilo, no la sinceridad, es lo vital. Un descuido de los aspectos formales puede ser mucho más perjudicial para la relación que el introducir una pequeña distorsión de la realidad.

La cosa no es tan grave cuando los participantes son de alguna manera conscientes de las limitaciones que impone mantener la armonía entre individuos. A los receptores les corresponde dilucidar qué argumentos son una versión moderada de la realidad e identificar las ideas que, sólo a medias, dejan entrever las palabras. Aunque a veces las personas prefieren permanecer arropados por el engaño antes que afrontar la incómoda verdad. Por eso Oneguin rogaba, desesperado, a Tania que le dijese que lo amaba ¡aunque fuera mentira!

El conjunto de respuestas sociales de un individuo obedece a normas interiorizadas de las que posee un escaso control consciente. Queda lejos de toda duda las ventajas de poseer un comportamiento automático puesto que evita estar constantemente tomando decisiones. Pero al mismo tiempo esto constituye un punto débil cuando se trata de objetivar la calidad de la interacción con otras personas. ¿Acaso no hemos aceptado como ciertos rumores cuyo único fundamento es que son compartidos por un amplio número de personas? ¿No hemos creído las explicaciones que nos dan otros y sólo cuando la experiencia les delata, las hemos puesto en duda? No nos llevemos a engaño: confiar en los demás es muy adaptativo, pero una pequeña dosis de escepticismo previene de enredarse ingenuamente en argumentos falaces.

Acuérdese de:

1. Atender a las condiciones y características del interlocutor.
2. Informar al interlocutor sobre las claves personales. Hacer que disponga de suficiente información para hacer una interpretación correcta de nuestra emisión.
3. Seleccionar lo que vamos a decir de acuerdo al tema de conversación.
4. Evaluar en qué medida al interlocutor le interesa lo que vamos a decir.
5. Ajustarse a la realidad
6. Considerar en qué medida es necesario que expresemos nuestro verdadero pensamiento o nuestros sentimientos.
7. Introducir los temas conflictivos poco a poco dejando que la conversación derive hacia ellos.
8. Hablar con claridad.

Cuando D. Leavitt pone en boca de uno de sus personajes la frase «Piensa si lo que vas a decir merece ser escuchado», no hace otra cosa que evocar la *máxima de relevancia*. Comunicarse, conversar no consiste en decir cualquier cosa, sino en integrarse en una actividad conjunta, bastante flexible, y en la que todos los participantes cuentan con las mismas oportunidades. Para que el juego de intercambios funcione, las intervenciones se deben ir encadenando mediante las ideas que emergen en el discurso, tanto si forman parte de la información explícita, como si no. Merece la pena señalar que el sentido de relevancia en este contexto no sólo se refiere a la relación de las ideas vertidas con el tema del discurso, sino que está claramente vinculado con los intereses particulares de quienes participan en una conversación. No olvidemos que el principio de cooperatividad, que regula toda comunicación, requiere satisfacer las exigencias de todos los participantes. En este sentido, aportar ideas que sean de común interés es una forma de seguir este principio.

Las personas somos bastante sensibles a las disrupciones causadas por alteraciones de la relevancia. Es difícil comunicarse con alguien que cambia el tema de conversación constantemente, o que no sigue los temas que se han introducido con anterioridad. Un comportamiento de este estilo puede carecer de consecuencias cuando la relación entre dos personas es casual. Sin embargo, puede tener una honda influencia en el modo en que dos personas implicadas emocionalmente se relacionan. En el curso de la interacción, tendemos a hacer atribuciones que explican el origen del comportamiento de otras personas, y suele suceder que se vincula el comportamiento de los demás con la relación que tienen hacia uno mismo. Muchos conflictos entre parejas, o entre padres e hijos, mantienen una dinámica que sirve para ilustrar el argumento que acabamos de exponer. La falta de atención de un miembro de la pareja, probablemente por problemas personales que disminuyen su interés por cuestiones ajenas, puede ser interpretada por el otro como alejamiento o falta de cariño. No vamos a negar que los conflictos interpersonales son enormemente complejos, pero suele suceder que lo más obvio es lo más difícil de percibir. El conocimiento de los estados mentales ayuda a que se reconozcan sus intenciones y se adopte un punto de vista más objetivo. No es infrecuente que una simple aclaración sobre cómo nos sentimos o qué pensamos proporcione la base suficiente para que el otro comprenda nuestro comportamiento sin que nos atribuyan intenciones o creencias que no se corresponden con nuestros verdaderos motivos.

El modo en que algunas personas transgreden la máxima de relevancia consiste en permanecer anclados en un tema sobre el que gira todo su discurso ignorando cualquier interferencia y privando al interlocutor de su derecho a intervenir en el transcurso de conversación. Hay personas a las que se podría definir como *tiranos de la comunicación* porque aprovechan cualquier oportunidad para introducir el tema que constituye el centro de sus intereses y monopolizar la conversación. Este comportamiento es errado por un doble motivo. No sólo olvida valorar la pertinencia de sus palabras, sino que está quebrando uno de los pilares básicos sobre los que se asienta la interacción. En definitiva, la esencia de la comunicación, y más concretamente de la conversación, reside en el intercambio y la intervención equitativa de todos los participantes. Hablar de lo que nos preocupa es saludable, pero puede ser perjudicial para las relaciones y puede restringir la conversación a una temática cuyo interés no es compartido. Además del tedio que provoca, si el oyente no se siente incluido, probablemente no estará dispuesto a continuar.

La conexión entre lo que se desea expresar y lo que entienden otras personas depende de la forma en que se hace efectivo el discurso. El objetivo de la *máxima de modo* no es en absoluto ocioso pues en la comunicación, como ocurre con los regalos, una buena presentación aumenta su valor. La consigna es simple: se trata de expresarse con sencillez y claridad, evitando la ambigüedad para facilitar que otras personas comprendan nuestro mensaje. Las cosas serían bastante más fáciles si la máxima se refiriese solamente a la estructura que da forma al discurso. Pero se trata de aplicar la máxima en lo que se refiere al contenido del discurso.

Es importante aprender a valorar la forma en que expresamos nuestros pensamientos o nuestras creencias y mucho más si se trata de nuestros sentimientos. Un ejercicio saludable consiste en preguntarse si se han cumplido las tres reglas de oro.

1. *Sencillez.* Tratar de decir lo que se quiere de la forma más simple posible. ¿Para qué poner excusas o hablar de las razones de otros si son nuestras necesidades las que motivan nuestro comportamiento?

2. *Claridad.* Evitar la ambigüedad. Se han escrito miles de páginas glosando las consecuencias de malentendidos, de palabras que sólo a medias expresan la intención del hablante. Las personas elaboran su propia interpretación de las afirmaciones vertidas en el curso de una conversación y lo que juzgan como verdad objetiva puede ser sólo su propia apreciación de la intención del hablante. Si se proporciona el marco de referencia adecuado y se rechazan elementos banales o confusos que distraigan al oyente, desaparecerán los obstáculos para que se entienda claramente la propuesta del hablante.

¿No nos sentimos mejor cuando sabemos el motivo por el que otra persona habitualmente habladora permanece callada? Si esta persona dice: «Estoy preocupado y prefiero no comentarlo hasta que medite un poco sobre el asunto», limita el espacio para interpretar lo que le ocurre y evita que las personas de su alrededor atribuyan el origen de su silencio a falta de interés o de cariño, a un enfado o a cualquier otra causa. Las personas respondemos a las intenciones que atribuimos a los demás dándoles credibilidad por lo que un equívoco puede desencadenar un conflicto que acabe con la relación.

3. *Respeto.* Conciliar los intereses personales con los de aquellos con los que interactuamos, evitando causarles alguna ofensa o daño porque eso terminará revirtiendo en la relación. La claridad no implica que la forma en que se expone una idea descuide la cortesía. Más bien al contrario, es lógico que la dureza de un argumento vaya paralela con la delicadeza de la explicación para que el receptor se sienta menos afectado y pueda activar sus resortes para reaccionar. Conviene tener presente que el objetivo es hacerse entender por lo que la cortesía cumple la función de mantener el carácter cooperativo de la comunicación. Si la otra persona confía en nosotros, y no piensa que se le está agrediendo, la respuesta a las opiniones que se expresan será más tolerante, y es poco probable que nos atribuya intenciones maliciosas.

La comunicación es fruto tanto de las intenciones del hablante como de la actitud de la persona a quien va dirigido el mensaje. Las primeras quedan plasmadas en la forma en que se expresa un mensaje, la segunda gravita en torno a la habilidad del hablante para manifestar credibilidad y respeto. Como hemos visto, estas tres reglas se utilizan frecuentemente como herramienta para articular los intereses particulares de los integrantes de un contexto comunicativo.

Tres normas imprescindibles:

Sencillez. Expresarse de la forma más simple.
Claridad. Especificar lo que queremos decir.
Cortesía. Entender qué entiende el receptor.

La trampa delatora

Como hemos podido comprobar a lo largo de estas páginas, los hablantes no somos jugadores meticulosos que rinden culto a las reglas. Al contrario, somos jugadores oportunistas que aprovechan las debilidades del reglamento; porque para continuar la partida, saltarse las reglas no sólo es necesario, sino conveniente. Limar las asperezas de la verdad es un ensayo saludable que beneficia la cordialidad de las relaciones. La alteración de otras máximas proporciona un modo indirecto de expresar un mensaje sin necesidad de hacerlo explícito. El oyente descubre la intención del hablante en la trampa dialéctica que se le tiende. Los buenos comunicadores son aquellos que consiguen que sus receptores perciban, o al menos intuyan, otros significados que van más allá de lo que dicen las palabras. De este modo dejan que sea el oyente quien descubra el pensamiento que puede ofenderle o dañarle; sin enfrentarse directamente a él, sin que su imagen social se vea afectada y disponiendo de la oportunidad de prepararse para dar una respuesta o, incluso, para eludir la respuesta.

Normalmente, las personas cuentan con un recurso, en ocasiones lacerante, consistente en transgredir una norma de modo manifiesto. La ironía es la reina de la comunicación indirecta. Para nuestra sorpresa, los mecanismos que la rigen son bastante más simples de lo que a primera vista cabría esperar.

Un recurso frecuente consiste en la repetición de un hecho obvio, cuyo significado sólo cobra sentido cuando se interpreta como una referencia a la relación que mantienen las personas implicadas. No hace falta ser muy perspicaz para reconocer que cuando alguien dice «Te has dejado el tubo de la pasta de dientes sin cerrar», pretende algo más que informar acerca del estado del dentífrico. El verdadero objetivo de su emisión es constatar la molestia que le ocasiona.

Otro recurso igualmente prometedor consiste en expresar una idea que no añade ningún significado relacionado con el tema de conversación. Para ilustrar esta idea pondremos un ejemplo que refleja igualmente cómo las personas introducen mensajes personales aprovechando las pequeñas fisuras que caracterizan a toda conversación: un adolescente llega a casa después de jugar un partido de baloncesto. Está contento porque acaban de ganar al equipo contrario. Al volver a casa se encuentra con su padre quien le pregunta:

–¿Qué tal ha ido el partido?

–Bien –contesta y añade–: Por cierto, había muchos padres en las gradas.

En pocas palabras el hijo ha conseguido expresar la decepción que le causa que su padre no acuda a los partidos. Pero, probablemente, lo más importante sea que le ha dado una información al padre que a reconocer su comportamiento y le insta a tomar una postura con respecto a él. Hacemos hincapié en esta idea porque las personas organizamos nuestro comportamiento en torno a pautas que se generan en contextos de interacción (Rodrigo y colaboradores, 1993). Para provocar un cambio en el modo de interactuar, las personas necesitan tomar conciencia de que sus esquemas no funcionan, para lo cual resulta imprescindible constatarlo empíricamente u obtener información que lo explicite.

Indudablemente, optar por cambiar de tema puede ser una solución alternativa. Aparentemente resuelve el problema, pues consigue acotar el terreno conflictivo y realzar otros aspectos sobre los que la interacción transcurre segura. Por otra parte, puede ser suficientemente llamativo para que el interlocutor advierta que está entrando en terreno resbaladizo.

Quizá la característica más distintiva de la ironía es que «se da a entender lo contrario de lo que se dice» (*Diccionario de la Real Academia*). El hablante afirma encontrar satisfactorio algo que, en realidad, le provoca rechazo. La divergencia entre lo que piensa y lo que dice se suele acompañar por un tono de voz que pone sobre aviso al oyente. Lo más probable es que la interpretación subjetiva atienda a más de un criterio y que las palabras sólo constituyan una parte de los rasgos que llevan a atribuir el significado de una oración. Las personas raramente son insensibles a los matices del tono de voz que aderezan la comunicación verbal.

No es nuestro objetivo que el lector extraiga la conclusión de que la forma indirecta es siempre el mejor modo de expresar aspectos negativos o inquietantes. El panorama que se nos presenta es bastante más complejo. El lector habrá tenido ocasión de comprobar que esta forma de hablar indirecta resulta mucho menos conflictiva porque esquiva el afrontamiento directo y amplía el margen destinado al interlocutor. En contrapartida, se corre el riesgo de que no se capte el matiz afectivo, y el mensaje quede enredado en las palabras sin que llegue a hacerse patente jamás. Ciertamente, exponer el punto de vista del hablante con sencillez lleva a hacerlo patente para otras personas y a que le concedan la importancia que tiene. Siguiendo con el ejemplo utilizado anteriormente, ¿no es cierto que se habrían producido reacciones distintas si el hijo hubiera respondido: «Bien, pero me hubiera gustado que tú hubieses asistido.» El expresar lo que uno siente ayuda a que los demás se adentren en las emociones, y la comunicación se sitúa en un nivel menos superficial.

De esta breve descripción puede extraerse la noción de que los hablantes logran un máximo de rendimiento informativo transgrediendo las normas conversatorias. La forma indirecta de comunicación realza, si es posible, con más firmeza la función facilitadora de la cortesía. Ello no significa que el hablante deba oscurecer sus intenciones en cualquier circunstancia.

Se trata de valorar los beneficios de los recursos disponibles y seleccionar el que ofrezca mejores resultados.

Los buenos bailarines no pisan a su pareja

A veces un no niega
más de lo que quería, se hace múltiple.
Se dice «no, no iré»
y se destejen infinitas tramas
tejidas por los síes lentamente.
Se niegan las promesas que no nos hizo nadie
sino nosotros mismos, al oído.

PEDRO SALINAS

Las palabras se van con el viento, pero erosionan y dejan marcas a su paso. El acento en el carácter recíproco de la comunicación no sólo se justifica porque al conversar se produce una secuencia encadenada en la que cada emisión es respuesta y, a la vez, estímulo de otra emisión. La propia concepción como actividad cooperativa incluye como rasgo definitorio el hecho de que influye en la conducta de los participantes. Esta última característica es tan importante que algunos autores sólo consideran que existe comunicación si una acción (verbal o física) repercute en la conducta de otro individuo. Esta peculiaridad influye decisivamente en el peso que adquiere cualquier estrategia destinada a valorar la perspectiva del interlocutor y a moldear la emisión para que sea acogida sin recelo y sin interferencias.

El lector ha tenido oportunidad de observar que *el principio de cortesía* sale al paso cualquiera que sea el punto de partida. En definitiva, la calidad de la comunicación depende en buena medida de que en el inicio se haya asumido la intención de respetar al interlocutor y valorar su propia perspectiva como principio regulador de la interacción.

Por razones prácticas la mayor parte de las personas ajustan el vocabulario y la forma en que se expresan a las características de la persona a quien va dirigido su discurso. Tratar de "tú" o "de usted" define la diferencia de estatus o el grado de intimidad entre dos personas. A nadie le resulta extraño que la formalidad en el trato es el mejor modo de manifestar una actitud de respeto e incluso, nos atreveríamos a decir, de demandarla en el interlocutor.

Uno de los aspectos clave del éxito de la comunicación, sin duda, lo constituye la seguridad de los participantes de que no se va a perjudicar su imagen ni sobrepasar los *límites de su intimidad*. Cuando los políticos esquivan las preguntas de algunos reporteros pretenden preservar su imagen evitando emitir respuestas que favorezcan alguna descalificación a su persona. Las personas reclaman para sí el derecho a reservarse sus opiniones y a exigir el suficiente espacio para rechazar una pregunta o una proposición que consideran demasiado entrometida. Si una persona se siente acorralada es muy probable que se retraiga de la relación. Con mucha frecuencia se crean conflictos entre los adolescentes y sus padres. El joven comienza a considerar la vida fuera de la familia como parte de su independencia y desea preservarla para él. Lo más probable es que tenga poco que ocultar, pero eso le distingue como ser independiente. A los padres esta conducta les parece inquietante porque dejan de tener control sobre los posibles peligros que acechan la vida de sus hijos y porque se sienten por primera vez excluidos. En realidad, más que una ruptura, hay que entender que se está marcando el momento para cambiar el tipo de interacción, para establecer una relación de adultos entre padres e hijos. Aunque resulte costoso en muchas ocasiones, lo que determina la posibilidad de mantener una comunicación satisfactoria es la síntesis de los intereses de todos los participantes.

Nuestra propuesta pasa por defender la conveniencia de que tanto las opiniones como los sentimientos se expresen con claridad. No obstante, se han de tomar todas las precauciones para que ello no sirva para descalificar u ofender a otras personas. El límite es a veces tan fino que es difícil no sobrepasarlo. Se observa en muchos conflictos matrimoniales que lo que comienza como una queja de uno de los miembros, termina siendo una descalificación del otro. Un marido que está molesto porque su esposa se retrasa a la hora de sentarse a comer puede expresarle la queja haciéndole ver que le resulta incómodo. En contrapartida, si la esposa conoce la incomodidad que ocasiona es más probable que cambie su conducta o que reaccione compensando a su esposo con afecto, lo que con bastante probabilidad reducirá la tensión y evitará el conflicto. Por el contrario, si en lugar de expresar simplemente el hecho molesto («Cada vez que te retrasas la comida se enfría») y su propia reacción («A mí no me gusta la comida fría»), descalifica a su compañera («No tienes arreglo») e interpreta su actitud como una agresión contra él («Lo haces para molestarme»), habrá convertido una queja razonable en un arma arrojadiza que, de generalizarse, afectará a la relación, sobre todo si se acompaña de ironía o de un tono de voz elevado. Las agresiones, las quejas culpabilizadoras sólo crean malestar y actitudes defensivas que siembran un clima de desconfianza y recelo que termina destruyendo las relaciones (Goleman, 1996).

Si quiere ser cortés recuerde:

1. Hablar de acuerdo al estatus o el tipo de relación.
2. Respetar la intimidad.
3. Dejar espacio para que el otro se explique.
4. Reducir daños.

En este ejemplo destaca la importancia de informar y de aprovechar cualquier oportunidad para que otras personas expliquen su conducta. Las personas construimos una representación de las relaciones de acuerdo a la que interactuamos con otras personas. Atendemos a las conductas que son coherentes con nuestras propias creencias y las utilizamos como elemento diagnóstico de su funcionamiento. Las actitudes que no se formulan verbalmente dan vía libre para que cada individuo las interprete de acuerdo a esquemas subjetivos basados en su propia experiencia, pero que no necesariamente son un reflejo realista de la relación actual. En consonancia, se trata de expresar lo que se siente («Me siento molesto y pienso que no te preocupas por mí cada vez que tú te comportas así»), pero sin valorar las intenciones del otro («Lo haces para molestarme») antes de que éste haya tenido tiempo de explicarse (Gray). Con ello se consiguen varios objetivos. Por una parte, se hace partícipe al otro de las consecuencias de su comportamiento. Por otra, se le brinda la oportunidad de que explique cuáles son los motivos que le han llevado a comportarse de una determinada manera, restringiendo el margen para interpretaciones subjetivas.

Conseguir el propósito de expresar lo que pensamos o lo que sentimos no debe ser un obstáculo para mantener una buena relación. Más bien al contrario, las relaciones más saludables son aquellas que disfrutan de claridad, sinceridad y confianza por parte de sus miembros. La clave se encuentra en situarse en el punto en que los intereses de un miembro no invaden los márgenes de intimidad del otro y se mantiene una relación de respeto mutuo. Las consecuencias de desatender las máximas de cortesía son, más tarde o más temprano, adversas, por lo que siempre prevalecen sobre todas las demás.

A buen entendedor...

Parangonando una conocida frase podríamos decir que «Dos no se comunican si uno no quiere». No es infrecuente caer en la tentación de considerar al hablante el responsable de lo que acontece en una situación comunicativa. Sin embargo, el oyente no es un mero receptor pasivo, sino que contribuye en un 50 % a configurar el curso de la comunicación. Al planificar el discurso, los hablantes tienen presente las condiciones de las personas a quienes va dirigido. Hablamos con alguien o para alguien. Y esta persona, o personas, a quien (quienes) nos dirigimos es en alguna medida artífice del discurso y no simple depositario de unas palabras destinadas a un receptor anónimo. El receptor participa por el mero hecho de existir. Pero cuando, además, está presente, tanto sus palabras como su lenguaje gestual marcan el destino de la comunicación.

Este modo dinámico de concebir la comunicación resalta el papel que desempeña el receptor cuando practica una *escucha activa*. En esencia, la participación activa del que escucha consiste en transmitir que acepta con agrado su papel de receptor y que está atento al contenido del mensaje. ¿Nunca le ha ocurrido ir a un establecimiento a realizar una pequeña compra y sorprenderse conversando con el vendedor como si se conocieran de hace tiempo? Las claves del éxito del vendedor probablemente residan en que ha aprendido a utilizar los indicadores gestuales que le convierten en un buen oyente.

A nadie se le escapa que las respuestas verbales son un elemento de indudable valor para que el hablante se haga una idea del efecto que ha causado en su interlocutor. Aún con simples monosílabos se puede expresar que se sigue la conversación (ya, sí, humm, ¡ajá!), insinuar acuerdo o desacuerdo (vale, claro, bueno, etc.) o indicar que se ha comprendido. No obstante, tal vez el recurso más destacable puesto al servicio del oyente esté constituido por los gestos. La fortaleza expresiva de los gestos reside en que forman pautas arraigadas en la especie humana profundamente ligadas al ámbito de lo emocional, que provocan una respuesta automática, y a los que sólo con esfuerzo se somete al control consciente (Eibl-Eibesfeldt, 1993). No es extraño que la escucha activa encuentre en los gestos a sus mejores aliados. Pasaremos a describir a continuación alguno de estos recursos.

Una de las primeras cosas que observamos en las personas es su postura corporal. Una persona sumamente erguida da una sensación de distanciamiento que no invita a comunicarse. Por el contrario, si a pesar de estar erguido, se encuentra ligeramente inclinado hacia el hablante, su postura se interpretará como una *actitud de recibimiento*. Nos inclinamos para saludar y para manifestar respeto. Por eso, la sumisión se manifiesta exagerando la inclinación de modo que la cabeza de la persona de menor rango se sitúe por debajo de la del de rango superior.

Para evaluar si una persona está en tensión una buena estrategia es observar si los hombros aparecen cargados o relajados, puesto que, junto con los músculos de la frente, son una de las partes del cuerpo más sensibles a los elementos que generan ansiedad. Cuando los hombros están relajados, la persona está cómoda y dispuesta a continuar conversando. Los brazos y las manos son otros de los indicadores fundamentales para la comunicación. Unos brazos abiertos y unas manos extendidas o en movimiento, libres para indicar un objeto o para rozar *afectuosa y cordialmente* el brazo de su interlocutor, transmitirán *confianza*. Por el contrario, si alguien nos recibe con los brazos cruzados involuntariamente nos está diciendo: «No sé si aceptaré lo que me propones», aunque la causa que da origen a esta actitud sea su propia timidez.

No cabe duda de que los gestos con mayor fuerza expresiva son los de la cara, a través de los movimientos de la boca, las cejas o la mirada. Los gestos de la cara son señales compartidas universalmente por la especie humana y están tan arraigados en nuestro repertorio de conductas que se responde automáticamente sin ser consciente de ello (Ekman, Friesen y Ancoli, 1980).

Crea aceptación	Marca distancia
• Mirar a los ojos	• Mirada baja o lejana
• Sonrisa	• Gesto serio
• Cejas arqueadas	• Ceño fruncido
• Brazos extendidos	• Brazos cruzados
• Manos abiertas	• Manos escondidas
• Roces de contacto	• Ausencia de contacto físico
• Cuerpo inclinado hacia delante	• Cuerpo rígido o echado hacia atrás.

La mirada expresa sentimientos de rechazo, de aceptación, muestra a una persona triste o alegre. El mirar a otras personas sirve para establecer contacto con ellas. No es infrecuente que, cuando una persona nos interesa, tratemos de cruzar la mirada con ella como modo de iniciar un diálogo sin palabras. Parece que el indicador principal es el grado de dilatación pupilar. Algunos estudios han demostrado que la pupila se dilata cuando lo que se mira resulta interesante. Lo sorprendente fue descubrir que se responde a este signo de forma automática e involuntaria. Cuando a los sujetos de una de estas investigaciones se les hacía elegir entre dos fotografías de la misma persona, que sólo diferían en el tamaño de la pupila, tanto hombres como mujeres encontraban más atractiva la fotografía en la que las pupilas tenían un mayor tamaño. Las personas miramos aquello que nos interesa, pero, casi sin darnos cuenta, dejamos de mirar cuando algo nos parece poco interesante. Y la pupila es el sensor que indica el grado de interés que tiene para nosotros. La conclusión práctica que se puede extraer de estos estudios es que para manifestar interés la mejor estrategia es mirar al interlocutor.

La sonrisa es otro de los componentes fundamentales de la expresión. Una persona sonriente es mucho más atractiva que una persona seria. Al sonreír se hace más fácil el contacto con otras personas porque se interpreta como señal de que la persona está dispuesta a escucharnos y va a ser tolerante. Una buena prueba de ello es lo que ocurre cuando se acude al médico. Cuando nos encontramos con un profesional de gesto serio es probable que se dedique poco tiempo a explicar los síntomas e incluso se pueden olvidar algunos de ellos, aunque no se dude de su profesionalidad. Sin embargo, con las personas sonrientes la comunicación se hace más fácil y fluida.

Pasemos por último a comentar el efecto de los movimientos de las cejas. Las cejas se arquean como respuesta de sorpresa o interés. Por el contrario, la preocupación o el disgusto se expresan frunciendo el ceño. Algo semejante ocurre con los labios. Cuando se fruncen, el observador siente que se enuncia un reproche. El hecho de que sean gestos involuntarios, que aparecen rápidamente y escapan al control voluntario, no les resta poder comunicativo, ni merma su capacidad de provocar una respuesta en las personas con las que interactuamos. Cuanto más abierta sea la expresión, más se aproxima a una actitud comunicativa.

Como vemos, los gestos funcionan como resortes que actúan sobre los mecanismos de la comunicación. Son indicadores que pueden dar confianza al hablante y predisponerle para responder con la misma cordialidad o generar un clima adverso. Sin que podamos dar una explicación consciente, nos sentimos poco proclives a conversar con personas de ceño fruncido o expresión triste. El lenguaje corporal acompaña y subraya la expresión verbal y tiene tal potencia que, cuando ambas no concuerdan, se le concede prioridad al significado de los gestos (De Gelder y Vroomen, 1999). Nadie estará dispuesto a creer que alguien está muy contento si tiene una expresión triste. Por mucho que describa su estado de satisfacción, la imagen que se obtendrá dc csa persona es que intenta esconder su tristeza. Para ser convincente, es preciso que los gestos sean un claro exponente del estado que se desea expresar. Por esa misma razón, quien desea disimular sus emociones, comienza por controlar sus gestos. James Bond es un prototipo de hombre valiente porque no expresa temor, aunque indudablemente lo siente. Humphrey Bogart hace papeles de hombre duro porque su expresión no se reblandece ante las mujeres, aunque se enamore como los demás. Marilyn Monroe con sus cejas arqueadas y su sonrisa, se ajusta a la imagen de persona ingenua, aunque no sabemos hasta que punto se correspondía con la realidad. Los gestos son respuestas vinculadas a la esencia del ser humano que preceden a la planificación voluntaria de la conducta. Esta propiedad les convierte en elementos predominantes cuando se pretende interpretar la actitud o el estado emocional de otras personas.

La selección de las pautas adecuadas a la situación y a los participantes corresponde a la persona que desempeña la función de emisor. Sin embargo, no es una tarea en la que esté solo. Comunicarse es un arte, pero no un arte solitario. Las palabras serían vanas si nadie las escuchara. La comunicación es posible porque hay un receptor que da sentido a las palabras. El oyente no es un mero receptor pasivo, sino un participante que contribuye a regular las emisiones del hablante y que determina su destino. Y cuando ese receptor no existe, o no está presente, el hablante tiene que imaginárselo.

Referencias bibliográficas

B. De Gelder y J. Vroomen (1999), «Bimodal emotion perception», *Cognition and Emotion*, 14, 321-324.

I. Eibl-Eibesfeldt (1993), *Biología del comportamiento humano.* Madrid: Alianza.

P. Ekman, Friesen, S. W y Ancoli (1980), «Facial signs of emotional experience», *Journal of Personality and Social Psychology*, 39, 1.125-1.134.

E. Gaja (1997), *Seducción y éxito social.* Barcelona: Plaza y Janés.

D. Goleman (1996), *Inteligencia emocional.* Barcelona: Kairós.

J. Gray (1992), *Los hombres son de Marte, las mujeres de Venus.* Barcelona: Grijalbo.

M.J. Rodrigo, A. Rodríguez y J. Marrero (1993), *Las teorías implícitas.* Madrid: Aprendizaje-Visor.

P. Watzlawick (1976), *¿Es real la realidad?* Barcelona: Ed. Herder.

12. LA COMUNICACIÓN NO VERBAL

JAUME GAYA
Universidad de Barcelona

Introducción

Los estudios tradicionales sobre el análisis del discurso se han centrado desde siempre en la conducta verbal del ser humano y en su estructura morfológica-léxica-semántica, y han dejado de lado algo tan importante como es el análisis de un conjunto de actividades no lingüísticas directamente relacionadas con el lenguaje, que no sólo lo contextualizan sino que, además, señalan el valor real de todo acto comunicativo.

Concibiendo la lengua como una actividad, y no como el producto de una actividad, algunos investigadores norteamericanos, entre ellos Bateson, Birdwhistell y Hall, proponen un concepto de comunicación entendido como un "sistema" o un proceso muy complejo que integra otros sistemas semióticos en conexión con el lenguaje: el paralenguaje, la kinésica, la proxémica, la cronémica y otros sistemas semióticos objetuales. Sobre cada uno de estos volveremos en su momento. Todos estos procesos están íntimamente relacionados con la emoción y el sentimiento humanos, pero éste es un hecho sobre el que nos extenderemos más adelante. Estos sistemas no verbales interactúan con el lenguaje propiamente dicho. Y es la unión e interacción del conjunto de esos sistemas lo que tenemos que definir como acto comunicativo.

Es importante encontrar una definición interdisciplinar simple para este fenómeno multidimensional que supone la comunicación. Más allá de tal definición hay que ubicar la comunicación humana no sólo teniendo en cuenta la interacción en la vida real, sino también el fenómeno artístico, tal como el literario, entre otros, y analizar su especificidad.

La esencia misma del lenguaje verbal es lógicamente la comunicación. Pero como ya hemos dicho, el lenguaje no es un fenómeno aislado sino que actúa estrechamente relacionado con otros sistemas no verbales enmarcados en un contexto cultural. Para comprenden el concepto de inteligencia emocional y todo lo que hace referencia a la expresión de los sentimientos y las emociones, entendemos que es prioritario un análisis básico del concepto de comunicación y del amplio campo de posibilidades y actuaciones del término comunicación no verbal.

En el ámbito popular existe la creencia de que la comunicación no verbal es sólo el lenguaje expresivo del cuerpo; por ello se habla de "lenguaje corporal", "lenguaje del cuerpo" o "lenguaje gestual", asimilándolo más concretamente al gesto, la parte más visible de éste. Algunos estudiosos creen que estas expresiones seudocientíficas se tendrían que evitar como definiciones de comunicación no verbal, ya que suponen una clara simplificación de los sistemas comunicativos. Sin embargo, no podemos ignorar la larga y también seria tradición que hay detrás de las expresiones referidas, cosa que ayuda a validarlas.

Comunicación y cultura

El concepto de "comunicación" es uno de los que ha recibido más definiciones a lo largo de la historia de las ciencias sociales. La amplitud del fenómeno, conjuntamente con la diversidad de perspectivas desde las cuales se puede analizar, hace difícil definir el término de una manera adecuada en una síntesis breve. Por este motivo, la palabra "comunicación" ha recibido críticas constantes por parte de investigadores y pensadores, pero el uso del término ha triunfado y, hablando de la comunicación humana, su aplicación ha superado el mero campo de las relaciones humanas al de las relaciones públicas hasta el extremo que nunca se había hablado tanto de comunicación como hace unas pocas décadas, y el término ha entrado en el vocabulario científico.

Tanto "cultura" como "comunicación" son conceptos que están extremadamente unidos, si se tiene en cuenta que "cultura es todo" y que "todo comunica". Ambos conceptos son patrimonio interdisciplinar por la amplitud de sus significados y porque permiten ser analizados desde un amplio marco de perspectivas. Desde la antropología lingüística se acuerda definir la cultura como un cuerpo organizado de reglas o un sistema de modos de comunicación, donde el contexto desempeña un papel clave. Así ve la cultura como un estilo de vida total, adquirido socialmente, de un grupo de personas que incluye maneras pautadas de pensar, sentir y actuar. Por su parte, Poyatos, tratando de dar una visión simplemente realista, define cultura como una serie de hábitos compartidos por los miembros de un grupo que vive en un espacio geográfico, aprendidos pero condicionados biológicamente, tales como los medios de comunicación (de los cuales el lenguaje es la base), las relaciones sociales a diversos niveles, las diferentes actividades cotidianas, los productos de ese grupo y cómo son utilizados, las manifestaciones típicas de las personalidades, tanto nacional como individuales, y sus ideas acerca de su propia existencia y la de los otros miembros.

Hacia un nuevo modelo de comunicación

A partir de la observación del comportamiento natural de los seres humanos, en la década de los cincuenta, una serie de investigadores que proceden de diferentes campos (antropología, sociología, psiquiatría...) agrupados bajo el nombre de Escuela de Palo Alto, no porque conformen un grupo compacto sino porque sus proyectos de investigación son afines a unos mismos planteamientos, investigan para construir una teoría de la cultura que explique el fenómeno de la comunicación interpersonal entendida como niveles de complejidad de contextos múltiples y de sistemas circulares. Observan que la comunicación humana va más allá del mero acto de hablar consciente y voluntario, y parten de la creencia que hasta sin las palabras "no es posible dejar de comunicarse".

Pero el lenguaje no lo es todo. En la comunicación humana hay otros sistemas que actúan conjuntamente o por separado con el lenguaje y que constituyen la denominada comunicación no verbal.

Al ver que todo comunica, los investigadores relacionados con la Escuela de Palo Alto intentan dilucidar los mecanismos de la comunicación y propugnan la creencia de la existencia cultural de unos "códigos" –entendida la palabra código de reglas– del comportamiento personal e interpersonal apropiados o no, según el contexto. Con la agravante de que estas reglas de la comunicación son algo de lo que somos inconscientes. Y nuevamente volvemos a los conceptos de: paralenguaje, kinésica, proxémica, cronémica y otros sistemas semióticos objetuales ya citados (y que desarrollaremos en su momento). Todos estos investigadores coinciden en la analogía entre la comunicación y la imagen de una orquesta en funcionamiento. Y aunque la "partitura" de esta comunicación no ha sido formulada por escrito, en cierta medida, ha sido aprendida inconscientemente. De aquí el nombre de *modelo orquestal de la comunicación*. Del mismo modo que en una orquesta no suenan todos los instrumentos a la vez, aunque conjuntamente posibiliten la melodía, así en el concepto de comunicación no podemos aislar cada

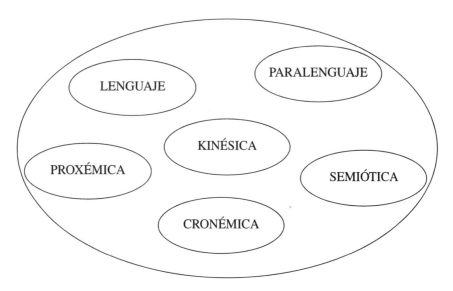

Figura 1. Modelo orquestal de la comunicación.

componente del sistema global, pues esto supondría romper la integridad de la comunicación. Si se quiere tener presente una idea más real del fenómeno que supone la comunicación, debemos atender todos sus sistemas. De esta manera, la comunicación es entendida no como una "transmisión de información", sino en el sentido de "participación" o "puesta en común" como un intercambio y siguiendo un proceso.

Tomando este modelo, es importante destacar que la comunicación no se concibe como algo estático (una suma de sistemas), sino como un continuo dinámico (interactivo) de funcionamiento. Este aspecto dinámico e interactivo de la comunicación se refleja en las *relaciones intersistémicas* e *intrasistémicas* que mantienen los diferentes sistemas comunicativos; entendiendo la comunicación como un conjunto de sistemas en interacción y considerando que los sistemas no verbales interactúan con otros sistemas, entre los que contamos el lenguaje; de esta manera podemos incluir la comunicación no verbal como del fenómeno cultural.

La importancia de la comunicación no verbal

En la vida real la conducta no verbal desempeña un rol muy importante al menos en casi todas las formas de interacción humana. El lenguaje corporal actúa de forma independiente o acompañando el habla; incluso cuando la gente no habla, los canales no verbales siempre están abiertos y aportan información que puede ser significativa para los demás. Manifestamos sentimientos, pensamientos, actitudes, relaciones interpersonales, etc., y todo eso puede ser solo parcialmente codificado con palabras.

Podemos afirmar que la CNV es omnipresente en la vida real, y que tiene un importante papel en la vida social, en cada forma de interacción humana. Consciente o inconscientemente la mayoría de los mensajes que emitimos o recibimos son no verbales, incluso cuando la comunicación es principalmente verbal.

En situaciones en las que no podemos ver a la otra persona, la imposibilidad de comunicarse no verbalmente es percibida como una limitación, por ejemplo, cuando hablamos por teléfono. Si esto es así es porque cuando alguien habla hay siempre algún movimiento en el cuerpo de esta persona, aparte de los movimientos de labios y mandíbulas, que está estrechamente relacionado con el habla: miradas, movimientos de cejas, de cabeza y, naturalmente, de brazos y manos. Cuando hablamos por teléfono, si no nos ven, nuestros gestos quedan en un segundo lugar, dando énfasis a lo que decimos verbalmente con el tono de voz, alargamientos de palabras, etc. Pero a pesar del predominio indiscutible de sonido y movimiento, en la mayoría de las circunstancias no son siempre los más importantes, puesto que ese sistema primario puede ser, en un momento dado, no una palabra sino, por ejemplo, una reacción química (por ejemplo, una lágrima, el sudor emocional) que contendrá realmente la parte más importante del mensaje, sino todo el mensaje mismo. Así, toda una compleja red de canales somáticos pueden intervenir en una interacción, lo cual nos hace caer en la cuenta de que el estudio del "lenguaje" no consiste siquiera en ver lo que ocurre en el canal vocal-auditivo y, por otra parte, que hay toda una serie de otros canales por los que corre una compleja red de actividades somáticas que, de hecho, afectan a esas mismas palabras. Estos canales somáticos pueden ser químicos, dérmicos, térmicos, etc., y se pueden percibir por la vista, el oído, el olfato, el gusto y el tacto. Además de todos estos elementos somáticos conviene tener en cuenta el entorno objetual porque, como individuos sociales que somos, no vivimos en un vacío semiótico, sino que vivimos rodeados de elementos que, activa o pasivamente, actúan en una interacción, ya sea con otras personas, con nosotros mismos o con el ambiente objetual que nos rodea, e interactuamos con ellos directa o indirectamente. Y todo ello sin olvidar las relaciones proxémicas y cronémicas que intervienen en una interacción y que aportan una información difícil de transmitir sólo con las palabras. Con ellas, las palabras, podemos explicar y definir el mundo que nos rodea, pero somos de la opinión que expresamos nuestras emociones a partir de canales básicamente no verbales y no sólo por medio de las palabras. El lenguaje corporal referente a los sentimientos y a las emociones interpersonales se hace difícil de separar con claridad por el hecho de que es sobre todo multifuncional y actúa simultáneamente. Conviene contemplar los actos verbales y no verbales no como sistemas diferentes entre ellos sino como partes integrantes de un mismo proceso de comunicación.

Los términos "verbal" y "no verbal"

Al margen de la extensión con que se utiliza el concepto, lo más usual a lo largo del siglo XX ha sido categorizar la comunicación humana entre dos ejes: el "verbal" y el "no verbal", distinción un poco ambigua pero que se utiliza con bastante profusión. Se hace necesario e indispensable un comentario previo a la problemática del uso del adjetivo "verbal" como sinónimo de "lingüístico" y limitado al sentido de "palabra"; y, como consecuencia, a su correlativo de "no verbal", cuyo campo semántico es excesivo.

Entendiendo la comunicación como un proceso o sistema complejo e integrador, social, plural y permanente, algunos investigadores desestiman la dicotomía de "verbal" y "no verbal" como términos definitorios de comunicación. Así, Birdwhistell prefiere hablar simplemente de "comunicación", en un sentido integrador.

Por su parte, algunos autores hablan de "lenguaje digital" y "lenguaje analógico". Afirman que el lenguaje verbal es una forma de "comunicación digital", con ello quieren decir que las palabras son signos arbitrarios que se manejan conforme con las normas gramaticales del idioma. Porque, por ejemplo, no existe ningún motivo por el que las cinco letras que componen la palabra "rosal" hagan referencia a una planta determinada. No existe ninguna correlación entre una palabra y la cosa que representa, la relación existente es arbitraria, artificial –salvo en el caso de las onomatopeyas–. El mismo mensaje podríamos manifestarlo de otra manera, por ejemplo, dibujando un rosal con flores, o bien señalando un rosal de verdad. En este caso utilizamos otros elementos, a este tipo de comunicación no verbal la podemos llamar *comunicación analógica*. Ésta es una forma de comunicación más arcaica dentro de la evolución del ser humano. En el comportamiento social humano, la comunicación verbal –o digital– se usa principalmente para transmitir información en el sentido de explicar cosas, mientras que la comunicación no verbal –o analógica– se utiliza para negociar las actitudes interpersonales y expresar emociones. Así, todo lo relacionado con nuestra autoimagen, con nuestros va-

Canal digital: *Comunicación verbal*
Explicar.

Canal analógico: *Comunicación no verbal*
Estado psicológico Emociones Actitudes interpersonales Autoimagen Valores y creencias Aspectos culturales

Figura 2. Sistema integrado de la comunicación humana.

lores y creencias personales y culturales lo transmitimos casi en su totalidad de forma no verbal. Podemos utilizar otro ejemplo ilustrativo, como es el caso de sostener una conversación telefónica con un extranjero, es decir, con un hablante con el que no compartimos el idioma. Por mucho que hablemos no lograremos entendernos. Pero si hablamos con el mismo individuo cara a cara, posiblemente podamos obtener con cierta facilidad una información. En el primer caso hablamos de comunicación digital, donde el lenguaje es el único protagonista, y donde posiblemente la única ayuda que tengamos sean los cambios de voz. En el segundo caso, hablando cara a cara, se produce un tipo de comunicación analógica, ya que además de las palabras habladas, que no compartimos, nos ayuda en la comunicación el poder observar el lenguaje de los gestos, la forma de vestir, etc. Esto nos posibilita obtener con cierta facilidad la información básica y necesaria para una comunicación.

Para algunos investigadores, la expresión "no verbal" contiene un campo muy amplio, a la vez que presenta grandes problemas. Parece ser que la solución al problema terminológico es la combinación de los términos "verbal" y "no verbal" con los de "vocal" y "no vocal".

Con este modelo se distinguen las tres formas básicas de la comunicación humana que intervienen en una interacción y que Poyatos propone estudiar como la *triple estructura básica de la comunicación.*

No siempre es fácil determinar a qué categoría pertenecen ciertas actividades comunicativas. La comunicación es un proceso multicanal, todo está

Verbal	*vocal*	lenguaje oral de tipo léxico
	no vocal	lenguaje escrito o transcrito

No verbal	*vocal*	paralenguaje casiparalenguaje
	no vocal	proxémica cronémica kinésica

Figura 3. Las cuatro categorías del lenguaje.

conectado, porque todo comunica. Podemos hacer más énfasis con un sistema o con otro pero, en definitiva, todos actúan. Birdwhistell nunca habla de comunicación no verbal. Siempre habla de comunicación. El lenguaje es sólo una pequeña parte dentro de la comunicación. No es fácil hacer una disección únicamente del comportamiento humano verbal y otra exclusivamente del comportamiento no verbal. Algunos de los más notables investigadores ligados al estudio del comportamiento no verbal se niegan a separar las palabras de los gestos, el hablante apoya el mensaje verbal con gestos que manifiestan sus emociones, no existe la no-emoción.

Observando los diversos sistemas que los humanos utilizan para comunicarse podemos decir sin riesgo de error que el estudio de la comunicación humana ha ignorado durante mucho tiempo una parte importe del proceso.

La borrosa línea que separa lo verbal de lo no verbal en el acto comunicativo se complica cuando, por ejemplo, nos detenemos en el lenguaje onomatopéyico, palabras como "cuchichear", "murmurar", la difícil escritura de los sonidos que emiten, etc. Esto nos lleva a la conclusión de que no todos los fenómenos acústicos son vocales.

Englobamos bajo el término "paralenguaje" una serie de casipalabras (siseos, sutiles aspiraciones y espiraciones nasales, chasquidos linguales, etc.) y sobre todo modificaciones de la voz y tipos de voz. En una conversación telefónica, el hecho de no tener contacto ocular, cara a cara, hace que ambos interlocutores recurran a los alargamientos de palabras, a cambiar de tono, a utilizar inflexiones en la voz, incluso a dejar silencios, para captar la atención de la persona con la que deseamos comunicarnos. Todo ello es paralenguaje.

Denominamos "casiparalenguaje" a todo lo que hace referencia a los ruidos generados por el cuerpo humano (palmadas con las manos, el sonido de un bofetón, el arrastrar de los pies, etc.). Fijémonos en un hecho tal como arrastrar los pies. La información que nos puede dar es extraordinaria: si se trata de una persona anciana, enferma, si está cansada, incluso podemos percibir su estado de ánimo. El *frufrú* del ruido producido por los trajes de seda de las señoras, por ejemplo, comunica el nivel social de la dama. También podemos incluir en esta categoría los ruidos medioambientales: el repicar de las campanas, el ruido de la lluvia o del viento contra los cristales, el ruido producido por el cristal de una copa al romperse, el ruido de algo que cae al suelo, el ruido de los truenos, etc. todo esto engloba el casiparalenguaje.

El término "kinésica" engloba todos los movimientos del cuerpo humano. Los gestos, los movimientos corporales, los de las extremidades, las manos, la cabeza, los pies y las piernas, las expresiones faciales (sonrisas, etc.), la conducta de los ojos (parpadeo, intensidad y dirección de las miradas, etc.), y también la postura. Pensemos en los *emblemas* que utilizamos generalmente cuando los canales vocales están bloqueados, cuando hay impedimentos y deficiencias para una fluida comunicación verbal (por exceso de ruido, por ejemplo, en un lugar público, o porque estamos alejados de la persona con la que nos queremos comunicar): el signo de victoria con los dedos, simular con un dedo sobre la sien el disparo de un arma de fuego. Nuestra conciencia del uso de emblemas es aproximadamente la misma que nuestra conciencia de la elección de una palabra. Además, al igual que el comportamiento verbal, el contexto puede cambiar a veces la interpretación de la señal. A menudo utilizamos gestos y movimientos (oculares, entre otros) simultáneamente con el lenguaje verbal para apoyar el mensaje que queremos transmitir, a estas señales las conocemos con el nombre de *adaptadores*.

Hall estudia de forma muy especial la *proxémica:* el estudio del uso y percepción del espacio social y personal. Pensemos en la disposición de los asientos y en la disposición espacial relacionada con el liderazgo. Además de la distancia física, hay otros usos proxémicos del espacio, como son la orientación corporal, el contacto corporal, el movimiento del cuerpo en espacio al desplazarse de un lugar a otro. En el contexto de la distancia conversacional, por ejemplo, ésta varía de acuerdo con el sexo, el estatus, los roles, la orientación cultural, etc. Todo esto es comunicación.

La *cronémica* hace referencia a la organización del tiempo en las diferentes culturas. Por ejemplo, cuando viajamos al extranjero no sólo nos damos cuenta de que estamos con gente de otras culturas porque nos diferencia la lengua (comunicación digital), sino porque sus usos del tiempo son diferentes. El horario de las comidas es distinto, los comercios tienen otro horario de atención al público, incluso las visitas se realizan en horarios diferentes a los nuestros. Hay, incluso, normas culturales que rigen el horario de llamadas por teléfono, el tiempo de descanso y de intimidad es inviolable. Incluso el factor generacional está ligado al factor tiempo, dependiendo de la edad de la persona se le podrá visitar o llamar a determinadas horas. Pensemos en los horarios de la juventud, el tratamiento del tiempo por un joven es muy diferente al que realizan los adultos. Hoy nuestra juventud se prepara para salir de marcha a la hora que los adultos se van a la cama.

El volumen de la comunicación no verbal es muy superior al de la comunicación verbal. El 90 por ciento de la comunicación que establecemos los humanos es de naturaleza no verbal. Birdwhistell, que ha realizado numerosos estudios sobre conductas no verbales, calcula que en una conversación normal de dos personas, los componentes verbales suman menos del 35 por ciento del significado social de la situación mientras que más del 65 por ciento del significado social queda dentro de los límites de lo no verbal.

La finalidad de esta exposición no es razonar la importancia de los diversos mensajes humanos sino sólo poner en su debida perspectiva el mundo no verbal. Señalar que el estudio de la comunicación humana ha ignorado durante demasiado tiempo una parte importante del proceso comunicativo.

Estructura triple básica de la comunicación humana

Poyatos parte de la convicción de que los sistemas no verbales no funcionan únicamente como un complemento secundario del habla ya que conviene tener presente que ésta es una actividad, por naturaleza, tan audible como visual. Los estudios tradicionales consideran el lenguaje como un sistema completo y autónomo por sí solo. Para hacer un estudio tan serio como real de la comunicación humana, no basta sólo con considerar el lenguaje y su triple estructura léxica-morfológica-sintáctica. Concibiendo el lenguaje de una manera más amplia de lo que la tradición lo ha ido considerando, Poyatos propone que tengamos en cuenta lo que él llama la *estructura triple básica de la comunicación humana:* palabras-paralenguaje-kinésica. En esta estructura triple, en una frase viva –que se produce en un contexto real–, las expresiones verbales se combinan invariablemente con los rasgos paralingüísticos y kinésicos, ya que las palabras, entendidas y utilizadas como signos arbitrarios o imitativos, son incapaces, por sí mismas, de expresar significados verbalmente inefables;

Transmitir información emocional
Conducir nuestra autopresentación
Transmitir actitudes interpersonales
Transmitir información relacionada con el lenguaje
Contextualizar
Sustituir
Confirmar
Contradecir
Repetir
Enfatizar
Organizar la interrelación
Influir en el interlocutor

Figura 4. Funciones de la comunicación no verbal.

precisamente los encargados de llenar estos vacíos en el discurso son los sistemas no verbales (un suspiro, una voz trémula, un timbre alto, etc.). De esta manera, con estas actividades no verbales el emisor puede completar, sustituir, confirmar, contradecir, repetir, enfatizar, etc. su propio discurso.

Funciones de la comunicación no verbal

Los distintos sistemas no verbales desempeñan una serie de funciones comunicativas dentro de una interacción. A continuación presentamos las funciones más generalizadas en los estudios de comunicación no verbal. Para ilustrar algunas de estas funciones tomo ejemplos del mundo literario, concretamente de la narrativa. Forman parte de un estudio más amplio, en fase de elaboración, sobre comunicación no verbal en *Il Gatopardo* de G.T. di Lampedusa, siguiendo la traducción que hizo Ll. Villalonga al mallorquín. Para este artículo ofrezco una traducción al castellano de elaboración propia, pero indicando las páginas de las hojas de mi transcripción semiótica.

La comunicación no verbal transmite información emocional

Con la comunicación no verbal cumplimos básicamente una función expresiva o emotiva. Comunicamos actitudes y emociones y negociamos las actitudes interpersonales. Con todo ello, nos referimos a aquello que decimos no verbalmente sobre nuestra condición social, sobre nuestro estado psicológico y emocional, sobre nuestra manera de ser, etc. También hacen referencia a las reacciones y sensaciones que recibimos cuando interactuamos, ya que sobre todo atendemos los sistemas no verbales cuando los mensajes verbales entran en conflicto. Podemos informar acerca de nuestras emociones también de forma verbal, pero lo más habitual es hacerlo con sistemas no verbales. Quizás debido a su visibilidad, el rostro, desde que nacemos y antes que el lenguaje articulado, tiene un papel importante en la comunicación humana; de ahí que resulte una enorme complejidad de expresiones faciales. Si bien éstas constituyen uno de los sistemas más efectivos para transmitir nuestros estados emocionales, no son la única fuente de información, ya que la realidad depende del estilo o la manera particular de expresarse cada uno. También pueden aparecer conjuntamente con otros sistemas no verbales formando lo que llamamos una *configuración semiótica*.

El príncipe se dio cuenta de que faltaba Francesco Paolo. El chico entró de repente («Perdona, papá») y se sentó. No sufrió ningún reproche, pero el padre Pirrone que ejercía el cargo de perro de pastor inclinó la cabeza y se encomendó a Dios. La bomba no estalló, pero el viento de su paso heló la mesa y la cena se fue al carajo. Mientras comían en silencio, los ojos azules del príncipe miraban a los hijos uno a uno y los hacía temblar de miedo [...] (*El Gatopardo*, I: 45).

La comunicación no verbal conduce nuestra autopresentación

Todos nosotros transmitimos una serie de signos a partir de los cuales los otros perciben y construyen sus impresiones acerca de nosotros. Hacen referencia a nuestros rasgos físicos, sexo, edad, forma de vestir, etc., y constituyen lo que llamamos nuestra "autoimagen":

La autoimagen es el sistema básico a partir del cual se desarrolla y florece toda nuestra conducta de comunicación manifiesta. Ésta no es más que una extensión de las experiencias acumuladas que han acabado por construir nuestra comprensión de nosotros mismos. En resumen, lo que somos o creemos ser organiza lo que decimos o hacemos.

Un buen ejemplo de ello lo encontramos en la manera de vestirse de don Calogero, nuevo rico, avaro y ambicioso, para asistir a una cena al palacio del príncipe:

–Papá, ahora sube don Calogero. ¡Viene de frac!

Tancredi valoró la importancia de la noticia un segundo antes que los demás (...) Pero cuando sintió la palabra fatal no supo contenerse y produjo una sonrisa convulsiva. No rió, en cambio, el Príncipe, a quien –conviene confesarlo– la noticia produjo un efecto mayor que el que le produjo el desembarco a Marsala (...) Ahora, sensible como era a los símbolos y a los presagios, adivinaba una revolución dentro de aquella corbata blanca y de aquellos faldones negros que subían las escaleras de su casa. No sólo el príncipe había dejado de ser el propietario más fuerte de Donnafugata sino que se veía obligado a recibir, vestido con ropa de calle, un invitado que se presentaba vestido de gala. La contrariedad era grande y le duraba aún mientras avanzaba mecánicamente hacia la puerta para recibir a su invitado. Cuando le vio se sintió un poco aliviado. Eficaz como manifestación política, podía no obstante afirmarse que como obra de sastrería el frac de don Calogero era una catástrofe. La tela era finísima, el modelo moderno pero el corte resultaba sencillamente monstruoso. El Verbo londinense no había acertado a encarnarse dentro de un artesano de Girgenti a quien se había confiado, por avaricia, don Calogero [...] (*El Gatopardo*, II: 92-93).

La comunicación no verbal transmite actitudes interpersonales

Muchas veces las palabras presentan limitaciones cuando se trata de expresar ideas y sentimientos, o estados emocionales. Nos es más fácil expresar con sistemas no verbales actitudes claras como el gusto/disgusto, dominio/submisión, etc. Así lo afirman Watzlawick, Beavin y Jackson: tal vez una quinta parte de toda comunicación humana sirve para el intercambio de la información, mientras que el resto corresponde al interminable proceso de definición, confirmación, rechazo y redefinición de la naturaleza de nuestras relaciones con los demás.»

Incluso en relación con el habla podemos anticipar el contenido de un mensaje verbal a partir de sistemas no verbales.

Podemos tomar como ejemplo el encuentro del padre Pirrone con Sarina, su hermana, en la cocina de la casa familiar:

Cuando bajaba para ir a cantar misa a la iglesia encontró a Sarina, la hermana, picando cebolla en la cocina. Las lágrimas que le caían de los ojos le parecieron mayores que las debidas a aquella actividad.

–¿Qué pasa? ¿Alguna desgracia? Cálmate: el Señor aprieta pero no ahoga.

La voz afectuosa del sacerdote disipó aquella poca reserva que la pobre mujer tenía aún. Se puso a llorar, con la cara encima de la mesa mostosa [...] (*El Gatopardo*, V: 47).

La comunicación no verbal transmite información relacionada con el lenguaje

Contextualizar. Podemos ayudarnos de sistemas no verbales para descodificar algunos mensajes codificados verbalmente. Los elementos que más sirven para ello son gestos que representan lo que decimos con las palabras, tal como los gestos pictográficos con los cuales se puede dibujar el contenido de las palabras (un cuadrado en el aire puede significar un cerco, o una persona cerrada, etc.). Incluso se puede incluir dentro de esta función aquellos gestos o expresiones con las cuales anticipamos el sentido o el contenido de una emoción; por ejemplo, cuando alguien nos va a dar una mala noticia, etc.

Valga como ejemplo cuando el príncipe, abstraído delante de la fuente del jardín, recibe a su sobrino Tancredi:

> Don Fabrizio se detuvo, miró, recordó, pensativo.
> –Tío, ven a ver los melocotones extranjeros. Son magníficos. Y déjate de indecencias que no son para personas de tu edad.
> La afectuosa malicia de la voz de Tancredi lo distrajo de su aturdimiento voluptuoso. No se había percatado de su llegada: era como un gato. Al principio le pareció que un cierto rencor se apoderaba de él a la vista del chico: aquel *petit maître* con la cintura ceñida debajo de su vestido oscuro había sido la causa de que pensase tanto en la muerte dos horas antes. Después se percató de que no era rencor. Más bien un poco de miedo. Temía que le hablara de Concetta. Pero la forma en que se le había acercado, el tono de su voz no era el de quien se prepara a hacer confidencias amorosas a un hombre como él. Se tranquilizó [...] (*El Gatopardo*, II: 81-82).

También cuando Concetta, humillada, se dirige a su primo Tancredi:

> Al incorporarse vió a Concetta con la cara enrojecida y a punto de llorar.
> –Tancredi, estas cosas tan feas se dicen al confesor, no se cuentan en una mesa de señoritas. Al menos si son como yo. –Y le giró la espalda. (*El Gatopardo*, II:117-118).

Sustituir. Parcial o totalmente podemos desempeñar esta función con emblemas, ya que cuando el canal verbal está ocupado o hay algún tipo de impedimento (ruido ambiental, cuando no se quiere interrumpir una conversación o, simplemente, cuando no se quiere o no se puede hablar) los utilizamos a menudo. Muchas veces ocurren en contextos como el escolar, cuando el profesor está atendiendo a más de un alumno a la vez y respondiendo a distintas peticiones.

> De vuelta a la casita cúbica [el padre Pirrone], se encontró que su cuñado Vicenzino ya había llegado y así no pudo tranquilizar a su hermana de otra manera que haciéndole señas por encima de la espalda del terrible marido, cosa más que suficiente, tratándose de sicilianos. (*El Gatopardo*, V: 73).

Confirmar. La comunicación no verbal también puede acentuar o corroborar una parte o palabra del mensaje verbal para subrayar algún tipo de petición, etc.

> De pie, hablaba con dialéctica y accionaba, títere lamentable y ridículo que tenía razón.
> –Yo, Excelencia, voté que no. No, cien veces no. [...] (*El Gatopardo*, III: 74-75).

Contradecir. Sería un fenómeno que podríamos catalogar de incoherencia entre las informaciones verbales y no verbales. Puede ser espontánea o intencionada. Normalmente los investigadores coinciden en que, ante la duda, debemos atender el mensaje no verbal. Por ejemplo, decir a alguien con una expresión facial de seriedad: «Será un placer recibirte en mi casa», donde se exterioriza todo lo contrario. El mensaje verbal puede debilitarse también con el tono de voz que le quite verosimilitud, o con una postura de brazos en forma de barrera, que expresa una actitud poco participativa en un contexto en que se pide a alguien que participe en algo. Sea como sea, el mensaje verbal no se corresponde con el no verbal, aunque parezca que sí.

Sirva como ejemplo un pasaje donde las lágrimas de Conceta son protagonistas cuando recibe en palacio a Tancredi, su amor frustado, pero se disfraza la emoción de tristeza con la de alegría: «Concetta se mostró particularmente afectuosa: su alegría –dijó– era tan intensa que le hacía salir lágrimas de los ojos». (*El Gatopardo*, IV: 44).

Y este otro, en que el adjetivo "triste" no encaja con la expresión facial de "alegría" que adivinamos detrás de las gafas:

> [...] entró don Ciccio Ferrara, el contable. Era un hombrecito delgado que escondía el alma ilusa y ambiciosa de un liberal detrás de unas gafas tranquilizadoras y unas corbatas inmaculadas. Aquella mañana estaba más animado que de costumbre: parecía estar claro que las mismas noticias que

habían deprimido el padre Pirrone habían actuado encima de él como un cordial positivo.

–Tiempos tristes, Excelencia –dijo después de los saludos habituales–. (*El Gatopardo*, I: 98-99).

Repetir. Cuando emitimos un mensaje verbal, para evitar ser redundantes de nuevo verbalmente, podemos hacer uso de algún gesto para decir lo mismo sin palabras; por ejemplo, contestar afirmativamente de forma verbal y con un asentimiento de cabeza, o expresar verbalmente que nos gusta algo y decir lo mismo a continuación sólo con la mirada de admiración.

En el ejemplo siguiente, el ambicioso e insensible don Calogero admira lo que ve, asombrándose sólo con el cálculo monetario de aquellas obras de arte:

–¡Magnífico, príncipe, magnífico! Ahora ya no se hacen cosas así, al precio actual del oro...

Sedara estaba a su lado; con ojitos brillantes recorría el palacio, insensible a la gracia de muebles, cuadros y tapices, atento sólo a su valor monetario. (*El Gatopardo*, VI: 43-44).

Enfatizar. Normalmente se produce cuando queremos resaltar una parte del mensaje verbal o expresarlo de una forma más contundente y dinámica. Se utilizan a menudo como recursos expresivos para ayudar a formar y construir el discurso oral. Podemos con gestos exaltar las imágenes que construimos a través de las palabras, por ejemplo recitando, etc.

Ya sereno, don Fabrizio había tomado de nuevo la costumbre de leer por las tardes. En otoño, después del rosario, porque era demasiado oscuro para salir, la familia se reunía cerca de la chimenea esperando la hora de la cena y el príncipe, de pie, leía a los suyos las hojas de una novela moderna y traspiraba digna benevolencia por todos los poros de su cuerpo. (*El Gatopardo*, IV: 34).

Organizar la interacción. Kendon es uno de los especialistas en kinésica que más se ha adentrado en el estudio de la gestualidad relacionada con el habla. Nos advierte de algo verdaderamente importante: que tengamos en cuenta el movimiento, además del discurso verbal, si queremos entender lo que llamamos un "acto de discurso": miradas, movimientos de cejas, de cabeza y, naturalmente, de brazos y manos. Así señalamos la toma de turno, sincronizamos una conversación, organizamos una interacción, etc. Se puede conseguir con elementos paralingüísticos, con contacto ocular, con inclinaciones del cuerpo, etc. En el siguiente ejemplo vemos los esfuerzos que hace Tancredi, sentado entre dos jóvenes, para mantener la interacción con ambas sin excluirlas de la conversación: Tancredi, entre las dos jóvenes, con la atenta cortesía de quien se siente culpable, dividía equitativamente miradas, bromas y atenciones [...] (*El Gatopardo*, II: 507).

Influir en el interlocutor. Podemos persuadir o causar decepción con sistemas no verbales para provocar determinadas actitudes. Puede utilizarse como un instrumento para influir en los demás y así obtener determinadas respuestas; por ejemplo, tocando a nuestro interlocutor, sonriéndole, etc. Un buen ejemplo de ello nos lo muestra Angélica cuando se dirige al príncipe para pedirle un baile:

> –Príncipe –decía Angélica–, hemos sabido que era aquí; hemos venido para descansar, pero también para pedirle un favor. Esperamos que no nos lo negará.
> Sus ojos sonreían, maliciosos, y su mano se posó encima de la manga de don Fabrizio.
> –Le quería pedir que baile conmigo la próxima mazurca. Diga que sí, no sea malo. Sabemos que es un gran bailarín. (*El Gatopardo*, VI: 58-59).

Estos gestos pueden suponer una modificación de la conducta del interlocutor. Supongamos que el inicio de un determinado gesto contribuye a que alguien se levante por nosotros, sin que nosotros lo hagamos, como en el ejemplo siguiente:

> A lo mejor Chevalley hubiese seguido mucho tiempo en este tono si Bendicó, detrás de la puerta, no hubiese pedido a «la sabiduría del soberano» que le dejasen entrar. Don Fabrizio hizo gesto de levantarse para abrir, pero con una pereza tal como para dar tiempo al piamontés, de que lo hiciese él. (*El Gatopardo*, IV: 154).

Conclusiones

En este artículo hemos querido reflejar nuestro interés por el fenómeno multidimensional de la comunicación. Un estudio completo de la comunicación humana, desde la perspectiva del análisis del discurso, no puede limitarse solamente al lenguaje verbal porque ésta, la comunicación entre personas, no se reduce meramente al discurso lingüístico. Esto nos lleva a reiterar que la esencia de la estructura del discurso humano es triple: lenguaje-paralenguaje-kinésica. Además de este concepto, cabe tener en cuenta también otros sistemas: proxémica, cronémica, semiótica objetual, etc., pues las palabras no se producen en un vacío semiótico, sino en un contexto real. Así pues, la comunicación ya no se puede ver sólo como un acto verbal, consciente y voluntario, sino como un proceso más complejo donde los individuos, además de hablar, gesticulan, se mueven, reaccionan a estímulos externos e incluso pueden estar callados. A pesar del predominio indiscutible del sonido y del movimiento, en la mayoría de las circunstancias no son siempre los más importantes, puesto que hay otros sistemas que pueden contener la parte más importante del mensaje o todo el mensaje mismo. Pase lo que pase, consciente o inconscientemente, de forma voluntaria o involuntaria, incluso permaneciendo en silencio, la comunicación es inevitable e incontrolable porque los canales no verbales siempre están abiertos. Estas aportaciones nos hacen revisar el concepto tradicional de comunicación y concebirlo como un continuo dinámico o interactivo de sistemas, donde su funcionamiento precisamente se refleja en las relaciones intersistémicas e intrasistémicas que mantienen los distintos sistemas comunicativos.

Los sistemas no verbales desempeñan un papel importante en la manifestación de sentimientos, pensamientos, actitudes personales, etc., porque todos estos mensajes son parcialmente codificados con palabras. Además de esta función, los estudios sobre comunicación no verbal han puesto de manifiesto otras funciones. Así pues, si queremos ofrecer una definición más realista tanto del lenguaje como del fenómeno de la comunicación humana en términos científicos, no podemos ignorar todas estas aportaciones. Si la comunicación no verbal es significativa en la vida real y tiene un papel importante en todas las formas de interacción humana, en literatura es también imprescindible, sobre todo en las narraciones mínimamente realistas. De ahí que hayamos ilustrado las funciones de la comunicación no verbal con ejemplos literarios.

Bibliografía

R. Birdwhistell (1952), *Introduction to kinesics. An annotated system for analysis of body motion and gesture*. Washington, D.C.: Dept. of State, Foreign Service Institute.
— (1970), *Kinesics and context: essays on body motion communication*. Filadelfia: University of Pensilvania.
E. Hall (1959/1989), *The silent language* . Nueva York: Fawcett.

F. Poyatos (1988), «New research perspectives in cross-cultural psychology trough nonverbal communication studies», en F. Poyatos (ed.), *Cross-cultural perspectives in nonverbal communication*. Lewiston, Nueva York/Toronto: C.J. Hogrefe.

— (1994), *La Comunicación no verbal I . Cultura, lenguaje y conversación*. Madrid: Istmo.

P. Watzlawick, B.J. Beavin y D.D. Jackson (1967/1995), *Teoria de la comunicación humana*. (10ª ed.). Barcelona: Herder.

Winkin, Y. (ed.) (1981/1994): *La nueva comunicación* . (4ª ed.). Barcelona: Kairós.

13. EL ARTE DE LA INTUICIÓN Y LA INTUICIÓN DEL ARTE

José A. Adrián
Universidad de Málaga
Javier Adrián
Universidad de Salamanca

Hace algunos años, un famoso piloto de Fórmula 1 se encontraba disputando las 500 millas de Indianápolis. En el circuito de dicha ciudad norteamericana, hay una curva que tiene fama por su extrema dificultad y escasa visibilidad. Durante la carrera, se produjo un grave accidente justo a la salida de dicha curva. Nuestro piloto en cuestión venía por detrás, a no más de treinta segundos, por lo que no les había dado tiempo material a los jueces de avisarle con la bandera de precaución. Sin embargo, no se sabe por qué motivo, el piloto dio un volantazo hacia la derecha y evitó estrellarse a más de doscientos kilómetros por hora. No había tenido posibilidad de ver el obstáculo y, aun así, algo le "avisó" con tal velocidad que le dio tiempo a reaccionar. Posteriormente, interpelado sobre la razón de tan sorprendente conducta, el campeón de automovilismo comentó que de lo único que se acordaba era de que al tomar la curva vio un escenario distinto del que estaba acostumbrado. Había algo diferente, el panorama era más oscuro que el habitual e instintivamente torció su volante. Reflexionando en busca de una explicación de este suceso, nuestro protagonista se percató de que normalmente el coche que entra en la curva es seguido por una multitud que dirige su rostro hacia él; una gran pantalla de color claro. Aquel día, los rostros estaban vueltos hacia el accidente, y la pantalla se había tornado oscura. Ya no eran las caras las que miraban al coche que entraba en la curva y el cabello de los espectadores oscurecía el telón de fondo que captaba la retina del piloto.

¿Qué actuó en el cerebro de aquel piloto que le hizo salvar su vida? El saber popular habla de sexto sentido o de intuición al referirse a conductas, afirmaciones o descubrimientos que no son fruto de la reflexión o de un conocimiento previo. El *Diccionario ideológico de la lengua española* de Julio Casares define "intuir" como «percibir o entender clara e instantáneamente una idea o verdad, sin el proceso del razonamiento».

En este sentido, la intuición representaría una especie de atajo para llegar a las cosas. Así entendida, ésta es tomada como una habilidad intelectual que, sin embargo, no se explora mediante los tests clásicos de inteligencia y parece pertenecer más bien a lo que hoy en día denominamos *inteligencia emocional*.

Con todo, creemos que la intuición, lo mismo que el razonamiento, el lenguaje o las habilidades matemáticas, ha de poseer una base neurobiológica o "material", que sustente físicamente su actividad y uso. La neuropsicología es la ciencia que se preocupa del análisis de la conducta y de nuestras funciones psicológicas, desde el estudio del papel que desempeña en su funcionamiento el sistema nervioso y las distintas áreas cerebrales. Por eso, es importante analizar científicamente cómo las estructuras corticales, subcorticales y las conexiones neuronales que se integran en ellas son capaces de facilitar, dificultar o impedir –en caso de dañarse o no desarrollarse– tal o cual capacidad humana. Así, por ejemplo, algunos enfermos que han sufrido algún daño en su cerebro pierden la capacidad de reconocer las emociones expresadas en los rostros o en la música. También es bien conocida la dificultad de los niños autistas para comprender los sentimientos o ponerse en el punto de vista del otro, que es lo que los psicólogos llamamos capacidad de *empatía*.

La intuición parece resultar de la combinación de habilidades neurológicas desarrolladas en la evolución, elementos genéticos y el "entrenamiento" que aporta la familia y el entorno. En un reciente artículo aparecido en *Psychological Bulletin*, M. Lieberman[1] propone un modelo explicativo de los mecanismos neurológicos que subyacen a nuestras llamadas intuiciones. Según este psicólogo norteamericano, la intuición se sustenta sobre unas bases anatómico-funcionales similares al llamado *aprendizaje implícito*, que es una capacidad de adquisición de conocimientos y aprendizajes que realizamos de forma casi independiente de nuestra conciencia. Es decir, que parece ser que los seres humanos poseemos una habilidad, de carácter no consciente, para asimilar "rutinas" de comprensión y ejecución que nos ayudan a "recordar" percepciones y tareas, sin necesidad de acudir a lo que llamamos conciencia y a las estructuras cerebrales que la sustentan: las áreas prefrontales de nuestra corteza.

Según Lieberman, la base anatómica donde se ubicarían tales habilidades correspondería a una estructura subcortical denominada *ganglios de la base,* que desempeña un papel importante en el aprendizaje de patrones temporales; lo que nos permite hacer predicciones instantáneas de sucesos de manera automática. Además, los ganglios de la base están conectados con diferentes áreas del cerebro, a las que envían esta información y en las que se realizan las tomas de decisión para variar la atención en relación con la relevancia del acontecimiento que éstos hayan captado. Estas representaciones secuenciales memorizadas en los ganglios de la base parecen constituir la base neurológica y computacional de lo que llamamos «intuición».

Aun así, MacClelland y su equipo[2] han subrayado la importancia que asimismo tiene el hipocampo (una porción del sistema límbico) en los mecanismos de fijación de la memoria. Éste parece esencial para realizar rápidas asociaciones de conceptos o sucesos que ocurren al mismo tiempo y que pueden ser accesibles a la conciencia. Por el contrario, los mencionados ganglios de la base aparecen asociados más bien a aprendizajes de secuencias y relaciones de probabilidad que no se muestran "visibles" a la conciencia, lo que sugiere que probablemente sean éstos los encargados de albergar la base anatómica sobre la que se asentaría el aprendizaje implícito y ciertas formas de intuición.

En efecto, la conducta del piloto de carreras de nuestra historia parece haber estado explicada por un instinto o impulso de conservación, que ha provocado una sensación emocional de peligro y miedo ante algo no percibido conscientemente, ocasionando su respuesta motora de giro del volante, y no cabe duda de que su acción puede relacionarse con una forma de aprendizaje implícito; ya que el piloto había memorizado y estaba acostumbrado a observar el escenario de la curva de un "color" que aquel día cambió de manera inesperada.

Sin embargo, además de los ganglios de la base es necesario tener en cuenta otras instancias del cerebro que participan en el fenómeno de la intuición, especialmente si nos referimos a conductas de carácter emocional.

Las estructuras básicas que controlan las respuestas emocionales tienen su asiento en una porción cerebral, muy primitiva de nuestra evolución, conocida con el nombre de *sistema límbico*. Este conjunto de órganos son la base esencial de muchas de nuestras respuestas emocionales. Ciertas partes del sistema límbico humano desempeñan papeles importantes en los mecanismos de fijación de la memoria, ayudándonos a reconocer patrones del entorno de carácter más emocional. Así, por ejemplo, en un famoso *best seller* del periodista científico norteamericano Daniel Goleman sobre la inteligencia emocional,[3] se mencionan los trabajos de LeDoux, un conocido estudioso de la neurología de las emociones. En algunas investigaciones relativamente recientes, el referido LeDoux[4] ha desvelado que es la *amígdala* (una porción del sistema límbico) la encargada de ejercer un control de primera instancia, a modo de "centinela emocional", sobre determinados estímulos sensoriales. La amígdala es la primera estructura cerebral por la que pasan una parte de las fibras sensoriales que llegan desde sentidos como la vista o el oído. De tal manera que permite a ésta emitir una respuesta neurofisiológica rápida antes de que la señal o estímulo, proveniente desde la periferia del sistema nervioso, llegue al neocórtex (lóbulos prefrontales) para una respuesta digamos más elaborada.

Así, los sentimientos y emociones respondidos desde la amígdala tienen un carácter más primario y suelen ocasionar respuestas motoras periféricas, generalmente de miedo y evitación; por ejemplo, huida ante algo o alguien, una expresión facial, o el volantazo dado por el piloto de coches de nuestra historia al detectar un peligro o miedo no consciente.

Podemos afirmar que el atajo neurológico de la amígdala representa una explicación biológica de esos otros "atajos intuitivos" de nuestra conducta que permiten ocasionalmente realizar acciones heroicas o salvar nuestras propias vidas mediante la aparición de respuestas emocionales primarias de carácter no consciente.

¿Cuáles son esas emociones llamadas primarias, básicas o simples que de alguna manera condicionan y modulan nuestra conducta en una primera instancia?

Siempre ha habido un gran debate entre los expertos a la hora de aislar y determinar qué entendemos por "emoción básica". Como sugiere A. Fierro,[5] se podría decir que lo emocional es una sensación cualitativamente más intensa. Son experiencias que provocan percepciones que producen un gran efecto en la persona que las vivencia. Los estímulos que desencadenan esas experiencias pueden ser externos o internos y el resultado es un cambio en nuestra conducta y sentimientos; en esto lo emocional no se distancia o forma un apartado distinto de lo que es la experiencia en general y sería tan sólo el efecto que produce en el individuo lo que lo diferenciaría de otro tipo de sensaciones. El hecho de que sean sólo unas pocas las sustancias químicas (neurotransmisores) responsables de los estados emocionales ha llevado a especular a los científicos sobre la existencia de un número reducido de emociones capaces de producir experiencias y respuestas fisiológicas observables. Por eso, y aunque continúa siendo un tema polémico de discusión, se podrían precisar cinco emociones básicas susceptibles de ser provocados en el ser humano: *enfado*, *miedo*, *tristeza*, *alegría* y *asco*. Existen algunos datos experimentales, obtenidos por distintos investigadores,[6,7] sobre los cambios corporales que se producen asociados a tales emociones básicas. Los resultados fueron recogidos mediante cuestionarios de auto-percepción de síntomas en una muestra perteneciente a veintisiete países, lo que da cuenta de su consistencia estadística. Aun así, las mediciones direc-tas de las respuestas fisiológicas que se producían en los sujetos no ofrecie-ron resultados tan claros. Sin embargo, sí que las mencionadas emociones básicas aparecían claramente asociadas a expresiones faciales prototípicas; es decir, observables en cualquier condición racial o cultural. En definitiva, que todos los seres humanos parece que somos capaces de identificar ros-tros que expresen alegría, enfado, tristeza o miedo. Este "cliché" emocional es útil para comprender lo primario de ciertos aspectos que rigen nuestra conducta emocional.

No obstante, resulta obvio decir que nuestras sensaciones emocionales son mucho más numerosas y elaboradas que aquellas que hemos llamado básicas o "prototípicas". La diversidad de emociones, sensaciones y afectos que vivenciamos son el resultado de la participación intelectual de nuestra mente y reciben el nombre de *emociones complejas*. Las emociones com-plejas se generan en gran medida con la participación de nuestro neocórtex, más concretamente de los lóbulos prefrontales, que son los encargados de elaborar los sentimientos y sensaciones que las acompañan. Aquí la "intui-ción" de los estímulos se reviste de complejidad y produce sensaciones y experiencias más profundas.

¿Qué ocurre cuando tenemos una emoción compleja? Un ejemplo pue-de ayudarnos a comprender mejor lo que queremos decir.

El sentido del olfato es uno de los que más relación tiene con la apari-ción de estados emocionales. El ser humano ha perdido gran parte de este sentido a lo largo de su evolución como especie, pero todavía provoca reac-ciones afectivas y emocionales muy intensas.

Así, todos hemos percibido alguna vez al entrar en una habitación, al oler la ropa que cuelga en los armarios, al pasear por una calle de alguna ciudad o durante alguna excursión al campo, algún olor, aroma, perfume o fragancia, etc., que nos ha despertado alguna emoción o sensación afectiva. Sin saber muy bien por qué nos sentimos alterados. Aparecen sensaciones de melancolía, de nostalgia…y nos embarga una multitud de sensaciones ine-fables; el pulso se acelera, la circulación periférica aumenta y aparece un mayor grado de activación corporal y mental. Sin embargo, todavía no so-mos conscientes del porqué exacto de este estado. Comienza un proceso de búsqueda; escudriñamos en nuestros recuerdos y sensaciones pasadas, cien-tos de imágenes recorren nuestra cabeza. De repente, descubrimos a qué o a quién nos recuerda ese olor. Unas veces es el del lugar donde pasábamos las vacaciones en la infancia, otras la fragancia de un amor perdido, casi olvidado. Las sensaciones se reactivan, queremos volver a sentir aquello que casi habíamos enterrado en el baúl de nuestra memoria. Hemos descubierto por unos instantes un túnel vívido hacia el pasado. Un ejemplo parecido es el que describe Oliver Sacks[8] en su conocido libro *El hombre que confundió a su mujer con su sombrero*. En esta obra, el neuropsiquiatra estadounidense cuenta el caso de una señora que, tras sufrir una microtrombosis cerebral en el lóbulo temporal derecho, se reencontró con las viejas canciones de su niñez que sonaban sin saber por qué dentro de su cabeza y le hacían revivir diferentes momentos de su infancia.

¿Qué es lo que ha ocurrido? Probablemente, nuestro bulbo olfatorio, situado en las proximidades de un área que abarca zonas amigdalinas e hipocámpicas, ha captado un estímulo oloroso que ha despertado asociaciones afectivas almacenadas en las neuronas hipotalámicas y otras estructuras límbicas conectadas con el mencionado bulbo. La percepción de este estímulo provoca cambios no conscientes y sensaciones que son acumuladas y enviadas a través de haces nerviosos hasta estructuras neocorticales prefrontales.

El área prefrontal específica organizará las sensaciones percibidas: intentará etiquetarlas semánticamente mediante el lenguaje (existen áreas concretas en el hemisferio izquierdo encargadas de esta capacidad), procurará ubicarlas en el tiempo y en el espacio con ayuda de la información pertinente suministrada por cada uno de los lóbulos cerebrales especializados en distintas funciones (recuerdos táctiles, visuales, otros olores, etc.), intentará que le llegue más y mejor la sensación olfatoria (por ejemplo, inspirando con más fuerza y concentrándose en ese aroma, sintiéndolo y dejándose llevar por la emoción que le despierta).

En este sentido, los lóbulos prefrontales serían las zonas en las que tomaríamos conciencia de los distintos cambios corporales internos, externos y de las emociones primarias y básicas que provocan éstos, y que parecen estar reguladas en un primer momento, como hemos apuntado anteriormente, por las estructuras del córtex más primitivo (sistema límbico) y del subcórtex (tronco del encéfalo).

Lo que hacen los lóbulos prefrontales es dar sentido a esos cambios químicos y hormonales, y a las respuestas corporales que provocan. Los hacen más complejos emocionalmente, realizando una representación intelectualizada de las sensaciones emocionales más simples o básicas.

Si como parece, planificamos, coordinamos y ejecutamos de manera consciente desde los lóbulos prefrontales del neocórtex y, al mismo tiempo, esas mismas estructuras son las que "intelectualizan" y dan complejidad a nuestras emociones, entonces podemos sospechar una cierta imbricación entre ambas dimensiones (la intelectual y la emocional) de nuestra mente.

Pero ¿qué papel desempeñan las emociones –especialmente las complejas– dentro de la conducta del ser humano?

Johnson-Laird[9] es un científico norteamericano muy relevante e influyente en el campo de la psicología para quien las emociones o sentimientos complejos son estados intermedios entre las conductas innatas, automáticas, instintivas, reflejas y básicas emocionalmente, y las respuestas de carácter racional y lógico propias del hombre. Johnson-Laird opina que las emociones sirven para guiar e influir, y no siempre conscientemente, en el comportamiento.

Además, las emociones humanas de carácter complejo suelen tener un perfil mixto y ambivalente; en ellas se suelen mezclar elementos positivos y negativos para formar sentimientos y estados de ánimo un tanto ambiguos. J.A Marina y M. López[10] han publicado recientemente un *Diccionario de los sentimientos* en el que hacen un repaso de las distintas palabras que etiquetan afectos, sentimientos y emociones. Marina y López realizan una taxonomía precisa de las "tribus" de términos que se utilizan en este campo. Conviene hacer un repaso por sus páginas, para observar la cantidad de matices otorgables a nuestras emociones y sentimientos complejos "cocinados" en el lenguaje.

En las emociones complejas, las simples se ven revestidas de una intrincada serie de recuerdos afectivos, inferencias y representaciones que tienen una gran influencia sobre todo el sistema de funcionamiento consciente del ser humano. Nuestras emociones complejas nos permiten conmovernos ante una historia, sentir odio, amor, revivir sentimientos, comprender los de los otros, "intuir" estados de ánimo e intenciones ajenas por su voz, sus gestos, etc.

Pero ¿qué estímulos son capaces de producir reacciones emocionales complejas?

Las emociones complejas parecen provenir de la conjunción de ciertas habilidades y sensibilidad innatas para reaccionar como seres humanos ante la experimentación de sensaciones muy variadas. Estas capacidades sensibles que vienen con nosotros "de fábrica", a su vez, se mejoran y perfeccionan mediante la educación y el entrenamiento, dando lugar a experiencias y vivencias propiamente individuales.

Así, por ejemplo, el sentimiento de *amor* podría verse referido en esto que hemos llamado emoción compleja. En el amor se expresan combinaciones de emociones simples y otras complejas que en muchos casos resultan contradictorias: alegría ante la presencia del ser amado, tristeza por su ausencia o pérdida, los celos que pueden llevar al enfado y la ira… El resultado suele ser una sensación "agridulce", mezcla de estados de ánimo contrapuestos. Si bien el enamorado parece generar un estado de bienestar, alegría y optimismo exultantes que lo llenan todo, las mejores expresiones de amor surgen generalmente –no hay más que echar un vistazo a la literatura en cualquier momento histórico– de su ausencia, o mejor dicho, de su pérdida o de la frustración de no alcanzarlo. Lo mejor para sentir el amor como emoción compleja es imaginarlo; como Dante imaginó el amor de Beatriz o el enloquecido Quijote procuraba el de Dulcinea. El ideal de amor brota del anhelo de él. Decimos todo esto porque reconducir los sentimientos complejos requiere necesariamente una capacidad de reflexionar y recrearse en lo que se siente; y para esto necesariamente no sólo cuentan la genética, las cualidades individuales o los logros evolutivos de nuestra especie. Las emociones básicas provocaban respuestas periféricas, en las complejas se suele dar una retención intelectualizada de las mismas. Esa retención es generalmente dirigida hacia la imaginación, la fantasía y, en la medida de las capacidades de cada cual, hacia la creatividad. Si la frustración amorosa generara, a partir de, por ejemplo, un sentimiento de celos, sólo emociones básicas, como la tristeza y el enfado, lo que muchas veces se produciría sería únicamente una respuesta motora –pensemos en la tan tristemente de moda violencia doméstica–, la cual tan sólo en parte liberaría la tensión. Por el contrario, una de las funciones de las emociones complejas es la de redirigir, a través de la retención de la respuesta periférica, la energía hacia otros aspectos, digamos, más positivos de la conducta.

Por otra parte, además de los pasionales sentimientos amorosos, existe otra clase de estímulos que tienen también una clara influencia emocional y que son capaces de generar sensaciones complejas a partir de "intuiciones" no conscientes. Éstas no están dirigidas a la autoconservación ni provocan reacciones fácilmente etiquetables, como aquellas más básicas, sino respuestas más elaboradas e imprecisas, que conllevan lo que llamaremos "intuiciones emocionales complejas" y que sirven para recrear y perfilar mejor los sentimientos. Pensemos, por ejemplo, en el efecto estético de una buena música o pintura, y en su posible impacto emocional.

Sin embargo, ¿se pueden educar esas intuiciones emocionales más complejas para potenciar nuestra sensibilidad innata?

La preparación para captar mejor esos estímulos más "sofisticados", que son capaces de conmovernos y producir un efecto emocional más consistente, es un asunto que debería ser abordado por nuestra sociedad si queremos brindar una educación integral desde la infancia. Tales estímulos "sofisticados" han sido creados por la cultura y son elementos que recogen y reflejan en gran parte nuestra sensibilidad y forma de entender el mundo.

Son representaciones que cuando se les otorga un carácter elevado los denominamos *obras de arte*.

La idea de que el arte ayuda a la formación de una inteligencia emocional más completa a partir de una biología específica y de un entorno sociofamiliar adecuado no es nueva. El arte tiene un efecto de *placer estético* comparable a la respuesta emocional rápida (motora), pero con una activación afectiva más rica, que es capaz de generar una mayor elaboración del pensamiento, cambio emocional y creatividad. Que la intuición de los estímulos complejos, como habilidad de la inteligencia emocional, sea educable es algo que hay aún que comprobar, pero todo parece indicarnos que el arte sí que es un elemento de vital importancia en la elaboración de nuestras emociones más profundas.

Una visión original para comprender el valor, estructura e influencia del arte en las emociones fue descrita por L. S. Vigotski,[11] un psicólogo ruso que vivió durante la primera mitad del siglo XX. Vigotski escribió su tesis doctoral, *Psicología del arte*, en los años veinte que, desafortunadamente, no fue publicada en español hasta comienzos de los años setenta. Aun así, y pese a los años transcurridos, sus reflexiones manifiestan una gran agudeza y extraordinaria actualidad.

Vigotski presenta el arte como una técnica social de las emociones. Piensa que las obras de arte sirven para provocar una evolución social y del pensamiento de las personas. Para abordar el problema del arte, se centra en el estudio de las obras narrativas de carácter dramático, y como ejemplo paradigmático de su teoría analiza meticulosamente el *Hamlet* de Shakespeare. La visión de Vigotski es similar a la que hemos expuesto anteriormente en relación con las características de las emociones complejas: una obra de arte es la conjunción de elementos contradictorios o paradójicos que producen una reacción de catarsis emocional que no tiene un carácter periférico sino central o mental.

El autor ruso acuña los conceptos de *forma* (la trama o argumento) y *contenido* (el significado o sentido interno) para analizar la estructura de la narración artística. El contenido representa lo que es preexistente a la propia obra de arte (sobre todo al referirnos a la fábula, el cuento, la novela, el teatro o el cine); es decir, todo aquello que ya existía antes del relato y que puede darse fuera e independientemente de él (el lenguaje, las características psicológicas de los personajes, los sucesos, las emociones sentimientos y pasiones, etc.). Por el contrario, la forma representa el modo de distribuir, ordenar, estructurar y contar lo que se relata y se presenta al lector o espectador. El diseño y modificación de la forma implican un profundo cambio en el significado o sentido implícito (contenido) de una obra. Por ejemplo, en un soneto tradicional español se puede leer: «Madre, un caballero de los que matan toros sin que ellos lo maten.»

Vemos la manera en que se designa, con un rodeo verbal, lo que se entiende por un "torero". Observamos cómo en vez de utilizar la palabra más familiar, la más conocida, en su lugar se usa un lenguaje formalmente "extraño", pero que desde el punto de vista del contenido trata de subrayar la idea de la *muerte*. El concepto muerte queda sólo definido de forma sugerida –los toreros pueden morir–. La idea es que la forma, en cierta manera alejada del lenguaje ordinario, propicie la atención del lector o espectador; que éste "intuya" el verdadero contenido del mensaje, le impacte emocionalmente y le lleve a la reflexión.

H. Eco[12] sostiene que el mensaje artístico siempre es ambiguo en su contenido y, al presentarse semánticamente como tal, impone una atención interpretativa que lo hace autorreflexivo y afectivamente más influyente.

Vigotski sugiere que, al menos en las obras de arte narrativas que utilizan el lenguaje, el sentido (contenido) predomina sobre el significado formal (la definición del diccionario). Él lo ejemplifica a través de la fábula *La cigarra y la hormiga*, en la que la idea de bailar queda emparejada con la idea de la muerte, como también la del soneto del torero subrayaba con una perífrasis la idea del posible destino fatal de éste.

El fin último de la obra de arte es provocar una catarsis como consecuencia de la reacción estética, en la que la vivencia emocional desempeña un papel preponderante. Esta vivencia emocional genera reacciones centrales y periféricas. Como vemos su planteamiento guarda una gran convergencia con las teorías actuales sobre las emociones que ya hemos desarrollado. El arte opera básicamente con sentimientos híbridos, paradójicos y con una estructura subyacente contradictoria. Lo que hace específico al arte es que sirve para hacer más compleja nuestra vida emocional mediante la estimulación de una catarsis que se refleja en nuestra conducta. Si como veíamos en la emoción básica de miedo lo útil era salir corriendo o dar un volantazo, en la vivencia estética del miedo se produce, según Vigotski, una retención de la respuesta periférica de la emoción (aparición de sentimientos más elaborados como el sobrecogimiento, la inseguridad, la ansiedad, la fobia, etc.), que conlleva una proyección emocional más compleja. Así, por ejemplo, en *El sexto sentido*, película aspirante a los Oscars del año 2000 del director M. Night Stryunsalan, existen distintas escenas del niño Halley Joel Osment, en las que se busca el miedo preparando previamente al espectador sobre lo que va a venir, propiciando la anticipación de lo que puede ocurrir, dando tiempo a que lleguen a nuestra memoria los miedos y fantasías de la infancia. De tal manera que, cuando se produce el golpe de "susto", ya se ha creado el ambiente que busca el "artista" (en este caso el guionista y el director de la película) dentro de nuestras cabezas, lo que facilita la aparición de un miedo más "inteligente" y emocionalmente más complejo. Asimismo, durante la audición de una obra musical sentida pueden aparecer condiciones, tras un fracaso amoroso por ejemplo, emocionalmente favorables para la resolución "catártica" del conflicto. El sentimiento de tristeza se mezcla con la suavidad de la música escuchada; se evoca la imagen del ser amado, que provoca un encuentro "contradictorio" de sentimientos y la catarsis consecuente: quizás una bella poesía que describe nuestro amor por la amada o el amado, una tarde dedicada a la pintura de un bello paisaje o simplemente la recreación vívida de su recuerdo.

El problema es que la teoría de Vigotski parece útil en la explicación de la función y estructura de las obras de arte de tipo narrativo (*Hamlet*), pero no sabemos si funciona –al margen de observaciones de la vida cotidiana– con otros tipos de manifestaciones artísticas. Algunos autores[13,14,15] han procurado analizar la teoría de Vigotski aplicándola a otras artes como la música y el cine. Los datos encontrados apoyan, al menos parcialmente, la idea de la presencia de una estructura contradictoria forma-contenido en las obras no narrativas y en su papel en la complejificación emocional.

Sin embargo, el principal problema que encontramos para su estudio objetivo es el hecho de que el arte representa un fenómeno extraordinariamente amplio y complejo. Grosso modo, y sin entrar en profundidad en su análisis, podríamos describir dos dimensiones o perspectivas involucradas (el artista o "hacedor" y el observador o "disfrutador") y distintos niveles o canales de plasmación:

1. Narrativo (poesía, novela, ensayo, etc.).
2. Visual (pintura, escultura, arquitectura, etc.).
3. Auditivo (música, declamación, etc.).
4. Mixto (cine, teatro, ballet, televisión, artes multimedia).

Concretando aún más, se podría afirmar incluso que lo que existen son artes que utilizan el lenguaje (verbal) frente a otras que no lo hacen.

El historiador del arte E.H. Gombrich[16] coincide con Vigotski al subrayar el origen social del arte. La captación de la perspectiva o la profundidad de campo en la pintura es un logro esencialmente social y cultural, y no únicamente el fruto de la evolución biológica. Hay que tener en cuenta que un pintor del siglo X no veía de forma diferente al de otro del siglo XVIII; únicamente cambió la manera de comprender y asimilar sus percepciones, de tal manera que mejoró la técnica de representación de la realidad, lo que permitió plasmar una pintura más realista.

El desarrollo del arte proviene de los artistas, pues el arte como tal sólo existe a través de ellos. Esta idea del historiador austríaco subraya el papel del creador o "hacedor" de arte como protagonista de la obra misma. La comunicación del artista es básicamente estética y su expresión es el fruto del desarrollo de una cultura –sea occidental, oriental, amerindia, etc.– de cientos e, incluso, miles de años. El cambio en la sensibilidad estética a partir de la creación de los artistas es un trabajo, a veces, de generaciones. Es el "gota a gota" de pequeños y continuos movimientos artísticos vacilantes, con regresiones a modas o gustos pasados, lo que va produciendo cambios y descubriendo sensibilidades y técnicas inexploradas del placer estético. La mayoría de los artistas son "obreros" del arte; pocos son los genios capaces de producir cambios estéticos revolucionarios. Algunas veces estos genios son descubiertos después de la muerte, cuando alcanzamos a apreciar el adelanto a su tiempo que supuso su obra (por ejemplo, Bach o Cervantes). Otras veces, se tiende a pensar que la genialidad es sinónimo de incomprensión; y aparecen los "artistas" *esnobs* que se autodenominan genios incomprendidos. El artista genial es una rara mezcla de dotes y cualidades innatas con trabajo. Por ejemplo, mucha gente desconoce que antes de que pintara cuadros cubistas como el *Guernica* o *Las señoritas de Avignon*, Picasso era tremendamente hábil en su niñez haciendo cuadros figurativos y casi hiperrealistas. Primero aprendió a ver la realidad y a dibujarla, y más tarde optó por la abstracción de su pintura y su propio estilo. Llegar a ser un buen pintor –independientemente de las cualidades innatas, que son siempre de gran ayuda– implica aprender lo que ya se sabe en esa disciplina y se enseña en las academias y, a la vez, practicar para desentrañar todo el potencial de artista que se lleve dentro. Nadie compondrá la poesía de su vida en la primera tentativa; antes debe aprender y practicar las reglas de la poética, manejarse con las rimas, los endecasílabos, etc., para componer, por ejemplo, un soneto. La inspiración y las cualidades para la narrativa no valen para casi nada si no se mira a la lingüística y sus reglas, si no se progresa desde la redacción de un cuento corto hasta la narración de una novela, si no se respetan, en definitiva, las convenciones de estilo de una lengua con siglos de evolución, que dan la claridad a los pensamientos. Ser un leísta empedernido con caprichosa puntuación y exquisita prosa como Cervantes, sin que se lo tengamos en cuenta, retorcer el trazo y la perspectiva con arte como lo hacía Picasso o transgredir las leyes de la armonía del barroco como hacía Bach son logros reservados a los genios. Nadie llega a ello si no sabe previamente manejarse por las bases de un arte cualquiera, bases sustentadas en la propia historia de la cultura de una sociedad. Ser comprendido necesita por parte del artista el intentar hacerse comprensible o, al menos, procurar transmitir la emoción recreada por el autor en su imaginación. Una obra de arte que no impacta o conmueve a casi nadie, la mayoría de las veces no es la obra de un genio incomprendido sino la de un mal artista.

Artistas y público que lo disfruta por un lado, junto a las más diversas artes plásticas, musicales, escénicas, arquitectónicas, cinematográficas, etc., componen un vasto repertorio de estudio. El ARTE –en mayúsculas– es demasiado amplio y el objetivo de este capítulo no es realizar un ensayo monográfico sobre él. Su abordaje conllevaría páginas y páginas de controvertidos análisis. De hecho, la estructura más compleja hasta ahora desvelada (el genoma humano) lo ha sido después de muchos años, gracias a la investigación de cientos de científicos y a la aportación de millones de dólares. Pero quizás, incluso así, averiguar toda la esencia de lo artístico, por ser un fenómeno menos físico y observable empíricamente, conllevaría un esfuerzo todavía mayor.

La clave en el descubrimiento del genoma humano ha sido las muchas investigaciones que se han llevado a cabo primeramente sobre los componentes genoménicos de organismos menos complejos: el gusano *C. elegans* o la mosca del vinagre (*Drosophila melanogaster*). Su descripción ha ayudado decididamente a desentrañar la estructura, mucho más complicada, del genoma humano. En muchas ocasiones, tratar de comprender algo implica la asunción de que la base sobre la que se asienta un fenómeno complicado puede ser más sencilla que su resultado final. Escalar el Everest es un reto que pasa por entender y practicar la técnica de escalada en un medio menos complicado y abrumador; moverse por la ciudad de Nueva York implica conocer la estructura básica en que están organizadas sus avenidas y calles: numeradas en pares e impares, de sur a norte y de este a oeste; luego todo es más fácil, a pesar de su enorme extensión y dificultad aparente.

¿Puede el arte ser entendido –al menos parcialmente– desde otros ámbitos culturales de análisis no tan complejos? ¿Existirá en relación con el arte alguna "mosca" o "gusano" que nos sirva de puente y nos ayude a comprender su esencia, estructura y función? ¿Existirán manifestaciones artísticas que actúen de manera parecida a como describió Vigotski el arte (herramienta de impacto emocional)?

El humor y el chiste son, en cierta manera, fenómenos parecidos a la representación artística. Freud[17] ya analizó a principios del siglo XX el papel del chiste y su relación con el inconsciente. Recordemos que tanto el chiste o el humor como el arte comparten el ser representaciones comunicativas que permiten expresar –también provocar– emociones. En ambos fenómenos es central la forma de presentación del contenido, que debe sugerir (mediante la sorpresa, la contradicción o la paradoja) pero no hacer explícitos los contenidos del mensaje.

Algunos estudiosos de las teorías explicativas del humor han argumentado de manera similar a lo que Vigotski plantea cuando explica la estructura interna del arte. La condición esencial para el placer estético –la risa, en el caso del humor– sería la acción simultánea de factores que provoquen reacciones placenteras y displacenteras o la aparición y luego desaparición repentina de estímulos displacenteros. Autores de obras de ficción como Tolkien –*"El señor de los anillos"*– han remarcado mecanismos similares para explicar la acción de los cuentos fantásticos; éstos deben tener como ingredientes: amenaza, huida y desaparición del peligro. La función final es hacer vivir o recrear en el lector o espectador experiencias que de otra manera tendrían un alto coste emocional en la vida real.

Por ejemplo, en el siguiente chiste:

> Restaurante de lujo. Un tipo encorbatado con una rubia impresionante al lado...
> –¿Qué tomarán los señores?
> –A mí me pone una langosta Thermidor y un cava Juve y Camps reserva de la familia.
> –Sí, señor. ¿Y a su mujer qué le pongo?
> –Póngale un fax y dígale que me lo estoy pasando de escándalo.

La acción del chiste transcurre en dos guiones o escenarios conceptuales diferentes y opuestos: *esposo-amante*. La clave del humor está en un tercer elemento que desencadena la paradoja al trasladar inesperadamente al oyente o lector de uno a otro guión apareciendo la respuesta emocional de hilaridad.

En este sentido, el chiste y el humor parecen ser situaciones intermedias o fronterizas con las producciones artísticas. El humor sarcástico, irónico, de ingenio, en el que el mensaje está camuflado entre formas paradójicas de lenguaje, se puede presentar como un fenómeno que cumple un papel parecido –aunque en tono menor– al que el arte desempeña: producir emociones que no sólo provocan una liberación de lo reprimido –según la idea de Freud– a través de formas socialmente mejor aceptadas, sino que, además, favorecen una mayor activación mental y eclosión de sentimientos; desde la simple hilaridad –como en el chiste– hasta los estados emocionales complejos que frecuentemente se producen por la experiencia estética ante la contemplación de una obra de arte o la audición de una composición musical. Recordemos cómo en la España de los años cuarenta a los sesenta, en la que el régimen franquista dejaba resquicio para muy pocas cosas, la prensa, la radio y el cine del momento agudizaban su ingenio para poder criticar la sociedad sin que la censura se percatase; esforzándose en que la "forma" estuviera lo suficientemente enmascarada como para que no quedase muy claro el auténtico sentido. Buen ejemplo de ello son las películas *Bienvenido Mr. Marshall* y *El verdugo* de Berlanga. Igualmente, muchos recordarán también el sutil humor del que hacía gala la revista *La Codorniz*, que con sus portadas, llenas de los más ácidos e inteligentes chistes, atacaron y satirizaron –secuestro de muchas de sus ediciones incluido– gran parte de los valores imperantes entonces. Su "forma" cargada de simbolismo era muy rica y encerraba un contenido lleno de juegos de palabras e ironía que hizo reírse de muchas de las cosas prohibidas a aquellos que podían entender su fino y artístico humor.

En cierta manera, con el arte, con el chiste o en el humor en general sucede lo mismo que con la distinción entre lo erótico y lo pornográfico. La diferencia no está en los términos sino en las personas que lo aprecian. Una persona con una inteligencia compleja, capaz de captar o "intuir" estímulos elaborados, probablemente se excitará sexualmente más ante escenas o narraciones que sugieran, que ante aquellas que sólo hagan explícito o muestren. Su mente creará y fantaseará nuevos elementos más ricos y sugestivos. Por contra, personas con una inteligencia más simple y concreta y, por tanto, menos especulativa necesitarán de estímulos que representen más claramente (icónicamente) el objeto del deseo y no tanto que simbolicen o insinúen. Muy posiblemente el papel del arte sea éste; necesitamos primero aprender a ver, oír, sentir y potenciar nuestras habilidades genéticas para luego comprender e "intuir" la estética y el sentido de aquellas formas que sugieren más que explican.

Al igual que el chiste, otro fenómeno cultural que hoy en día tiene un desarrollo e influencia social notables, con poco más de un siglo de historia, es el de la *publicidad*. Ésta ha sido definida, junto con el cine, como el arte por excelencia del siglo xx, por lo que serviría a nuestro propósito de indagar en las claves que expliquen el papel del arte en las emociones humanas. Éste se expresa en su capacidad de comunicación, convicción e influencia en los comportamientos y las actitudes de quien la recibe, ya sea en el ámbito comercial (la venta de un producto), político (conseguir el voto para un candidato o partido político), o moral (promoción de comportamientos cívicos). Al ser un acto comunicativo, su objetivo fundamental no es agradar o distraer. El placer que puede provocar la contemplación de un anuncio es simplemente un medio para influir eficazmente en un determinado sentido y en el más corto espacio de tiempo posible. Si como hemos dicho la publicidad es comunicación, el eje central de dicha comunicación es el mensaje. Éste deberá ser claro, convincente, de fácil recuerdo y selectivo, es decir, dirigido a su público mediante imágenes, música, palabras y efectos, todos ellos códigos que el receptor descifra en muchas ocasiones de manera "intuitiva".

Según Lluis Bassat,[18] la comunicación publicitaria se genera básicamente por tres vías: la vía racional, la vía emocional, y una tercera vía que combina las dos anteriores. La primera, la racional, se basa en presentar el producto de una manera reflexiva o racional; su gran defecto es que cualquier argumento a favor, de tipo racional, crea en la mente del receptor un argumento en contra. Si presentamos un producto como barato puede surgir la sospecha de que el producto no es bueno. Sin embargo, los mensajes que tienen una base emocional no originan contra-argumentos, causan una participación afectiva o emocional del receptor con lo anunciado, provocando la identificación de éste con el producto.

En un primer momento de su historia, la publicidad se centró casi exclusivamente en convencer al comprador de las excelencias y ventajas de un producto que se ponía en el mercado. Los anuncios se veían frecuentemente apoyados por frases o versillos ramplones que ayudaban a retener en la memoria el producto. En un anuncio de finales del siglo XIX se podía leer lo siguiente: «Si es usted cotilla y está perdiendo el oído, cómprese una trompetilla en protésicos Pulido.»[19] En él, el contenido del mensaje (si está perdiendo el oído cómprese una trompetilla) servía como estrategia esencial de venta; la forma (manera de presentarlo) cumple un papel secundario que es el de ayudar a recordar el mensaje. Esta primitiva publicidad, básicamente enunciativa, estaría sustentada en una comunicación de tipo racional, a la que Bassat llama primera vía. El desarrollo y renovación de la publicidad en la sociedad actual, como medio de producir cambios emocionales, ha sido relativamente reciente. Sin embargo, hoy en día es, sin duda, una de las herramientas más útiles y empleadas en la inducción estética y emocional. La publicidad es el medio esencial por el que el arte se convierte en algo funcional o práctico. Su objetivo es la transmisión de conceptos e ideas de una manera acertada. Su efecto es la generación, en los consumidores, de "intuiciones" del auténtico sentido de un mensaje y que éste se asocie al producto que se quiere vender.

Intuición es un término frecuentemente utilizado entre los usuarios del ordenador. Decimos que un programa es más o menos intuitivo en la medida en que nos permite acceder a sus funciones de una forma más directa y rápida. Así, podemos comprobar cómo los programas más intuitivos son aquellos en los que predomina un sistema pictográfico: pequeños iconos que representan la función o funciones requeridas en un momento dado y a la que nosotros recurrimos instantáneamente sin reflexión previa. Las imágenes permiten emerger ideas no verbalizadas y esencialmente completas, sintetizando la información. Betty Edwards[20] en su libro *Aprender a dibujar* propone un pequeño ejercicio con el que pretende demostrar el poder comunicativo de las imágenes: «Pidan a alguien que intente describir cómo es una escalera de caracol. A los pocos segundos no podrá evitar dibujar en el aire una espiral ascendente.» Ese dibujo en el aire que representa la escalera de caracol es la descripción no verbal del objeto y su comprensión se hace de una forma inmediata e irreflexiva. De esta manera, comprobamos cómo las imágenes permiten comunicar conceptos intuitivamente, pero ¿qué pasa con las emociones? Según lo visto anteriormente, parece ser que las imágenes, por su naturaleza no verbal, son idóneas para transmitir mensajes que generen un efecto inmediato e irreflexivo como es la emoción.

El prestigioso publicista norteamericano David Ogilvy[21] en su libro *Confesiones de un publicitario*, haciendo referencia a la publicidad en el medio televisivo, menciona cómo las imágenes tienen un peso preferente a la hora de transmitir el mensaje. La única función de la palabra es la de fijar el significado de lo que la imagen ilustra. Para él, un anuncio televisivo que no es capaz de comunicar sólo con sus imágenes el mensaje pretendido resulta inoperante.

¿Qué tipo de imágenes predominan en publicidad? Generalmente aquellas que facilitan una comunicación instantánea, eficaz, y que consiguen fijar sobre sí la atención del espectador haciéndolas fácilmente rememorables y comprensibles. Así las imágenes publicitarias mostrarán un mundo optimista, irreal y maquillado. La vida de la publicidad es bella, las mujeres son seductoras (o pueden llegar a serlo), los niños son sanos y encantadores. Juega frecuentemente con el humor y la ironía dentro de un registro entre la comedia y el musical, nunca el drama. Utiliza el sarcasmo pero éste nunca resulta desagradable. Su objetivo primordial es buscar la simpatía a través de la empatía, logrando la identificación de su público con lo que se representa.

Como no puede arriesgarse a que su mensaje sea incomprendido, la publicidad muestra una realidad convencional, reflejando los estereotipos de personas y ambientes que quiere representar. La publicidad presenta roles determinados en cuanto a sexo, profesión y posición social. Nos transmite caricaturas simplistas que limitan la visión del mundo a hombres y mujeres que responden a un determinado nivel de vida. R. Aparici, A. García-Matilla y M. Valdivia[22] señalan que hay autores como K. Reardon que dicen que los medios de comunicación se limitan a producir lo que nosotros deseamos ver, y en esta medida la publicidad trata de satisfacer nuestros deseos. Asimismo, mencionan que, según Marçal Moline y Jacques Douce, un individuo busca el bienestar, la alegría, el éxito, el poder, la consideración, el reconocimiento, el amor, la intimidad, la ternura, la integración social, la seguridad, la paz, la aventura y las nuevas sensaciones. La publicidad va a proporcionar estas experiencias que consciente o inconscientemente buscamos.

Analizaremos algunos ejemplos esclarecedores de todo esto que estamos contando y que ayudarán a comprender mejor lo que queremos decir.

El primer ejemplo de publicidad (figura 1) es una imagen elaborada para la firma de ropa Benetton en el año 1992. Su autor, Oliviero Toscani,[23] muestra el momento de agonía de un enfermo de sida rodeado por sus familiares. En la fotografía falta el rectángulo verde que en una esquina de la imagen enmarca las siglas United Colors Of Benetton. Como se puede apreciar, dicha imagen desdice gran parte de los atributos que anteriormente hemos mencionado como propios de toda imagen publicitaria: no ofrece una realidad manipulada ni retocada, sino que captura un fragmento de la misma en toda su crudeza; no ofrece una visión agradable de la vida, bien al contra-

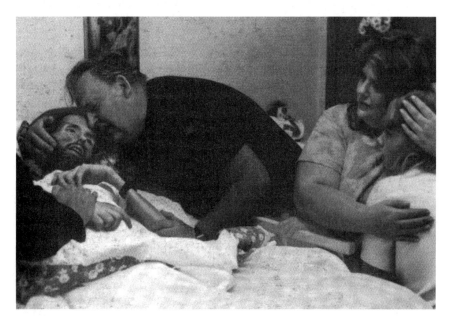

Figura 1. Anuncio para la firma Benetton (Oliviero Toscani, 1992).

rio, muestra con total realismo el drama, evitando cualquier búsqueda de conciliación con el espectador-consumidor. Esta fotografía seguramente no provocaría desconcierto alguno si se viera en las páginas de un diario como una imagen periodística más, es precisamente en el contexto publicitario donde origina el impacto y genera, a su vez, la curiosidad del que lo ve. Se produce, por consiguiente, una falta de contacto semántico entre el producto y la imagen, reforzada por la ausencia de texto. Entre el producto y la imagen no existe nada que los vincule, y en su contradicción brota algo que confiere al producto y a la imagen un sentido nuevo, complejo y polisémico, propio de las obras de arte. El necesario conflicto entre forma y contenido, así como el carácter complejo, son considerados, según Vigotski, inherentes a la obra de arte, y causantes del placer estético.

Este ejemplo muestra cómo la publicidad puede superar sus propios convencionalismos en la búsqueda de sorprender y emocionar al espectador. En realidad Toscani no inventa nada nuevo, el contenido de la imagen así como algunos aspectos formales son extraídos directamente de la tradición cultural de Occidente y de la que él, como artista, no es ajeno. Su fotografía es una versión moderna de *La piedad*, la agonía del hombre enfrentado a la muerte acompañado por las muestras de amor y de dolor de sus seres queridos.

La siguiente ilustración (figura 2) muestra una obra del pintor italiano Giotto. El tema es el del dolor ante el cuerpo yacente de Cristo con la virgen abrazándole por última vez. Su gesto es similar al del padre sosteniendo el cadáver del hijo, en la imagen de Toscani. Giotto de Padua fue un artista que en el siglo XIII revolucionó el concepto de la pintura. Por aquel entonces, los pintores estaban más interesados en divulgar el Evangelio haciéndolo comprensible a aquellos que no sabían leer, así que los aspectos formales eran secundarios: las proporciones de las figuras no se respetaban, los escenarios en los que se desarrollaba la acción eran irrelevantes, y los rostros de los personajes resultaban totalmente inexpresivos; así que imaginamos que era difícil que provocaran emoción alguna. En lugar de emplear procedimientos de pintura-escritura al uso, Giotto podía hacer que el tema estuviera acaeciendo delante de nuestros ojos. Los contenidos continuaron siendo los mismos: fragmentos del Evangelio, pero presentados de una forma totalmente original y revolucionaria. Los hombres del siglo XIII que vieron por primera vez sus pinturas se encontraron con algo nuevo: no se trataba de difundir el Evangelio, sino de sentirlo. Seguramente se conmocionaron al contemplar el rostro sin vida de Cristo, y sintieron la angustia ante el dolor de la madre abrazada al cuerpo inerte de su hijo, deleitándose en el modelado de las figuras, la delicada armonía de los colores o la cuidada composición, que integra tan acertadamente las figuras en el escenario. Podemos

Figura 2. *El entierro de Cristo* (Giotto Di Bondone, h. 1305) Fresco.
Capilla Dell'Arena, Padua.

decir que tanto en la pintura de Giotto como en el anuncio de Toscani las imágenes más que «explicadas» son intuidas y que por lo tanto más que entendidas son sentidas por el espectador.

Tanto el espectador del siglo XIII como el del XX experimentan una sacudida emocional originada por la coexistencia de elementos contradictorios, así como la intervención de otros, novedosos y sorprendentes. Como ya hemos dicho, en la comunicación de tipo emocional, el mensaje es intuido y por lo tanto no reflexionado, así que con facilidad generará repuestas igualmente de tipo emocional no razonadas. En el caso del espectador medieval, dicha respuesta se verá condicionada por una participación afectiva que surge de su condición de creyente. En el caso del espectador actual, dicha participación nace de su implicación y preocupación por un problema de actualidad y de gran interés social como es el del sida. La carga afectiva generada por la contemplación de la imagen puede provocar una identificación del espectador con el producto. Los consumidores de la marca Benetton se hallan en un sector de la población preferentemente juvenil, por lo que este tipo de público se identificaría fácilmente con la imagen de Toscani por su carácter novedoso y transgresor.

La siguiente imagen (figura 3), también de Toscani, para la firma Benetton, es predecesora de la comentada anteriormente. En ella se conservan todavía "restos" de los procedimientos fotográficos propios de la publicidad, como son la cuidada iluminación, la calidad de la imagen, la composición, o el brillante fondo blanco tan identificativo del "estilo Toscani". Sin embargo, existen elementos incongruentes y generadores de una contradicción entre el contenido de la imagen y la forma de presentarlo. En este caso se trata de mostrar el nacimiento de un bebé –un hecho que se asocia habitualmente a algo maravilloso y bello– como un acontecimiento brutal: un bebé sucio, ensangrentado, que nadie, salvo unos pocos desea ver porque es feo, escatológico y asociado a algo demasiado íntimo. Su objetivo, como en el caso anterior, es provocar un impacto visual y emocional a partir de estímulos contradictorios y sorprendentes, para generar respuestas emocionales más complejas y elaboradas.

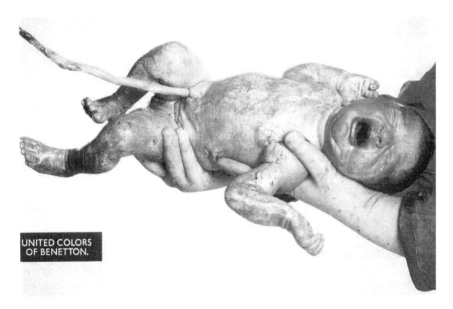

Figura 3. Anuncio para la firma Benetton (Oliviero Toscani, 1991).

Figura 4. Anuncio para la firma de tabaco Camel.

Podríamos pensar que Toscani y sus trabajos para Benetton son una pequeña isla en el océano de la publicidad, es decir, que los elementos anteriormente vistos, como la producción de emociones complejas a partir de la unión de otras simples y contradictorias, no son habituales en el campo de la publicidad. Sin embargo, así como existen distintos estilos en pintura, también hay diferentes estilos en publicidad, y por consiguiente, el impacto emocional no siempre es la estrategia elegida. No obstante, con el siguiente ejemplo trataremos de demostrar que en la publicidad convencional también cabe la complejidad y la búsqueda, más o menos maliciosa, de "enganchar" afectivamente al público.

La figura 4, muestra un anuncio para la marca de tabaco rubio Camel. En los paquetes de esta marca podemos ver el dibujo de un camello. Es precisamente este animal, representativo de la marca, el que aparece en nuestro anuncio. Sus rasgos caricaturizados otorgan al animal apariencia humana, transmitiendo simpatía. Su color amarillo así como el aspecto de su piel se asemejan al color y la textura del producto, por lo que, más allá de la marca, este animalito gracioso e inofensivo personifica al propio producto. Nuevamente, forma y contenido se presentan juntos contradiciéndose el uno al otro. En este caso el contenido que es el tabaco, un producto cuya "virtud" es perjudicar gravemente la salud, se presenta de una forma simpática, inofensiva, casi humana. Una vez establecida la identificación entre producto y personaje, el publicista va distribuyendo de forma estratégica elementos en la imagen, símbolos que "sugieren" significados que puedan ser comprendidos intuitivamente y de manera no consciente por el espectador, con el objeto de otorgar al personaje, y en consecuencia al producto, cualidades favorables de tipo emocional. Así tenemos que "Camel" encarna al triunfador según los valores supremos de nuestra sociedad: la acumulación de riquezas y el dinero. Éste se consigue fácilmente a través del juego, evitando alusiones al esfuerzo y al trabajo e identificando la vida con aspectos lúdicos. La figura del personaje es eminentemente masculina, y lo masculino en la publicidad suele asociarse con patrones de éxito, fuerza y poder. Nuestro camello es un as en todos los campos de la vida, incluidas las mujeres, pero ¿dónde se encuentra la figura femenina en el anuncio? Si se observa con detenimiento en las cartas del primer término apreciamos que aparece un quinto "As" ligeramente más adelantado. En esta carta inexistente en cualquier baraja normal, aparece un trébol rojo que insinúa la silueta de una mujer exuberante. Como si de una flecha se tratara, la "A" de la carta señala un lugar fuera del encuadre, el mismo sitio donde el camello dirige su mirada. Es ahí donde se encuentra la mujer. Las joyas sobre la mesa, nuevamente sugieren que a esta chica ya no le queda otra cosa más que perder, aparte de la ropa y el empeño de sus encantos. El juego de seducción y el éxito en el amor también es mostrado en elementos como el as de corazones, no en vano es esta carta la que aparece mostrándose en primer plano destacando sobre las demás. Como vemos, los atributos otorgados a la mujer en este anuncio, así como en gran parte de la publicidad, son los de objeto de deseo y de satisfacción sexual.

En realidad podemos decir que existe cierto nivel de complicidad entre el creador del anuncio y el que lo mira. Un campo de experiencias comunes que permite entender el verdadero significado del mensaje. El guiño del publicitario al espectador se establece en el doble contexto, el doble escenario conceptual en el que se da la historia: por un lado el del juego y por otro el de la seducción. El primero se muestra abiertamente, el segundo se sugiere. Es precisamente el espectador el que intuye esa segunda lectura y el que finalmente construye un nuevo significado más complejo y rico. Esos distintos niveles de lectura se adaptan, por consiguiente, a diferentes tipos de público: el público fascinado por la simpatía y la perfección con que se integra un personaje de ficción en un entorno real, y el público más rico intelectualmente que buscará otros elementos de interés que fomenten su curiosidad y que desarrollará ideas más complejas; tal y como sucedía cuando en páginas anteriores distinguíamos lo pornográfico de lo erótico.

El doble contexto argumental en el que se desarrolla el anuncio ya ha sido mencionado con anterioridad en relación con el humor y en concreto al chiste. Precisamente, a este último se refiere el lingüista Victor Raskin[24] quien, además de reconocer el doble contexto en el que se desarrolla el chiste, identifica en algunos de ellos un tercer elemento que desencadena la paradoja y que sirve de estímulo, trasladando al oyente de un contexto a otro, permitiendo la elaboración interna del chiste.

El siguiente anuncio (figura 5) servirá para ilustrar esta última idea. Son fotogramas de un anuncio para la marca de helados Frigo, elaborado por la agencia de Bassat, durante la celebración de los Juegos Olímpicos de Barcelona. Estos van a ser precisamente los dos guiones en los que se va mover el anuncio: los helados y los Juegos Olímpicos. El anuncio comienza con un primer plano de una llama olímpica mientras que una voz en *off* anuncia: «Aunque parezca mentira esto es un anuncio de helados.» La paradoja producida por la contradicción fuego/hielo, calor/frío es la sorpresa visual que va a estimular la curiosidad y la atención del espectador. En el cucurucho-

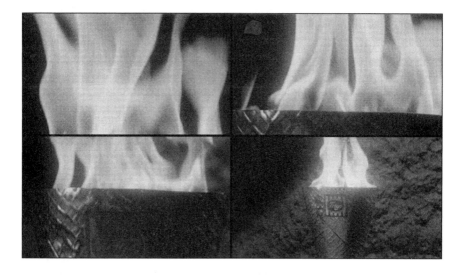

Figura 5. Fotogramas de un anuncio de Bassat, Ogilvy y Mather
para la firma de helados Frigo.

antorcha convergen los dos contextos asociando el producto con los Juegos Olímpicos. El objeto por tanto del anuncio es provocar en el espectador una reacción favorable hacia el producto vinculándolo afectivamente a los Juegos Olímpicos y lo que representan. Esto mismo ocurría en el anuncio de Camel; en el espectador asociaba afectivamente a un producto dañino los atributos de un personaje inocuo e inofensivo como el simpático camello.

Como se puede apreciar, los ejemplos que hemos analizado son claras muestras de cómo la publicidad utiliza también la contradicción y la ambigüedad, más o menos expresa, entre la forma y el contenido para producir un efecto emocional que conlleve un cambio en el espectador. Asimismo, en algunos de ellos observamos un doble contexto que es sólo "intuido" (nivel no consciente) por el espectador y que es generador de sentimientos más complejos, contradictorios o ambiguos mucho más elaborados, que son precursores de reacciones afectivas igualmente complejas, que pueden ser causantes del denominado placer estético.

Sin embargo, hemos de reconocer que el paradigma descrito por Vigotski (contradicción forma-contenido) para explicar la función del arte no tiene un carácter general por más que hallemos ejemplos reveladores del valor de su teoría en los distintos campos del arte. Aunque sí marca pistas muy claras de por dónde debemos analizar la esencia de éste.

D. Páez y J.A. Adrián ya lo han comentado en su libro *Arte, lenguaje y emoción*[25] al referirse a autores como D. E. Berlyne que ha señalado la existencia asimismo de otros factores asociados al estético o formal que describió Vigotski. Las bases neurobiológicas –que ya vimos al principio de este capítulo–, la curiosidad y la necesidad de exploración están igualmente en la raíz de la sensibilidad para apreciar e "intuir" los estímulos sutiles expresados en el arte.

Así pues, a manera de resumen ¿qué conclusiones y reflexiones podríamos extraer de todo lo expuesto?

Primeramente, parece claro que esa habilidad que denominamos *intuición* se asienta sobre unos pilares neurobiológicos que permiten respuestas rápidas e independientes de nuestra conciencia. Ese tipo de respuestas las hemos denominado *emociones básicas*, y representan formas no conscientes de adaptarnos a cambios bruscos de nuestro entorno (por ejemplo, ante un peligro o por causa del estrés) o también referidos a cambios internos de carácter hormonal o bioquímico no controlados conscientemente; por ejemplo, alteraciones neuroquímicas de carácter genético que pueden dar lugar a cambios bruscos de humor, incluso, a enfermedades mentales.

En segundo lugar, sabemos que nuestras emociones pueden revestirse de complejidad cuando actúan ciertas áreas cerebrales. Esas estructuras se ubican en zonas prefrontales del cerebro, y dotan a las emociones básicas de sensaciones más profundas que hemos aprendido a etiquetar con gran variedad de palabras (nostalgia, amor, desesperación, etc.). Las emociones así vividas las hemos llamado *complejas* y, según muchos investigadores, guardan una estrecha relación con lo más intelectual de nosotros mismos, influyendo claramente en nuestros comportamientos y creencias.

El debate sobre qué estímulos son capaces de conmovernos y producir emociones complejas ha sido otro de los puntos álgidos de nuestra discusión. Ciertamente, no podemos olvidar la sensibilidad innata que establece diferencias individuales a la hora de captar, percibir, sentir o intuir situaciones, gestos, sonidos o palabras que conlleven la aparición de tal o cual emoción sutil. Sin embargo, parece claro que la educación y el entrenamiento pueden permitirnos mejorar y perfeccionar nuestra sensibilidad emocional y la habilidad para captar estímulos cada vez más complejos. A esta capacidad la hemos denominado *intuiciones emocionales complejas*, dado que producen sentimientos más elaborados que se convierten muchas veces en inefables –que no se pueden calificar con palabras– y que son fruto de captaciones no conscientes de ciertas cualidades de lo que observamos y percibimos; por ejemplo, el deleite ante una obra de arte.

Esto nos ha llevado a plantear que el arte y su captación son en esencia elementos que ayudan a perfilar mejor nuestras emociones complejas y a conseguir una inteligencia emocional más rica y útil en la formación integral de la persona.

El problema principal que hemos señalado a la hora de utilizar el recurso del arte como elemento inductor de emociones es que aún desconocemos su auténtica estructura e influencia, de tal manera que no podemos manipularlo para hacerlo realmente aplicable en un entrenamiento emocional efectivo.

Aun así, hemos señalado cómo ya a principios del siglo pasado hubo un científico ruso que se preocupó por este problema. Vigotski planteó una innovadora teoría que sirvió para comprender mejor la estructura subyacente a las obras dramáticas de la literatura (contradicción entre *forma-contenido*) y el valor de las obras de arte como una técnica social para vivir e inducir emociones, que producen una evolución del pensamiento y la cultura.

La cuestión es si la idea de Vigotski es generalizable a todos los estamentos y áreas del arte. En este sentido, hemos subrayado el problema que supone operar con el arte como tal, al ser tan difícilmente abarcable en todas sus facetas, canales de plasmación, componentes y estructura.

Por este motivo, hemos propuesto su análisis a través de "formas menores" de arte, analizando desde la perspectiva de Vigotski y de otros autores si el paradigma contradicción o ambigüedad *forma-contenido* tiene cabida a la hora de comprender ciertos fenómenos "artísticos" como el chiste y la publicidad. Hemos tratado de escudriñar en algunos ejemplos de anuncios, valorando su estructura manifiesta (forma) y su sentido más profundo (contenido), para poder comprender mejor la auténtica función de lo que denominamos "intuición del arte". La intuición del arte conlleva la captación de estímulos que provocan situaciones de paradoja o contradicción que tratan de, mediante un efecto estético, hacer que el sujeto se conmueva en la dirección emocional deseada; desde la provocación de una sonrisa hasta el cambio de actitud en la dirección del producto que queremos vender. Por ejemplo, a través de asociaciones no conscientes que, no obstante, son intuidas por el espectador.

La cuestión y reto futuro es trasladar todas estas observaciones realizadas con elementos humorísticos y de anuncios de la publicidad a lo que llamamos obras de arte propiamente tales. El problema no debe de ser conceptualmente muy diferente al, ya mencionado en páginas anteriores, de la genética para transportar los descubrimientos sobre el genoma del gusano *C. elegans* y de la mosca del vinagre al sistema genoménico del ser humano, con el fin de hacerlos útiles, mediante la ingeniería genética, a los propósitos de prevención y tratamiento de muchas enfermedades.

Por todo ello, no querríamos concluir sin subrayar que el desentrañar la estructura y el papel social del arte en toda su extensión y profundidad ha de mejorar, en nuestra opinión, la compresión de éste como un recurso más de la llamada *inteligencia emocional* y, lo que es más importante, puede darnos pistas de cómo poder entrenar y utilizar el "arte de la intuición" para apreciar los componentes emocionales y culturales que el arte trasmite. Los elementos estéticos del arte han de ayudar a perfilar de manera más positiva nuestras emociones, con el fin último de aprender a utilizarlas más y mejor en nuestro comportamiento y con el siempre deseable propósito de hacernos mejores. Pero, como dijo alguien, eso es ya otra historia. Por tanto, quizás debamos esperar con un televisivo *"to be continued..."* a un próximo episodio.

Referencias bibliográficas

1. M.D. Lieberman (2000), «Intuition: A social cognitive neuroscience approach», *Psychological Bulletin*, 126(1), 109-137.
2. J.L. McClelland, B. McNaughton, y R.C. O'Reilly (1995), «Why there are complementary learning systems in the hippocampus and neocortex: Insights from the successes and failures of connectist models of learning and memory», *Psychological Review*, 102, 419-457.
3. D. Goleman (1996), *Inteligencia emocional*. Barcelona: Kairós.

La comunicación

4. J.E. LeDoux (1995), *El cerebro emocional.* Madrid: Ariel.
5. A. Fierro (2000), *Sobre la vida feliz.* Málaga: Aljibe.
6. H. Leventhal y K. Scherer, (1987), «The relationship of emotion to cognition: a functional approach to a semantic controversy», *Cognition and Emotion,* 1, 3-28.
7. K.S. Scherer, B. Rimé y P.E. Chipp (1989), «L´expérience émotionelle dans la culture européenne», en B. Rimé y K.S. Scherer (eds.): *Les emotions.* Neuchatel: Delachaux et Niestlé.
8. O. Sacks (1987), *El hombre que confundió a su mujer con un sombrero.* Barcelona: Muchnik.
9. Ph. Johson-Laird (1990), *El ordenador y la mente. Introducción a la ciencia cognitiva.* Barcelona: Paidós.
10. J.A. Marina y M. López (1999), *Diccionario de los sentimientos.* Barcelona: Anagrama.
11. L.S. Vigostski (1925/1972), *Psicología del arte.* Barcelona: Barral.
12. H. Eco (1985), *Tratado de semiótica general.* Barcelona: Lumen.
13. J. Igartua, J. Álvarez, J.A. Adrián y D. Páez (1994), «Música, Imagen y Emoción: un estudio empírico desde una perspectiva vigotskiana», *Psicothema,* 6 (3), 347-356.
14. J.A. Adrián, D. Páez, y J. Álvarez (1996), «Art, emotion and cognition: Vygotskian and current approaches to musical induction and changes in mood, and cognitive complexization», *Psicothema,* 8 (1), 107-118.
15. D. Páez, J. Igartua, y J.A. Adrián (1996), «El arte como mecanismo semiótico para la socialización de la emoción», en D. Páez y A. Blanco (eds.), *La teoría sociocultural y la Psicología Social actual.* Madrid: Aprendizaje, págs. 131-162.
16. E.G. Gombrich (1984), *Historia del Arte.* Madrid: Alianza.
17. S. Freud (1905/1973), *El chiste y su relación con lo incosciente,* Obras completas 3ª ed., tomo I. Madrid: Biblioteca Nueva, págs. 1.029-1.167.
18. Ll. Bassat (1999), *El libro rojo de la publicidad.* Madrid: Espasa.
19. G. Summers (2000), *«Yo soy aquel negrito».* Barcelona: Martínez Roca.
20. B. Edwards (1984), *Aprender a dibujar.* Madrid: Blume.
21. D. Ogilvy (1984), *Confesiones de un publicitario.* Barcelona: Orbis.
22. R. Aparici, A. García-Matilla y M. Valdivia (1992), *La imagen.* Madrid: Uned.
23. Varios autores (1995), *Toscani al muro.* Salamanca: Universidad de Salamanca.
24. V. Raskin (1986), «Chistes», *Psychology Today Español,* 2, 46-53.
25. D. Páez y J.A. Adrián (1993), *Arte, lenguaje y emoción.* Madrid: Fundamentos.

LAS RELACIONES

14. COMPARTIR SENTIMIENTOS

Mª Jesús Fuentes
Universidad de Málaga

¿Qué es la empatía?

La empatía es la reacción emocional que experimenta una persona como resultado de reconocer el estado emocional de otra. La reacción emocional empática es congruente y semejante a los sentimientos observados en la otra persona, es decir que si la emoción observada es de alegría, el que empatiza se sentirá también contento o alegre, y si es de tristeza se sentirá triste, preocupado o apenado. Por tanto, la empatía se caracteriza por el hecho de experimentar en uno mismo los sentimientos de otra persona, aunque dichos sentimientos no lleguen a tener la misma intensidad que el que los padece, por ejemplo si una persona siente un gran dolor por la muerte de un familiar o amigo íntimo, la persona que empatice con ella se sentirá triste, aunque lógicamente no tanto como el que ha perdido a su ser querido.

Como se ve, la empatía no sólo implica comprender intelectualmente cómo se siente el otro y ponerse en su punto de vista, sino sentir como siente el otro, compartir (en algún grado) su estado emocional, por eso se dice que la empatía es una respuesta emocional de carácter prioritariamente afectivo aunque, como todas las experiencias humanas, implique también otros procesos fisiológicos, cognitivos, etc.

Tipos de empatía

Se pueden diferenciar dos tipos de empatía, la disposicional y la situacional. La empatía disposicional consiste en la tendencia relativamente estable a experimentar los sentimientos de otras personas, hace referencia a un rasgo de personalidad por el que unas personas son, en general, más empáticas que otras. En cambio, la empatía situacional se refiere al mayor o menor grado de activación afectiva que experimenta una persona ante un hecho o situación concreta, por ello, la empatía situacional es menos estable y depende más de las variables contextuales, de la situación concreta y de las personas implicadas en el suceso, como por ejemplo, la proximidad de la persona en dificultad, la presencia de otras personas que también podrían ayudar, el estado de ánimo en ese momento, la interpretación que se hace de la situación, la atribución de responsabilidad, etc.

Por lo general, las personas con alta empatía disposicional muestran también puntuaciones altas en empatía situacional, pero puede suceder que personas con baja empatía disposicional ante un hecho concreto muestren alta empatía situacional, sobre todo si dicha situación es para ellos especialmente relevante o significativa, por ejemplo, ante el sufrimiento de una persona que ha tenido un accidente de tráfico, si él mismo o alguien de su familia también sufrió un accidente.

Evolución de la empatía

Los autores que han estudiado el desarrollo de la empatía, entre los que se encuentra Hoffman, defienden que se trata de una capacidad innata, con la que nacen todas las personas, aunque las experiencias y aprendizajes que cada individuo va adquiriendo a lo largo de la vida harán que unos la desarrollen más que otros.

Hoffman[1,2] distingue cuatro etapas en la evolución de la empatía. Estas etapas tienen relación con el desarrollo cognitivo de los niños y, muy especialmente, con la evolución de la toma de perspectiva social, de modo que a medida que avanza el desarrollo cognitivo las personas pueden alcanzar niveles más complejos de empatía. Las etapas para Hoffman son las siguientes:

ETAPAS EN LA EVOLUCIÓN DE LA EMPATÍA
1. Empatía global.
2. Empatía egocéntrica.
3. Empatía con los sentimientos de los demás.
4. Empatía con los grupos que padecen situaciones prolongadas de necesidad.

Etapa de empatía global

Se ha comprobado que los niños desde el momento de nacer son capaces de compartir las emociones de las personas que les cuidan, no sólo reconocen las emociones básicas ajenas, sino que también las comparten y las expresan. Observar la sonrisa o la tristeza de los cuidadores provoca estas mismas emociones en los niños. También se ha comprobado que el llanto de un niño puede provocar el llanto de los bebés que se encuentren en su misma habitación. Así, las señales de dolor ajeno, como el llanto, provocan en los bebés una respuesta emocional de dolor empático global. Durante los primeros meses el niño no conoce su cuerpo y no distingue claramente entre él y los otros, por lo que es probable que se sienta confuso respecto a quién experimenta realmente las señales de dolor que él percibe. Los autores piensan que esta forma inicial de expresión empática se produce por contagio emocional.

Etapa de empatía egocéntrica

Alrededor de los diez o doce meses, cuando el niño alcanza la "permanencia de objeto" y toma conciencia de que los otros existen como entidades físicas separadas de él, empieza a ser capaz de sentir empatía o malestar por el dolor del otro, sabiendo que la víctima es el otro, y no él. En esta etapa los niños son egocéntricos, es decir tienen dificultad para ponerse en el punto de vista de los otros y pensar como ellos, por eso pueden confundir los estados internos de los demás con los suyos propios. Esto se pone de manifiesto cuando, por ejemplo, un niño observa que su mamá está triste y para consolarla le ofrece su juguete preferido, esperando así eliminar su tristeza. Al hacer esto el niño espera que a su madre le consuele lo mismo que a él le consuela cuando se encuentra triste.

Etapa de empatía con los sentimientos de los demás

A partir de los dos o tres años los niños comienzan a adquirir un sentido rudimentario de los otros como personas que poseen sus propios estados internos (pensamientos, percepciones, sentimientos, etc.), y de que esos estados internos pueden ser diferentes e independientes de los suyos. A medida que los niños van comprendiendo que los demás tienen sentimientos distintos a los suyos van a ser cada vez más capaces de empatizar con ellos. A los tres o cuatro años los niños pueden empatizar con los sentimientos de felicidad o tristeza de otras personas en situaciones sencillas, y más adelante llegarán a discriminar un mayor número de sentimientos y a comprender situaciones emocionales cada vez más complejas en las que se mezclan distintos sentimientos. Por ejemplo, discriminarán la tristeza del enfado, el miedo de la cólera, o la decepción de la traición. Las experiencias y el aprendizaje emocional le permitirán empatizar con varias emociones a la vez, incluso aunque éstas sean contradictorias, así, un niño puede empatizar con el dolor de una persona, con los sentimientos de baja autoestima de esa persona e, incluso, con sus deseos de no ser ayudada. Por ejemplo, puede empatizar con un amigo que mientras jugar en el recreo se cae de un columpio y se hace daño en un brazo, al tiempo que se da cuenta de la vergüenza que está pasando ese amigo por haberse caído delante de todos los compañeros y de que prefiere que siga el juego sin que los demás, al intentar ayudarle, pongan más en evidencia su torpeza. También será capaz de empatizar cuando recibe información sobre el sufrimiento de otras personas, aunque éstas se encuentren ausentes o estén lejos de él, por ejemplo, puede sentir empatía hacia un niño que sale en televisión porque ha sufrido un accidente, o hacia el protagonista de una historia o un cuento que es injustamente castigado.

Etapa de empatía con los grupos que padecen situaciones prolongadas de necesidad

A partir de la adolescencia los chicos y chicas desarrollan nuevas capacidades intelectuales que les permiten generalizar, comparar y hacer análisis más globales y permanentes de la realidad, por lo que llegan a comprender que algunos estados de necesidad afectan de forma continuada a ciertas personas o grupos que por sus características étnicas, culturales, religiosas o socioeconómicas se encuentran marginados de la sociedad y padecen necesidades de forma cronificada. Esta capacidad para analizar más exhaustiva y profundamente la realidad les permite empatizar no sólo con una persona o situación concreta, sino con todo un grupo social oprimido (pobres, enfermos, discapacitados, marginados, perseguidos por sus ideas políticas o creencias religiosas, los que padecen una guerra, una catástrofe natural, etc.). Así, la preocupación empática de los adolescentes se intensifica al darse cuenta de que el sufrimiento provocado por la marginación o la discapacidad, por ejemplo, no es algo transitorio que afecta a un momento concreto, sino que responde, en general, a las condiciones de vida de un determinado grupo social, pudiendo empatizar no sólo con el padecimiento de un individuo, sino de todo un grupo social.

De este modo, el adolescente puede empatizar con el sufrimiento de una víctima concreta, pero la preocupación empática se incrementa cuando además se percibe a la víctima como miembro de un grupo marginado u oprimido. La combinación del afecto empático y la percepción de la desgracia general de todo un grupo humano constituye, según la opinión de Hoffman, la forma evolutivamente más avanzada de experiencia empática. Esta vivencia puede convertirse en una motivación fundamental, especialmente en los adolescentes, de cara a asumir ciertas ideologías sociales o políticas preocupadas por la injusticia social y orientadas a aliviar el padecimiento de los grupos sociales más desfavorecidos.

Como se observa, a medida que se adquieren nuevas capacidades cognitivas (como reconocer la diversidad de expresiones emocionales de los otros, considerar a los demás como seres independientes de uno mismo, ponerse en el punto de vista de los otros, recordar las emociones que en el pasado produjeron ciertas situaciones dolorosas y cómo se reaccionó o se vio que otros reaccionaban ante ellas, etc.) aparecen formas de activación empática cada vez más complejas, sin que ello signifique que desaparezcan las formas de empatía más básicas de las etapas anteriores. Como plantea Hoffman, la empatía se desarrolla desde las primeras etapas en las que aparece como una respuesta innata en el ser humano, hasta manifestaciones cada vez más complejas mediadas por el aprendizaje social y la adquisición de numerosas capacidades afectivas, cognitivas y sociales.

La empatía y la culpa como principales motivadores de la conducta prosocial

La empatía ha sido objeto de numerosos estudios por su relación con la conducta prosocial o conductas positivas que benefician a otras personas. Los psicólogos que analizan el papel de la empatía como variable motivadora de la conducta prosocial, como Batson[3,4] y Eisenberg,[5] encuentran que existe una clara relación entre estas variables en el caso de los niños mayores y de los adultos, aunque esta relación no parece tan clara cuando se trata de niños pequeños. Según informan Eisenberg y Fabes,[6] la inconsistencia de los hallazgos en niños pequeños se debe al tipo de instrumentos de evaluación utilizados para medir la empatía. Cuando se emplean medidas de autoinforme o historias acompañadas de dibujos para detectar la reacción empática en niños, por lo general, no se encuentra asociación entre empatía y conducta prosocial,[7,8] en cambio, cuando la empatía se evalúa con procedimientos que no requieren el informe verbal de los niños (como por ejemplo las reacciones faciales o gestuales ante la observación de personas apenadas, o ciertas reacciones fisiológicas como el ritmo cardiaco), entonces sí se encuentra que la empatía motiva su conducta prosocial.

En los estudios con adultos la empatía se relaciona con la conducta prosocial aunque se utilicen diferentes métodos para evaluar la reacción empática, como por ejemplo, los cuestionarios, los índices fisiológicos, la simulación de situaciones experimentales en las que los adultos observan a personas que creen que están sufriendo, etc.

Además, también se obtiene cierta evidencia, aunque sea indirecta, sobre la asociación entre empatía y conducta prosocial si se consideran los estudios sobre empatía y agresión. Estos trabajos ponen de manifiesto que las personas que puntúan alto en empatía tienden a exhibir niveles relativamente bajos de agresión y de otras conductas antisociales.

Los resultados a veces incoherentes y no significativos de algunos estudios pueden deberse, entre otras razones, a que los investigadores, por lo general, no han diferenciado entre reacción empática de preocupación ante el malestar del otro y sentimientos personales de malestar centrados en uno mismo como la ansiedad o la incomodidad (la diferencia entre estas reacciones emocionales se aborda ampliamente más adelante).

La empatía, además de tener un papel fundamental en las conductas prosociales, constituye la fuente de otras respuestas emocionales igualmente relevantes en el ámbito moral. Hoffman[9] considera que la culpa (que él denomina interpersonal, para diferenciarla de la culpa freudiana) deriva de la conjunción de la respuesta empática ante el sufrimiento del otro y la toma de conciencia de que uno es el agente que ocasiona dicho sufrimiento. Numerosos estudios han demostrado la importancia de la empatía y de los sentimientos de culpa como motivadores de la conducta prosocial y altruista.

Estos estudios ponen de manifiesto que los sentimientos de culpa no sólo ejercen un control inhibitorio sobre la conducta a la que se asocian, sino que también motivan conductas prosociales hacia la víctima y conductas de reparación de las propias acciones. En efecto, se ha comprobado que las personas que experimentan sentimientos de culpa tienden a realizar más conductas de ayuda hacia los demás (no sólo hacia la persona a la que han infligido algún daño) que las personas que no los experimentan. La mera anticipación de los sentimientos de culpa puede estar en la base de algunas conductas prosociales.

Evolución de la conducta prosocial

Hasta hace poco tiempo se pensaba que los niños pequeños estaban muy centrados en sí mismos y eran incapaces de pensar, sentir o actuar poniéndose en el punto de vista de otra persona. Se creía, equivocadamente, que sólo cuando adquirían un mayor desarrollo intelectual, hacia los cinco o seis años, empezaban a ser capaces de entender a los otros y actuar en su favor de modo prosocial y altruista, pero en la actualidad, las investigaciones han hallado que niños muy pequeños, a partir de los catorce meses, son capaces de empatizar y llevar a cabo distinto tipo de conductas prosociales, tanto hacia otros niños como hacia los adultos. Estas conductas prosociales no son fortuitas ni se deben al azar, sino que son intencionales, van claramente dirigidas a otra persona, siguen una secuencia lógica de ejecución, se aproximan a las necesidades del otro y suelen parecerse a acciones que el niño ha observado en sus cuidadores adultos. Esto significa que los niños son capaces de entender, empatizar y actuar a favor de los otros a edades mucho más tempranas de lo que antes se pensaba.

Aunque, como es lógico, a medida que los niños adquieren nuevas capacidades intelectuales y van siendo capaces de entender que sus pensamientos y opiniones pueden ser diferentes a los de los demás (es decir, cuando pueden adoptar puntos de vista ajenos) comprenden mejor las necesidades de otras personas y pueden buscar formas más adecuadas de ayuda.

Ante estos hallazgos, los investigadores se preguntaron si la frecuencia o el tipo de conductas prosociales aumentaba con la edad. Pues bien, al analizar numerosos estudios no se ha encontrado un patrón claro de resultados, sino que la frecuencia de las conductas prosociales en relación con la edad parece variar en función de diversos factores, como por ejemplo:

1. El tipo de conducta estudiada (cuidado, consuelo, ayuda, donación, compartir, etc.)
2. La forma de medir las conductas (observación, autoinforme, índices fisiológicos, etc.).
3. El contexto en el que se producen las conductas prosociales (situaciones reales o de laboratorio).

Respecto al tipo de conductas, los resultados muestran lo siguiente: no hay acuerdo entre diferentes estudios en las conductas de cuidar y consolar, en unas investigaciones los niños pequeños muestran más cantidad de estas conductas que los mayores y en otras a la inversa. Cuando se estudia la conducta de ayuda, su relación con la edad es débil, pero las investigaciones que encuentran diferencias lo hacen en el sentido de que los niños mayores ayudan más que los de edades inferiores. En cambio, las conductas de donación y compartir aumentan más claramente con la edad, pero esta relación es más consistente cuando las conductas se evalúan en situaciones de laboratorio que cuando tienen lugar con compañeros y en situaciones naturales de la vida cotidiana.

También aparece clara la relación de la edad con la conducta prosocial cuando se evalúan conductas de ayuda instrumental. En este caso, los niños mayores proporcionan más ayuda instrumental ya que poseen más fuerza física y mayor competencia social que los pequeños.[10]

Aunque la gran mayoría de los estudios han analizado la frecuencia de conductas prosociales, algunos han intentado evaluar dimensiones más cualitativas como la intensidad, la duración, la intención o la eficacia de la conducta prosocial. En estos casos, los investigadores también tienden a encontrar un aumento de la conducta prosocial con la edad.

Analizando globalmente los resultados de estas investigaciones Fabes y Eisenberg[11] obtienen la siguiente conclusión: la mayoría de los estudios sugieren un aumento de la conducta prosocial con la edad, pero hay que ser cautos al extraer conclusiones generales porque los resultados de los distintos estudios están influidos por el tipo de conducta prosocial estudiada, los índices cuantitativos o cualitativos analizados, el procedimiento de medición y el contexto en el que fueron evaluadas las conductas.

Es posible que la relación entre la edad y la conducta prosocial fuera más consistente si los investigadores, en vez de meramente contar el número de conductas prosociales que emiten los niños, prestaran más atención a dimensiones cualitativas de la conducta prosocial como la probabilidad de obtener recompensas concretas, o la facilidad de huida de la situación.

Por último, la edad parece ser uno de los factores relacionados con la conducta prosocial, pero no se puede olvidar que la edad en realidad lo que pone de manifiesto es la evolución de numerosas capacidades y habilidades intelectuales, emocionales y conductuales del niño que están en constante interacción con el entorno educativo y social.

Diferencias de género en conducta prosocial

Como se sabe, niños y niñas se socializan en los valores y costumbres de cada cultura, de modo que van adquiriendo formas de pensar, actuar, sentir, interpretar y expresar las emociones propias de su cultura. Está comprobado que estos aprendizajes culturales son diferentes en el caso de los niños y de las niñas, son estereotipados según el género, de tal forma que unos y otras tienden a reaccionar de manera diferente y coherente con los estereotipos del rol sexual que van asimilando, dando como resultado el hecho de que en general, en nuestra cultura, los niños tienden a exhibir más conductas agresivas que las niñas, mientras que éstas suelen ser más expresivas emocionalmente que los niños.

Teniendo en cuenta las diferencias entre los estereotipos de género masculino y femenino vigentes en nuestra cultura, parece razonable esperar diferencias de género en empatía y en el tipo y frecuencia de conductas prosociales que realicen los niños y las niñas. En general, los estudios no han encontrado diferencias de género consistentes en cuanto a conductas de ayuda, de cooperación o de compartir,[12] y cuando las han encontrado, éstas han sido a favor de las niñas. Por ejemplo, hay evidencia de que las niñas presentan expresiones faciales de empatía más intensas que los niños, suelen ser más atentas y sensibles con los niños pequeños, y, en general, están más orientadas socialmente y son más sensibles con los demás que los niños.

De manera coherente con lo que indican los estudios sobre la influencia de los roles de género en la socialización infantil, Fabes y Eisenberg[13] han observado que las conductas prosociales de cuidado hacia los demás y las que implican expresión emocional son más frecuentes en las mujeres, mientras que las que requieren conductas más activas o instrumentales se dan de forma más habitual en los hombres (especialmente en los adultos). Además, las mujeres suelen puntuar más alto en conducta prosocial que los varones cuando el estereotipo de género está muy marcado e implica gran obligatoriedad social, es decir, cuando socialmente está "bien vista" la ayuda a los demás. Las mujeres ayudan más que los hombres en situaciones en las que socialmente hay una gran presión para que se comporten de forma prosocial, por ejemplo, en el cuidado de los hijos, de los ancianos, de los enfermos, etc.

Estas diferencias se atenúan, e incluso desaparecen, cuando los estudios se diseñan de forma que las personas no son conscientes de lo que se evalúa, o cuando se utilizan índices fisiológicos o la observación para medir la sensibilidad hacia los demás. En cambio, cuando la empatía y la conducta prosocial se evalúan mediante autoinformes o son los padres, los profesores o los compañeros los evaluadores se observa que las niñas son percibidas como más prosociales, aunque es posible que esta evaluación también esté sesgada por los estereotipos de género y que los evaluadores estén empleando distintos criterios para valorar las conductas de los niños y de las niñas. Algunos autores[14] contemplan la posibilidad de que las mismas pruebas de evaluación contengan el sesgo de los estereotipos al incluir en los cuestionarios mayor número de ítems sobre actividades que culturalmente se atribuyen a las mujeres (consuelo, cuidado, atención, etc.) que ítems sobre actividades consideradas más propias de los varones (ayuda instrumental, conductas que entrañan cierto riesgo, etc.).

Un estudio realizado por López y sus colaboradores[15] ilustra lo que se está exponiendo. Se trata de un estudio observacional realizado con niños y niñas de edad preescolar en el que varios observadores registraron, durante el tiempo de recreo, la frecuencia de cuatro tipos de conducta prosocial: consuelo, defensa, ayuda y donación. Los análisis mostraron que las niñas presentaban puntuaciones significativamente más altas que los niños en donación. Al analizar las conductas prosociales en su conjunto las niñas presentaron una tasa de conductas prosociales apreciablemente mayor que los niños. También se comprobó, mediante información obtenida a través de técnicas sociométricas, que los iguales percibían a las niñas como más prosociales que a los niños. En cambio, cuando el informante de la conducta prosocial era el maestro, no se encontraron diferencias significativas entre niños y niñas, lo que se interpretó (como ya habían hecho otros autores) en el sentido de que los maestros podrían estar utilizando baremos diferentes a la hora de evaluar la prosocialidad de uno y otro sexo.

Ante esta diversidad de resultados es evidente que se necesitan más investigaciones que profundicen y aclaren este tema. Por el momento, y aunque sea una conclusión provisional, parece que los estudios apuntan a que las niñas y las mujeres tienden a llevar a cabo, más que los varones, cierto tipo de conductas prosociales (por ejemplo, conductas de consuelo, cuidado y donación), mientras que éstos manifiestan con mayor frecuencia otro tipo de conductas (como conductas de defensa o conductas de ayuda que implican cierto grado de peligro). En la medida en que el primer tipo de conductas son más comunes, probablemente las mujeres presenten una mayor tasa global de conductas prosociales.[16] Si se confirmaran estas diferencias en futuras investigaciones, podrían explicarse por diferentes factores. Uno de ellos es el influjo cultural de los estereotipos de género, ya que en muchas culturas las conductas de ayuda y cuidado de los demás se consideran más propias de las mujeres que de los varones, mientras que las conductas de defensa que pueden implicar cierto riesgo o peligro son más reforzadas en los varones. Otro factor explicativo podría ser el uso diferencial de las técnicas disciplinarias que emplean los progenitores hacia niños y niñas. Por ejemplo, se sabe que las madres son más afectuosas y utilizan más prácticas de inducción y menos de afirmación de poder con las hijas que con los hijos, lo cual, a su vez, se ha demostrado que se relaciona con la conducta prosocial, como se verá en el último apartado.

¿La empatía es una motivación altruista?

Antes de abordar la polémica sobre si la empatía, además de motivar la conducta prosocial es también un motivador de la conducta altruista, conviene diferenciar conceptualmente ambos tipos de conductas.

Por conducta prosocial se entienden todas aquellas conductas positivas como ayudar, compartir, donar, consolar, etc., que de forma voluntaria se dirigen a beneficiar a otras personas. Las conductas prosociales pueden realizarse por motivos muy diversos, entre los que se encuentran el interés personal, la obtención de beneficios, la búsqueda de reconocimiento social, mitigar sentimientos de culpa, la preocupación por el bienestar del otro, etc.

En cambio, las conductas altruistas se definen como aquellas conductas prosociales cuya principal motivación consiste en la preocupación por el bienestar de los otros, por tanto, no están motivadas por el deseo de obtener recompensas concretas o sociales ni por reducir estados internos de aversión como la ansiedad o la culpa, sino que se realizan con el fin de evitar el malestar de los otros. Por tanto, aunque todas las conductas altruistas son prosociales, no todas las conductas prosociales son altruistas.

Con frecuencia no resulta fácil evaluar las motivaciones de las personas al realizar una conducta, entre otras razones porque esas motivaciones pueden ser variadas y de índole muy personal, lo cual hace que, en ocasiones, sea difícil discernir si una conducta que es claramente prosocial (se realiza voluntariamente en beneficio de otros) resulta ser también altruista.

El consenso que existe al aceptar que la empatía constituye una importante motivación, junto con otras variables, para realizar conductas prosociales, se rompe cuando se trata de analizar las conductas altruistas. A lo largo de la historia los autores han polemizado sobre las conductas altruistas, llegando a cuestionar su misma existencia. Este debate refleja posiciones filosóficas y psicológicas muy diferentes representadas en el ámbito de la psicología, por un lado por autores como Batson y Coke, quienes defienden la existencia de conductas altruistas y plantean una estrecha relación entre el malestar empático por el sufrimiento de otra persona y la ayuda altruista; y por otro lado, por autores como Piliavin o Cialdini, quienes argumentan que las personas ayudan con el fin de aliviar el propio malestar que sienten al observar el sufrimiento del otro, por lo que la ayuda no tendría una motivación altruista sino egoísta, negando así la posibilidad de que existan conductas altruistas.

Este debate teórico podría resumirse como sigue:

- Para algunos psicólogos, las personas que actúan de forma prosocial lo hacen con el fin de obtener algún beneficio personal o reducir algún malestar personal, aunque, a menudo, a simple vista no lo parezca. La conducta prosocial en realidad lo que refleja es el propio interés, el amor a sí mismo, por lo que, desde esta posición teórica no se puede hablar de conducta altruista ya que es el propio interés o egoísmo lo que motiva la conducta. Desde este enfoque se piensa sencillamente que la conducta altruista no existe.

- Para otros psicólogos, las personas pueden actuar de forma altruista motivadas por un interés por el bienestar de los demás, no egoísta y con independencia del beneficio personal que de su conducta se pudiera derivar e, incluso, siendo conscientes del costo que su conducta les puede suponer. Desde esta perspectiva se defiende claramente la existencia de conductas altruistas, a la vez que se admite que una conducta puede tener múltiples motivaciones, en unas ocasiones exclusiva o preferentemente altruistas, en otras egoístas y en otras de ambos tipos.

Para intentar aclarar esta polémica algunos autores[17,18] han propuesto diferenciar entre empatía centrada en la víctima y empatía centrada en uno mismo o ansiedad.

1. *La empatía centrada en la víctima* es aquella activación empática en la que el foco de atención lo constituye la persona que realmente sufre y hacia la que el sujeto experimenta compasión, dolor empático, sentimientos de bondad, deseos de ayudar, preocupación por ella, etc.
2. *La empatía centrada en uno mismo* es la activación empática en la que la atención se centra en uno mismo, experimentando ansiedad, malestar, inquietud, alarma, etc.

Algunos autores como Batson y Coke han denominado sencillamente "empatía" a la empatía centrada en la víctima, mientras que han denominado "ansiedad" a la empatía centrada en uno mismo.

Para lograr diferenciar entre los sentimientos de preocupación por el otro (empatía centrada en la víctima) y los de preocupación por uno mismo, malestar o incomodidad (ansiedad), Eisenberg y Fabes[19] propusieron la siguiente experiencia en la que las personas eran sometidas a dos situaciones: en una los sujetos experimentales no podían huir de la situación que se les planteaba (por ejemplo, una persona se les acerca en la calle y directamente les pide dinero explicando su situación de necesidad), y en la otra, podían evitar ofrecer ayuda huyendo fácilmente de la situación (por ejemplo, cuando se ve a una persona sentada en el suelo pidiendo dinero, pero resulta fácil pasar de largo o cruzar de acera sin mirarla).

POSIBILIDAD DE HUIR DE LA SITUACIÓN

	Difícil	Fácil
Empatía (centrada en la víctima)	Ayuda	**Ayuda**
Ansiedad (malestar centrado en uno mismo)	Ayuda	No ayuda

Con esta situación experimental se comprobó que cuando es difícil la huida todas las personas tienden a ayudar ya sientan empatía hacia la persona en necesidad o ansiedad por el malestar que les ocasiona a ellos mismos esa situación, pero cuando es fácil huir de la situación (por ejemplo, cambiando de acera para evitar pasar cerca de la persona que pide en el suelo), sólo ayudan las personas a las que realmente les preocupa el estado de necesidad del otro, es decir, las personas que sienten empatía centrada en la víctima, mientras que las personas que sienten ansiedad, huyen de la situación y no ayudan.

Estos autores han demostrado experimentalmente que los sujetos que ante el malestar ajeno reaccionan con ansiedad (empatía centrada en sí mismos) sólo ayudan cuando les resulta difícil o imposible escapar de la situación, es decir cuando no hay otro modo de librarse del propio malestar que no sea ayudando, mientras que las personas que reaccionan sintiendo empatía centrada en la víctima ayudan también cuando podrían huir o evitar la situación porque lo que les preocupa es principalmente la situación del otro.

Una vez que las investigaciones lograron delimitar claramente los conceptos de empatía y ansiedad, aparecieron más nítidas sus relaciones con la conducta prosocial y altruista: cuando la motivación es la empatía se trata de conducta altruista, en cambio, cuando la motivación es la ansiedad se considera conducta prosocial. Los estudios encuentran que la empatía está positivamente relacionada con la conducta altruista (a más empatía más probabilidad hay de que se dé la conducta altruista), mientras que la ansiedad tiene una relación más compleja con la conducta prosocial, ya que está mediada por la facilidad o dificultad de escapar de la situación, como se ha visto anteriormente.

Este estudio pone de manifiesto que aunque, efectivamente, puede haber situaciones en las que la ayuda se produzca por motivos egoístas (cuando se siente ansiedad y es difícil huir de la situación), en otras ocasiones, la motivación es claramente altruista, ya que hay personas que pudiendo no ayudar porque es fácil la huida, sí que ayudan, luego su motivación no es eliminar su propia ansiedad sino la preocupación por el bienestar del otro. Estas personas está claro que ayudan para aliviar el malestar de la víctima, es decir, por empatía hacia la víctima. Estos hallazgos cuestionan las posiciones de autores como Piliavin y Cialdini que negaban la posibilidad de existencia de conductas altruistas. De todos modos, aunque queda demostrada la existencia de conductas altruistas y, por supuesto, de conductas egoístas, hay que tener en cuenta que dada la variedad y complejidad de motivos que pueden tener las personas al actuar, lo más probable es que en unas ocasiones realicen conductas guiadas claramente por motivos altruistas, en otras por motivos egoístas y en otras que exista una mezcla de motivaciones diferentes.

¿Es saludable y adaptativo ser empático?

Algunas personas se podrían plantear que hasta qué punto es conveniente o adaptativo educar a los hijos para que sean empáticos y ayuden a los demás en un mundo en el que parece que triunfan las personas que van a lo suyo, son competitivas y anteponen su interés personal a cualquier valor colectivo, o hasta qué punto es deseable que los niños empaticen con las frecuentes escenas de catástrofes y violencia que salen en televisión y en las películas mostrando el sufrimiento humano. ¿En qué les va a beneficiar compartir tanto sufrimiento?, ¿no sería mejor proteger a los niños de la observación de escenas desagradables?, ¿deben los padres, educadores y la sociedad en general educar a los niños para que desarrollen la empatía?

Como hemos visto, la empatía es un recurso humano, con el que nacemos, que facilita las relaciones interpersonales en tanto que nos ayuda a comprender y sentir como sienten otras personas, y que constituye un importante impulso motivador de conductas prosociales y altruistas, conductas que facilitan la convivencia en los grupos sociales. Los etólogos consideran que la empatía es una capacidad que se ha ido desarrollando a lo largo de la historia filogenética de nuestra especie y que se transmite de unas generaciones a otras precisamente por el importante papel que desempeña al facilitar la convivencia y la ayuda entre las personas y los grupos sociales. De hecho, la ausencia de empatía se encuentra en los trastornos psicológicos más graves como las psicopatías. Los psicópatas son capaces de agredir a otras personas con gran frialdad, sin sentir ningún remordimiento, malestar o culpa ante el sufrimiento que ocasionan al otro, incluso la ausencia de empatía puede alterar de tal modo los sentimientos normales de las personas que pueden llegar a disfrutar con el dolor ajeno.

Por tanto, quienes se plantean las preguntas anteriores pueden creer que el objetivo y función de la empatía es únicamente sentir como el otro, y si esto fuera así, efectivamente ¿para qué vamos a sufrir por sufrir?. Pero no se puede olvidar que la empatía, como muestran todas las investigaciones, es el principal motivador de la conducta prosocial y altruista, es un resorte que lleva a las personas que la sienten a hacer lo posible para evitar el dolor de los otros. Enfocado así la empatía sí puede tener un papel clave en los valores que sustentan el discurso educativo de padres y educadores. Como señalan Eisenberg, Fabes y Losoya,[20] los padres y educadores tienen la importante tarea de enseñar a los niños a empatizar y a controlar, regular y expresar de forma adecuada sus emociones, especialmente las negativas. Una forma de enseñarles a afrontar las emociones negativas, que en ocasiones provoca la empatía, puede ser la implicación directa en conductas positivas hacia los demás, es decir, en conductas prosociales y altruistas.

Además, la empatía mediatiza las relaciones interpersonales, los niños con alta empatía tienen más habilidad social para relacionarse con sus compañeros, son más aceptados por ellos y tienen más éxito en sus relaciones interpersonales, ya que son más capaces de comprender y compartir las emociones de los demás, y de expresar de forma adecuada sus propias emociones.

¿Qué pueden hacer los padres para desarrollar la empatía en sus hijos?

El contexto más adecuado para el desarrollo de la capacidad empática es el de las relaciones de apego porque es donde el niño aprende a compartir, a expresar y a regular sus emociones con la ayuda de sus cuidadores. En este contexto relacional, aprende el significado de las expresiones emocionales, experimenta cómo los demás satisfacen sus necesidades, disfruta de la interacción con los otros, etc. Numerosos estudios avalan esta afirmación, por ejemplo, se ha comprobado que los niños de doce a dieciocho meses que tienen apego seguro (es decir, que se sienten queridos, aceptados, protegidos y seguros con sus figuras de apego) son más empáticos, más prosociales y muestran mayor preocupación por el lamento de un adulto que los niños con apego inseguro.[21] Los preescolares que tienen apego seguro generalmente son más sensibles a los sentimientos y necesidades de sus compañeros y muestran mayores sentimientos de compasión por el dolor ajeno que los de apego inseguro. También a los diez y doce años se encuentra que los niños con apego seguro son más empáticos y realizan más conductas pro-sociales que los niños con apego inseguro.[22]

De estos resultados se deduce que una de las cosas que los padres pue-den hacer para favorecer el desarrollo de la empatía en sus hijos es propor-cionarles vínculos de apego seguros en los que los niños experimenten el placer de compartir los sentimientos con los otros y aprendan las formas ade-cuadas de interpretar, expresar y responder a las emociones de los demás.

Otra variable que puede contribuir a desarrollar la empatía en los hijos es el tipo de estilo educativo con el que los padres intentan que sus hijos asuman los principios, valores y conductas que consideran adecuados para su desa-rrollo.[23] Las distintas prácticas educativas de los padres influyen de forma diferente en el desarrollo de la empatía y en la internalización de las normas y valores prosociales de los niños.

Los padres con estilo educativo autoritario, es decir, aquellos que son muy exigentes con los hijos y utilizan principalmente la afirmación de poder (uso real o amenazado de la fuerza, el castigo y la retirada de privilegios) para lo-grar la obediencia y el control de la conducta de sus hijos, en ausencia de un clima de afecto y razonamiento, pueden lograr que sus hijos obedezcan las normas por temor al castigo, pero no aseguran la internalización de las normas en ausencia de la autoridad o cuando piensen que se pueden librar de los casti-gos. El empleo de la afirmación de poder como técnica disciplinaria puede in-hibir la internalización de los valores prosociales porque centra la atención del niño en las consecuencias que su conducta tiene para él mismo y no en las consecuencias para los demás, por lo que tampoco desarrolla la empatía.

Por su parte, los padres con estilo educativo permisivo, aunque crean un clima cálido de afecto, comunicación y aceptación en las relaciones con sus hijos, no les exigen suficientemente el cumplimiento de las normas que ri-gen la convivencia social ni el control de su conducta. Por ello, los hijos de padres permisivos no aprenden a controlar sus impulsos ni a respetar las normas de funcionamiento social e interpersonal, pudiendo dañar a los otros con su conducta.

En cambio, los padres con un estilo educativo de tipo democrático se ca-racterizan tanto por crear un clima de afecto y comunicación con los hijos, como por exigirles y controlar su conducta mediante procedimientos induc-tivos (es decir, razonando el porqué de las normas y las consecuencias que tiene su cumplimiento para él mismo y para los demás). De este modo, a través de los argumentos y el diálogo favorecen la interiorización de las normas por parte del niño, ya que le proporcionan los motivos para guiar su propia su conducta.

Estos padres, mediante la inducción también desarrollan la empatía en sus hijos cuando les sugieren que se pongan en el lugar del otro y se imaginen cómo se sentirían ellos en esa misma situación. Por ejemplo, si un niño pega a otro porque le ha quitado un juguete, los padres, pueden mostrarle otra forma más competente de intentar recuperar el juguete sin agredir al compañero, al tiempo que hacen ver a su hijo el daño que ha ocasionado al otro niño («está llorando porque le duele», «cuando a ti te pegan también te duele», etc.) y las consecuencias de su conducta («como le has hecho daño no querrá volver a jugar contigo», «cuando tu quieras jugar con él te dirá que no»).

Como se ve, la inducción consiste en explicar al niño las razones por las que determinadas conductas están mal, en pedirle que las cambie apelando a diversos motivos, como las implicaciones y efectos dolorosos de la conducta del niño en otras personas, o las consecuencias negativas en sí mismo y en los demás, y en sugerirle conductas de reparación y disculpa. Con esta técnica, por tanto, se consigue generan una sreie de efectos positivos:

1. Los niños entienden los motivos por los que deben comportarse de una determinada manera.
2. Interiorizan (hacen suyos) dichos motivos de forma que adquieran razones propias para guiar su conducta.
3. Empatizan con los sentimientos de la víctima al hacerle ver el dolor causado al otro.
4. Experimentan la culpa que les motivará a reparar la transgresión.
5. Como consecuencia de los sentimientos de empatía y culpa, realizarán conductas prosociales y altruistas.

Los padres que refuerzan e inducen a sus hijos a pensar en las emociones y experiencias de otros niños que se encuentran en situaciones de estrés desarrollan en sus hijos la tendencia a sentir empatía y tristeza empática ante el malestar de los otros.[24] Por tanto, los padres democráticos que utilizan en sus prácticas educativas la inducción y el afecto favorecen la interiorización de las normas por parte del niño, el desarrollo de la empatía y la realización de conductas prosociales y altruistas.

Por último, como han indicado las teorías del aprendizaje social, el niño aprende numerosas conductas por observación de la conducta de otros y especialmente de los padres, ya que son los modelos más significativos desde el punto de vista afectivo para el niño. Existe amplia evidencia de que los niños tienden a imitar las conductas prosociales y altruistas de los modelos que observan, incluso aunque el tiempo de la exposición al modelo sea breve.

Además, cuánto más recursos importantes para el niño controlan los modelos y más afectuosos son, más efectivos son como modelos.[25] La sabiduría popular indica que no es suficiente decir al niño que hay que ayudar a los demás, es necesario "predicar con el ejemplo". Aunque las exhortaciones de los padres intenten influir en las conductas de los hijos, parece que el modo más efectivo de lograrlo es actuar de forma coherente con lo que se dice.

Referencias bibliográficas

1. M.L. Hoffman (1981), «The development of empathy», en J.P. Rushton y R.M. Sorrentino (eds.), *Altruism and helping behavior*, Hillsdale, N.J.: Erlbaum, págs. 41-63.
2. M.L. Hoffman, (1992), «La aportación de la empatía a la justicia y al juicio moral», en N. Eisenberg y J. Strayer (eds.), *La empatía y su desarrollo*. Bilbao: Descleé de Brouwer, págs. 59-93.
3. C.D. Batson (1991), *The altruism questio: Toward a social-psychological answer.* Hillsdale, NJ: Erlbaum.
4. C.D. Batson (1998), «Altruism and prosocial behavior», en D.T. Gilbert, S.T. Fiske y G. Lindzey (eds.), *The handbook of social psychology*. Nueva York: Wiley, págs. 282-316.
5. N. Eisenberg (1986), *Altruistic emotion, cognition, and behavior.* Hillsdale, NJ: Erlbaum.
6. N. Eisenberg y R.A. Fabes (1998), «Prosocial development», en N. Eisenberg (ed.), *Handbook of Child Psychology. Vol. 3. Social, emotional and personality development.*. Nueva York: John Wiley and Sons, págs. 701-778.
7. N. Eisenberg y R. Lenon (1983), «Gender differences in empathy and related capacities», *Psychological Bulletin*, 94, 100-131.
8. N. Eisenberg y P. Miller (1987), «The relation of empathy to prosocial and related behaviors», *Psychological Bulletin*, 101, 91-119.
9. M.L. Hoffman (1982), «Development of prosocial motivation: empathy and guilt», en N. Eisenberg (ed.), *The development of prosocial behavior.* Nueva York: Academic Press, págs. 281-313.
10. R.A. Fabes y N. Eisenberg (1996), *An examination of age and sex differences in prosocial behavior and empathy.*(sin fecha de publicación), Arizona State University.
11. R.A. Fabes y N. Eisenberg (1996), *An examination of age and sex differences in prosocial behavior and empathy.*Unpublished data, Arizona State University.
12. D.R. Shaffer (1994), *Social and personality development.* Belmont, California: Brooks/Cole.
13. R.A. Fabes y N. Eisenberg (1996), *An examination of age and sex differences in prosocial behavior and empathy.*Unpublished data, Arizona State University.
14. L. Zarbatany, D.P. Hartmann, D.M. Gelfand y P. Vinciguerra (1985), «Gender differences in altruistic reputation. *Developmental Psychology,* 21, 97-101.
15. F. López, P. Apodaka, I. Etxebarria, M.J. Fuentes y M.J. Ortiz (1998), «Conducta prosocial en preescolares», *Infancia y Aprendizaje*, 82, 45-61.
16. I. Etxebarria (1999), «Desarrollo del altruismo y la agresión», en F. López, I. Etxebarria, M.J. Fuentes y M. J. Ortiz (eds.), *Desarrollo afectivo y social.* Madrid: Pirámide.
17. C.D. Batson (1991), *The altruism questio: Toward a social-psychological answer.* Hillsdale, NJ: Erlbaum.
18. N. Eisenberg, R. A. Fabes, P. A. Miller, J. Fultz, R.M. Mathy, R. Shell y R.R. Reno (1989), «The relations of sympathy and personal distress to prosocial behavior: A multimethod study», *Journal of Personality and Social Psychology*, 57, 55-66.
19. N. Eisenberg y R.A. Fabes (1998), «Prosocial development», en N. Eisenberg (ed.), *Handbook of Child Psychology. Vol. 3. Social, emotional and personality development* (pp. 701-778). Nueva York: John Wiley and Sons.

20. N. Eisenberg, R.Fabes y S. Losoya (1997), «Emotional responding: Regulation, social correlates, and socialization», P. Salovey y D.J. Sluyter (eds.), *Emotional developmen and emotional intelligence. Educational implications* . Nueva York: Basic Books, págs. 129-163.
21. R. Kestenbaum, E.A. Farber y L. A. Soufre (1989), «Individual differences in empathy among preschoolers: Relation to attachment history», *New Directions in Child Development*, 44, 51-64.
22. F. López (1994), *Para comprender la conducta altruista*. Navarra: Verbo Divino.
23. D. Baumrind (1971), «Current patterns of parental authority», *Developmental Psychology Monographs*, 1, 1-103.
24. N. Eisenberg y R.A. Fabes (1992), «Emotion, regulation, and development of social competence», en M.S. Clark (ed.), *Review of personality and social psychology. Vol. 14. Emotion and social behavior*. Newbury Park, C. A: Sage, págs. 119-150.
25. F. López (1994), *Para comprender la conducta altruista*. Navarra: Verbo Divino.

15. RELACIONES EMOCIONALMENTE INTELIGENTES EN EL SIGLO XXI

JOSE LUIS ZACCAGNINI
Universidad de Málaga

Las emociones: lo mejor, y lo peor, de nosotros mismos

«El mérito no es mío, sino de todas las personas que han creído y confiado en mí, y del público que me ha apoyado en todo momento.»

Éstas fueron las declaraciones de un deportista muy joven que contra todo pronóstico acababa de ganar una importante competición. Comentarios similares a éste aparecen en los medios de comunicación con bastante frecuencia. Si el lector ha pasado por una situación análoga sabrá que ese tipo de declaraciones no son una exageración fruto del momento, sino una realidad psicológica incuestionable. Cuando nos creemos totalmente apoyados nos sentimos tan *especiales* que a menudo somos capaces de dar lo mejor de nosotros mismos e incluso... un poco más. Es lo mismo que ocurre cuando nos enamoramos. No sabemos cómo ni por qué, pero el amor saca de nosotros la mejor persona que podemos ser. También se puede alcanzar ese estado especial en condiciones extremas, tales como accidentes o catástrofes naturales. En esas situaciones excepcionales es posible que personas normales se comporten como verdaderos héroes. Se trata de circunstancias en que somos capaces de autoanimarnos, creyéndonos que podemos afrontar algo que está en el límite de nuestras posibilidades y lograrlo. Y esto ocurre porque un adecuado estado emocional puede aumentar mucho las posibilidades de tener éxito ante un reto personal, facilitando enormemente su superación. Es lo que, a partir de ahora, vamos a denominar técnicamente la "facilitación emocional". Un fenómeno psicológico que a veces puede llegar a producir efectos casi milagrosos.

Pero los efectos de la "facilitación emocional", es decir, la gran influencia de las emociones positivas en nuestro comportamiento, no se limitan a personas o situaciones excepcionales. Por ejemplo, si revisamos los libros sobre técnicas de dirección de equipos y liderazgo en la empresa, veremos que en todos ellos se insiste en la importancia de crear un buen ambiente de trabajo, fomentar la cooperación entre los miembros del equipo y, muy especialmente, motivar a las personas. Todos estos elementos no son otra cosa que técnicas encaminadas a crear en los miembros del equipo esos estados de ánimo que caracteriza la facilitación emocional. Cuando efectivamente se consigue crear ese ambiente constructivo, la experiencia de trabajar en equipo se convierte en algo enormemente gratificante y productivo. Otro ejemplo del papel positivo que desempeñan las emociones en la vida cotidiana lo tenemos en las relaciones interpersonales. En toda convivencia –y muy especialmente en la de pareja–, si nos sentimos queridos y apoyados somos capaces de ser personas maravillosas, sin que además nos cueste nada serlo. Algo análogo, pero en el ámbito de la psicología individual, lo podemos encontrar si revisamos los libros de autoayuda psicológica. En todos ellos se insiste en la importancia de desarrollar estados de bienestar personal y confianza en uno mismo, como base y primer paso fundamental para alcanzar el equilibrio psicológico y el éxito en la vida. Por eso, los títulos de esos libros de autoayuda son siempre frases orientadas a la autoconfianza: «Tu puedes vencer la....», «Cómo alcanzar el...», «La fuerza está en ti»», etc. En definitiva, la lista de ejemplos de la vida cotidiana, en los que se comprueba que la facilitación emocional tiene un papel fundamental y muy positivo, podría continuarse indefinidamente. Porque, aunque no siempre caigamos en la cuenta, todo lo que hacemos en la vida lo hacemos mejor cuando lo abordamos con el adecuado estado emocional.

Lamentablemente los estados emocionales no siempre actúan a nuestro favor. De manera que cuando se trata de emociones negativas nos encontramos con la otra cara de la moneda. Si las emociones negativas nos invaden podemos llegar a actuar con odio y saña, ser terriblemente cobardes, o hundirnos psicológicamente. Para ilustrar esta faceta negativa de las emociones, sin dramatizar demasiado, recurriremos de nuevo a las noticias del periódico. Nos referiremos a un caso que apareció en la prensa local con el siguiente titular «Levantan un muro de Berlín en la piscina». Por la información que venía a continuación nos enterábamos de un conflicto surgido en una comunidad de casas adosadas, donde al parecer, había algunas viviendas que eran más grandes y otras más pequeñas, así que por ley a unos

les correspondía pagar más gastos de comunidad que a otros. Pero esos vecinos que pagaban más argumentaban que el uso de la piscina comunitaria
era el mismo para todos, por lo que habían exigido que todos los vecinos
pagaran igual. El conflicto se había enconado, dando lugar a graves enfrentamientos personales. Finalmente, la absurda solución a la que habían llegado era la de dividir la piscina con una especie de tela metálica, haciendo
dos partes proporcionales a lo que pagaba cada tipo de chalet. El caso puede parecer cómicamente exagerado, pero cualquiera que conozca el funcionamiento de las comunidades de vecinos sabe que estos conflictos absurdos
son mucho más frecuentes de lo que cabría esperar entre seres humanos supuestamente racionales, democráticos y civilizados. Pues bien, en este tipo
de situaciones, las emociones no sólo no ayudan sino que complican gravemente el problema. Se trata de lo que técnicamente denominaremos "conflictos emocionales", es decir, conflictos en los que lo importante no es tanto
lo que materialmente esté en juego, como las reacciones emocionales encon-
tradas que se producen entre las personas involucradas. En efecto, en este
caso de la piscina podemos imaginar los argumentos que defendían los re-
presentantes de ambas partes. Unos dirían «Lo justo es que paguen más los
que más tienen», y otros preguntarían «¿Por qué tenemos que pagar más que
otros por la misma piscina?». Si a partir de aquí, cada uno hubiera reconocido la parte de razón que había en los argumentos de la otra parte, seguro
que hubieran podido llegar a un acuerdo razonable. Pero, evidentemente,
no fue así. En su lugar, lo más probable es que cada parte, emocionalmente
afectada por prejuicios acerca de la otra parte, se obstinará en sus razones
pretendiendo imponer sus criterios sin más. Esto último seguro que produjo respuestas agresivas de defensa y, a partir de ahí, el conflicto se conver-
tiría en una espiral de ofensas personales. Al final, lo de menos sería el tema
de las cuotas y la piscina, lo importante serían las actitudes intransigentes, los
orgullos heridos y los enfrentamientos personales. En eso consiste un "conflicto emocional".

Al igual que ocurría con la "facilitación emocional", la incidencia de los
"conflictos emocionales" no se limita a las situaciones excepcionales. Incluso podemos tomar los mismos ejemplos anteriores. Una de las causas
más frecuentes del bajo rendimiento de los equipos de trabajo es la presencia de "conflictos emocionales" entre sus miembros. Conflictos que, vistos
desde fuera, se diría que no tienen apenas fundamento, pero que sin embargo no sólo producen una merma significativa en el rendimiento, sino que
pueden llegar a deteriorar bastante la calidad de vida de las personas implicadas, dando lugar a situaciones muy desagradables e, incluso a uno de los
motivos más frecuentes de bajas laborales: la depresión. En cuanto a las re-

laciones interpersonales y de pareja, la incidencia es similar, aunque de consecuencias aún más lamentables. La mayor parte de los problemas que más afectan cotidianamente a las relaciones afectivas entre personas, y que muchas veces terminan en dolorosas separaciones tienen su origen en la aparición y desarrollo de "conflictos emocionales". Con mucha frecuencia las cuestiones que distancian a los amigos, no son objetivamente graves, sino pequeños malentendidos o incomprensiones, a partir de los cuales se inicia la espiral del conflicto emocional. En particular, si analizamos los motivos por los que las parejas se deterioran, comprobamos que en muchos casos la pérdida del amor inicial se debe fundamentalmente a problemas o desavenencias que, al igual que en el caso de la piscina antes comentado, no deberían tener demasiada importancia objetiva, y serían fácilmente resolubles mediante acuerdos. Sin embargo, muchas parejas abordan esas situaciones mediante la técnica de "aguantar y perdonar por amor". Es decir, pretenden pagar con amor lo que en realidad son los gastos y desgastes de la convivencia. Así, en lugar de reparar los pequeños desperfectos inevitables en toda convivencia, se los tapa con una mano de pintura pagada con cargo a la cuenta del amor. Lo malo es que, a la larga, esas pequeñas cosas se repiten, y si no se resuelven satisfactoriamente, se enconan y se acumulan hasta agotar el crédito en la cuenta del amor. Llegan los números rojos, es decir, se empiezan a producir heridas emocionales en ambos miembros de la pareja. Entonces aparecen esas discusiones en las que lo de menos es la razón por la que se discute, lo que está operando son las actitudes intransigentes, los orgullos heridos y el malestar acumulado. Cuando se llega a este punto los problemas ya no se pueden resolver mediante acuerdos, porque han entrado en juego los elementos de un "conflicto emocional"; ya no sólo se le pide a la otra persona que haga o deje de hacer determinado tipo de cosas, sino que se le exige que pague con sufrimiento una reparación emocional. Reparación emocional que la otra persona considera desproporcionada e injusta ya que también ella tiene derecho a que se reconozca su parte, etc. No hace falta seguir porque casi todos tenemos experiencia directa de a dónde nos llevan esas situaciones.

Por último, entrando en el ámbito de la psicología individual, hay que señalar que los conflictos emocionales no sólo aparecen en las relaciones con los demás, sino que también pueden aparecer en las relaciones con uno mismo. En efecto, aunque no son tan evidentes, este tipo de conflictos también surgen dentro de nosotros mismos. Con cierta frecuencia los seres humanos nos negamos a admitir lo que somos, o lo que nos pasa, tratamos de engañarnos, y esto puede llegar a producir una importante contradicción psicológica. No tiene nada de malo reconocer que nos hemos equivocado en algo, o asumir las limitaciones que hacen que no podamos conseguir ciertas cosas en esta vida. Lo malo es no aceptar esa evidencia y empeñarnos en que las cosas son, o tienen que ser, de otra manera. Porque el resultado es que nos instalamos en un conflicto emocional individual. Es decir, nos creamos un problema que tendría una fácil solución si fuéramos capaces de reconocer lo que nos pasa y abordarlo razonablemente. Pero que se vuelve irresoluble al entrar en juego las reacciones emocionales de defensa. Cuando intentamos evitar el sufrimiento a base de negar la realidad, nos introducimos en un camino sin salida. Porque entonces ya no es que queramos resolver nuestro problema, lo que queremos es que no exista, o que se resuelva solo, a base de que la realidad se ajuste a nuestros deseos. Pero con esa actitud, lo más probable es que nuestro conflicto individual se encone hasta amargarnos la vida.

En resumen, con todos estos ejemplos hemos intentado poner de manifiesto la gran importancia psicológica de los "estados emocionales". Tal como hemos visto, se trata de un fenómeno muy potente que influye decisivamente en nuestro comportamiento y en nuestras relaciones con los demás. Puede producir efectos muy positivos, como en el caso de la facilitación emocional, o muy negativos, como en el caso de los conflictos emocionales, llegando incluso a hacernos dar lo mejor, o lo peor de nosotros mismos. Pero, sobre todo, es importante subrayar que se trata de un fenómeno que nos acompaña cotidianamente. Tanto si somos conscientes de ellos como si no, los estados emocionales son la clave de nuestra felicidad o infelicidad diaria o, como se dice técnicamente, de nuestra calidad de vida. Vistos así podría pensarse que se trata de la cuestión más importante para los seres humanos. Sin embargo, los aspectos emocionales no han tenido hasta ahora el suficiente reconocimiento en nuestra cultura occidental, más orientada hacia valores éticos, racionales y materiales. Implícita o explícitamente somos educados en la idea de que ser más inteligente, ajustarse a las normas y poseer más medios materiales es el objetivo deseable como seres humanos, y lo que nos hará felices. Las emociones positivas son, según esta perspectiva, una consecuencia automática de la voluntad, la inteligencia y el poder material. Las emociones negativas son un estorbo, algo indeseable que hay que eliminar cuanto antes, incluso con medios farmacológicos si es necesario. En consecuencia, en la familia y en el colegio no se nos enseña a manejar adecuadamente nuestras emociones. Simplemente se nos exige que seamos capaces de controlarlas. Cuando somos adultos se supone que ya hemos aprendido a hacerlo, o de lo contrario necesitamos asistencia psicológica. En definitiva, en nuestra cultura occidental económicamente desarrollada tendemos a minimizar y soslayar los aspectos emocionales sin apenas entender su funcionamiento. Pero, como hemos visto, los estados emocionales desempeñan un papel central en el desarrollo de nuestra vida como personas que vivimos en un mundo de personas. Por tanto, hay buenas razones para afirmar que merece la pena prestarles más atención y tratar de profundizar un poco en su comprensión.

Psicología de las emociones: la ley del deseo

Para empezar a comprender el funcionamiento psicológico de las emociones, hay que tener en cuenta que el comportamiento humano es producto de la relación que la mente de cada persona establece con su cuerpo y con el medio, material y social en que vive. Dicho de otra forma, nuestro comportamiento es el instrumento que utiliza nuestra mente para alcanzar ciertos objetivos específicos. Si reflexionamos un momento acerca de lo que hacemos diariamente, veremos que se trata de acciones y pensamientos encaminados a conseguir objetivos tales como nuestro bienestar físico y material, mantener o mejorar nuestra situación económica, lograr el reconocimiento y el afecto de los demás, etc. Pues bien, en este contexto los estados emocionales son algo así como el resultado de un balance o evaluación que la mente hace en cada momento acerca de nuestro estado general. Balance que la mente tiene que realizar como paso previo a la toma de decisión acerca de qué comportamiento va a realizar a continuación. Dicho de otra forma, las emociones funcionan como un indicador que informa a la mente del rumbo en que estamos. Si el rumbo parece encaminarse hacia lo que necesitamos o deseamos, ese indicador emite señales positivas, es decir emociones agradables, que nos animan a continuar como vamos. Pero si el rumbo que estamos tomando parece alejarnos de nuestros objetivos, el indicador emite señales negativas, es decir emociones desagradables, que nos urgen para que busquemos un camino distinto, que efectivamente nos acerque a lo que necesitamos o deseamos.

Visto así, el mecanismo de las emociones puede parecer elemental, pero no lo es en absoluto. Porque no es tan sencillo evaluar si el camino que hemos elegido nos llevará a la felicidad o no. Todos sabemos por experiencia, que no siempre resulta tan fácil saber lo que realmente necesitamos en esta vida. Muchas veces nos sentimos mal, pero no sabemos qué es lo que realmente nos pasa o qué es lo que nos falta. Otras veces, aun cuando creemos saber lo que necesitamos, no acertamos con lo que realmente nos conviene, de manera que o bien nos proponemos metas imposibles, o bien cuando logramos lo que queríamos, descubrimos que no era eso lo que nos hacía falta. Además, a veces lo que es bueno a corto plazo resulta negativo a largo plazo, o viceversa. Finalmente, aun cuando acertemos en la identificación de lo que realmente necesitamos, no siempre podemos o sabemos cómo conseguirlo. Esto es así porque tanto nuestros intereses como el entorno material y social en que vivimos son sistemas muy complejos. De manera que hay que tener en cuenta una gran cantidad de aspectos, así como las posibles combinaciones entre ellos, además de los efectos a medio y largo plazo, para llegar a una conclusión final. Esto exige muchos análisis y complicados procesos de decisión para conseguir finalmente que nuestro comportamiento resulte mínimamente adecuado. Y eso es lo que nuestra mente hace de manera constante, aunque normalmente no nos demos cuenta de ello, ya que se trata de procesos que la mayoría de las veces operan de forma automática y no consciente. Pues bien, para ser capaz de afrontar con cierto éxito esa tarea, la mente humana está equipada con una serie de mecanismos que son como programas de ordenador, implementados en el cerebro, y cuya misión es precisamente analizar, diseñar, desarrollar y evaluar nuestro comportamiento Esos "programas" se agrupan en tres "sistemas", que son en parte innatos y en parte aprendidos en base a la experiencia, y que se ocupan de tres tareas fundamentales, a saber: analizar nuestro estado interior, analizar el estado del medio en que estamos, y combinar ambos aspectos para llegar a una decisión sobre cómo actuar. A estos "programas" los denominaremos el "sistema motivacional", el "sistema instrumental" y el "sistema ejecutivo", respectivamente.

El primer sistema de que dispone nuestra mente para diseñar el comportamiento está constituido por los programas que se ocupan de identificar todas nuestras necesidades y deseos. Es el "sistema motivacional", cuya misión es llamar la atención hacia todos los objetivos que sería conveniente alcanzar en cada momento, evaluando hasta qué punto los necesitamos. Los objetivos de los que se ocupa el sistema motivacional van desde cuestiones puramente biológicas, tales como mantener nuestro cuerpo bien alimentado y a una temperatura adecuada, hasta cuestiones morales, tales como ser justo u honesto, pasando por todo tipo de objetivos intermedios, tales como alcanzar un cierto poder económico o social, ser apreciado por los demás, etc. Evidentemente, esos objetivos motivacionales pueden presentarse como positivos, cuando se trata de alcanzar algo "bueno", o como negativos, cuando se trata de evitar algo "malo". Además, el "sistema motivacional" dota a cada necesidad de un cierto grado de importancia o urgencia, de manera que determinados objetivos como, por ejemplo, salvar la vida pueden en un momento dado tener más importancia que otros, como por ejemplo: evitar el dolor. Por eso somos capaces de, llegado el caso, someternos voluntariamente a una terapia muy dolorosa, si con ello creemos que podemos salvar nuestra vida. En definitiva, el objetivo global de este sistema es orientarnos hacia la satisfacción de deseos y necesidades. Ahora bien, este "sistema motivacional" no nos dice nada acerca de lo que hay que hacer para satisfacer esos deseos o evitar esos peligros. No es ésa su función. Simplemente se limita a evaluar como "atractivo" todo aquello que parece que podrá satisfacer esos deseos y necesidades, o como "repulsivo" lo que parece que nos alejará de su consecución. Indicándonos en cada momento qué es lo más urgente o qué objetivo tiene prioridad, pero sin entrar en cómo lograrlo. De ahí que nuestra mente necesite contar con un segundo tipo de "programas", el sistema instrumental, que es el que se ocupa de conocer el medio en que vivimos y analizar los recursos que tenemos para actuar en él. Este sistema se apoya en nuestra capacidad de pensar (cognición) y en nuestra capacidad de actuar (conducta). La misión de este sistema no es fácil, ya que normalmente las condiciones del entorno no están hechas a la medida de nuestros deseos. Siendo así, para cumplir su misión, este sistema debe acumular y manipular información acerca de cómo funciona el medio (*aspecto cognitivo*), así como desarrollar hábitos de conducta efectivos, aprendiendo de la experiencia (*aspecto conductual*). Para que se entienda, digamos que los mecanismos cognitivos pueden englobarse bajo lo que habitualmente llamamos inteligencia, por ejemplo capacidad de razonamiento, creatividad, etc. Mientras que los mecanismos conductuales se corresponden con las "habilidades" aprendidas; por ejemplo saber jugar al tenis, saber ganar amigos o saber dirigir un equipo de trabajo. En definitiva, el objetivo del "sistema instrumental" es manejar los recursos de que disponemos para actuar, evaluando nuestras posibilidades en cada momento. Estos mecanismos también generan estados psicológicos positivos o negativos en función de que evalúen las situaciones como adecuadas a nuestras capacidades, intelectuales o conductuales, o no. Así, cuando nos enfrentamos a un problema que creemos poder resolver, o tenemos que desarrollar un comportamiento que creemos dominar, estos mecanismos instrumentales generan sensaciones positivas, y cuando nos enfrentamos a una situación que no entendemos, o que nos exige habilidades de las que carecemos, estos mecanismos generan señales negativas. En definitiva, el objetivo global del sistema instrumental es asegurar nuestra adaptación a las circunstancias del medio en que vivimos.

Con estos dos sistemas nuestra mente dispone en cada momento de información acerca de todas las cosas que quiere obtener o evitar y de todos los comportamientos que es capaz de desarrollar. El siguiente paso es coordinar ambos aspectos decidiendo qué comportamiento concreto se va a realizar en un momento dado y ante unas circunstancias concretas. Es decir, qué objetivo se elige en cada momento y con qué estrategia se tratará de alcanzar, teniendo en cuenta las circunstancias existentes. De esta coordinación se ocupa el sistema ejecutivo. Esta coordinación no es una tarea trivial porque, como acabamos de mencionar, cada uno de los dos sistemas mencionados apunta a objetivos diferentes –satisfacer los deseos y adaptarse a la realidad, respectivamente–, de manera que operan en base a leyes, criterios y limitaciones diferentes. Esto es así hasta el punto de que se ha llegado a decir que el funcionamiento de la mente humana es, en realidad, una dialéctica entre dos mentes diferentes (motivacional e instrumental), que el sistema ejecutivo trata de poner de acuerdo, es decir, de armonizar con más o menos acierto a la hora de dirigir nuestro comportamiento. Y aquí es precisamente adonde queríamos llegar. Porque para llevar a cabo esa síntesis el sistema ejecutivo necesita disponer de dos cosas fundamentales. La primera es un *criterio* acerca de cómo decidir qué es lo más importante para el sujeto en cada momento, lo segundo una *valoración global* del estado en que el sujeto se encuentra, de manera que pueda comparar ambos en cada momento para decidir si va bien, y por tanto tiene que seguir haciendo lo que está haciendo, o si va mal y tiene que cambiar. Por lo que respecta al criterio para decidir qué es lo más importante, se trata de lo que se denomina la "jerarquía de las motivaciones humanas fundamentales". Desde hace mucho tiempo, la psicología de la motivación ha venido estudiando cuáles son esas motivaciones básicas y cuál es su orden de preferencia. En la figura 1 se sintetizan los resultados de estas investigaciones. Como vemos se trata de una serie de "necesidades" jerarquizadas que todo ser humano tiene que tener mínimamente cubiertas. El segundo paso fundamental que debe llevar a cabo el sistema ejecutivo para tomar sus decisiones es realizar una *valoración global* de la situación. Esta valoración global se realiza mediante un mecanismo complejo que hace algo así como mezclar toda la información que recibe, como si fueran sonidos, para obtener un único sonido final, sesgado en el sentido del sonido más fuerte. Es decir, mezcla todos los mensajes positivos y negativos que le llegan de los otros dos sistemas y elabora un único mensaje que estará sesgado hacia lo positivo o lo negativo en función de sus componentes. Pues bien, el producto de esta evaluación, el mensaje final, son precisamente los estados emocionales. Ese mensaje nos dice en qué grado tenemos cubiertas todas esas necesidades en el momento presente, y en qué grado pensamos que las seguiremos teniendo cubiertas en el futuro.

Combinando estos dos elementos, los criterios motivacionales fundamentales y la evaluación global, el sistema ejecutivo puede decidir qué objetivo hay que cubrir y con qué estrategia. En definitiva, puede decidir en

---

1. La necesidad de sentirse bien físicamente (salud/placer).
2. La necesidad de sentirse respetado y apoyado por los demás (seguridad/poder).
3. La necesidad de sentirse querido y comprendido por los demás (comprensión/amor).
4. La necesidad de sentirse bien con uno mismo (seguridad en si mismo/autoimagen).

Figura 1. Motivaciones básicas jerarquizadas.

cada momento qué es lo que más nos conviene hacer. Ahora bien, ese mecanismo de decisión no opera en base a criterios puramente "racionales", como muchas veces nos creemos. Porque resulta que al realizar esa mezcla de los mensajes emitidos por los sistemas "motivacional" e "instrumental" se produce una influencia mutua, de manera que mis deseos sesgan, positiva o negativamente, mi interpretación de la realidad, y la realidad condiciona lo que cada persona nos atrevemos a desear. Veámoslo con un ejemplo tópico. Cuando nos enamoramos, nuestros mecanismos emocionales sesgan nuestra percepción cognitiva de la otra persona. Sólo atendemos a los aspectos positivos, que nos parecen mucho mejores de lo que en realidad son, y apenas nos damos cuenta de los aspectos negativos que, de esta forma, casi no influyen en nuestra percepción de esa persona y, por tanto, en los sentimientos que nos produce. Por tanto, la evaluación que hacemos de la otra persona nos lleva a verla como alguien totalmente excepcional. Siendo así, esa persona se nos presenta como una valiosísima posibilidad de cubrir la motivación número 3, "el deseo de ser amado" (figura 1). Por todo ello nos sentimos motivados para dar todo lo que tenemos de cara a conseguir su amor. Además, en la medida en que lo vayamos consiguiendo, estaremos cubriendo también la motivación número 4, "mejorar nuestra autoimagen" (Figura 1), ya que estaremos demostrándonos a nosotros mismos que somos capaces de hacer algo importante. Éste es el funcionamiento de los mecanismos emocionales en su aspecto positivo, es decir, lo que hemos denominado la "facilitación emocional". En su aspecto negativo funcionan exactamente igual, pero en sentido contrario. Cuando llevamos mucho tiempo conviviendo con una persona puede ocurrir que, por sensibilización, ya sólo atendamos los aspectos negativos, que así nos parecen mucho peores de lo que en realidad son, y por habituación apenas nos damos cuenta de los aspectos positivos, porque los damos por supuestos. De esta forma, lo positivo casi no influye en nuestros sentimientos, mientras que lo negativo se hace muy patente. Por tanto, la evaluación que hacemos de la otra persona nos lleva a verla como alguien que ya no merece la pena. Percibimos a esa persona con un sesgo negativo que nos hace evaluarla como alguien mucho menos adecuado para cubrir las necesidades que antes cubría (números 3 y 4 de la figura 1). Nos sentimos frustrados, y proyectamos esa frustración en la otra persona, tratándola mal, y en nosotros mismos, sintiéndonos mal. En este contexto aparecen los conflictos emocionales, es decir cualquier motivo nimio activa la frustración y se convierte en una cuestión irresoluble, un mero pretexto para dar salida a las desproporcionadas emociones negativas que sentimos hacia la otra persona y hacia nosotros mismos.

Pero el proceso no termina aquí. Esto es sólo una visión parcial, en la que únicamente hemos tenido en cuenta el sesgo que corresponde al funcionamiento del sistema motivacional. A continuación será el sistema instrumental el que entre en funcionamiento, para tratar de diseñar una estrategia que nos permita alcanzar nuestros objetivos. Comienza la segunda parte del proceso.

Retomemos el caso del enamoramiento. Una vez que siento atracción hacia una persona, tengo que decidir qué hago para alcanzar su amor. Es entonces cuando puedo descubrir que esa persona pertenece a una clase social muy alejada de la mía, por lo que *cognitivamente* tengo que llegar a la conclusión de que nunca me hará caso. Otra posibilidad negativa es que yo me crea demasiado tímido y poco hábil en el arte de conquistar, por lo que tendría que renunciar a la conquista por limitaciones *conductuales*. Si por estas razones renuncio definitivamente a intentar conseguir el amor de esa persona, el sistema instrumental, es decir mi concepto sobre cómo funciona la realidad, se habrá impuesto sobre los mecanismos motivacionales. Éstos, a su vez, al ser frustrados, me harán sentirme muy triste. Esta tristeza hará que empeore la imagen que tengo de mí mismo, «No valgo lo suficiente», y probablemente modificará mi opinión sobre el amor, «Es una ilusión inalcanzable». Si es así, la próxima vez que mis necesidades motivacionales me hagan sentirme atraído por otra persona, es posible que renuncie antes de intentarlo, ya que pensaré que ni yo soy capaz, ni la cosa merece la pena. En definitiva, los mecanismos instrumentales están sesgando mis deseos. Evidentemente, todo esto es una simplificación de lo que ocurre en realidad, pero únicamente se trata de ilustrar el funcionamiento de ambos tipos de mecanismos.

Ahora bien, la historia no tiene por qué acabar así. En efecto, nótese que puedo estar equivocado. Es posible que esa persona esté dispuesta a iniciar una relación conmigo, pese a la diferencia de clase social y a mi falta de habilidades. Más aún, es posible que mis amigos me animen a intentarlo, subrayando los aspectos buenos de mi personalidad y minimizando lo negativo. Entonces, con este ánimo, y si esa persona me parece tan maravillosa, es posible que pese a saber que no tengo nada que hacer lo intente a la desesperada y, como realmente le intereso a esa persona, es muy probable que consiga mi objetivo. Me parecerá un milagro. El tipo de milagros que produce la facilitación emocional. El gran amor que sentía, y la ayuda de mis amigos, me han llevado más allá de lo que parecía posible. Nótese que es lo mismo que sentía el joven deportista al que nos referíamos al inicio de este capítulo. Los mecanismos motivacionales han impuesto su sesgo sobre los instrumentales, llevándome a dar lo mejor de mí mismo. Pero estos efectos positivos también funcionan en la otra dirección. A veces son los mecanismos instrumentales los que mejoran sensiblemente el funcionamiento de los mecanismos emocionales. Por ejemplo, retomemos el caso de las relaciones de pareja. Hemos visto que con el tiempo se puede producir un claro deterioro de la relación, debido fundamentalmente a los cambios emocionales que produce la convivencia. Esto, sin embargo, no es ni mucho menos inevitable. Podemos desarrollar estrategias instrumentales que no sólo eviten el deterioro, sino que potencien enormemente los aspectos positivos del amor. En primer lugar, el mero conocimiento cognitivo de que la percepción inicial está sesgada en un sentido, y que luego se producirá un sesgo de sentido contrario, nos puede evitar muchos errores. Si de verdad creemos que "objetivamente" nuestra pareja ha degenerado y se ha convertido en otra persona mucho peor, será difícil que podamos mejorar la situación. Pero en la medida en que nos demos cuenta de cómo funcionamos, podremos diseñar estrategias que nos eviten caer en la trampa emocional. Esas estrategias deben orientarse fundamentalmente a producir el máximo de facilitación emocional en ambos miembros de la pareja. No debemos "aguantar por amor" lo que no nos gusta, sino manifestarlo claramente, para que la otra persona pueda aprender estrategias conductuales diferentes, y viceversa, debemos identificar lo que hacemos mal para modificar nuestra conducta. Pero, sobre todo, tenemos que atender y fomentar los aspectos que nos parecen positivos en la otra persona. Darnos cuenta de ellos y hacérselo ver, manifestando que nos gustan. Incluso, investigar bajo qué condiciones esos aspectos se desarrollan al máximo, para favorecerlos. Todo esto puede parecer laborioso, pero el resultado merece la pena, porque una de las mejores vías para ser feliz es hacer verdaderamente feliz a la pareja.

Pero dejemos los ejemplos y volvamos a nuestra argumentación inicial. Todo esto era un intento de describir el papel de los estados emocionales en los procesos de la psicología humana. Como hemos visto nuestro comportamiento está dirigido por un sistema ejecutivo que mezcla y coordina nuestras necesidades (motivacionales) y nuestras posibilidades (instrumentales) para producir un comportamiento (adaptativo) que nos permita sacarle el máximo partido a nuestra vida, dentro de nuestras circunstancias. Para ello utiliza una jerarquía de objetivos globales (figura 1), y se rige por nuestro estado emocional en cada momento, que no es otra cosa que un balance o valoración acerca del grado en que estamos alcanzando nuestros deseos. De manera que, como señala el especialista Nico Fridja (1988, pág. 349), «las emociones están sometidas a ciertas leyes, y nosotros estamos sometidos a ellas». Es decir que, tanto si somos conscientes de ello como si no, las personas nos guiamos psicológicamente por *la ley del deseo*. Así funcionamos. Pues bien, este hecho cada vez tiene más importancia en el desarrollo de una sociedad democrática económicamente desarrollada como la que caracteriza el principio del siglo XXI.

Sociología de las emociones: la cultura del deseo

El hecho de que el comportamiento humano esté dirigido por una mente que se orienta en base a la ley del deseo ha llevado a algunos pensadores como, por ejemplo, Rousseau a creer que el ser humano "busca el bien por naturaleza", siendo la cultura la que nos pervierte. Según estos autores, que entroncan con el pensamiento anarquista, si dejáramos al individuo libre y sin trabas culturales, sería un ser beatífico, "el buen salvaje". Sin embargo, la realidad no parece confirmar esas ideas. Por lo que sabemos de nuestros antepasados, los hombres primitivos apenas si alcanzaban a cubrir la primera de las cuatro necesidades básicas (figura 1). Es decir, apenas si lograban sobrevivir. Esto es psicológicamente muy empobrecedor porque, tal como hemos señalado anteriormente, las mencionadas cuatro necesidades básicas están fuertemente jerarquizadas. De manera que primero hay que tener mínimamente cubierta la primera necesidad –seguridad y salud física– para que la segunda –respetar a los demás y ser respetado por los demás– empiece a operar. A su vez necesitamos vivir en un ambiente social mínimamente organizado para que la tercera –establecer relaciones afectivas– tenga sentido y se desarrolle. Finalmente, sólo las personas que se sienten mínimamente queridas y que han recibido un mínimo de educación cultural pueden llegar a desarrollar un buen autoconcepto. Además, estas cuatro motivaciones también operan a la inversa: estamos dispuestos a sacrificar la cuarta para cubrir la tercera, la tercera para cubrir la segunda, y ésta a cambio de poder cubrir la primera, que, en un mínimo, resulta lógicamente irrenunciable, ya que si no se cubre desaparecemos físicamente. Ahora bien, si analizamos las condiciones que ha de tener el entorno para poder cubrir mínimamente las cuatro necesidades básicas, veremos enseguida que se necesita una cultura muy desarrollada. Tal como ya hemos comentado, si el entorno no nos garantiza los medios para poder acceder a un determinado nivel de deseos, es decir, si pensamos que se trata de cosas imposibles de alcanzar, nuestro sistema instrumental reducirá sensiblemente el nivel de esos deseos, y nos conformaremos con muy poco. Por ejemplo, mientras que para un habitante del Tercer Mundo lograr comida para subsistir o no ser asesinado puede parecer más que suficiente para sentirse feliz, un ciudadano de los países desarrollados considerará imprescindible disponer de una buena sanidad, televisión en color, que se respeten sus derechos democráticos, etc.

De hecho, si se analiza el progreso de la cultura democrática occidental, vemos que ha ido ampliando tanto el número de necesidades básicas como la calidad de la cobertura que se ofrece al ciudadano. Al entrar en el siglo XXI, en los países desarrollados la ciencia y la técnica permiten acceder fácilmente al primer nivel de las motivaciones básicas (véanse, puntos 1 y 2 de la figura 1). Una mayoría creciente de personas dispone de unos amplísimos servicios de salud, la alimentación está prácticamente resuelta y la tecnología hace la vida cada vez más confortable, llegando a los grandes niveles de sofisticación que supone la cultura del ocio. En cuanto a la segunda necesidad, la cultura democrática, es decir, el Estado de derecho y su organización democrática, garantiza la seguridad de los ciudadanos, protegidos por la ley, y nos permite a todos convivir pacíficamente y, en principio, participar en el poder bajo las mismas reglas del juego. Evidentemente, no todos los ciudadanos están en el mismo nivel. No se trata de hacer aquí una defensa del capitalismo o del pensamiento único, pero es indiscutible que la media de la población en los países desarrollados se encuentra en un nivel más que razonable, que no se alcanza en otras culturas menos desarrolladas, ni se tenía en los países occidentales en el siglo XIX. Por tanto, si proyectamos esta lógica hacia el futuro, cabe pensar que lo que se va a empezar a demandar en el siglo XXI va a ser un mayor nivel de cobertura de los dos últimos puntos (figura 1). Dicho de otra forma, nos encaminamos hacia una sociedad en la que los ciudadanos vamos a pedir una sustancial mejora en nuestra autorrealización, especialmente en lo que respecta a la forma en que somos tratados por los demás, y en el respeto a las opciones personales. De hecho, ya estamos en ello. Hoy en día las personas nos consideramos con derecho a exigir la máxima comprensión de los demás y el máximo respeto por cualquier cosa que deseemos hacer con nuestras vidas. Circunstancia ésta que hace aumentar mucho tanto las posibilidades de que aparezcan conflictos emocionales, como las posibilidades de que la facilitación emocional nos lleve a mejorarnos a nosotros mismos y al entorno en que vivimos. Es todo un reto de futuro.

En efecto, por lo que respecta al aumento de los conflictos emocionales, en la medida en que las personas se creen con derecho a que se respeten sus deseos no porque estén justificados desde arriba, sino porque son sus deseos personales, aumenta la posibilidad de entrar en conflicto con las leyes del entorno. Por ejemplo, en el mencionado caso de la piscina dividida, los propietarios que tienen que pagar más por ley se sienten con derecho a reivindicar su deseo de no pagar más por la misma piscina, con independencia de que eso no se ajuste a la ley. Más aún, en una comunidad de vecinos se puede aprobar democráticamente que las cuotas sean iguales para todos –la ley no se opone a ello, sin embargo los propietarios de las casas pequeñas consideran que tienen derecho a imponer su deseo de acogerse a la ley y pagar menos por el mismo servicio, pese a que eso resulta claramente irracional. En ambos casos las personas están reivindicando el derecho a que se cumpla su deseo, por encima de cualquier otro criterio, aumentando significativamente las posibilidades de que surja el conflicto emocional, es decir, incrementado las posibilidades de sentirse ofendidos en la media en que no se están respetando sus deseos personales.

Otro ejemplo. Los adolescentes de hoy día se consideran con derecho a disfrutar de la vida al mismo nivel que sus compañeros de clase, con independencia del poder adquisitivo o de los criterios educativos de sus padres. No es ya que no les gusten las restricciones, es que no creen que sus padres tengan derecho a imponer restricciones a sus deseos. En la medida que estos deseos resultan incompatibles con los deseos de los padres –que también se consideran con derecho a ejercitar sus deseos–, aparecerá el conflicto emocional. En definitiva, que para salir de este tipo de conflictos emocionales, tendremos que desarrollar unas nuevas pautas de relación y educación social que permitan compaginar constructivamente los deseos individuales. Es decir, tendremos que empezar a construir la cultura del deseo.

En el otro polo, es evidente que el desarrollo de la cultura occidental abre cada vez mayores espacios para la autonomía y el desarrollo individual. De manera que las personas pueden poner en marcha deseos que eran impensables en el pasado. Por ejemplo, hoy día podemos luchar por la ecología o por erradicar el hambre en el mundo. Alguien dirá que esa lucha no parece tener grandes éxitos, a juzgar por las imágenes que a diario vemos en la televisión. Pero, en perspectiva histórica, el hecho de que tomemos conciencia de ese tipo de problemas y podamos presionar a los políticos o colaborar con las ONG, es todo un avance casi vertiginoso. Otro tanto podemos decir respecto de las relaciones humanas. Por ejemplo, las campañas en favor de la defensa de la infancia, la igualdad de la mujer o contra el maltrato. Cada vez disponemos de más medios para extender nuestros deseos de respetar y amar a los demás seres humanos. Y esto a su vez hace que cada vez sintamos una mayor facilitación emocional respecto de ese tipo de deseos. Como acabamos de señalar nos encaminamos decididamente hacia la cultura del deseo.

En definitiva, cabe concluir que en una auténtica sociedad democrática, lo que se impone no es lo más justo o lo más racional, fríamente considerado, sino lo que responde al deseo de la mayoría, sea el que sea. Al final, es la convergencia de los deseos individuales de las personas, y no otra cosa, lo que a la larga organiza nuestra sociedad. De manera, en la medida en que avancemos en la cultura del deseo, cada vez seremos más responsables de cómo se organiza el mundo. Si el mundo se va a convertir en un lugar para las personas, será porque ése sea nuestro deseo común, y porque seamos capaces de organizarnos en tal sentido. Pero para ello, cada vez tendremos que ser más conscientes de que el desarrollo hace aumentar mucho tanto las posibilidades de que aparezcan conflictos emocionales, como las posibilidades de que la facilitación emocional nos lleve a mejorarnos a nosotros mismos y al entorno en que vivimos. De manera que si efectivamente queremos construir un mundo para las personas, tendremos que empezar por "construirnos" como personas capaces de gestionar adecuadamente nuestros estados emocionales, así como su articulación con los estados emocionales de los demás. Y para eso no nos bastará con el viejo modelo basado exclusivamente en la ética pública, la inteligencia y la posesión material, necesitamos incluir explícitamente los aspectos emocionales, si queremos avanzar en buena dirección. Pues bien, es en este contexto en el que cobra su sentido eso que se ha dado en llamar La inteligencia emocional.

La inteligencia emocional: hacia un mundo de personas

Tal como acabamos de mencionar, la cultura del deseo en la que nos estamos adentrando aumenta significativamente la importancia de los estados emocionales en el funcionamiento psicológico de las personas. A su vez, este aumento, si no es adecuadamente gestionado, puede suponer un incremento de conflictos emocionales, así como una falta de aprovechamiento de la facilitación emocional. Por eso insistimos en señalar que el papel de las emociones adquiere un importante protagonismo psicológico en la cultura y la sociedad del siglo XXI. Pues bien, desde la perspectiva de la psicología como ciencia, esto resulta ser una relativa novedad. Dicho de forma muy simplificada, a lo largo del siglo XX la psicología científica, muy influida por los valores materiales e intelectuales, se dedicó fundamentalmente a realizar estudios de laboratorio sobre los "mecanismos instrumentales". Más concretamente, en la primera mitad del siglo la ciencia psicológica se centró sobre todo en el estudio de los mecanismos "conductuales", y en la segunda mitad le tocó el turno a los mecanismos "cognitivos". Con ello se logró un alto nivel de conocimiento analítico acerca de las leyes que rigen algunos procesos instrumentales básicos. Pero al entrar en el siglo XXI la ciencia psicológica se está viendo obligada a prestar mayor atención a los aspectos más globales de la conducta (sistema ejecutivo), y en este contexto se vuelve crucial analizar el papel que desempeñan los estados emocionales en el comportamiento cotidiano. Así están surgiendo diversas líneas de investigación y desarrollo con esa orientación. Algunas vuelven su mirada hacia los aspectos más biofisiológicos de las emociones, y otras tratan de abordar los estados emocionales desde las anteriores perspectivas ("conductuales" o "cognitivas"). Pero, además, ha aparecido una línea que trata de abordar el tema desde su propia especificidad. Esta línea suele etiquetarse como el estudio de la inteligencia emocional.

¿Qué es la inteligencia emocional? Esta pregunta ya ha sido contestada en otros capítulos de este libro. De manera que aquí nos limitaremos a refrescar lo básico de cara a poder continuar nuestra argumentación acerca del papel de la inteligencia emocional en el desarrollo de la sociedad del siglo XXI, que es el objeto de este capítulo. Por lo que hemos visto ya se sabe que la inteligencia emocional es un instrumento teórico desarrollado para investigar y orientar la forma en que las personas manejan sus estados emocionales, y los de los demás. En síntesis la inteligencia emocional es un rasgo psicológico constituido por un conjunto de capacidades, que en concreto son:

1. Darse cuenta de la presencia de los propios estados emocionales y evaluarlos correctamente.
2. Manejar y dirigir los propios estados emocionales de manera que su relación con los otros mecanismos psicológicos (cognitivos y conductuales) resulte constructiva.
3. Darse cuenta e interpretar correctamente los estados emocionales de los demás.
4. Gestionar adecuadamente los estados emocionales de los demás, ayudándoles a encauzarlos adecuadamente.

Según la teoría que subyace al concepto de inteligencia emocional, el objetivo de esas capacidades no es otro que llevar a cabo una adecuada *gestión* de nuestros estados emocionales. Ser inteligente emocional significa ser capaz de utilizar nuestros estados emocionales como guía para diseñar un comportamiento constructivo, tanto con respecto a nosotros mismos como respecto de los demás. Entendiendo por constructivo el comportamiento que nos permite desarrollarnos como personas y establecer relaciones positivas con los demás. En el otro extremo, la falta de inteligencia emocional nos llevará a complicarnos la vida y complicársela a los demás. Esto es lo que postula la teoría. Ahora podemos preguntarnos hasta qué punto esto es así. Pues bien, las investigaciones más recientes demuestran que efectivamente el adecuado manejo de esas capacidades resulta básico tanto para desarrollar un comportamiento bien adaptado, como para mejorar significativamente la calidad de la propia vida y la de los demás. Más aún, a medida que las sociedades se desarrollan, la inteligencia emocional resulta mucho más importante que otro tipo de capacidades psicológicas. Vemos algunos ejemplos.

Para empezar, las investigaciones neurofisiológicas recientes, llevadas a cabo por investigadores como Damasio, han demostrado que las lesiones en ciertas áreas del lóbulo prefrontal, que es donde se ubican las funciones ejecutivas y muy especialmente las que producen ese balance general que hemos denominado estado emocional, dan lugar a comportamientos totalmente desadaptados. Las personas que sufren ese tipo de lesiones, ya sea por accidentes traumáticos o por tumores cerebrales, no muestran carencias importantes en su sistema instrumental. Es decir, su capacidad de razonamiento cognitivo y sus habilidades conductuales quedan intactas. Pero su comportamiento se desorganiza de forma dramática, por ejemplo, Damasio cuenta el famoso caso de un trabajador eficiente, capaz, responsable y buen padre de familia, llamado Phineas Gage, que a mediados del siglo XIX sufrió un accidente en el que una barra de hierro le atravesó el lóbulo prefrontal del cerebro, dañándoselo gravemente. De forma milagrosa, el trabajador se recuperó muy bien del accidente, en lo que se refiere a la salud, y a sus capacidades intelectuales y conductuales. Pero su carácter cambió drásticamente, y se convirtió en un individuo irresponsable, borracho y camorrista, que abandonó a su familia para acabar con la vida totalmente arruinada. Tal como nos describe Damasio (1994, pág. 46): «La lesión selectiva en las cortezas prefrontales del cerebro de Phineas Gage […] comprometió su capacidad de planificar para el futuro, de conducirse según las reglas sociales que previamente había aprendido y de decidir sobre el plan de acción que eventualmente sería más ventajoso para su supervivencia.» [CAPÍTULO 3: págs. 43 y 44.] ¿Qué había ocurrido? Pues la conclusión a la que llega Damasio, al igual que otros muchos investigadores en el campo de las neurociencias, es que es imposible desarrollar un razonamiento y un comportamiento correctos si no se cuenta con un adecuado control emocional. Como ya hemos subrayado, las emociones no son algo que simplemente "nos acompañan" mientras desarrollamos nuestro pensamiento y nuestro comportamiento cotidianos, son "la guía" fundamental que articula dichos razonamientos y pensamientos. De manera que si no gestionamos adecuadamente nuestros estados emocionales, de nada nos servirá ser muy inteligentes y disponer de grandes habilidades de comportamiento. Para ilustrar esta idea Damasio nos describe otro caso que sería cómico, si no fuera porque afecta gravemente a un ser humano. Se trata de un paciente suyo, que fue operado de un tumor en el área prefrontal del cerebro. El paciente se recuperó perfectamente, sin secuelas aparentes, pero hacía cosas del siguiente estilo: un día este hombre tenía una cita con Damasio, pero resultó que la noche anterior había caído una nevada terrible y las carreteras estaban impracticables, hasta el punto de que todos los pacientes de Damasio llamaron para cancelar la cita; sin embargo, nuestro paciente, sin sentido del peligro, fue a la cita jugándose la vida. Pues bien, al terminar la consulta Damasio le preguntó qué día le venía bien para la siguiente cita, el paciente abrió su agenda y se quedó bloqueado, incapaz de decidir algo tan sencillo como qué día le venía mejor. A cada posible día de cita le veía ventajas e inconvenientes, y no era capaz de conjugarlas para llegar a una decisión. Ésa es la clave. Como vemos no basta con tener intacto el pensamiento y las habilidades comportamentales, necesitamos además ser capaces de coordinarlos adecuadamente, y para ello la gestión de los estados emocionales desempeña un papel crucial. En definitiva, estas investigaciones neurofisiológicas ponen de manifiesto que la inteligencia emocional, en tanto que capacidad para gestionar nuestros estados emocionales, evaluándolos correctamente y utilizándolos para orientar de forma positiva nuestro comportamiento, es una dimensión indispensable para poder vivir una vida mínimamente ajustada.

Pasemos ahora de los casos médicos a las personas normales, que no tenemos lesiones frontales, y analicemos si gestionamos adecuadamente nuestros estados emocionales. Para ello, el primer paso, y fundamental, que se propone desde el marco de la inteligencia emocional consiste en ser consciente de nuestras propias emociones y del papel que tienen en nuestro comportamiento. Esto, que puede parecer obvio, no lo es en absoluto. Todos tenemos la experiencia de preguntarle a alguien por qué se ha enfadado, y recibir una airada respuesta, casi un grito, del tipo: «¡Yo no estoy enfadado!» Tal como hemos visto, los estados emocionales, sobre todo cuando alcanzan cierta intensidad, distorsionan nuestra percepción de la realidad, y modifican nuestro comportamiento. El problema es que si no somos conscientes de ello tenderemos a malinterpretar tanto nuestro comportamiento como el de los demás. Esto no es trivial. Otro investigador, Sutherland, ha analizado los errores que cometen los profesionales, médicos, jueces, ingenieros, psicólogos políticos, etc. en su ejercicio profesional. Lo primero que ha encontrado es que esos errores son mucho más frecuentes de lo que sería de desear. De hecho el comportamiento que el autor califica de "irracional" resulta un ingrediente permanente en la actuación de profesionales altamente cualificados. Dando lugar a efectos muy negativos en la vida cotidiana de los ciudadanos de los países occidentales desarrollados. Pero lo que más nos interesa aquí es que la causa de esos errores, según ha investigado Sutherland, no estriba en una falta de inteligencia o de habilidades profesionales, sino en un sesgo emocional a la hora de definir los objetivos. Como dice el autor: «Hay medios racionales de conseguir un fin, pero cabe preguntarse si existe algo parecido a un fin racional» (1992, pág. 19). Dicho de otra forma, los errores se cometen porque existe un sesgo, emocional por supuesto, en la evaluación y selección del fin a perseguir. Esta distinción entre medios racionales y fines emocionales resulta dramáticamente patente en algunas sentencias judiciales, donde un uso impecable de la racionalidad legal puede llevar a un resultado irracional e, incluso, realmente inhumano. De nuevo queda de manifiesto que la correcta orientación del comportamiento no se apoya sólo en la fría racionalidad, sino que exige el ejercicio de una adecuada inteligencia emocional.

Si dejamos los comportamientos profesionales y nos fijamos en la conducta cotidiana, también encontraremos el mismo fenómeno. Por ejemplo, más del 60 % de las consultas que se hacen en los ambulatorios de la Seguridad Social no responden a síntomas de enfermedades médicas, sino a malestar psicológico (especialmente en personas mayores). El problema es que si las personas no son conscientes de que sus síntomas son producidos por su estado de ánimo tendrán más dificultades para abordarlos y, además, se tomarán a mal la aparente falta de interés del médico que les atienda. Y los efectos pueden ser psicológicamente muy graves. Tras muchos años de investigación, Robert Wuthnow ha descubierto que las personas que no son capaces de reconocer sus conflictos emocionales, y por tanto se muestran incapaces de hablar de ellos, pueden llegar a enfermar y a acortarse la vida sensiblemente, además de perder calidad de vida. Evidentemente, las personas que sufren esos problemas por falta de conocimiento de los propios estados emocionales no sólo se hacen infelices a ellos mismos, sino que tienden a crear un ambiente hostil a su alrededor. Esto llega incluso hasta la psicopatología. La inmensa mayoría de las personas que buscan ayuda psicológica lo hacen porque se encuentran en un grave conflicto emocional consigo mismas y puede que también con los que le rodean. Hay autores como Ellis, creador de la famosa terapia racional-emotiva, que postulan que toda patología psicológica es un conflicto grave entre medios racionales y fines emocionales. En definitiva, resulta incuestionable que un adecuado conocimiento de los propios estados emocionales, como base para la elección de objetivos profesionales o vitales, es fundamental para desarrollar un comportamiento equilibrado.

En el otro extremo tenemos las investigaciones que han demostrado que conocer las propias emociones, y darles adecuada salida, produce grandes efectos positivos. Por ejemplo, Epstein, un conocido psicólogo, ha desarrollado todo un programa de lo que él denomina "pensamiento positivo", orientado al desarrollo personal. Pues bien, la clave está precisamente en un adecuado análisis y control de los propios estados emocionales. Y al igual que Epstein, otros muchos autores –psicólogos, filósofos, especialistas en autoayuda– han reivindicado el equilibrio emocional como el gran objetivo al que debe orientarse el ser humano. Incluso, como señala José Antonio Marina, ese control está en la base de nada menos que la libertad como valor individual. La libertad no es hacer lo que me da la gana, tal como a veces se interpreta, porque «hacer lo que me da la gana no es ser libre, es obligarme a hacer lo que la gana decide hacer» (Marina, 2000, pág. 202). Dicho de otra forma, para poder ser libre tengo que ser autónomo, es decir, tengo que ser capaz de gestionar adecuadamente mis propias emociones. Por eso, como señala Marina, el objetivo ético del ser humano no es la libertad sino la «autonomía», la capacidad de dirigir la propia conducta. Pero no es sólo un objetivo ético, también es un objetivo psicológico porque, como ya hemos señalado, si no conozco y controlo las leyes a las que está sometida mi emoción, acabaré sometido a ellas. Por esta razón no resulta trivial insistir en que la capacidad de gestionar los estados emocionales debería asumirse como valor cultural de nuestra sociedad, y ser fomentado tanto en la familia como en la escuela. Para lo cual, lógicamente, tendremos que saber qué es lo que hay que hacer, y para ello a su vez tendremos que seguir investigando acerca de los mecanismos que subyacen a la inteligencia emocional.

El segundo aspecto de la inteligencia emocional es lo que se refiere al conocimiento y adecuado tratamiento de los estados emocionales de los demás. Sobre este aspecto hay muchas investigaciones que Daniel Goleman recoge en su conocido *best-seller* titulado *Inteligencia emocional*. En este libro se pasa revista a muchos casos y situaciones en las que el éxito no depende tanto de la inteligencia, en el sentido clásico del término, como de un adecuado conocimiento y gestión de las emociones propias y de los que nos rodean. El propio éxito de este libro, y de los que le han seguido, muestra hasta qué punto la sociedad capitalista avanzada está preparada para asimilar estas nuevas ideas. Aunque sólo sea de forma intuitiva, cada vez son más las personas que se dan cuenta de que el éxito, personal y social, no depende tanto de las capacidades intelectuales o de las habilidades conductuales, como de la inteligencia emocional. Porque, cada vez más, son los conflictos interpersonales los que dificultan nuestro desarrollo. Tal como comentábamos al inicio de este capítulo la mayoría de los conflictos emocionales se producen en la interacción con los otros. Por tanto, para alcanzar el equilibrio emocional es necesario conocer también los estados de ánimo de los demás, y ser capaces de gestionarlos de forma adecuada. Así, en toda convivencia, y muy especialmente la convivencia en pareja, la clave consiste en que cada persona, en lugar de exigir del otro determinadas conductas –que es lo que solemos hacer–, adopte actitudes y comportamientos que produzcan una adecuada facilitación emocional de cara a la realización de dichas conductas deseadas. Los premios son mucho más efectivos que los castigos, porque fomentan un estado emocional positivo en la otra persona. De manera que si quieres, o necesitas, que otra persona haga algo por ti, actúa de forma que comprenda que si lo hace se alegrará de hacerlo, en lugar de exigirle con amenazas que lo haga. Así lograrás que te traten a ti de la misma manera, y éste es un objetivo que realmente merece la pena perseguir, porque basta reflexionar un poco para darse cuenta de que convivir con personas que nos valoran y que apoyan nuestras cualidades es casi una garantía de felicidad.

En definitiva, y para concluir, todos estos hechos ponen de manifiesto que el adecuado ejercicio de esas capacidades que caracterizan la inteligencia emocional permite desarrollar el equilibrio personal y produce una mejora sustancial de las relaciones humanas, tanto en el entorno próximo (pareja, amigos, compañeros de trabajo), como en el entorno extenso (grupos, sociedad, relaciones internacionales, etc.). La razón es que una alta Inteligencia Emocional supone tanto minimizar los conflictos emocionales como potenciar al máximo la facilitación emocional. Y esto no sólo en uno mismo, sino también en las personas que nos rodean. Por tanto, si desarrollamos esas capacidades, cada vez seremos más capaces de lograr lo que deseamos, individual y conjuntamente, sin tener que entrar en contradicciones ni con lo que es racional, ni con los deseos de los demás. Esto quizás pueda parecer un tanto utópico, pero no menos utópico de lo que podría parecer en su momento la abolición de la esclavitud, el voto de la mujer, la jornada de 35 horas, etc. Dado el funcionamiento que caracteriza a la cultura democrática y técnicamente desarrollada en que vivimos, de la que ya hemos hablado, es evidente que la primera condición para que se construya un mundo para las personas es que las personas "deseemos" realmente construir ese tipo de mundo. Pues bien, en este contexto, podemos ver a la inteligencia emocional como la herramienta conceptual capaz de orientarnos en esa dirección. De hecho, si por un momento nos imaginamos un mundo en el que las personas tuviesen una alta inteligencia emocional, veríamos que sería un lugar mucho más habitable. En una sociedad que practicara las relaciones sociales emocionalmente inteligentes, no sólo nos sentiríamos más a gusto con nosotros mismos, sino que obtendríamos mucha felicidad en nuestra interacción cotidiana con las demás personas. De hecho, no ocurrirían muchas de las desgracias y tragedias, grandes y pequeñas, que diariamente vemos en la televisión o a nuestro alrededor, y que con mucha frecuencia no se deben a catástrofes naturales incontrolables, sino a la acción intencionada de personas o grupos que para obtener lo que desean se hacen daño a sí mismos, a los demás o al medio ambiente. ¿Qué ocurriría si esas personas o grupos hubieran sido lo suficientemente inteligentes emocionalmente como para encontrar una vía diferente de satisfacción personal que no pasara por comportamientos destructivos? Puede que parezca utópico, pero es un hecho incuestionable que en el mundo posmoderno que vivimos en las sociedades occidentales desarrolladas lo que más placer y más dolor produce a las personas son casi siempre los comportamientos de otras personas o, incluso, el tratamiento que nos damos a nosotros mismos. De alguna manera el mundo en que vivimos está organizado bajo ciertas ideas según las cuales para ver realizados determinados deseos hay que desalojar a los demás, y exprimirnos a nosotros mismos. Eso es así porque esas ideas son de naturaleza exclusivamente competitiva y materialista. Pero probablemente no sean las más inteligentes, en la medida en que no ofrecen los mejores instrumentos para alcanzar lo que realmente queremos. Es decir, la felicidad. ¿No sería más inteligente intentar construir entre todos un mundo a favor de las personas? Ése es indudablemente el reto para el desarrollo de la sociedad en el siglo XXI, y en él la inteligencia emocional tiene un importantísimo papel.

Bibliografía

A.R. Damasio (1996), *El error de Descartes*. Barcelona: Ed. Crítica (Grijalbo-Mondadori).

A. Ellis (1980), *Razón y emoción en psicoterapia*. Bilbao: Descleé de Brouwer.

S. Epstein (1998), *Constructive thinking. The key to emotional intelligence*. Westport Conneticut. Praeger Pub.

N.H. Fridja (1988), «The laws of emotion», *American Psychologyst*. 34 (5), 349-358.

Las relaciones

D. Goleman (1996), *Inteligencia emocional*. Barcelona: Editorial Kairós.

J.A. Marina (2000), *Crónicas de la ultramodernidad*. Barcelona. Ed. Anagrama.

K. Oatley y J.M. Jenkins (1996), *Understanding emotions* . Cambridge: Blakwell Pubs.

T.J. Peters y R.H. Waterman (1982), *In search of excelence*. Nueva York. Harper & Row. [Versión castellana: *En busca de la excelencia*. Ediciones Folio, Barcelona, 1936.]

R.W. Robins, S.D. Gosling y K.H. Craik (1999), «An empirical analysis of trends in psychology», *American Psychologist*. 54, 117-128.

J.J. Rousseau (1980), *El contrato social*. Madrid: Alianza Editorial.

S. Sutherland (1996), *Irracionalidad. El enemigo interior*. Madrid: Alianza Editorial.

R. Wuthnow (1991), *Actos de compasión*. Madrid: Alianza Editorial, 1996.

EL AMOR

16. CÓMO CONVIVIR EN PAREJA SIN PERECER EN EL INTENTO

Félix López Sánchez
Universidad de Salamanca

Introducción: la pareja, nuestro gozo o sufrimiento

Sartre decía hace unas décadas: «El infierno son los otros». Y no le faltaba razón, aunque sólo dijo la mitad de la verdad; los otros, y muy especialmente aquellas personas con las que compartimos la vida de forma intensa –padres, hijos o pareja– pueden provocar lo mejor y lo peor, el placer o el sufrimiento, la protección o el desamparo; en definitiva, el bienestar o la aflicción. A veces, incluso ambas cosas en proporciones diversas y cambiantes.

No debería extrañarnos tanto, si tenemos en cuenta que el ser humano es capaz de lo mejor y de lo peor. Tenemos manos con las que podemos acariciar o matar, brazos con los que somos capaces de estrangular o abrazar; inteligencia para ayudar o aniquilar; corazón con el que odiar o amar.

Pero lo que es verdaderamente importante comprender es que la felicidad, el bienestar, el gozo y el placer son todo lo que realmente deseamos y buscamos, con independencia de que acertemos o no en el camino. La frustración, el sufrimiento en las relaciones, el odio, la destrucción o la muerte del otro son siempre un fracaso; un fracaso muy humano, por cierto. El ser humano es un ser para el contacto y la vinculación, para el amor en definitiva; y su vida es siempre un intento para conseguirlo.

En este escrito invitamos al lector a la reflexión conjunta sobre lo que puede ofrecernos una de las relaciones más intensas: la convivencia en pareja. El lector o lectora puede "conversar" conmigo leyendo este trabajo, y ¡ojalá! la conversación sea, aun en las discrepancias, agradable y provechosa.

Porque es bueno hablar, reflexionar sobre las relaciones de pareja; incluso cambiar lo que consideremos oportuno. Un tema, el de la pareja, olvidado, que ahora, por fin, hemos recuperado a través de los estudios sobre la llamada inteligencia emocional. De hecho, una de las pruebas mayores por la que tiene que pasar nuestra inteligencia emocional es la de tener la sabiduría de convivir bien en pareja, si tenemos buenos motivos para ello.

Vivir en pareja no es una obligación

Lo primero que es importante constatar es que convivir en pareja –nos referimos a lo largo de todo el escrito a las parejas que conviven juntas por motivos sexuales y amorosos, sea cual sea su forma y gustos sexuales– no es una obligación. Parece obvio, pero no lo es tanto. En el pasado, y aun hoy en algunos lugares y para bastantes personas, el proyecto de vida de todas las personas debería incluir el matrimonio heterosexual y la familia con hijos. Quedarse soltero o "para vestir santos", como se decía de las mujeres que no se casaban, era una gran desgracia, de la que de una u otra forma se hacía responsable a la propia persona, que era declarada rara o poco valiosa.

Habría que empezar recordando el sabio refrán «Mejor solos que mal avenidos», e incluso podemos ir más lejos y afirmar que la pareja no es una obligación, ni siquiera siempre, necesariamente, resulta ser la mejor solución. De hecho, cuando los convencionalismos sociales han dejado de presionar a las personas para que se casen, son muchas –en algunas sociedades occidentales se acercan a la mitad–, las que finalmente se organizan la vida sin vivir en pareja.

En este tema, lo mejor es que cada cual haga su propio balance y tome las decisiones que considere oportunas, favoreciendo de buen grado la diversidad: que cada cual se organice la vida de relaciones íntimas como quiera y pueda, sin sentirse presionado a cumplir el proyecto que dictan determinadas convenciones sociales. Vivir la propia diversidad, en pareja o sin ella, sin hacer comparaciones absurdas con los demás, construyendo nuestra propia vida, sin tomar como medida para uno mismo lo que los demás hacen. Somos únicos y diferentes.

En todo caso, un buen comienzo para todos es no sentirse obligados a formar pareja, comprender que es necesario construir la propia independencia y autonomía, saber estar solo o sola –desde el punto de vista de las relaciones de pareja– y unirse a alguien cuando se tengan buenos motivos para ello.

Con los familiares, los amigos, los compañeros, con relaciones íntimas o sin ellas, las personas podemos estar sin pareja, sin que necesariamente el mundo se venga abajo. Incluso tenemos la obligación vital de construir una vida con sentido propio con o sin pareja. No es verdad que seamos una media naranja en busca de la otra mitad, que resulta ser la única que existe en el mundo. Somos, si se me permite la expresión, "naranjas enteras" que deben saber rodar por sí mismas, con independencia de que en el camino –el camino de la vida– se acabe rodando junto a otras, unidas de una u otra forma.

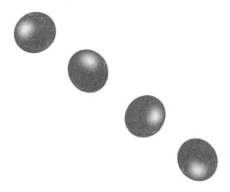

La vinculación a una pareja es un derecho y una posibilidad, pero no una obligación.

Pero este capítulo, como indica el título, no intenta ayudar a las personas que no están en pareja, sino a las emparejadas. Vamos con ello.

La pareja puede ser una buena opción

Necesidades interpersonales y de pareja

Los seres humanos tenemos determinadas necesidades interpersonales que procuramos cubrir de diferentes formas.

En primer lugar, la necesidad de sentirnos seguros, protegidos, apoyados y queridos de forma incondicional. Cuando esta necesidad no está cubierta sufrimos de "soledad emocional", un sentimiento de soledad radical, caracterizado por la conciencia de que no hay nadie en el mundo que esté disponible cuando le necesitamos, que los demás nos pueden fallar, que nos ponen condiciones para ayudarnos o tenemos que pagarle la ayuda: en definitiva, que no tenemos a nadie incondicional.

El vínculo afectivo incondicional más frecuente es el de los padres hacia los hijos, todos los demás están de una u otra forma sujetos a reciprocidad.

Pero no es infrecuente que se pueda llegar a crear este tipo de vínculo con la pareja, cuando, pasados los años y vividas múltiples experiencias, uno y otro se quieren de tal modo que se saben incondicionales, que están seguros de que no se van a fallar; pero esto no ocurre en todas las parejas. En todo caso, cuando las relaciones de pareja van bien y se llega a crear este vínculo, que solemos llamar "apego", uno para el otro pasan a ser la persona más importante de la vida, de la que se espera lo mejor. Ambos se ofrecen los cuidados –la protección, la ayuda, la colaboración, el afecto, etc.– de forma incondicional.

La segunda necesidad es la de tener un grupo, una red de amigos y amigas. Personas de similar edad con las que nos identificamos y divertimos. Es importante disponer de esta red de amistades antes y después de tener pareja, porque el ser humano es muy social y necesita otras personas más allá de la familia y de la pareja para jugar, viajar, pasear, intimar, hacer proyectos juntos, etc. Encerrarse en la familia o la pareja es inadecuado, aburrido y arriesgado. Por eso es importante también que los miembros de la pareja sean amigos y compartan amigos y amigas, para que mantengan juntos y por separado relaciones de amistad.

La tercera necesidad es la necesidad de intimidad corporal y emocional con contenido sexual. Somos seres sexuados con el deseo de entrar en contacto con los demás, acariciar y ser acariciados, abrazar y ser abrazados, gozar de la intimidad sexual y afectiva. Esta necesidad se hace más evidente y fuerte a partir de la adolescencia y no nos abandona hasta al final de la vida.

Esta tercera necesidad la resolvemos con la pareja o parejas sexuales, y hay que tener muy buenas y particulares razones para renunciar a ella. Se puede renunciar a ella por razones de diverso tipo y satisfacerse de mil formas diferentes, pero es indudable que la pareja es, en este caso, una de las formas más frecuentes y, desde luego, una de las más adaptadas a la condición humana.

La pareja, como puede verse, está muy relacionada con las tres necesidades interpersonales que tenemos los seres humanos. La pareja puede convertirse en un encuentro vivido como incondicional y contribuir en la vida adulta y la vejez a satisfacer, junto con la familia de origen, la necesidad de un vínculo que nos dé seguridad, protección, apoyo, consuelo, ayuda, etc. La pareja suele encontrarse entre la red de amigos o acabar formando parte de ella, mezclando así la función de pareja con la de compañero o compañera de ocio, proyectos o lo que fuere. La pareja, por último, y de forma especialmente directa es el encuentro interpersonal en el que nuestra necesidad de intimidad corporal, sexual y emocional se satisface gozando del placer sexual, la ternura, el afecto y la comunicación.

---

1. Necesidad de seguridad emocional   →   *Apego*

2. Necesidad de red de relaciones sociales   →   *Amistad*

3. Necesidad de reproducción de la especie:
   • *Necesidad de contacto placentero del individuo*   *Intimidad sexual*
     – El placer de la actividad sexual
     – Afectos sexuales:
       • Deseo
       • Atracción
       • Enamoramiento

Figura 1. Necesidades y vínculos.

La dinámica y los contenidos de la vida de pareja

Las personas que viven en pareja pueden acabar compartiendo de una o otra forma todo o casi todo (dinero, vivienda, todo tipo de enseres, hijos, tareas, etc.), pero esto, aun siendo muy importante, no es lo único:

¿Cuales son los contenidos afectivos y sociales de una relación de pareja? La respuesta más sencilla nos permitiría salirnos por la tangente: depende del tipo de pareja. Pero no queremos escapar de esta pregunta, sino afrontarla desde un punto de vista de máximos; las parejas concretas participaran en uno u otro grado de esta dinámica y estos contenidos.

Desde el punto de vista interpersonal, es decir, de las relaciones entre los dos, los contenidos que pueden llegar a compartir son fundamentalmente tres:

1. Contenidos de claro significado sexual, como el deseo, la atracción y el enamoramiento. Los miembros de la pareja se desean sexualmente, se sienten atraídos el uno por el otro e incluso están fascinados, enamorados, hechizados, encantados el uno por el otro. Desean y buscan la intimidad corporal y, si no hay especiales dificultades, se disfrutan sexualmente alimentando de esta forma la pasión. Estos contenidos no eran tenidos en cuenta en el pasado, cuando las parejas se formaban por otras razones, pero hoy suelen considerarse fundamentales y ser, al menos al comienzo, una de las bases sobre la que se forman las parejas. La duración de la pasión puede ser corta o lar-

ga, pero lo que es indudable, como veremos más adelante, es que la satisfacción sexual de la pareja es uno de los resortes importantes a lo largo del tiempo que convivan. No somos partidarios de tomar partido por uno u otro prejuicio: creer que el enamoramiento dura poco o creer que puede ser eterno. Todo depende de como entendamos el enamoramiento; pero, desde luego, me parece más positivo pensar y actuar en favor de mantener la pasión y la satisfacción sexual, porque son dos contenidos muy significativos y, en la medida que se logren, muy gratificantes.

2. La comunicación y el intercambio afectivo, que hoy solemos llamar intimidad. A medida que los miembros de la pareja se van conociendo, cuando las relaciones van bien, se comunican más y mejor. Les resulta más fácil hablar de todo o de casi todo y entender lo que su pareja le dice. Compartir ideas, contarse la propia historia y la forma de sentir e interpretar las cosas, escuchar e interesarse por lo que ha vivido y vive cada día el otro, pedir consejo y darlo, etc., es fundamental para la comunicación.

   Pero lo más importante de la comunicación es el intercambio afectivo: expresar, comprender y compartir sentimientos, de forma que ambos miembros de la pareja sean, en cierto sentido, vasos comunicantes. «Tu alegría me afecta, me concierne y me hace sentir alegre; tu aflicción, tu dolor, tu pena me afecta, me importa, me hace sentir desgraciado y me mueve a consolarte y ayudarte.»

   Es la comunicación afectiva, la empatía decimos hoy, la capacidad para compartir emociones, sentimientos y afectos. Lo contrario es la incomunicación, la frialdad, la distancia, el no conectar con los sentimientos del otro.

   Cuando en una pareja se tiene comunicación, además de pasión sexual, se es a la vez amante, amigo y fuente de satisfacción y consuelo. Los miembros se sienten no sólo deseados, atraídos y enamorados, sino queridos, comprendidos, apoyados y amados.

3. El compromiso es el tercer gran componente de las relaciones de pareja. Se trata de la decisión que uno toma de formar pareja: «Yo soy tu pareja, tu novio/a, tu esposo/a, etc.», que hace saber al otro y que, a veces, hace pública de diferentes formas (pareja de hecho, casamiento civil, casamiento eclesiástico, etc.). Todas las sociedades practican unos ritos u otros para dar a conocer esta decisión. Nuestra sociedad es la primera que, a veces, no recurre a ritos sociales; pero siempre, de una manera o de otra, los miembros de la pareja acaban sabiendo o desean saber el tipo de compromiso que adoptan.

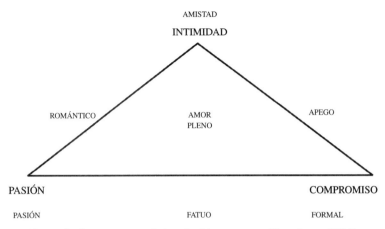

Figura 2. Componentes de la relación amorosa (Sternberg, 1986).

Hoy tenemos la sociedad más flexible que jamás haya existido en relación con este tercer contenido o componente de las relaciones de pareja. Y es bueno que las personas individualmente y las parejas sepan que pueden organizar el compromiso de forma muy diversa. Esto es una gran riqueza social que nos permite vincularnos de formas muy diferentes. Pero ser claros, legales y éticos en el tipo de compromiso adoptado parece fundamental para que ambos miembros de la pareja no se sientan engañados, frustrados, desorientados, etc.*

La pareja, por tanto, puede ser una buena opción, porque puede ayudarnos a satisfacer nuestras necesidades interpersonales básicas y puede acabar estando llena de contenidos fundamentales para gozar de la vida, hacernos sentir bien e, incluso, favorecer nuestra salud física y mental disfrutando de relaciones sexuales satisfactorias, intimidad afectiva y seguridad en un compromiso compartido.

En este contexto, aunque no sea el tema de este escrito, incluso se puede decidir "tener hijos", dar vida, apostar por la vida transmitiéndola, lo que generará nuevos vínculos, ilusiones y compromisos.

---

* El lector o lectora puede ver que hay tres componentes esenciales en la relación amorosa (pasión, intimidad y compromiso). Si están presentes los tres, hablamos de amor pleno, si no es así, hay seis combinaciones posibles según esté presente un solo componente o dos de ellos. Pero estas seis formas son deficitarias en uno u otro aspecto de la relación de una pareja.

Convivir y amarse es un arte

Hay muchas creencias erróneas sobre las relaciones amorosas que nos hacen mucho daño, nos llevan a cometer errores y finalmente a sufrir; porque pocas cosas pueden hacernos sufrir tanto como las relaciones de pareja insatisfactorias o conflictivas.

El primer error es creer que convivir es fácil, que para vivir en pareja sólo hace falta querer, que no debemos ocuparnos de aprender a amar y ser amados. Tanto es así que, en general, no invertimos ningún esfuerzo y nadie se ocupa de ayudar y preparar a las personas para la vida en pareja. Frente a este error es importante saber que convivir satisfactoriamente, que vivir en pareja durante años de forma satisfactoria, requiere cualidades, esfuerzos, disciplina, decisiones y ser "un verdadero artista" de las relaciones sociales. Por eso, con mucho acierto, hubo un autor que llamaba a esto "el arte de amar". En la vida dedicamos muchos esfuerzos a aprender muchas cosas, pero muy pocos a aprender cosas útiles para ser feliz, para entendernos con los demás, para aprender a amar.

El segundo error es creer que con buenas intenciones, con el compromiso de estar juntos, con buenos sentimientos, etc., es suficiente. Habría que recordar ese dicho tan español: «Obras son amores y no buenas razones.» En la pareja tiene que haber buenas ideas, buenos sentimientos y buenas conductas, no únicamente uno de estos tres aspectos. Así pues, los tres aspectos necesarios son: (1) valorar bien la relación –pienso y estoy seguro de que me quiere, vale la pena para mí, valgo la pena para él/ella–, (2) comunicarse afectivamente –conecta bien conmigo, comparte mis sentimientos, me siento comprendido/a, etc.– (3) y tener conductas que demuestren la comprensión, el afecto, la ayuda, la incondicionalidad –nos miramos, tocamos, acariciamos y abrazamos; nos ayudamos, consolamos, mimamos, etc.–.

Un tercer error es considerar que lo único importante es "ser amado", en lugar de "amarse". Consiste en tener una visión egoísta de la relación, pidiendo al otro que nos ame, nos quiera, nos cuide, etc., pero sin que nosotros hagamos lo mismo por él. Es plantear la relación para recibir y no para dar. Se trata de ausencia de reciprocidad, y tarde o temprano generara insatisfacción en el otro y hará imposible un buen funcionamiento de la pareja. Todos necesitamos ser queridos, pero la mejor manera de conseguirlo –en realidad es la única– es queriendo al otro: ocupándonos del otro, de su placer y de su dolor, de su aflicción y su gozo, de sus cosas, de sus intereses, de su vida. Esto requiere la capacidad de salir de sí mismo, de tener en cuenta el punto de vista del otro, de escuchar y tomarse en serio sus cosas y, finalmente, de estar dispuesto a la comprensión, el apoyo emocional y la ayuda. Salir de sí mismo y tomarse a la pareja como otro, que tiene también su propia vida, sus intereses, sus necesidades, y estar dispuesto a ayudarle a satisfacerlas. No es otra cosa la capacidad de amar.

Una forma nueva de esta falsa creencia es tener una idea individualista del bienestar, pensando que lo ideal es ser uno mismo, sentirse uno bien, que toda la organización de la vida y las relaciones deben tener como finalidad nuestro bienestar individual. Si es así, es muy probable que vivamos la relación como una pérdida de posibilidades, como un costo que no nos compensa, como algo que nos trae unos problemas de los que nos veríamos libres estando solos o cambiando de pareja. Es importante darse cuenta de que este objetivo de felicidad individual encierra un grave error: el creer que los demás están a nuestro servicio y deben ocuparse de nuestro bienestar, sin caer en la cuenta de que los demás también tienen necesidades, precisan ser queridos y que nos responsabilicemos de su bienestar. Es más, lo que finalmente hay que saber, sentir y manifestar en obras es que estamos juntos, que somos dos, que formamos una pareja, que la alianza es una apuesta en la que dar y recibir tienen el mismo nombre: amarse amando.

Un cuarto error es considerar al otro la causa de nuestra insatisfacción. Echar sobre el otro, proyectar sobre él/ella, la culpa de nuestra aflicción o de todo lo negativo que nos pasa es un error. Buscamos el bienestar y cuando no lo logramos lo más fácil es responsabilizar y culpar a los demás, especialmente a los que tenemos cerca, en lugar de hacernos responsables de nuestro propio bienestar y del bienestar del otro. No puede olvidarse que en la vida siempre hay dolor, insatisfacción y aflicción y que es necesario sentirse responsable y preguntarse la mejor manera de evitarlo o aceptarlo, por supuesto con la ayuda del otro, si se vive en pareja. Para ello es importante ubicar el problema en su sitio, darle la importancia que tiene y afrontarlo juntos desde un punto de vista cooperativo. Esta tendencia a culpar al otro genera conflicto, y en el conflicto es muy habitual que se multipliquen las quejas mutuas, se acentúe lo negativo y, finalmente, salga lo peor de lo que ambos tienen.

Un quinto error es creer que existe la pareja perfecta y la relación en la que siempre hay bienestar. Este planteamiento se vuelve exigente y superficial, porque pretende negar o rechazar lo que es la experiencia humana en general y la experiencia de pareja. De esta forma se valora al otro de manera obsesiva exigiéndole la perfección, se hace continuo balance sobre si vale la pena o no estar en pareja y resulta insoportable cualquier frustración, limitación o defecto del otro. Comprender que la perfección no existe, que el otro es tan humano como nosotros, que toda experiencia humana conoce el dolor y la aflicción, que no hay rosa sin espinas, que es necesario aceptar las grandes y pequeñas limitaciones humanas: nuestro ser temporal, los procesos de envejecimiento, la enfermedad, la aflicción, las frustraciones y hasta la incomunicación en cierto grado o en ciertas situaciones. Es imprescindible saberse humano y aceptar al otro como tal, sin la banalidad y la superficialidad que acaba tratando a las personas como objetos de consumo que nos sirven o pueden dejar de sernos útiles, como si la relación fuera una mera contraprestación que a cada momento valoramos desde la exigencia y la creencia de que cualquier limitación o sufrimiento es inaceptable.

Nadie como nuestros poetas ha descrito el dolor y la aflicción por la ausencia o el miedo a la pérdida del ser amado «Noche oscura del alma» de san Juan de la Cruz, cuyo referente es el amado ausente –por cierto en este caso, según los creyentes, perfecto, porque sería Dios, es un buen ejemplo de cómo no existe la relación perfecta sin sufrimiento.

> *¿Adónde te escondiste,*
> *amado, y me dejaste con gemido?*
> *Como el ciervo huiste,*
> *habiéndome herido;*
> *salí tras ti, clamando, y eras ido.*
>
> *Pastores, los que fuerdes*
> *allá, por las majadas, al otero,*
> *si por ventura vierdes*
> *aquel que yo más quiero,*
> *decidle que adolezco, peno y muero.*
>
> *Buscando mis amores*
> *iré por esos montes y riberas;*
> *ni cogeré las flores,*
> *ni temeré las fieras,*
> *y pasaré los fuertes y fronteras. [...]*
>
> *¡Ay!, ¿quién podrá sanarme?*
> *Acaba de entregarte ya de vero;*
> *no quieras enviarme*
> *de hoy más ya mensajero,*
> *que no saben decirme lo que quiero.*
>
> *Y todos cuantos vagan*

de ti me van mil gracias refiriendo,
y todos más me llagan,
y déjame muriendo
un no sé qué que quedan balbuciendo.

Mas ¿cómo perseveras,
¡oh vida!, no viviendo donde vives,
y haciendo, porque mueras,
las flechas que recibes,
de lo que del amado en ti concibes?

¿Por qué, pues, has llagado
aqueste corazón, no le sanaste?
Y pues me le has robado,
¿por qué así le dejaste,
y no tomas el robo que robaste?

Apaga mis enojos,
pues que ninguno basta a deshacellos,
y véante mis ojos,
pues eres lumbre dellos,
y sólo para ti quiero tenellos.

¡Oh cristalina fuente,
si en esos tus semblantes plateados
formases de repente
los ojos deseados
que tengo en mis entrañas dibujados!

¡Apártalos, amado,
que voy de vuelo!

Con razón dicen algunos autores que el amor es éxtasis, gracia, alegría, bienestar –cuando todo va bien– y tormento, desolación, malestar –cuando hay problemas en la relación–.

Un sexto error, hoy frecuente, es confundir relaciones de pareja con relaciones entre enamorados. El enamoramiento es un proceso extraordinariamente pasional y fascinante. Suele estar presente, porque hoy lo consideramos una especie de precondición para formar pareja, en los inicios de la formación de todas las parejas. ¿Y después qué? Son muchos los que creen que, pasado cierto tiempo, el enamoramiento –como proceso mental que convierte al otro en continuamente presente, proceso emocional que conmociona, entusiasma y fascina, y como proceso de relaciones que implica un deseo de proximidad, presencia continua, voluntad de compartir la vida, etc.– desaparece. No es ésta nuestra opinión –o prejuicio si se quiere, porque no creo que se haya resuelto científicamente esta duda– . Nosotros creemos que efectivamente hay parejas que después de unos meses, tal vez algún año, de estar enamoradas pierden ese encanto, esa fascinación, el hechizo y la conmoción inicial del enamoramiento. Incluso es posible que esto sea lo que ocurre con cierta frecuencia. Pero por nuestra parte "creemos" –se trata de una idea discutible y discutida– que hay parejas que mantienen elementos esenciales del enamoramiento durante años y aun de por vida. Es verdad que muchos de los fenómenos de enamoramiento disminuyen, se diluyen y hasta desaparecen sujetos, como tantos otros fenómenos, a la habituación y al principio de los bajos costos –porque estar locamente enamorado supone una inversión mental y emocional muy grande–, pero no es menos verdad que todo el potencial de la pasión por estar con el otro, el gozo de estar juntos y la fascinación por el hecho siempre misterioso de amar y ser amado, pueden permanecer vivos, en estado latente u oculto con manifestaciones más o menos claras, y hacerse manifiestos e incluso explosivos, de nuevo, por motivos diversos: el miedo a la pérdida, reconciliaciones después de conflictos, separaciones o momentos de especial felicidad. Por otra parte, cuando el enamoramiento va seguido del aumento de intimidad y de compromisos que se viven de forma segura –es decir, de otros componentes de las relaciones amorosas–, pueden formarse nuevos vínculos de amistad y de apego que pueden llegar a tener también elementos pasionales evidentes que se mezclan y enriquecen con los de la pasión del enamoramiento.

Por ello, más que afirman que el enamoramiento es necesariamente temporal o, al contrario, que puede ser eterno, nos parece que debemos insistir en que es posible alimentar la pasión interpersonal de una u otra forma y que, en todo caso, lo decisivo es la decisión de estar juntos y la satisfacción de permanecer unidos con un grado u otro de pasión sexual. Lo que es un evidente error es creer que basta con la pasión del enamoramiento o que hay que seguir sintiendo de por vida la conmoción mental, física y afectiva de la pasión, para que la pareja tenga sentido. No podemos ser víctimas del error que que una amiga mía me confesó haber cometido cuando ya vivía con su cuarta pareja: «mi gran error ha sido creer que cuando el corazón no se me salía del pecho cada vez que me reencontraba con mi pareja, es que todo iba mal.»

Creemos que la pasión por la presencia, la compañía, las caricias, el afecto y "el sexo" del otro puede mantenerse toda la vida. Pero más que examinarnos sobre nuestro grado de pasión, lo que tiene sentido es tener motivos para estar juntos, estar satisfechos de estar juntos y gozar de estar juntos. Porque, en el fondo, lo que verdaderamente necesitamos es estar seguros de que el otro nos ama –eso nos hace valiosos, dignos de ser amados– y seguros de amar al otro –es decir, sentirnos a la vez capaces de amar–; en definitiva, sabernos amantes amados o amados amantes.

Las condiciones del amor en pareja: obras son amores y no buenas razones. Amantes amados, amados amantes

Vamos ahora a exponer en positivo algunas de las cosas que pueden hacer los que viven en pareja para convivir y gozar de esa vida en común. Y lo vamos a hacer siguiendo los tres componentes básicos de las relaciones de pareja que hemos descrito antes, para acabar con algunas cuestiones más centradas en actividades comunes de la vida cotidiana. El orden no indica mayor importancia. En realidad, la importancia que se da a cada componente o a cada asunto de la pareja varía de unas parejas a otras, de unos momentos de la vida a otros y de unas personas a otras, incluyendo aquí posibles diferencias entre hombres y mujeres.

Cómo mantener o mejorar el interés y la satisfacción sexual
Entre la relación sexual y la relación afectiva íntima –que vemos en el siguiente apartado– hay una relación muy estrecha. Muchas son las personas, especialmente mujeres, que no se interesan por la sexualidad, les cuesta excitarse, o no disfrutan porque no se sienten afectivamente bien con su pareja («No quiero, no me gusta, no disfruto de la relación sexual, etc., porque no hablamos, no hay cariño, no nos queremos»), y no son menos la personas, especialmente varones , que se quejan de la pareja («no disfrutamos, no estamos bien, no me sale ser cariñoso, etc.»), porque no van bien las relaciones sexuales. Entre la intimidad sexual y la intimidad afectiva tiende a producirse un círculo de influencias mutuas positivas o negativas. Por ello, la primera condición para una buena vida sexual en la pareja es tener en cuenta todo lo que diremos en los siguientes apartados. Esto es importante para los hombres y para las mujeres, sobre todo cuando se trata de una relación de pareja, es decir, no de una relación puntual o de relaciones esporádicas en las que las personas pueden buscar únicamente un encuentro sexual satisfactorio.

Cumplida esa condición fundamental –sentirse querido, con una vida rica de comunicación emocional–, las parejas pueden mantener y mejorar su vida sexual haciendo, entre otras cosas, lo siguiente:

1. Tener informaciones básicas y hablar abiertamente sobre su vida sexual. La ignorancia, las falsas creencias y la falta de comunicación son fuente de numerosos problemas y de frecuente insatisfacción.

   Conocer cosas esenciales del propio cuerpo y de la pareja, de la respuesta sexual humana, de anticoncepción y, sobre todo, de lo que gusta o molesta, de lo que se quiere o se rechaza, de lo que produce placer, indiferencia o rechazo.

   Para ello es importante que ambos se sientan cómodos hablando de estos temas, se puedan preguntar y contestar, expresar los sentimientos con sinceridad. Leer algún libro juntos o por separado, ver películas y comentarlas, preguntarse por gustos o preferencias, expresar quejas, etc. Observarse no con actitud de examen o de espectador sino de escucha y de conocimiento del otro, preguntar si se ha encontrado bien, cómo se ha sentido, etc.

   Es verdad que la comunicación sexual en la intimidad, en el momento de las relaciones, puede ser hecha más con gestos, emociones y conductas que con palabras, pero no es menos verdad que antes, mientras tanto o después las palabras evitan malentendidos y silencios temerosos: la palabra finalmente es una forma de comunicación complementaria, pero esencial. Por cierto, las palabras admiten el mejor tono, la mayor ternura y poesía. Leer poesía amorosa es también una forma de aprender a hablar, educar nuestra sensibilidad y ser capaces de decir lo que sentimos. El ser humano es el único que puede echarle poesía a las relaciones amorosas.

   Algunas parejas menos espontáneas o con dificultades pueden ayudarse de tareas especiales, como rellenar por separado y comentar luego frases como las siguientes:

– De las actividades sexuales que hacemos la que más me gusta es
....
– La parte de mi cuerpo que más gusta que acaricies es
....
– Otras parte de mi cuerpo que me gusta que acaricies son
....

- Siempre he tenido ganas de hacer (decir una actividad sexual)
  ....
- Si pudiera recrear una situación para hacer el amor lo haría en tal sitio, a tal hora, después, de tal manera, etc.
  ....
- Lo que más me gusta de lo que me haces es
  ....
- Lo que no me gusta, me molesta y rechazo es
  ....
- Lo que yo necesito para sentirme bien es
  ....
- Antes de la relación me gusta
  ....
- Después de la relación me gusta
  ....

Especialmente importante en la comunicación es aprender a hablar de forma cómoda sobre lo que nos gusta y lo que no nos gusta en las relaciones:

a) Pedir determinadas caricias y conductas que nos gustan.
b) Decir claramente lo que nos gusta menos o nos disgusta.
c) Expresar los sentimientos con sinceridad.
d) Apreciar, expresándolo, si es necesario, lo que nos es agradable, alabando sinceramente a quien nos quiere.
e) Escuchar lo que el otro dice o entender lo que expresa, preguntando, si fuera necesario.
f) Dedicar nuestra atención a lo que expresa, dice, pide o hace el otro. Con especial dedicación a valorar su placer y bienestar.
g) Concentrar nuestra mente en la situación, estando muy presente, con cuerpo y alma, centrado en las sensaciones, los afectos, etc.

De una u otra forma, en determinados momentos y ocasiones, es conveniente preguntar y hablar abiertamente de cómo se siente cada uno en la relación de intimidad sexual, manifestando el deseo de saber querer y de ser querido como a uno le gustaría.

Se trata, en definitiva, de estar en comunicación corporal, emocional, mental y verbal. Aunque, es importante también tener en cuenta que las formas de comunicación varían de unas personas a otras, y que no conviene abusar de verbalizaciones que se conviertan en "palabrería" en los momentos de máxima intimidad corporal.

2. Explorarse, acariciarse, disfrutarse mutuamente usando al otro como guía, como receptor y como dador de placer.

La sexualidad no puede reducirse a los genitales, ni a la actividad del coito, ni a las denominadas zonas erógenas. El cuerpo tiene aproximadamente dos metros cuadrados de piel, con millones de receptores que son sensibles a mensajes, sentimientos y placeres eróticos y afectivos. Es verdad que, como los mapas, el cuerpo humano, desde el punto de vista de la sexualidad, tiene una posible capital y zonas privilegiadas: los genitales, las mamas, etc., pero no es menos verdad que la capital no está siempre, para todas las personas, en el mismo lugar, que las zonas privilegiadas son muy individuales y que, en todo caso, vale la pena explorar y ser explorado, guiar y ser guiado en la intimidad, visitando diferentes lugares y recreándose en actividades diversas. No se trata, en todo caso, de buscar compulsivamente la originalidad, sino de gozar juntos, sintiéndose concernidos, afectados –de afecto–, interesados emocionalmente por el placer del otro y por el propio placer.

Se trata en definitiva de no reducir la sexualidad a genitalidad y coito, o a actividad sexual sin intimidad emocional y sin sentirse placenteramente responsable del placer del otro. Este poema de Neruda dice mejor que nosotros esto mismo:

¿Ves estas manos? Han medido
la tierra, han separado
los minerales y los cereales,
han hecho la paz y la guerra,
han derribado las distancias
de todos los mares y ríos,
y sin embargo
cuando te recorren
a ti, pequeña,
grano de trigo, alondra,
no alcanzan a abrazarte,
se cansan alcanzando
las palomas gemelas
que rebosan o vuelan en tu pecho,

recorren las distancias de tus piernas,
se enrollan en la luz de tu cintura.
Para mí eres tesoro más cargado
de inmensidad que el mar sus racimos
y eres blanca y azul y extensa como
la tierra en la vendimia.
En ese territorio,
de tus pies a tu frente,
andando, andando, andando,
me pasaré la vida.

PABLO NERUDA

3. Salir de la rutina, si ésta se ha instaurado en las relaciones sexuales. Hacer el amor a la misma hora en el mismo lugar, en la misma postura, con la misma secuencia de conductas, sin libertad para decir sí o no, etc., puede provocar una caída del interés y la satisfacción sexual.

De manera natural y espontánea, pero también atrevida e inesperadamente, salirse del lugar, los horarios, las posturas, el patrón de conductas, etc., puede favorecer el mantenimiento o la recuperación del interés y la satisfacción. Si el cambio no es sólo mecánico, postural o circunstancial, sino que afecta también a todo el contexto previo a la relación, a los afectos y a la comunicación, el efecto será más disfrutado y más beneficioso.

Por ejemplo: cenar antes o después en un lugar romántico, ver juntos determinadas películas, bailar, reír, visitar amigos, viajar, tener conversaciones profundas, llevar a cabo intercambios emocionales, etc., son contextos o marcos que favorecen la satisfacción interpersonal. Porque no se trata de mejorar meramente las prácticas sexuales –aunque también, si son rutinarias o insatisfactorias–, sino de darle, significado, emoción y placer.

En este sentido, hay que tener en cuenta la influencia mutua entre la relación afectiva –sentirse querido y querer, expresar el afecto y saberlo recibir, etc.– y las actividades sexuales satisfactorias. Unas y otras se influyen mutuamente positiva o negativamente.

4. Si aparecen conflictos o problemas de funcionamiento sexual es importante hablar abiertamente de ello, buscar alternativas posibles –valorando lo que supone cada una de ellas–, llegar a acuerdos y valorar los resultados. Si el conflicto o el problema les sobrepasa, conviene que los dos miembros de la pareja sepan apoyarse en la bús-

queda de ayudas externas. Necesitar ayuda es algo frecuente –también en este campo a lo largo de la vida, y debe aceptarse y afrontarse con toda decisión.

Cómo favorecer y mantener la intimidad

Cuando hablamos de intimidad nos referimos a algunos aspectos centrales de la relación de pareja. En concreto a dos:

1. La comunicación verbal: hacer preguntas y responderlas, intercambiar informaciones, ideas y creencias, transmitirse preocupaciones, sucesos de la vida cotidiana y noticias significativas para ambos sobre el trabajo, los hijos, la familia, los amigos, la comunidad, el país, el mundo, etc.

   Esa comunicación supone hablar, preguntar, responder, discutir, asentir, negar, etc.; en definitiva, compartir, la vida cotidiana y los pensamientos, reflexiones e interpretaciones sobre cualquiera de las cuestiones que puedan plantearse. Pero, sobre todo, supone comunicación sobre cuestiones significativas que afectan al sentido que los sucesos, las cosas y als relaciones tienen para nosotros. Incluso hablar sobre el sentido de la vida: sus aspectos positivos –los placeres, los vínculos, el amor, el altruismo– y sus aspectos negativos –la frustración, los conflictos, la enfermedad y la muerte–.

   Compartir los sucesos y su interpretación, también las dudas y la incertidumbre, es fundamental en una relación de pareja.

   Escuchar o leer juntos noticias, asistir los dos a foros o debates, compartir lecturas o contárselas, acordar criterios sobre los hijos, la economía, el trabajo de casa, etc. Compartir actividades –entre ellas la de hablar de todo lo divino y lo humano– con los amigos y, sobre todo, comunicarse mucho y bien cuando se está en pareja, es muy importante.

   Es muy útil disponer de tiempo y de momentos de intimidad relajados, proponer temas y atender a los que nos proponen, preguntar por los sucesos, los sentimientos y las ideas, incluso dedicar algún tiempo explícito, buscado expresamente para ello, a hablar de cuestiones, discrepancias o conflictos. En algunos casos, las notas escritas, las cartas íntimas aprovechando cualquier ausencia, los pequeños o grandes escritos que acompañan un regalo, etc., pueden ser también de gran ayuda. En definitiva, se trata de interesarse por el otro, escucharle y responderle; a la vez que conseguimos que el otro nos escuche, nos responda y se interese por nosotros.

ERRORES EN LA COMUNICACIÓN

1. Hablar de cosas generales, en lugar de cosas concretas, sobre las que es más fácil discutir, ponerse de acuerdo, cambiar, etc. Suelen usarse expresiones como "siempre", "jamás", "nunca", etc., o el verbo "ser" para decir cosas negativas.
2. Creer que uno tiene toda la razón y el otro ninguna, eliminando toda posibilidad de acuerdo o negociación. Creer que todo es blanco o negro y que no hay alternativas distintas.
3. Hacer un monólogo o diálogo de sordos. Cada uno habla, pero no escucha al otro.
4. Insistir en lo negativo y no reconocer lo positivo del otro o de sus opiniones o de sus argumentos. Uno se fija sólo en lo negativo del otro o de la relación, como si tuviera un filtro que deja pasar lo positivo.
5. Recordar lo hecho por el otro mal en el pasado, haciéndole pagar una factura continua, en lugar de centrarse en el presente y en el futuro.
6. Magnificar las cosas, dándole más importancia de la que tienen o minimizarlas, quitándole importancia, en lugar de estar pendiente de la importancia que realmente le da el otro.
7. No saber pedir perdón y no saber aceptar las disculpas de los demás.
8. Esperar firmes, fríos y distantes hasta que el otro dé el brazo a torcer, después de una discusión.

---

2. El intercambio afectivo. Lo más importante de la comunicación es llegar a funcionar afectivamente como vasos comunicantes. Que los sentimientos, las emociones y los afectos fluyan con facilidad entre los dos. Es lo que hoy llamamos empatía: la capacidad de darse cuenta de qué está sintiendo el otro y compartir sus sentimientos: «Tu alegría, me alegra; tu tristeza, me entristece; tu gozo es el mío, comparto tu aflicción y sé que compartes la mía.» Compartimos los sentimientos positivos y los negativos, nos comprendemos, apoyamos, consolamos, gozamos, etc., vivimos emocionalmente juntos.

Para conseguirlo es fundamental estar verdaderamente interesado en el otro y quererse, pero también estar relajados, disponer de tiempo, compartir actividades de ocio, hablarse mucho y, sobre todo, tener la capacidad de comunicarse con el lenguaje de las expresiones de la cara, los gestos, las posturas, las caricias y los abrazos.

Las emociones más importantes en una relación de pareja son los sentimientos de aprecio mutuo –«Te valoro y me valoras, me fascinas y te fascino, eres digno de ser querido y sé que me quieres»– , la capacidad de consuelo –«Somos apoyo en la aflicción»–, el gozo y la alegría de vivir –«A pesar de los pesares la vida tiene sentido y estoy encantado de compartirla contigo»–, la ternura y todo un sinfín de sentimientos amorosos –«Te deseo, me siento atraído, te quiero y estoy seguro de tu deseo, tu atracción y tu amor»–.

«Compartes mi alegría y mi aflicción, mi placer y mi dolor, mi incertidumbre: somos emocionalmente uno, sin dejar de ser cada uno.»

Conocer y mantener el compromiso

Las relaciones de pareja pueden establecerse con diferentes niveles de compromiso. Hoy día el grado y las formas sociales de compromiso son muy variables.

Corresponde a cada pareja, según el momento, la edad, el tipo de relación establecida y, sobre todo, dependiendo de las decisiones que hayan tomado, definir el grado y la forma de compromiso.

El compromiso es la decisión –tomada por cada uno, comunicada al otro y compartida– de formar pareja.

Es evidente que aunque hay diferentes grados y formas no hay pareja sin compromiso y, desde luego, que la naturaleza de la pareja y su posible duración depende mucho de éste.

En todo caso, es decisivo, en este aspecto, la sinceridad y la lealtad entre los miembros de la pareja. Conocer el compromiso del otro y expresar con claridad el propio; ser leales al compromiso y estar seguros de que la lealtad es una condición fundamental del bienestar de la pareja.

Las normas, valores o ética que deben regular este compromiso son también muy variables. Pero en ningún caso puede entenderse la pareja sin reglas de juego, sin valores, sin ética relacional.

Cada pareja debe reflexionar, discutir y acordar los contenidos de esta ética relacional, pero sea cual sea el resultado, creemos que pueden llegar a establecerse, entre otros, los siguientes principios éticos:

La ética de las relaciones (Félix López)

1. Que los dos consientan y que entre ellos se fomente la libertad de decisión en lugar de la presión, el engaño, la coerción o la violencia. Que am-

---

bos se sientan dueños del sí y del no, cuando se trata de pedir o negar la actividad sexual u otras sujetas a la libertad de los individuos.

2. Que ambos se tengan en cuenta fomentando la ética del placer compartido, del placer de cada uno y de los dos. Naturalmente que cada pareja, salvo casos de parafilias que entrañen peligro para la salud, puede "montarse las relaciones" como considere más oportuno. Pero "el derecho a la diversidad" no contradice este principio ético de que finalmente los actores busquen su propio placer y el del otro. En definitiva, cada miembro de la pareja debe saber y sentir que el placer del otro le concierne y es una grata responsabilidad.

3. La necesidad de que la pareja sea una relación entre iguales en la distribución de tareas domésticas, la responsabilidad con los hijos, el acceso al ocio, la posibilidad de promoción profesional, la toma de decisiones, el manejo de la economía, etc.

   Esta ética de relaciones entre iguales debe aplicarse también a los deberes y libertades de cada miembro de la pareja. La doble moral tradicional es, en este sentido, una vulneración grave de la ética de las relaciones entre iguales. En efecto, no es aceptable que se prohíban y castiguen de forma más rígida las posibles conductas de la mujer que las del hombre.

   Pero esta ética entre iguales no es precisamente fácil de aplicar y cumplir. De hecho, son frecuentes las contradicciones y las vulneraciones. Por ejemplo, no es infrecuente:

   a) La prohibición explícita o implícita de tener relaciones fuera de la pareja.
   b) Considerar, en la práctica, que las libertades propias no son tan amenazadoras para la pareja como las que ésta pueda tomarse.
   c) Cada pareja debe resolver o convivir con este conflicto de la manera que considere más oportuno o simplemente como pueda –establecer los límites de la libertad de ambos y el grado de comunicación sobre estos contenidos–, pero consideramos que, en todo caso, debe hacerse tomando como referencia ética el derecho a la igualdad entre el hombre y la mujer.

4. Que los miembros de la pareja sean sinceros el uno con el otro –con independencia de los contenidos concretos que formen parte de la comunicación–. Esta sinceridad básica la entendemos en el sentido de que ambos saben cuáles son los sentimientos (afectos sexuales) de uno hacia

el otro y conocen el grado de decisión-compromiso que mantienen. Cada uno tiene el derecho y el deber de saber y hacer saber qué sienten y cuál es su verdadera decisión sobre la pareja. Las dudas y los periodos de transición son muy humanos, pero no creemos que deban ocultarse a la pareja y sorprenderla hasta el punto de que puede considerarse radicalmente engañada.

5. Que se admita y respete el derecho a la vinculación y a la desvinculación de cada uno de los miembros. Se trata de un derecho positivo que no tiene por qué estar ligado a análisis de culpa o frustración. La relación puede tener sentido sea cual sea su duración. Cualquiera de los miembros puede tomar la decisión –es un derecho fundamental– de desvincularse del otro. Que nadie tenga que avergonzarse ante la sociedad, la pareja, los hijos o ante sí mismo de una decisión que está en su derecho de tomar. Mantener un discurso positivo sobre la vinculación y aceptar el derecho a la desvinculación no sólo es posible, sino la única forma de ser coherente y aceptar que el ser humano es libre y responsable.

6. Que a la vez se sea responsable en las rupturas entre los miembros de la pareja y con los hijos, desde los puntos de vista económico, educativo e interpersonal.

Esta responsabilidad debe evitar a la pareja y los hijos todos los sufrimientos superfluos y hacerse no sólo por mutuo consenso, si fuera posible, sino teniendo la sensibilidad de hacer lo posible para que todos los afectados resuelvan el posible conflicto de la forma menos costosa y dolorosa. Razonar la decisión, ponerse en el punto de vista del otro, ser empático con su dolor y, sobre todo, ser responsable para hacerlo de la manera menos dolorosa y más civilizada son las posturas y actuaciones éticamente más válidas pueden estar entre los valores éticos en estas situaciones.

En la siguiente poesía de Ángel González se refleja todo cuanto acabamos de decir: cómo una pareja llega a desearse, intimar y comprometerse.

Alga quisiera ser, alga enredada,
en lo más suave de tu pantorrilla.
Soplo de brisa contra tu mejilla.
Arena leve bajo tu pisada.

Agua quisiera ser, agua salada
cuando corres desnuda hacia la orilla.

Sol recortando en sombra tu sencilla
silueta virgen recién bañada.

Todo quisiera ser, indefinido,
en torno a ti: paisaje, luz, ambiente,
gaviota, cielo, nave, viento...

Caracola que acercas a tu oído,
para poder reunir, tímidamente,
con el rumor del mar, mi sentimiento.

Cuando llega el conflicto

Los conflictos de diferente tipo son inevitables, de forma que lo que caracteriza a una buena pareja no es que no tengan conflictos, sino cómo los plantea, afronta y soluciona. A lo largo de la vida en pareja es normal que aparezcan discrepancias, puntos de vista distintos en algunas cuestiones, malentendidos, discusiones, etc. Lo importante es estar motivados para resolverlos, porque se quiere al otro, se siente uno bien con él y se ha decidido permanecer junto a él. Si se dan estas tres precondiciones, se tienen las bases para afrontar bien los conflictos; aunque esto no será suficiente porque, como decíamos, obras son amores y no buenas razones. Lo que podemos aconsejar es una serie de estrategias o maneras de hacer ante el conflicto:

1. Aprender a expresar el malestar o las dudas. No es bueno guardar dudas o aguantarse con un malestar que tal vez no conoce el otro miembro de la pareja, debemos expresar lo que sentimos, buscando el mejor momento para ello, cuando se está relajado y hay tiempo para hablar, y cuidando nuestra forma de comunicarlos. La queja más grande puede hacerse con palabras correctas. Por ello es bueno tratarse con respeto. Tener autocontrol en los momentos de tensión es siempre positivo, porque como dice un refrán chino: «Eres dueño de tus palabras antes de que hayan salido de tu boca», después no dejan de ser nuestras y pueden tener vida propia, incluso en contra de la voluntad de quien las pronunció o gritó.
2. Tomarse en serio las dudas o quejas del otro, prestándoles atención y colocándose en actitud de escucha, sin manifestar prisas o aburri-

miento. Mirar al otro cuando habla, colocarse frente a él, dejar de hacer lo que se estaba haciendo y, sobre todo, poner interés en entender lo que nuestra pareja dice.

3. No quejarse o hacer interpretaciones negativas que vayan más allá de los hechos; evitar generalizaciones del tipo: «Siempre haces lo mismo», cuando lo que se quiere es llamar la atención por algo concreto que el otro acaba de hacer "mal".

   No usar el verbo "ser" en negativo, es una peligrosa forma de generalizar. Evitar, pues, también frases del tipo: «Siempre eres la víctima», «Eres insoportable», etc. Es bueno reservar el verbo "ser" para las cosas positivas, aunque también en este caso es bueno referirse a cosas concretas, y ser sinceros.

4. No sobredimensionar el significado del conflicto, debemos circunscribirlo a su marco real, y no olvidar que los problemas son normales y que lo que hay que hacer es afrontarlos y solucionarlos. Es necesario analizar cuáles son los términos reales del conflicto y qué soluciones puede tener, y buscarlas juntos.

5. No olvidar que las cosas no son blancas o negras, sino que hay muchos colores y en muchas combinaciones, además de puntos de vista distintos. Por ello es bueno suponer que tal vez el otro tiene parte de razón o alguna razón y, sobre todo, que ve las cosas de otra manera. Esto exige relativizar nuestras opiniones, estar dispuestos a modificarlas e, incluso, estar dispuestos a aceptar las discrepancias, siempre que no afecten a cuestiones de ética y moralidad personal.

6. Tener una actitud negociadora en la que se combinen la condescendencia hacia el otro y la defensa del propio punto de vista o los propios derechos.

7. No tomar decisiones importantes de forma precipitada, en medio de grandes discusiones. Aplazar la decisión para más adelante y lo más inteligente en estos casos. Debemos ser reflexivos como personas y como miembros de una pareja.

8. Saber buscar ayuda cuando con sólo los esfuerzos de la pareja o de uno de los miembros no se encuentra la solución.

Bibliografía

J. Caceres Carraco (1997), *Palabras clave acerca de la pareja*. Estella: Verbo Divino.

M.A. Guell, M.H. Feliu (1992), *Relación de pareja. Técnicas para la convivencia*. Martínez Roca: Barcelona.

17. LA PASIÓN

DOLORES ALBARRACÍN
Universidad de Poitiers

Sólo el placer en su aletazo último es el mismo;
antes y después el mundo se ha hecho pedazos
y hay que nombrarlo de nuevo,
dedo por dedo,
labio por labio,
sombra por sombra.

JULIO CORTÁZAR, *Rayuela*

Salvarse a sí mismo perdiéndose en el otro: tal es el desafío al que se arriesga la pasión. Quien la vive plenamente sabe cuánto sentido otorga a la existencia. La exaltación amorosa encarna, a veces, la salvación secreta o conscientemente esperada. Sin resistencia vana, nos entregamos enteros a su ardor, buscando fundirnos con la persona amada, abandonando en el intento un poco de nosotros mismos. Todos intuimos que el enamoramiento constituye una experiencia-límite del ser humano, aunque muchas veces desconocemos la diversidad y la complejidad de sus causas y consecuencias. Éstas dependen de nuestra actitud hacia el objeto de la devoción apasionada, cuya amplia gama de matices oscila entre la sumisión pasiva y la entrega constructiva. Así, la pasión será salvación o perdición, y, con un poco de suerte, ninguna de las dos.

La idea de perdición y de sumisión características del apasionamiento está íntimamente relacionada con los orígenes etimológicos del término, derivado del latín *passio*. Opuesta a la actividad, la pasión designa la propiedad de una persona que padece la acción ejercida por un agente externo, siendo alterado por ella. El enamoramiento sería, entonces, un accidente, y el enamorado, su víctima impotente. Durante siglos, ésta ha sido la concepción dominante en el pensamiento filosófico: Aristóteles asimilaba el carácter accidental de la pasión a la sensibilidad animal, Platón lo consideraba un abandono o una abdicación de la naturaleza humana, Pascal insistía en su aspecto antisocial, que las instituciones y las leyes debían corregir.

A pesar de que el empirismo anglosajón y la filosofía postcartesiana han propuesto una visión positiva del apasionamiento, lo cierto es que éste se ve muchas veces relegado a su vértice más sombrío, evocando el embrujo, el capricho, la locura. Por supuesto, la tradición judeocristiana tuvo aquí una gran influencia, de la que da cuenta la literatura de la Edad Media: la pasión es un padecimiento, una prueba impuesta por Dios, similar a la que Cristo ha tenido que sufrir en cuerpo y alma. Según esta concepción todavía arraigada en nuestra cultura, la exaltación amorosa no puede darnos felicidad mientras no aceptemos la impetuosa necesidad del calvario original.

La definición clásica del enamoramiento denota sufrimiento, lo cual conlleva, sin duda, cierta connotación patológica. Incapaz de ser agente de su ardor, el enamorado debería resignarse a ser *paciente*. Subvirtiendo su razón, el arrebato amoroso lo domina, alienándolo a la persona amada y controlando tristemente sus acciones. Desde este punto de vista, el apasionamiento constituye una tendencia afectiva que logra acaparar toda la energía del sujeto, dominando y reduciendo las funciones psicológicas más fundamentales, tales como el juicio y la voluntad. Así podemos resumir la oposición tradicional entre la pasión y la lógica, definida esta última como una cualidad positiva en la que la razón, la claridad y la armonía posibilitan la acción.

Sin embargo, no debemos erigir una frontera irreductible entre enamoramiento y razón: existe una verdadera lógica de la pasión, cuya coherencia interna revela los aspectos más oscuros de nuestra personalidad. Reducir el apasionamiento a un síntoma irracional y pasajero supone desdeñar la dialéctica compleja del discurso amoroso. Su estructura responde a leyes propias, conscientes e inconscientes; en todo caso, ambivalentes. Desbordando los moldes demasiado estrechos del lenguaje articulado, la retórica de la pasión posee un significado único e irrepetible, que se opone a las leyes del discurso social, compartido en comunidad.

El discurso enamorado es, ante todo, argumento del deseo. ¿Debemos negarle por ello toda lógica? Por supuesto que no: el deseo tiene sus razones, y una lengua turbulenta para expresarlas, tal como lo sugiere el lingüista francés Roland Barthes:

> El lenguaje es una piel; yo froto mi lenguaje contra el otro. Es como si tuviera palabras a guisa de dedos, o dedos en la punta de mis palabras. Mi lenguaje tiembla de deseo. La emoción proviene de un doble contacto: por

una parte, toda una actividad discursiva viene a realizar discretamente, indirectamente un significado único, que es «yo te deseo», y lo libera, lo alimenta, lo ramifica, lo hace estallar (el lenguaje goza tocándose a sí mismo); por otra parte, envuelvo al otro en mis palabras, lo acaricio, lo mimo, converso acerca de estos mimos, *me desvivo por hacer durar el comentario al que someto la relación.*

Al enamorarnos, intentamos construir un lenguaje nuevo, con el fin de comunicar al amado la intensidad del fuego que nos abrasa. Agotando y pervirtiendo el vocabulario existente, buscamos palabras para describir el amor que se encarna en nuestros cuerpos. Sabemos que el intento es, en parte, inútil: ninguna argumentación podrá transmitir con exactitud la vehemencia de la emoción apasionada. Esto se debe a que la pasión constituye una explosión afectiva inusitadamente intensa que invade la consciencia, trastornando las reglas discursivas y socioculturales más elementales. Su violencia contrasta con la fuerza relativamente moderada de las emociones que rigen nuestra vida cotidiana.

Examinemos ahora algunas de las hipótesis que los psicoanalistas proponen para comprender la complejidad inconsciente del enamoramiento, considerado como una de las manifestaciones más directas y ardientes de la pulsión. Vale recordar que el psicoanálisis define la pulsión como la energía fundamental del ser humano, fuerza psíquica y somática que nos mantiene en vida. Todos poseemos un caudal de energía inconsciente cuya magnitud insospechada permite connotar emocionalmente nuestras palabras y acciones. Freud postuló la existencia de dos tipos de pulsiones que determinan nuestros afectos y nuestra actitud frente a la existencia: se trata de la pulsión de vida y de la pulsión de muerte.

La pulsión de vida es la energía psíquica capaz de garantizar la supervivencia individual y la evolución de la especie humana, una de cuyas vertientes es la *libido*, fuerza vital particularmente presente en el deseo amoroso y sexual. Las manifestaciones de la pulsión de vida son extremadamente diversas, abarcando todo deseo que nos empuja a construirnos y a desarrollar nuestra identidad, a amar y relacionarnos con los demás, a reproducirnos, crear y trabajar con placer.

Por otra parte, existe en cada uno de nosotros una fuerza antagónica tan intensa como la energía de vida: se trata de la pulsión de muerte, la cual tiende a la destrucción, a la regresión, al retorno a un estado inorgánico en el que no existan tensiones desagradables. Toda conducta agresiva constituye un derivado de la pulsión de muerte: centrada en el propio sujeto, ésta tomará la forma de la autodestrucción masoquista; dirigida hacia los otros, se convertirá en sadismo. Los diferentes matices del odio y la agresividad, así como los síntomas psicopatológicos más diversos son algunas de las facetas visibles de la pulsión de muerte, en la medida en que empujan al hombre a la regresión, frenan su evolución social, lo aíslan en la soledad del sufrimiento.

Los dos tipos de energía pulsional, *Eros* y *Thánatos*, están naturalmente imbricados, determinando la ambivalencia afectiva de toda relación familiar, profesional, amistosa o amorosa. Sin embargo, una de las dos pulsiones gana en intensidad, dejando a la otra en estado más inconsciente y reprimido, la cual se manifestará sólo en contadas ocasiones. Veamos entonces qué sucede en el caso de la pasión amorosa: ésta suele constituir una manifestación avasalladora de la libido –energía sexual derivada de la pulsión de vida–, aunque no exclusivamente. Como todo afecto, la pasión puede estar al servicio de la pulsión de vida como de la pulsión de muerte; por más positivo y placentero que sea, ningún tipo de enamoramiento logrará anular la ambivalencia inconsciente de todos nuestros sentimientos y acciones.

Afortunadamente, la mayoría de las pasiones nos ayudan a construir nuestra felicidad sin demasiados riesgos personales; en este caso, la pulsión de vida ha sido intensa. Pero sabemos que existen también apasionamientos sádicos o masoquistas, cuyo sustrato afectivo está esencialmente basado en el odio –lazo afectivo tan intenso como el amor–, la destrucción de sí mismo o de la persona supuestamente amada. Aun si la cultura reprime la expresión de la agresividad, y, por lo tanto, de las pasiones sadomasoquistas, existen amores no correspondidos de los que algunas personas no pueden desprenderse y que las conducen al aislamiento, a la pérdida de su individualidad e identidad.

Algunos ardemos en pasiones de vida, otros enloquecemos en pasiones mortíferas; a pesar de las diferencias eventuales, en todo enamoramiento la vida y la muerte se juegan enteras. Ningún hombre enamorado, ninguna mujer apasionada dudará en arriesgar su integridad intentando fundirse psíquica y sexualmente en el cuerpo deseado, desafiando una y otra vez los límites de lo conocido hasta entonces. Porque si bien es cierto que abandonarse enteramente al ser amado es morir un poco, el placer consecuente es inconmensurable. Así concibe su arrebato Oliveira, personaje principal de la novela *Rayuela* –obra cumbre del escritor argentino Julio Cortázar–, perdidamente enamorado de la Maga, enigmática mujer uruguaya exiliada en París. Oliveira enloquece en el ardor de su pasión de vida y de muerte, cuyo paroxismo sexual se insinúa en las siguientes palabras: «Y si nos mordemos el dolor es dulce, y si nos ahogamos en un breve y terrible absorber simultáneo del aliento, esa instantánea muerte es bella.»

«Andábamos sin buscarnos, pero sabiendo que andábamos para encontrarnos.» Oliveira describe de esta forma el encuentro con la Maga, evocando la oscura alquimia del hallazgo amoroso. El enamoramiento es una grata sorpresa, un descubrimiento inesperado que no podíamos presagiar, puesto que *andábamos sin buscarnos*. Aun cuando estamos dispuestos a caer presos de una pasión, resulta difícil prever su irrupción brusca. En este sentido, el apasionamiento representa una verdadera ruptura en nuestra existencia, introduciéndonos en una nueva temporalidad. Existe, entonces, un *antes* y un *después* de la pasión; entre ellos, el tiempo parece suspendido en el goce y el deseo.

Sin embargo, la sorpresa del enamoramiento lo es sólo en apariencia. La pasión nos ha asombrado, es cierto, pero sentimos que conocemos a la persona amada desde siempre. ¿Cómo explicar esta paradoja aparente? Si retomamos las palabras de Oliveira para referirnos al despertar del apasionamiento, podemos afirmar que "andábamos sin buscarnos" *conscientemente*, aunque, *inconscientemente*, "andábamos para encontrarnos". Antes de conocerlo, imaginamos secretamente al amante deseado, con lo cual sentimos que el encuentro amoroso tiene sabor a reencuentro. Tal es la hipótesis de Freud, quien sostenía que la sorpresa del enamoramiento corresponde a la satisfacción repentina de una antigua búsqueda.

Ahora bien: si admitimos que el amor se asemeja a un reencuentro, debemos aceptar que la pasión actual concierne, al menos en su forma más inconsciente, a una persona amada en el pasado. Según Freud, son los modelos materno y paterno los que determinan, en parte, la elección del objeto deseado, prototipos afectivos básicos sin los cuales la alquimia amorosa del adulto no podrá realizarse. En realidad, poco importa que el enamorado elija a una persona con tales o cuales características de su madre o de su padre, sino que ciertos aspectos cualitativos de la relación con estos primeros amores de la vida se repetirán parcialmente en su interacción amorosa.

Al enamorarnos, un placer inmenso nos invade, un sentimiento de plenitud intenso nos abrasa. Esta sensación pone de manifiesto nuestro deseo de fusión a otro ser, capaz de burlar la soledad irremediable de nuestra existencia. En su vértice más inconsciente, el bienestar que nace de la intimidad y la proximidad con la persona adorada corresponde a la ilusión de poder repetir la única experiencia de fusión auténtica que el ser humano vivirá jamás: vale decir, la relación precoz, extraordinariamente privilegiada, entre un bebé y su madre.

La fusión que atiza el fuego de la pasión está inconscientemente determinada por la calidad de la vivencia, en los primeros meses de la vida, de proximidad psíquica y física con el cuerpo materno que alimenta, tranquiliza, calma las tensiones garantizando la propia supervivencia. El contacto corporal extremadamente íntimo entre el niño y la madre subraya la importancia del aspecto somático de toda experiencia de fusión. En la pasión adulta, volveremos a encontrar algunas de estas sensaciones corporales primarias. Reviviendo el periodo más precoz de su desarrollo, el enamorado buscará la unión con el alma y el cuerpo amados, conjugando la satisfacción corporal con el inicio de la vida psíquica.

El apasionamiento encarna la búsqueda inconsciente de la fusión, aspiración forzosamente infructuosa e ilusoria. Dijimos antes que el ser humano conocerá una sola experiencia de fusión, en los albores de su vida. Una vez superada la relación precoz con la madre, la separación será irreversible e indispensable para construir la identidad del niño e iniciar el camino de su independencia psicoafectiva. Aunque deseado, todo intento posterior de retorno a la fusión resultará amenazador para el yo: responsable de nuestra adaptación a la realidad social, esta instancia de la personalidad limitará la expresión de aquellos afectos que se opongan al desarrollo de nuestra individualidad y madurez.

Sin duda, la exaltación apasionada debilitará al yo del enamorado. Su deseo de fundirse en el ser amado conlleva un cierto riesgo de pérdida de identidad, así como de regresión a un estado de dependencia incompatible con la evolución psicológica normal. La intensidad afectiva del enamoramiento pondrá a prueba la capacidad del yo para seguir garantizando la adaptación a la realidad y proteger de esta forma la identidad social del enamorado. Un verdadero desafío se impone, entonces, al yo apasionado: entregarse intensamente al ardor que lo invade, y respetar, al mismo tiempo, las reglas sociales, profesionales y familiares que constituyen nuestra vida cotidiana, trivialmente opuesta al potencial de locura que toda pasión encierra.

A causa de la fragilidad del yo provocada por el enamoramiento, éste ha sido muchas veces comparado con la psicosis, patología mental particularmente grave. La identidad del psicótico es muy frágil, ya que no ha logrado superar en forma satisfactoria la relación precoz de fusión con la madre, lo cual impede al niño separarse de ella y desarrollarse en forma independiente. En la psicosis, el desarrollo del Yo ha quedado detenido en un estadio de inmadurez tal que será incapaz de controlar adecuadamente los afectos más intensos, vale decir la irrupción pulsional de vida y de muerte que se manifestará con débiles barreras en el delirio o la alucinación.

Freud consideraba el apasionamiento como un arquetipo normal de la psicosis, un episodio delirante transitorio y, por lo tanto, reversible. También lo comparaba con la hipnosis, en la que el sometimiento hacia el hipnotizador –aquí, el ser amado– requiere una confianza ilimitada: el enamoramiento supone una conjunción de estima y obediencia hacia el objeto de devoción. Compartida por la mayoría de los especialistas, esta hipótesis ha sido particularmente estudiada por el psicoanalista francés Jacques Lacan. Según éste, la pasión corresponde a un estado de alienación en el que el yo cae prisionero de una imagen ilusoria de la persona deseada, mezcla de fascinación e irrealidad propias del estado hipnótico y del delirio psicótico.

Lacan sostiene que, lejos de constituir una percepción objetiva de la realidad, la ilusión apasionada proyecta, en el ser deseado, la imagen idealizada de sí mismo a la que secretamente todo ser humano aspira. Se subraya aquí el vínculo que une la pasión con el narcisismo, estadio precoz del desarrollo del yo en el que la libido está esencialmente centrada en el propio individuo. Al igual que Narciso, el enamorado estaría, ante todo, fascinado por sí mismo, ya que el objeto inconsciente de la pasión sería su imagen enaltecida. Desde este punto de vista, el apasionamiento denota una confusión entre la personalidad del enamorado y la de su amada: tales serían las características del llamado amor narcisista.

Enamorarse de sí mismo: en ello consiste la alienación del amante a su propio ideal. Aun cuando no compartimos la radicalidad de este análisis, debemos admitir que toda pasión comporta cierta dosis de narcisismo. ¿Cómo explicar de otra manera la impresión de volver a nacer gracias al encuentro amoroso, de tornarse perfecto y único a la luz de lo que el ser amado percibe y engrandece en uno mismo? Al enamorarnos, anhelamos que el otro no pueda existir sin nosotros, pretendiendo que su existencia renazca y perdure únicamente a causa de nuestra devoción. La pasión es, en cierto modo, megalómana, lo cual determina la intensidad incomparable del placer sexual que sólo ella hace estallar. Veamos cómo Julio Cortázar, en su novela *Rayuela,* logra caracterizar la ilusión narcisista que exalta la sexualidad apasionada, a saber: la sensación de crear al ser amado en el goce carnal:

> Toco tu boca, con tu dedo toco el borde de tu boca, voy dibujándola como si saliera de mi mano, como si por primera vez tu boca se entreabriera, y me basta cerrar los ojos para deshacerlo todo y recomenzar, hago nacer cada vez la boca que deseo, la boca que mi mano elige y te dibuja en la cara, una boca elegida entre todas, con soberana libertad elegida por mí para dibujarla con mi mano en tu cara, y que por un azar que no busco comprender coincide exactamente con tu boca que sonríe por debajo de la que mi mano te dibuja.

Podemos comparar la pasión con el narcisismo, la hipnosis o la psicosis, aunque es indudable que enamorarse no equivale a caer en las garras de la locura. Tal como lo sugiere Roland Barthes, el apasionamiento no es más que un enloquecimiento transitorio, incompleto, metafórico: el enamorado juega a estar loco, pero no comunica con la naturaleza ni con los dioses, como suele suceder en el acceso psicótico. El enamoramiento sería, entonces, un delirio casi invisible, aceptado por la cultura en la medida en que su ardor, limitado a la intimidad de los amantes, no amenaza el equilibrio social.

Puesto que la pasión no acarrea la locura irremediable, llegará un momento en que el enamorado se enfrentará a la realidad del desencanto. Desde su ángulo más inconsciente, la desilusión no corresponde a la percepción del amado –antes idealizado– como realmente es, aun cuando así lo siente el apasionado. El sentimiento de desengaño corresponde al descubrimiento de que la relación amorosa está compuesta por dos seres distintos, que nunca han sido, ni serán jamás, *uno*. Asumiendo el carácter ilusorio de la fusión, deberemos aceptar, entonces, la separación irreductible de nuestra identidad con la de la persona deseada, sintiendo por fin –al igual que el personaje de *Rayuela*– "la barrera infranqueable, la distancia vertiginosa que ni el amor podía salvar".

La ambivalencia de nuestros sentimientos en el caso de la ruptura amorosa nos permite vislumbrar cuán difícil resulta renunciar a la fusión. Por más deseada y pacífica que la separación sea, el enamoramiento dará lugar a la agresividad, al menos durante un tiempo. Tendremos entonces la sensación de que el amor se transformó repentinamente en odio, sentimiento negativo estrechamente relacionado con el trabajo de duelo que impone la ruptura. Como todo duelo, la muerte de la pasión implica el reconocimiento melancólico de la separación.

En forma más o menos inconsciente, el duelo suscita la hostilidad hacia el objeto de amor perdido, agresividad que permitirá percibirlo de manera negativa para alejarse de él más fácilmente. Cuanto más intensa ha sido la ilusión de la fusión en la relación apasionada, más vehemente será, en el período de ruptura, la hostilidad hacia la persona amada. El reconocimiento de las diferencias inevitables entre los dos seres, así como de la imposibilidad de fundirse en cuerpo y alma ajenos, suscita una agresividad observable en la multitud de reproches dirigidos hacia el amante antes adorado, quien será designado responsable del fin de la ilusión.

Felizmente, en muchos casos el amor auténtico nace cuando amaina la pasión. Esto sucede si admitimos nuestras discrepancias y asumimos la soledad de nuestra condición humana: ya no le pedimos al otro que llene ningún vacío existencial, sino que nos enriquezca con la diversidad y la peculiaridad de su identidad. ¡Qué dura tarea nos espera entonces! ¡Cuánto más fácil es adorar un ideal, cuánto más complaciente y menos problemática resulta la ilusión apasionada!

El filósofo francés Marcel Conche ha distinguido el apasionamiento del amor verdadero, retomando los argumentos clásicos que tradicionalmente los oponen. Según el autor, el amor no es sólo sentimental, dado que no excluye la razón ni la voluntad. Conjugando todas las fuerzas del hombre, el amor auténtico lo deja libre y seguro de sí, sin ser gobernado por la pasión, aunque gobernando su ardor. En este tipo de relación, la vida intelectual y espiritual de cada uno tiene suma importancia, puesto que ofrecemos al otro las llaves de nuestro mundo interno. Así, aspiramos a conocernos mejor hablando de nosotros al ser amado y pensándonos gracias a él.

En resumen, el verdadero amor nace de la reciprocidad, la cual no significa igualdad, sino aceptación de las diferencias. Sin la ilusión narcisista de la fusión, los amantes envuelven su ardor en un canto a dos voces, ya no monólogo sino plática entre dos individualidades irremediablemente ajenas. Cortázar transcribe con las siguientes palabras, en cierto modo melancólicas, el discurso del enamorado consciente de la irreductibilidad de la separación:

> Amor mío, no te quiero por vos ni por mí ni por los dos juntos, no te quiero porque la sangre me llame a quererte, te quiero porque no sos mía, porque estás del otro lado, ahí donde me invitás a saltar y no puedo dar el salto, porque en lo más profundo de la posesión no estás en mí, no te alcanzo, no paso de tu cuerpo, de tu risa.

La pasión reclama fusión, el amor construye relación. Aun si admitimos la veracidad de este análisis ampliamente difundido, lo cierto es que no podemos distinguir en forma tan artificial el amor auténtico del incendio apasionado. ¿No existen, acaso, amores verdaderos y turbulentos, así como pasiones maduras y constructivas? ¿Por qué seguir relegando la pasión a la perdición de lo irracional, a la alienación negativa en la que buscamos vanamente salvación? Vale destacar que éste es el punto de vista de muchos *intelectuales,* que han indagado, muy racionalmente, tan ardiente tema: despreciando todo afecto cuya intensidad resulte amenazadora, el apasionamiento ha quedado reducido a una banal crisis adolescente, de la que se espera que el enamorado curará en poco tiempo y sin demasiadas consecuencias.

La práctica cotidiana de los psicoanalistas los confronta al sufrimiento humano, lo cual justifica que hayan subrayado el carácter patológico de la pasión. Sin embargo, el pesimismo de esta concepción contrasta con la percepción positiva que muchas personas tienen del enamoramiento, al menos en nuestra cultura occidental. Por supuesto, todo apasionamiento conlleva una cierta dosis de fusión, alienación y muerte, pero este análisis resulta reductor en la medida en que desprecia las pasiones positivas cuya fuerza de vida ha sido descrita, entre otros, por el sociólogo italiano Francesco Alberoni.

Ilustraremos a continuación la importancia de la pasión en nuestras vidas gracias a una historia real acaecida en Francia hace algunos años. Pocas semanas antes de su muerte anunciada, un adolescente en fase terminal de su leucemia se enamoró perdidamente de su enfermera. Esta mujer de treinta y cinco años le administraba, a domicilio, un tratamiento paliativo incapaz de atenuar sus dolores insoportables. La pasión fue tan fulgurante como recíproca, descrita por el propio enfermo como un amor grandioso que lo salvaría del dolor y de la muerte. En forma imprevista, los amantes abandonaron sus hogares respectivos, huyendo sin dejar rastro.

Al cabo de tres largas semanas de silencio, los padres del adolescente recibieron una carta en la que éste afirmaba que sólo la pasión lograría alejar la muerte, puesto que ya estaba curando su cuerpo enfermo. Sin duda, los amantes creían haber triunfado. Algunos días más tarde, la enfermera amada escribió a la familia para comunicarle la muerte del paciente en un pequeño hospital de provincias. Según ella, sus dolores se habían milagrosamente atenuado. El enamorado había muerto convencido de estar, al fin, curado.

En la batalla contra la muerte a la que la pasión se entregó con inequívoca rivalidad, la pulsión de vida manifestó su fuerza avasalladora. El ardor hacia la mujer amada absorbía la libido del adolescente, dejando poca atención disponible para el sufrimiento físico y moral. La ilusión de la curación fue posible gracias al espejismo del enamoramiento, el cual parece haber suspendido el paso inexorable del tiempo: sólo contaba para el enfermo el presente apasionado, ya no el negro futuro. Amando, el adolescente huyó de una realidad somática intolerable, curando en sus fantasías las heridas narcisistas –vale decir, el dolor de saberse mortal– y físicas.

La intensidad del apasionamiento ha logrado trastornar, en forma imaginaria, la biología implacable de la enfermedad, atenuando de forma milagrosa los dolores terminales. Desgraciadamente, el poder curativo del enamoramiento ha sido efímero. Si bien es cierto que la pasión resultó ser curandera, sus poderes mágicos sólo pudieron ejercerse en un instante fugaz en el que el yo logró huir de la realidad insoportable, burlando transitoriamente las trampas mortales del cuerpo enfermo.

Amar, fugar, curar: tales son los términos que definen muchas de nuestras pasiones. Recordemos, al respecto, que el vocablo francés *fougue* –que designa un acceso o arrebato apasionado– deriva del latín *foga*, vale decir, "fuga precipitada". Ahora bien: en el caso del adolescente enfermo, ¿quién se atrevería a condenar su huida? ¿Qué mejor suerte le habríamos deseado, si no la de morir enamorado? La pasión conlleva alienación e ilusión, de acuerdo. ¡Pero cuán necesaria es a la vida! Porque, fuera de la melancolía del depresivo, ¿quién puede vivir con la consciencia permanente de su propia soledad, de su futilidad en el universo, de su finitud inexorable?

Muchos enamorados confiesan que el amor los hace sentir vivos. Esto no significa que sólo la pasión los mantiene en vida. La exaltación amorosa nos hace felices, pero no nos hace renacer ni ser lo que no somos. Muy afortunadamente, no es el ser amado quien nos permite existir, puesto que cada ser humano existe por sí mismo. Sin embargo, el amor revela aspectos de nuestra identidad hasta entonces insospechados. En este sentido, el apasionamiento puede ser un acto de creación en el que renovamos las mil y una facetas de nuestra personalidad, lo cual constituye una fuente inagotable de energía creadora, tal como lo han demostrado numerosos artistas: en efecto, ¿cuántas personas han realizado obras magníficas en el apogeo de la pasión?

Emoción brusca y violenta, el enamoramiento provoca una pequeña revolución interna que acarrea cambios y renueva nuestro amor por la vida. Su carácter revolucionario implica cierta transgresión de las normas individuales, familiares o culturales, pudiendo desencadenar verdaderas luchas sociales, tal como lo ilustran las historias de *Tristán e Isolda* y de *Romeo y Julieta*. Aun conscientes del riesgo de sufrimiento que la pasión supone, pocas personas se arrepienten de haber sucumbido a su ardor, anhelando revivir una experiencia que parece única e irrepetible. A lo largo de la vida tenemos muchas oportunidades de amar, a condición de estar preparados para asumir este torbellino emocional, así como para aprender de él y evolucionar como personas. Porque si bien es cierto que podemos vivir muchas pasiones, éstas podrán ser cada vez diferentes en cuanto a lo que nos enseñan de nosotros mismos. Nadie debería salir indemne de una pasión: amar siempre como la primera vez, equivale a no haber aprendido nada.

Que la pasión sea experiencia de construcción, pérdida o destrucción, todo depende de la energía pulsional que inconscientemente la exalta, así como de nuestra madurez para encauzarla. No existe una pasión, sino infinidad de pasiones, jugando siempre al límite de la vida y de la muerte. En el mejor de los casos, el enamoramiento nos revelará la extraordinaria fuerza creadora que nos anima. Aprovechar esta fragilidad pasajera para plantear nuevos rumbos, reconsiderar objetivos personales, descubrir nuevas pasiones o, simplemente, aprender de lo que hemos sufrido: ésta es la verdadera inteligencia de la pasión.

Bibliografía

F. Alberoni (1996). *Te amo*. Barcelona: Editorial Gedisa.

S. Auroux (1998), *Encyclopédie philosophique universelle. Tome 2: Les notions philosophiques*. París: P.U.F.

R. Barthes (1999), *Fragmentos de un discurso amoroso*. Madrid: Siglo XXI Editores.

A. Comte-Sponville (2001), *El mito de Icaro. Tratado de la desesperanza y la felicidad*. Madrid: Ed. Antonio Machado.

M. Conche (1997), *Analyse de l'amour et autres sujets*. París: P.U.F.

J. Cortázar (1963), *Rayuela*. Buenos Aires: Ed. Sudamericana.

S. Freud (1966), «Tratamiento psíquico», en *Sigmund Freud, Obras completas*, tomo I. Buenos Aires: Amorrortu Ed.

S. Freud (1966), *Tres ensayos de teoría sexual*, en *Sigmund Freud, Obras completas*, tomo VII. Buenos Aires: Amorrortu Ed.

S. Freud (1966), *El malestar en la cultura*, en *Sigmund Freud, Obras completas*, tomo XXI. Buenos Aires: Amorrortu Ed.

A. Green (1990), *De locuras privadas*. Buenos Aires: Amorrortu Ed.

Ch. Hoffmann (1993), «Clinique de la passion», en *Apertura*. París: Springer-Verlag.

J. Lacan (1975), *Aún, Seminario, Libro XX*. Barcelona: Ed.Paidós.

D. Lauru (2001), *Tomber en amour*. Ramonville-Saint-Ague: Érès.

LA EDUCACIÓN

18. EDUCANDO EMOCIONES. LA EDUCACIÓN DE LA INTELIGENCIA EMOCIONAL EN LA ESCUELA Y LA FAMILIA

NATALIO EXTREMERA PACHECO
PABLO FERNÁNDEZ BERROCAL
Universidad de Málaga

*¿Cómo es que, siendo tan inteligentes los niños, son tan estúpidos
la mayor parte de los hombres? Debe ser el fruto de la educación.*
ALEJANDRO DUMAS, hijo

En nuestra sociedad occidental se ha valorado durante los últimos siglos un ideal muy concreto del ser humano: la persona inteligente.

En la escuela tradicional, se consideraba que un niño era inteligente cuando dominaba las lenguas clásicas, el latín o el griego, y las matemáticas, el álgebra o la geometría. Más recientemente, se ha identificado al niño inteligente con el que obtiene una puntuación elevada en los tests de inteligencia. El cociente intelectual (CI) se ha convertido en el referente de este ideal y este argumento se sustenta en la relación positiva que existe entre el CI de los alumnos y su rendimiento académico: los alumnos que más puntuación obtienen en los tests de CI suelen conseguir las mejores calificaciones en la escuela.

En el siglo XXI esta visión ha entrado en crisis por dos razones:

1. La inteligencia académica no es suficiente para alcanzar el éxito profesional. Los abogados que ganan más casos, los médicos más presti-

giosos y visitados, los profesores más brillantes, los empresarios con más éxito, los gestores que obtienen los mejores resultados no son necesariamente los más inteligentes de su promoción. No son aquellos adolescentes que siempre levantaban primero la mano en la escuela cuando preguntaba el profesor o resaltaban por sus magníficas notas académicas en el instituto. No son aquellos adolescentes que se quedaban solos en el recreo mientras los demás jugaban al fútbol o simplemente charlaban. Son los que supieron conocer sus emociones y cómo gobernarlas de forma apropiada para que colaboraran con su inteligencia. Son los que cultivaron las relaciones humanas y que conocieron los mecanismos que motivan y mueven a las personas. Son los que se interesaron más por las personas que por las cosas y que entendieron que la mayor riqueza que poseemos es el capital humano.[1]

2. La inteligencia no garantiza el éxito en nuestra vida cotidiana. La inteligencia no facilita la felicidad ni con nuestra pareja, ni con nuestros hijos, ni que tengamos más y mejores amigos. El CI de las personas no contribuye a nuestro equilibrio emocional ni a nuestra salud mental. Son otras habilidades emocionales y sociales las responsables de nuestra estabilidad emocional y mental, así como de nuestro ajuste social y relacional.

Es en este contexto en el que la sociedad se ha hecho la pregunta: ¿por qué son tan importantes las emociones en la vida cotidiana? La respuesta no es fácil, pero ha permitido que estemos abiertos a otros ideales y modelos de persona.

En este momento de crisis ya no vale el ideal exclusivo de la persona inteligente, y es cuando surge el concepto de inteligencia emocional como una alternativa a la visión clásica.

Los padres y los educadores, siempre muy apegados a la realidad, son conscientes de este cambio, aunque no tengan claro cuáles son los mejores zapatos para andar este camino con sus hijos y con sus alumnos.

Insistiremos mucho en la importancia que desempeñan los educadores en este cambio de ideal de persona. Los educadores siempre han influido en nuestros hijos, para bien o para mal, como modelos implícitos de comportamiento emocional y moral, pero es ahora cuando están adquiriendo cada vez un mayor peso explícito en la educación de las emociones de nuestros hijos. Al igual que ha ocurrido históricamente con otros aspectos de la educación, que de forma natural estaban bajo la responsabilidad de la familia como la enseñanza de los hábitos de alimentación, la sexualidad o la moral, la escuela y el sistema educativo han ido asumiendo poco a poco su formación.

Este capítulo, sin ser una zapatería, pretende orientar dentro del marco teórico de la inteligencia emocional a los padres y educadores[2] sobre cómo educar las habilidades emocionales personales e interpersonales. Para ello, seguiremos el esquema de la tabla 1 y ofreceremos ejemplos y pequeños ejercicios que ilustren las diferentes habilidades emocionales que podemos cultivar.

Los ejercicios que se presentan oscilan desde la educación infantil hasta el bachillerato, y no se han especificado ejemplos para cada edad por cuestiones de espacio, aunque el educador puede adaptar la dificultad del ejercicio a la capacidad del niño.

Creemos que este tipo de materiales puede ayudar a suplir las insuficiencias del modelo de formación de los docentes que carecen de una formación específica en aspectos socioemocionales, al igual que ocurre en otras profesiones como la enfermería, la medicina o la abogacía, tan necesitadas de estas habilidades. Como ciudadanos y como padres estamos concienciados de que el profesor es, de forma natural, un modelo de conducta para sus alumnos pero, como humano que es, entendemos que no es un modelo perfecto y que necesita de una formación adicional para poder afrontar esta tarea. Pero esta conciencia que todos tenemos no se refleja en la formación universitaria que reciben estos profesionales. Los estudios universitarios por los que deben pasar no dotan ni instruyen lo suficiente a los profesionales de la educación, ni tampoco a otros muchos profesionales que basan su trabajo diario en las relaciones interpersonales, en competencias o capacidades emocionales que servirán en su largo camino de formación infantil y juvenil. Más bien se hace predominar otros conocimientos abstractos y puramente teóricos que no son útiles para este viaje educativo. Sirvan estas páginas de ayuda y apoyo a todos los padres y educadores interesados y preocupados por las emociones y los sentimientos de sus hijos y alumnos.

Tabla 1. Componentes de la inteligencia emocional con diferentes ejemplos		
	Yo Competencia personal	Los demás Competencia social
Percepción	Autoconciencia emocional	Conciencia interpersonal
Comprensión	Integración emoción/razón	Empatía
Regulación	Regulación interna de nuestros estados emocionales	Resolución de conflictos y mejora en los vínculos interpersonales

Autoconciencia y expresión emocional: conócete a ti mismo para conocer el mundo que te rodea

Incrementar la conciencia de nuestros propios sentimientos (llámase también percepción o atención emocional) es posiblemente el primer paso hacia el desarrollo general de las habilidades de la inteligencia emocional. Los sentimientos son un sistema de alarma que nos informa de cómo nos encontramos, qué nos gusta o qué no funciona a nuestro alrededor, con la finalidad de realizar cambios en nuestras vidas. Una buena autoconciencia implica saber leer nuestros sentimientos y emociones, etiquetarlos y vivenciarlos. Con el dominio de la capacidad de reconocer cómo nos sentimos sentamos la base para, posteriormente, aprender a controlarnos, moderar nuestras reacciones y no dejarnos arrastrar por impulsos o pasiones exaltadas. Ahora bien, ser conscientes de las emociones implica ser hábil en múltiples facetas tintadas afectivamente. Junto a la percepción de nuestros estados afectivos, se suman las emociones evocadas por objetos cargados de sentimientos, como el reloj que nuestro padre nos regaló el día que alcanzamos la mayoría de edad o esa obra artística envuelta por un sinfín de connotaciones emocionales (por ejemplo, la Alhambra de Granada; el *Guernica* de Picasso); reconocer las emociones expresadas, tanto verbal como gestualmente, en el rostro y cuerpo de las personas; incluso distinguir el valor o contenido emocional de un evento o situación social (por ejemplo, vivenciar en un estadio a rebosar una apasionante final de Liga de Campeones o presenciar en el teatro la magnífica *Aida* de Verdi). En este apartado vamos a centrarnos en la percepción emocional interna, puesto que, como si de un proceso secuencial se tratase, tras poseer una buena destreza reflexiva de nuestro mundo interior, gozaremos de los recursos y herramientas necesarias para generalizar el proceso de consciencia emocional a la realidad externa. En apartados posteriores centraremos la atención en el dominio del reconocimiento de emociones ajenas y la empatía emocional.

Como ya se ha comentando hasta aquí, reconocer nuestra emocionalidad es el primer punto para predecir nuestras acciones y pensamientos. En la medida en que mejor sean delimitadas nuestras evocaciones afectivas y con más facilidad sepamos descubrir el sentido emocional de la situación, más apropiadamente podremos actuar y guiar nuestra vida en el camino deseado. No obstante, alcanzar un adecuado proceso de autoconciencia a la vez que un adecuado nivel de expresión emocional no es tarea fácil, y requiere un esfuerzo de enseñanza por parte de los padres –a través de autoinstrucciones o del modelado en las situaciones presentes en el hogar– y el aprendizaje y generalización de los hijos –mediante la escucha activa, entrenamiento y su puesta en práctica en otras situaciones como el colegio–.

Un conflicto cotidiano muy frecuente en todos los hogares –salvo en aquellas familias con hijo único– es el de las peleas entre hermanos de corta edad. En ellas, los padres suelen acabar el conflicto mediante el castigo pero, en la mayoría de ocasiones, no llegan a entender realmente el origen del conflicto y por qué ambos hermanos se pelean. Los niños, en pleno inicio de su formación emocional, apenas son conscientes del estado emocional que les inunda, por lo que son incapaces de etiquetar y expresar correctamente sus emociones, desatendiendo el origen y los motivos de sus reacciones – por ejemplo, coger el juguete de su hermano sin permiso o comerse sus gominolas–, ignoran las consecuencias de sus acciones –castigados en el cuarto sin ir a jugar al patio con sus amigos–, y mucho menos entienden o asumen el punto de vista de su hermano ya que gozan de una perspectiva individualista –«Él sólo lo hace por chincharme, siempre está buscando pelea»–, en la mayoría de las ocasiones el problema de entendimiento acaba en un conflicto irreflexivo –enfrentamientos, gritos y rabietas–. Tener la capacidad para reconocer el motivo o la naturaleza de su malestar (por ejemplo, coger sin permiso sus canicas o mostrar celos por todos los juguetes regalados en el cumpleaños de su hermano), saber qué emoción ha originado (por ejemplo, ira o celos) y valorar las posibles acciones futuras (por ejemplo, pedirlo prestado la próxima vez) para que esta situación conflictiva no vuelva a suceder, son cualidades potencialmente enseñables a edades tempranas. Y lo que nos parece más importante, su enseñanza crea una forma estable y madura de enfocar sucesos problemáticos venideros y de valorar y predecir el desenlace de una acción en función de las emociones generadas.

Uno de los problemas de los padres y los profesores a la hora de enfrentarse a la enseñanza emocional de sus hijos y alumnos, respectivamente, es dar por sentado que el niño posee un conocimiento emocional innato de las situaciones y conflictos. Creer erróneamente que el pequeño sabrá reaccionar de la mejor manera, en el momento oportuno, ante la persona adecuada y en el grado correcto. Desgraciadamente, el ser humano no es tan *racionalmente emotivo* y en la mayoría de ocasiones, y no sólo en nuestra infancia, realizamos acciones irreflexivas que nos producen un gran malestar interior, y de las que queremos desprendernos, pero de las cuales apenas somos conscientes o desconocemos su origen. Para tal fin utilizamos las estrategias más diversas con el único objeto de anular o ignorar nuestros sentimientos: nos apuntamos al gimnasio, hacemos aeróbic, vemos la televisión durante horas, vamos a clases de meditación, nos vamos de compras a grandes supermercados, en estos casos nuestro propósito es hacer uso de estas estrategias de distracción y negación para no adentrarnos en la causa de nuestros problemas. Es una pena no gozar de la gran gama de emociones y afectos de las que dispone la humanidad, y tal como evoluciona la sociedad, lo preocupante no es ya no saber disfrutar de los sentimientos, sino que ni siquiera tenemos el tiempo y las condiciones adecuadas de tranquilidad para dedicar al día unos minutos a reflexionar sobre nuestra vida emocional, la de nuestros seres queridos, qué acontecimientos nos suceden, cómo nos afectan, y qué consecuencias supondrán en el futuro. Los psicólogos y los profesionales de la salud mental están insistiendo en la importancia que desempeña, para un desarrollo emocional íntegro, tanto ser consciente de lo que sentimos como, aún si cabe más importante, la aceptación de nuestros sentimientos sin pretensión de ahogarlos con actividades distractoras o represoras. En este sentido, una vez admitidos nuestros sentimientos y percatados del contexto que los evocan, éstos nos proporcionan una valiosa información para conseguir una vida más plena y feliz. Por ejemplo, algunas veces respondemos a nuestra pareja de forma airada, saltamos a la primera y escrutamos cualquier señal dicha o hecha por él/ella, interpretada por nosotros como conflictiva, para increparle y descargar el malestar y la ira que nos fluye. Esto podría ser una típica interacción que se produce diariamente y que promueve el desequilibrio y la ruptura paulatina de la pareja. Bien distinto sería decir: «En este momento estoy enfadado porque mi novio ha vuelto a decidir a dónde iremos el domingo sin contar para nada con mi opinión, y otra vez voy a tener que aguantar al pesado de mi cuñado José y sus bromitas machistas el único día libre que tengo.» Seguro que alguna vez habrá sufrido una situación similar, ¿piensa que forma parte de su personalidad o temperamento actuar así y que no hay posibilidad de cambio? Sentimos contradecirle, el ser humano tiene la excepcional cualidad, dentro del reino animal, de aprender con rapidez y eficazmente en casi la totalidad de facetas de la vida, el ámbito emocional no es una excepción. Aunque, como cualquier aspecto que podemos aprender, su consolidación dentro de nuestro repertorio emocional estará vinculado en digna proporción al tiempo practicado y esfuerzo invertido. A continuación exponemos un ejercicio idóneo tanto para practicar nuestra conciencia afectiva como para después ponerlo en práctica con los más pequeños de la casa o del colegio y alcanzar en ellos mayores niveles en su autoconciencia emocional.

Por último, debemos decir que la única forma de evaluar nuestro grado de conciencia emocional está siempre unida a la capacidad para poder describir nuestras emociones, expresarlas con palabras y colocarles una etiqueta verbal correcta. No en vano, la expresión emocional y la revelación del

---

EJERCICIO 1. AUTOCONCIENCIA EMOCIONAL

En primer lugar intenta recordar alguna situación que haya originado en ti alguna sensación emocional, por ejemplo cuando alguien te asusta, ves llorar a un familiar, te felicitan por un trabajo bien hecho, recibes insultos sin motivos.

1. Presta atención a la señales fisiológicas de tu cuerpo (sudoración, aumento del ritmo cardíaco, tensión muscular) y a los indicadores cognitivos (irritabilidad, falta de concentración, pensamientos de venganza, etc.).
2. Intenta describir lo más detalladamente posible la sensación emocional que te genera y, si quieres, compárala con otra sensación producida por otros motivos (por ejemplo, «Cuando aprecian y me refuerzan mi trabajo tengo una sensación de bienestar y alegría similar a cuando regalo algo a mi madre y veo su cara de sorpresa y felicidad»).
3. Selecciona un nombre o etiqueta para esa señal emocional y relaciónala con una situación que siempre la genere.
4. Busca el origen y la naturaleza de lo que ha originado la emoción.
5. Especifica las consecuencias que conlleva saber exactamente qué estás sintiendo para las acciones que puedes desarrollar después.
6. Intenta contrastar tu descripción emocional con las de otros amigos o familiares de confianza.

---

acontecimiento causante de nuestro estrés psicológico se alza en el eje central de cualquier terapia con independencia de su corriente psicológica. Seguramente al lector le puede parecer que sus problemas no se pueden solucionar mediante su descripción emocional, y es cierto que la terapia incluye otros elementos de ayuda, pero para las contrariedades de la vida cotidiana, simplemente el hecho de poder narrar nuestros sentimientos positivos o negativos verbalmente nos hace sentir mejor por el simple motivo de dar un nombre a un malestar interno desconocido y convertirlo en algo tangible, menos desconcertante y, por tanto, con mayor posibilidad de control. Si la claridad emocional se propaga en nuestro mundo interno, nuestra capacidad de control de situaciones, de reparación de nuestros estados de ánimo alterados y de búsqueda de solución a los problemas se incrementa asombrosamente.

Conciencia emocional interpersonal: descubriendo las pautas y esquemas emocionales del prójimo

Al igual que la percepción emocional interna sustenta el desarrollo de competencias más complejas y elaboradas como la comprensión y la autorregulación, la conciencia emocional interpersonal es el soporte para la formación de habilidades socioemocionales como la empatía o la resolución de conflictos interpersonales. Como ya se ha dicho en capítulos anteriores (véase capítulo 1), todas ellas se encuentran interrelacionadas y, conforme ascendemos en su complejidad, los procesos psicológicos más básicos son necesarios para desarrollar aquellos más complejos. En efecto, la percepción y conciencia emocional ajena son elementos intrínsecamente unidos a las personas empáticas, y tanto la conciencia interpersonal como la empatía se tornan imprescindibles para conseguir una adecuada y satisfactoria resolución de conflictos interpersonales.

De esta forma, una adecuada conciencia de las emociones del prójimo se concreta en la capacidad para descifrar las señales no verbales de los demás. Por tanto, ser conscientes o establecer vínculos empáticos con otra persona incluye no sólo atender a sus palabras y entender el contenido de las mismas, sino además prestar atención a sus mensajes no verbales tales como los que genera su lenguaje corporal, el tono de voz, su expresión facial, es decir, implica la percepción y comprensión emocional no verbal de los demás. En otras palabras, el desarrollo pleno de la empatía se manifiesta cuando se es capaz de leer entre líneas, adivinar e interpretar los indicadores no verbales a través de los ojos, cara y movimientos corporales y detectar su grado de coherencia con la expresión verbal. Existen multitud de ejercicios que se pueden utilizar para educar a los hijos en el "arte" de entender de forma emocional a los demás a través de una mirada, un gesto o un tono de voz. Por ejemplo, la próxima vez que vaya a un gran supermercado, restaurante, partido de fútbol o cualquier otro lugar público pídele a su hijo que se fije en los movimientos corporales y expresiones faciales de las personas que allí se encuentran, incluso puede ser divertido que esas personas estén algo alejadas de ustedes. Propóngale a su hijo que adivine por los gestos y expresiones qué conversaciones están teniendo y cómo se sienten. Puede que ambos se sorprendan de lo que podemos llegar a saber sobre los demás si prestamos algo de tiempo en atender tales señales. Incluso, para confirmar tus suposiciones, si aquellos a los que estás "analizando emocionalmente" son amigos pueden preguntarles sobre la trascendencia del tema del que estaban conversando y cuáles eran sus implicaciones afectivas. Igualmente, este ejercicio puede realizarse en su propia casa, y, por qué no, pueden convertirlo en un juego familiar divertido. Sólo tienen que poner el televisor y sintonizar algunos de esos programas matinales en los que los invitados se enzarzan en acaloradas discusiones. Bajar el volumen de tu televisor y, formando equipos, tratan de adivinar por turnos qué emoción pueden estar sintiendo los invitados o actores, después suba el volumen y comprueben el tema del que están hablando. Es una forma divertida y amena de enseñar a los niños a identificar emociones en los demás. Otro ejercicio entretenido –y emocionalmente didáctico– para entrenar a los niños en sus competencias de conciencia interpersonal, y que igualmente puede utilizarse como un juego familiar, consiste en que los padres expresen una misma frase con distintos tonos de voz simulando en sus gestos faciales y modulación vocal un estado afectivo concreto. En este ejercicio los niños deben adivinar qué tipo de emoción o emociones conjuntas aparecen en cada interpretación. Posteriormente se puede dejar que los niños tomen la iniciativa y traten de imitar diversos estados emocionales (por ejemplo, alegría, sorpresa, incertidumbre, cólera, etc.).

EJERCICIO 2. CONCIENCIA EMOCIONAL INTERPERSONAL

Vamos a proponer un ejercicio para mejorar tu capacidad en la identificación de señales emocionales no verbales.

1. Trata de recordar la importancia de prestar atención a los aspectos verbales (el contenido de las palabras y la forma de decirlas) y no verbales (gestos faciales, muecas, tono de voz, tics, etc.) de la comunicación y examínalos en tu próximo encuentro con un amigo o un familiar.
2. Intenta averiguar qué mensaje comunica su expresión facial, si es positivo o negativo, si cuenta la historia con entusiasmo o quiere terminar la conversación pronto, si sus gestos faciales muestran alegría al verte, aburrimiento, etc.
3. Analiza la concordancia de su mensaje no verbal con el contenido de sus palabras, así puedes descubrir su implicación emocional en el tema, su sinceridad, su hipocresía, etc.
4. Indaga si expresa más de una emoción al mismo tiempo y en qué momento de la conversación oscila de un estado afectivo a otro.

Capacidad para saber integrar dos caras de la misma moneda: pensar sintiendo, sentir pensando

A simple vista, la razón y la pasión parecen aspectos opuestos en nuestra vida. Durante siglos, filósofos, antropólogos, científicos y psicólogos han puesto en duda su carácter interactivo y de ayuda recíproca. Lo cierto es que las emociones y los pensamientos se encuentran fusionados sólidamente y si sabemos utilizar las emociones al servicio del pensamiento ambas nos ayudan a razonar más inteligentemente y tomar mejores decisiones. Tras una década de investigaciones en esta área, empezamos a descubrir que dominar nuestras emociones y hacerlas partícipes de nuestros pensamientos favorece una adaptación más apropiada al ambiente. Por ejemplo, nuestras emociones se funden con nuestra forma de pensar consiguiendo guiar la atención a los problemas realmente importantes, nos facilitan el recuerdo de eventos emotivos, permiten una formación de juicios acorde a como nos sentimos y en función de nuestros sentimientos consideramos de forma distinta y tomamos perspectivas divergentes ante un mismo problema. De similar importancia es que *como nos sintamos* guiará nuestros pensamientos posteriores, influirá en la creatividad en el trabajo, dirigirá nuestra forma de razonar ante un ejercicio en clase y afectará a nuestra capacidad diaria de deducción lógica. En efecto, que nuestros hijos o alumnos estén felices o tristes, enfadados o eufóricos o hagan o no un uso apropiado de su inteligencia emocional para regular y comprender sus emociones puede incluso determinar el resultado final de sus notas escolares y su posterior dedicación profesional.

Otra gran ventaja de tener una adecuada capacidad para integrar las emociones en nuestro sistema racional consiste en la posibilidad de anticipar estados emocionales antes de ejecutar una acción concreta, función que por otra parte permite conocer cuáles serían las reacciones producidas si cierto acontecimiento sucediera (por ejemplo, ¿Qué pasaría si fuera al concierto de Estopa sin el permiso de mis padres? ¿Y si se enteran después? Seguramente no me comprarían la moto que me han prometido si apruebo todo el curso»). Por tanto, el desarrollo de esta habilidad y su uso habitual ayuda a detenernos por un momento a considerar cómo nos sentiríamos y nos afectaría si tomáramos una decisión, ante un amplio abanico de posibilidades, de la que desconfiamos en su eficacia y desenlace. Así, estamos en disposición de elegir la opción más acertada sin tener que experimentar malos tragos, lamentarnos posteriormente o pasar por un laborioso procedimiento de ensayo-error. La mayoría de nosotros hacemos, decimos o nos comportamos a lo largo del día sin pensar realmente las repercusiones o consecuencias que acarrean nuestras acciones. Las personas que hacen uso de esta capacidad son aquellas que antes de actuar, reflexionan y se dicen a sí mismas «Sé que me voy a lamentar si...», «Voy a tener sentimientos de culpabilidad si hago...», «Me sentiré mejor si...», «Para mí será un gran alivio si...». En el ámbito personal, familiar e incluso profesional, aprender a unir e impregnar nuestros pensamientos de significado emocional nos aporta una información muy útil materializada en la capacidad para anticipar nuestros sentimientos y ser capaz de conocer el vínculo que los adhiere a situaciones concretas de forma que logremos mejorar la toma de decisiones, la solución de conflictos y aumentar nuestra felicidad personal. Le planteamos un sencillo ejercicio para demostrar la forma tan diferente de enfocar la vida con sólo dejar fluir nuestras emociones.

EJERCICIO 3. INTEGRACIÓN EMOCIONAL

En primer lugar, relájese, tómese el tiempo que quiera y coja papel y lápiz.

1. Trate de recordar una situación que se le haya ocurrido y que le hiciera sentir de una manera determinada, pueden ser, sentimientos de felicidad (aprobar la selectividad y entrar en la carrera elegida; un aumento inesperado de sueldo en el trabajo; una fiesta sorpresa el día de su cumpleaños).
2. Recréese en la situación concreta, trate de visualizarla con todo detalle y de vivenciar todas las emociones que sintió y expresó en ese momento, incluso puede utilizar alguna melodía o pieza musical que potencie el estado de ánimo que está sintiendo.
3. Ahora trate de narrar en un folio durante unos diez minutos todas las aspiraciones, sus metas y los objetivos que quiere y desea conseguir en los próximos cinco años.
4. Una vez haya terminado, llevará a cabo el proceso contrario. Imagine alguna situación que se haya generado emociones negativas (por ejemplo, un despido; la ruptura con su primer novio/a; el accidente o muerte de algún amigo o familiar) y trate de escribir sobre el mismo tema que antes.
5. Por último, es recomendable siempre acabar estos ejercicios con una emoción positiva, por lo que recomendamos que termine el ejercicio pensando en algo positivo que haya sucedido o que haya conseguido recientemente.

Con toda seguridad, si usted se ha animado y ha practicado con sus hijos este ejercicio, habrá visto cómo su forma de pensar sobre el futuro o la de sus hijos se ve influida por el estado emocional actual. Otro ejercicio de similares características que facilita conocer nuestro lado afectivo consiste en crear un ambiente relajado, y generar a través de una pieza de música un estado emocional concreto. Por ejemplo, para crear un estado de ánimo positivo o alegre puedes escuchar la banda sonora de la película *Rocky* y para generar un estado de tristeza puede escuchar una sinfonía de Bach o alguna de las magníficas canciones tristes de Serrat, a continuación escriba algún poema o relato corto. Le sorprenderá cómo su "emoción poética" emana y se transforma en pasajes tan contrarios y ambivalentes, influenciados por el estado emocional que invade su mente.

Empatía: entendiendo los sentimientos de los demás

Es una habilidad muy ligada a la autoconciencia y a la conciencia emocional interpersonal. Si nuestro propósito reside en saber comprender los sentimientos de los demás –grupo de amigos o familiares– debemos empezar por aprender a comprendernos a nosotros mismos: cuáles son nuestras necesidades y deseos, qué cosas, personas o situaciones nos causan determinados sentimientos, qué pensamientos generan tales emociones, cómo nos afectan y qué consecuencias y reacciones nos provocan. Cuanto mejor reconozcamos e identifiquemos nuestros propios sentimientos muchas más facilidades tendremos para conectar con los del prójimo. Empatizar consiste "simplemente" en ponernos emocionalmente en el lugar del otro y ser conscientes de sus sentimientos, sus causas y sus implicaciones personales. Ahora bien, en el caso de que la persona que atiende nunca haya sentido el sentimiento expresado por el amigo le resultará tremendamente difícil tratar de comprender por lo que está pasando. Aquel que nunca ha vivido una ruptura de pareja, en ningún momento fue alabado y reforzado por sus padres por un trabajo bien hecho o nunca ha sufrido la pérdida de un ser querido tendrá que realizar un mayor esfuerzo mental y emocional para comprender la situación, aun a riesgo de no llegar a entenderla finalmente, imaginarse el estado afectivo generado por la otra persona. Paralelamente a la existencia de otros factores personales y ambientales, el nivel de inteligencia emocional de una persona está claramente relacionado con el bagaje y las experiencias emocionales que nos ocurren a lo largo del ciclo vital. En la medida en que la gama emocional de la que hayamos disfrutado en nuestra vida sea más amplia, de más ventajas disfrutaremos para poder meternos en la piel

EJERCICIO 4. EMPATÍA

Ahora presentamos un ejercicio que puede realizar tanto con sus hijos como consigo mismo. Sólo necesita de la ayuda de otra persona que colabore con usted en la realización.

1. Pida a un familiar o a un amigo cercano que le cuente alguna experiencia vivida recientemente pero de forma objetiva, describiendo los hechos y no los sentimientos provocados (por ejemplo, «La semana pasada vinieron mis abuelos de Suiza. Llevaba dos años sin verlos y me trajeron algunos regalos...»).
2. Una vez finalizado el relato trate de adivinar los estados afectivos que su amigo o familiar sintió en cada una de los acontecimientos que sucedieron (por ejemplo, «Me imagino que sentirías sorpresa, alegría, euforia...»).
3. Pida a su familiar o amigo que le confirme si ha acertado sus sentimientos (por ejemplo, «La verdad es que me sentí sorprendido cuando abrí la puerta y encontré a mis abuelos»).
4. En caso negativo, solicítele una explicación de cuáles fueron las causas de sus emociones y las relaciones con la situación concreta (por ejemplo, «¿Por qué te sentiste desilusionado cuando abriste el regalo?»).
5. Para clarificar lo que siente su amigo y sus explicaciones utilice el "parafraseo" de forma que se asegure de que lo entiende (por ejemplo, «Entonces, te sentiste desilusionado porque ellos no trajeron el regalo que te prometieron...»).

de los demás. Frases como «Puedo entender porque estás tan enfadado» o «Comprendo perfectamente tu reacción cuando viste cómo se abrazaban» serían más usuales de escuchar entre personas que vivencian y aceptan sus emociones y no tratan de reprimirlas. Desarrollar una plena destreza empática en los niños implica enseñarles que no todos sentimos lo mismo en situaciones semejantes y ante la mismas personas, que la individualidad orienta nuestra vidas y que cada persona siente distintas necesidades, miedos, deseos y odios. Infundir estas ideas es la base para el respeto y la comprensión de la diversidad de sentimientos ajenos. Sin ir más lejos, en las relaciones familiares nos topamos con múltiples situaciones donde la relación padre-hijo se convierte en una batalla campal basada en la incomprensión, la falta de comunicación y de conciencia de los intereses de unos y otros. Por ejemplo, una situación común es aquella en la que un padre, tras un día duro y estresante de trabajo, no deja salir a su hijo con los amigos simplemente alegando esa expresión tan usual y fruto de una autoridad irracional: «Porque no me da la gana y punto», sin una argumentación reflexiva de los motivos. Como consecuencia, tras ese conflicto el hijo deja de hacer los deberes y tareas encomendadas a modo de venganza encubierta y no expresada por el castigo impuesto. En este caso, existe una falta de comprensión y comunicación mutua de los deseos o intereses de ambos. El padre no ha sabido o querido comprender los deseos del hijo debido a su estrés y cansancio y el hijo no se percató del cansancio del padre y no supo esperar el momento en que el padre estuviera de mejor humor.

Regulación o control emocional en situaciones problemáticas: el dominio de la fuerza interna

Una de las habilidades más complicadas de desplegar y dominar con maestría en el reino de la inteligencia emocional es la regulación de nuestros estados emocionales. Consiste en la habilidad para moderar o manejar nuestra propia reacción emocional ante situaciones intensas, ya sean positivas o negativas. Habitualmente la regulación emocional se ha considerado como la capacidad para evitar respuestas emocionalmente descontroladas en situaciones de ira, provocación o miedo. Tal definición es comúnmente considerada correcta pero resulta incompleta. Las investigaciones están ampliando el campo de la autorregulación a las emociones positivas. Una línea divisoria invisible y muy frágil demarca los límites entre sentir una emoción y dejarse llevar por ella. Es decir, regular las emociones, como ya hemos comentado al principio del capítulo, implica algo más que simplemente alcanzar satisfacción con los sentimientos positivos y tratar de evitar o esconder nuestros afectos más nocivos. La regulación supone un paso más allá, consiste en percibir, sentir y vivenciar nuestro estado afectivo, sin ser abrumado o avasallado por él, de forma que no llegue a nublar nuestra forma de razonar. Posteriormente, debemos decidir de manera prudente y consciente, cómo queremos hacer uso de tal información, de acuerdo a nuestras normas sociales y culturales, para alcanzar un pensamiento claro y eficaz y no basado en el arrebato y la irracionalidad. Un experto emocional elige bien los pensamientos a los que va a prestar atención con objeto de no dejarse llevar visceralmente, e incluso aprende a generar pensamientos alternativos adaptativos para controlar posibles alteraciones emocionales. Del mismo modo, una regulación efectiva contempla la capacidad para tolerar la frustración y sentirse tranquilo y relajado ante metas que se plantean como muy lejanas o inalcanzables. Tampoco se puede pasar por alto la importancia de la destreza regulativa a la hora de poner en práctica nuestra capacidad para automotivarnos. En este sentido, el proceso autorregulativo forma parte de la habilidad inherente para valorar nuestras prioridades, dirigir nuestra energía hacia la consecución de un objetivo, afrontando positivamente los obstáculos encontrados en el camino, a través de un estado de búsqueda, constancia y entusiasmo hacia nuestro objetivo. Todo ello estimulado por comentarios o pensamientos alentadores y reforzantes de nuestra acción. De modo manifiesto, durante el periodo de la adolescencia, la tolerancia a la frustración y los procesos de regulación moldean y marca la trayectoria vital del adolescente en los años posteriores. Comparemos para ejemplificar la idea las habilidades regulativas de dos alumnos, por un lado, tenemos un adolescente con baja inteligencia emocional intrapersonal, que no le encuentra sentido a estudiar, se desespera en clase y prefiere empezar a trabajar en cualquier cosa, sin llegar a acabar sus estudios, antes que seguir "perdiendo el tiempo" en el instituto. Por otra parte, tenemos el adolescente que, gracias al apoyo de sus padres, los consejos de sus profesores y su propia capacidad constante de regulación emocional es consciente de la importancia de estudiar sacrificadamente durante varios años para, en un futuro no muy lejano, recibir el reconocimiento familiar, disponer de un mejor salario y un trabajo de mayor prestigio. Aparecen multitud de situaciones en el colegio o en casa donde podemos trabajar la capacidad de manejo o regulación emocional de nuestros hijos o alumnos (por ejemplo, nerviosismo ante un examen, miedo anticipatorio ante una operación, frustración por un suspenso, celos producidos ante el nacimiento de un nuevo hermano, etc.). A continuación planteamos un ejercicio de entrenamiento en regulación emocional, aplicable en el contexto tanto familiar como escolar.

Sobre todo no debemos olvidar que nuestros estados emocionales son generados por un estilo atribucional o de pensamiento concreto, pero que en el caso de los adolescentes y niños, debido a que todavía se encuentran en plena fase de desarrollo emocional y cognitivo, es más difícil de descifrar y expresar con palabras. El modo más rápido de cambiar nuestro estado de ánimo ante cualquier suceso es cambiar nuestra manera de pensar hacia el problema. Lo que ocurre es que en la mayoría de los casos, casi automáticamente buscamos la explicación más irracional y exagerada que justifique y alimente nuestro malestar, tristeza o enfado general. Por ejemplo, si un hijo nos comenta tras llegar del colegio que ha suspendido dos de las seis asig-

---

EJERCICIO 5. REGULACIÓN EMOCIONAL

Se trata de un ejercicio realizable tanto en casa como en el colegio.

1. Consiste en crear una situación problemática y algo estresante que provoque en el adolescente un cierta sensación de desbordamiento (por ejemplo, exponer un tema en público para el siguiente día; pedirle que haga una serie de tareas si quiere salir a jugar o decirle que su mejor amigo ha llamado diciendo que no irá con él de acampada ese fin de semana).
2. Dejar que el adolescente exprese los sentimientos generados por esa situación como furia, preocupación, ansiedad, tristeza.
3. Intente indagar y hacerle descubrir qué pensamientos subyacen a su reacción emocional de furia o preocupación y valorar si realmente es inteligente su reacción (por ejemplo, si tiene que dar una charla puede sentir preocupación ante la posibilidad de quedar en ridículo, o puede sentir enfado porque su amigo no quiere ir de acampada con él. Sus emociones serían bien distintas si pensara que una charla es un reto para demostrar su valía a los compañeros de clase y al profesor; o que su amigo no irá de acampada porque se ha roto una pierna).
4. Una vez vivenciada la emoción, consigue identificar y simplificar el problema (por ejemplo, «Necesito preparar una buena exposición para mañana o tengo que arreglármelas para terminar mis obligaciones si quiero salir con mis amigos hoy»; «Buscaré a otro amigo que venga de acampada conmigo»).
5. Buscar soluciones posibles para resolver el problema descrito (por ejemplo, «Voy a buscar información, a prepararme un guión y a estudiar la charla esta noche»; «Ordenaré mi cuarto, guardaré mis juguetes y terminaré los deberes de matemáticas e inglés para poder salir»; «Llamaré a Pedro para invitarle a la acampada»).

---

naturas del trimestre, nuestra primera tendencia como adultos es pensar que es un vago, que no le dedica el tiempo suficiente al estudio y que está todo el tiempo jugando con los amigos sin atender en clase. Sin embargo, obviamos y apenas nos paramos a pensar la existencia de otras causas para ese bajo rendimiento, como por ejemplo que el adolescente se encuentre bajo de ánimo y apenas se concentre por la ruptura hace unas semana con la no-via, esté estresado y sea incapaz de mantener el ritmo en todas las tareas que los padres le obligan a hacer, que necesite apoyo suplementario en algunas asignaturas, que se encuentre desmotivado, que esté nervioso y desconcentrado debido a las peleas en casa y la posibilidad de que se divorcien sus padres, etc. (¡Cuidado!, también es posible que su hijo le esté desobedeciendo y no le dedique al estudio todo el tiempo y el esfuerzo que debería.) La regulación emocional es valedera para tranquilizarnos mientras comprobamos la exactitud de nuestras hipótesis mentales, pero sólo posteriormente a través del diálogo y la comunicación con nuestro hijo sabremos si nuestros pensamientos eran ciertos o si, en cambio, es conveniente dialogar con el hijo y crear entre los dos un plan de trabajo diario.

Resolver los conflictos interpersonales y ser socialmente competente

Hasta ahora el conjunto de habilidades de inteligencia emocional descritas demuestra su eficacia de acción en el momento en que ponemos en marcha estrategias dirigidas a conseguir y mantener vínculos sociales con los demás. Desde siempre, el hombre como animal social ha buscado la compañía, la ayuda y la cooperación con los demás para asegurar la supervivencia. Esas costumbres se mantienen sustancialmente invariables en la actualidad, si bien la investigación, e incluso, nuestra vida diaria nos hace ver diferencias individuales (emocionales y de personalidad) con respecto al grado de éxito de las personas para integrarse y formar parte del grupo. A la hora de rodearnos de un grupo social y de amigos, además de ser conocedor de nuestras emociones y las de los demás y hacer un uso adecuado de nuestra capacidad de autocontrol, debemos conocer realmente las peculiaridades de las personas integrantes del grupo. Para saber cómo funciona un grupo resulta necesario crear e internalizar una representación mental del grupo, cómo son los componentes individualmente y sus vínculos de unión en el ámbito emocional. Este modelo mental facilitará saber y permitirá prever las motivaciones grupales, la forma de proceder de los distintos miembros, las dinámicas comunes, los deseos y preocupaciones de los demás y forjar más fácilmente tus propias señas de identidad y las del grupo junto con el resto de integrantes. Tal proceso de comprensión y formación del grupo o, en el caso de relaciones entre dos, de un nuevo vínculo de amistad, requiere poseer una serie de aptitudes emocionales y de socialización, que van más allá del simple hecho de ser extravertido.

Las relaciones interpersonales comportan un universo de intrincada complejidad en el que debemos conocer, si nuestra intención es mantenerlo, las necesidades personales y explorar con inteligencia y agilidad por sus recovecos en busca de una solución airada a cada callejón sin salida que, de otra manera, avocaría al deterioro de la relación. En la mayoría de ocasiones somos testigos en nuestra cotidianidad de las diversas combinaciones y variadas proporciones de bagaje socioemocional presente en los individuos más cercanos a nuestro contexto. Ahora bien, cierta combinación de habilidades interpersonales (emocionales y sociales) permite con más facilidad alcanzar unos vínculos de amistad y socialización entre los demás, otras logran configurarnos una imagen social positiva y otra conjunción nos convierte en hábiles disipadores de enfrentamientos y pugnas entre compañeros. Veamos el siguiente ejemplo:

> Juan es un niño de sexto de primaria que llega por primera vez al Colegio proveniente de otra ciudad. Los demás compañeros llevan juntos desde principios de primaria y ven al "nuevo" con sorpresa, inquietud e incertidumbre. Juan es un niño alegre, simpático y extravertido, y en menos de una semana se ha integrado perfectamente en el grupo y es valorado positivamente como un compañero divertido y "guay", incluso mucho mejor que otros alumnos que, como Sergio, es un niño que habla menos en clase, es más reservado y carece de menos iniciativa en el momento de proponer juegos en clase. No obstante, a pesar de pasar desapercibido, algunos compañeros que llevan años con Sergio lo ven como un amigo fiel y de confianza, y que no duda en auxiliar a sus amigos, escucharlos y prestarles su ayuda si la necesitan.

Este relato muestra un conjunto de habilidades emocionales y sociales distintas en función de cada niño que plasma la forma tan heterogénea de ser de las personas. El primer caso, Juan, es un niño extravertido, comunicativo y que no tiene ningún problema para llevarse bien con los demás y posee las habilidades básicas de interacción social necesarias para conseguir una reacción positiva y de compañerismo por parte de sus amigos. Pero ¿es ése el tipo de amigos que sólo queremos para salir o pasar un rato ameno y entretenido? Las competencias descritas de Juan reflejan algunas de las habilidades sociales y conversacionales que podemos encontrar en cualquier programa de mejora en habilidades sociales y de interacción, éstas se caracterizan por instruir en el inicio, mantenimiento y terminación de conversación, saludar con cortesía, mostrar amabilidad, etc. Y aunque, para muchos parezca suficiente, y consideremos que la pericia para hablar sin reservas, la capacidad para ser extravertido, el tener suficiente habilidad para mantener una conversación y temas sobre los que hablar son fundamentos básicos en la socialización del niño, resulta de igual o mayor importancia, en el manejo de las relaciones interpersonales, la capacidad para regular emocionalmente a los demás y solucionar los conflictos interpersonales. Si bien pueden presentarse juntas, se dan casos en los que las habilidades sociales y las de manejo de las emociones ajenas aparecen de forma independiente. A este respecto, seguramente el lector y muchos de nosotros habremos tenido la experiencia o conoceremos a esa persona que, a la menor posibilidad que se le presenta en una reunión, una boda o cualquier evento social, trata de sobresalir y ser la protagonista de la fiesta, apenas deja hablar a los demás y busca la atención de los otros narrando relatos y haciendo comentarios que, para el resto del grupo, carecen de ningún interés o gracia. Es más, estos individuos llegan a absorber tanta atención y energía de las personas cercanas que pronto acaban con su paciencia y rehuyen su compañía con cualquier excusa sutil. Estas personas, a pesar de ser extravertidas, lanzadas, sin miedo a exponerse en público y sin problemas para hacer nuevos amigos, carecen de ciertas destrezas emocionales básicas, quizás no tan necesarias para conocer y hacer nuevas amistades, pero sí imprescindibles para mantenerlas y ser consideradas por ellas como amigos íntimos y verdaderos.

Sergio, por su parte, carece de esa chispa social que encandila a los amigos, quizás pasa más desapercibido y no es el centro de atención, pero goza de una imagen de amigo comprensivo, empático y dispuesto a saber escuchar y posteriormente dar su opinión y su consejo. Se trata de un conjunto de competencias emocionales que integran la esfera de la regulación social de las emociones. Entre tales competencias emocionales se incluye la capacidad para ofrecernos a los demás, saber escuchar con exactitud y conocer el momento para dar nuestra opinión, animar a que los otros nos expresen sus preocupaciones a través de la confianza y el apoyo, ser honesto con ellos aunque eso pueda herir sus sentimientos, utilizar la crítica constructiva, llegar a acuerdos o consensos, defender con decisión nuestras propias ideas y opiniones respetando en todo momento las del resto del grupo, cooperar en las metas grupales y, por supuesto, plantear soluciones a los conflictos sin que ninguna de la partes se sienta perjudicada. En la dura labor dirigida al mantenimiento de los lazos de amistad, su ampliación cuantitativa y la mejora cualitativa de las relaciones alcanza suma relevancia el saber manejar y resolver los conflictos interpersonales de cada día; por tanto, los padres debemos enseñar a nuestros hijos a saber identificar los conflictos y sus causas, plantear propuestas adecuadas para la solución y dotarlos de habilidades de mediación y negociación, con el fin de conseguir un buen entendimiento entre ellos y el grupo de amigos o familia. Los ejercicios de mejora en la resolución de conflictos emocionales pasan por la utilización del *role-playing* mediante incidentes simulados o el recordatorio de eventos previos no solucionados de modo apropiado, en los cuales podemos educar, mediante autoinstrucciones y *feedback*, en la pauta de acción correcta a realizar en futuras ocasiones. Ahora bien, seamos realistas y sinceros con nuestros hijos y expliquémosles las limitaciones de toda disputa interpersonal: si para discutir y pelear hacen falta dos personas, para solucionar un conflicto también; no podemos llegar a un acuerdo si la otra persona no quiere ceder ni, en el peor de los casos, escucharnos.

EJERCICIO 6. RESOLUCIÓN DE CONFLICTOS INTERPERSONALES

El objetivo de este ejercicio es formar y mejorar las competencias de regulación del niño en conflictos interpersonales.

1. El adulto puede tratar de hacerle recordar al niño algún acontecimiento en el que halla tenido algún incidente con otros compañeros en clase, con el profesor, amigos o hermanos.
2. Comentar la situación, sus reacciones y las de la(s) otra persona(s) durante el conflicto.
3. Proponer un manejo emocional de la situación más adaptativo, dando detalles del comportamiento más apropiado en función de las reacciones de los demás.
4. Realizar un *role-playing*; es decir, interpretar la situación pasada, pero utilizando la forma correcta de afrontar el problema.
5. Tras el ensayo, corregir los posibles fallos, pérdidas de control emocional y reforzar las conductas correctas.
6. Intentar crear otro tipo de situaciones emocionales, con otras personas y ambientes (generalización).

El lector apreciará que estas habilidades emocionales se encuentran interrelacionadas con las habilidades sociales básicas y de interacción, pero la diferencia radica en el énfasis en la comprensión emocional interpersonal o grupal y en el manejo o entendimiento de las emociones, apartándonos, de los formalismos y pautas sociales establecidas. ¿Qué habilidades nos gustaría poseer y ejercer en nuestras relaciones? Probablemente las dos, y un buen equilibrio de ambas es lo que caracteriza a los líderes de las organizaciones o a los ejecutivos y directivos que alcanzan con rapidez altos cargos en las empresas. Sin embargo, lamentablemente pocos se encuentran en el selecto grupo de triunfadores socioemocionales poseedores de tal sincronía en ambos polos. A nuestro favor, y sobre todo con intención de mejorar el espectro socioemocional de nuestros hijos, está el hecho de que se les puede entrenar en las prácticas socioemocionales, las cuales pueden consolidarse en ellos si se les instruye desde edades tempranas. Estas competencias regulativas desarrolladas desde la infancia nos ayudan a desenvolvernos mejor en la familia, el contexto educativo o el grupo de amigos, y ya a edades más adultas, nos permite interaccionar apropiadamente con nuestros compañeros de trabajo, lograr vínculos emocionales valiosos con nuestra pareja e hijos, considerarnos miembros queridos del grupo y sentirnos parte de él. Las amistades significativas, el buen ambiente en el trabajo y las relaciones de pareja duraderas son el mayor tesoro que obtienen los maestros en el arte de la regulación emocional y la resolución de conflictos, lo cual desemboca en una mayor integración social y satisfacción personal.

Conclusión

Este capítulo como se advertía al principio no es una zapatería, ni un recetario ni viene acompañado de una varita mágica que nos permita modificar las emociones de nuestros *locos bajitos* de forma automática. El propósito de este capítulo ha sido sensibilizar a los padres y a los educadores sobre la importancia de la educación explícita de las emociones y de los beneficios personales y sociales que conlleva.

Hasta hace relativamente poco tiempo cuando se revisaba la bibliografía sobre cómo deben educar los padres y los profesores a los niños, se enfatizaba el aprendizaje y la enseñanza de modelos de conductas correctas y pautas de acción deseables en una relación padre/hijo. Escasa mención se hacía a los sentimientos y emociones generados por uno y otro. Es decir, la tendencia arraigada era la de manejar y, hasta cierto punto controlar, el comportamiento de nuestros hijos sin atender a las emociones subyacentes a tales conductas. Nuestra postura es algo distinta, tratemos a partir de ahora de comprender y crear en nuestros adolescentes una forma inteligente de sentir, sin olvidar cultivar los sentimientos de padres y educadores y, tras ello, el comportamiento y las relaciones familiares y escolares irán tornándose más civilizadas y humanas.

Por otra parte, este capítulo y sus ejercicios prácticos convergen en una cuestión educativa básica. La enseñanza de respuestas emocionales inteligentes depende de forma prioritaria de la práctica, el entrenamiento y su perfeccionamiento, y no tanto de la instrucción verbal. Con esto avisamos de que ante una reacción emocional desadaptativa de nada sirve reprender, el sermón o la amenaza verbal de que no lo vuelvan a hacer. Lo esencial es ejercitar y practicar las capacidades emocionales desglosadas en el capítulo y convertirlas en una respuesta adaptativa más del repertorio emocional del niño. De esta forma, técnicas como el modelado y el *role-playing* emocional se convierten en herramientas básicas de aprendizaje a través de las cuales padres y educadores, en cuanto seres emocionales desarrollados, materializan su influencia educativa, modelan las relaciones socioafectivas y encauzan el desarrollo emocional del hijo/alumno.

En consonancia con lo expuesto, la escuela tendrá en el siglo XXI la responsabilidad de educar las emociones de nuestros hijos tanto o más que la propia familia. La inteligencia emocional no es sólo una cualidad individual. Las organizaciones y los grupos poseen su propio clima emocional, determinado en gran parte por la habilidad en la inteligencia emocional de sus líderes. En el contexto escolar, los educadores son los principales líderes emocionales de sus alumnos. La capacidad del profesor para captar, comprender y regular las emociones de sus alumnos es el mejor índice del equilibrio emocional de su clase.

El profesor ideal para este nuevo siglo tendrá que ser capaz de enseñar la aritmética del corazón y la gramática de las relaciones sociales. Si la escuela y la administración asumen este reto, la convivencia en este milenio puede ser más fácil para todos y nuestro corazón no sufrirá más de lo necesario.

Notas

1. El libro de R. Sternberg (1997), *La inteligencia exitosa*. Barcelona: Paidós, desarrolla muy acertadamente esta idea.
2. Los detalles de la teoría sobre la inteligencia emocional se han expuesto con diversos ejemplos en el capítulo 1.

Bibliografía

Bar-On y Parker (2001), *The handbook of emotional intelligence. Theory, developmental, and application at home, school, and in the workplace.* San Francisco: Jossey-Bass.

Ciarrochi, J. Forgas, J. y Mayer, J. (2001), *Emotional intelligence in everyday life: A scientific inquiry.* Nueva York. Psychology Press.

M. Elias, S. Tobias, B. Friedlander (1999), *Educar con inteligencia emocional.* Barcelona: Plaza y Janés.

D. Goleman (1996), *Inteligencia emocional.* Barcelona: Kairós.

J. Gottman y J. DeClaire (1997), *Los mejores padres.* Madrid: Javier Vergara.

M. Güell y J. Muñoz (1999), *Desconócete a ti mismo. Programa de alfabetización emocional*. Barcelona: Paidós.

Salovey y D. Sluyter (1997), *Emotional development and emotional intelligence: Implications for Educators*. Nueva York: Basic Books.

L.E. Shapiro (1997), *La inteligencia emocional en niños*. Madrid: Javier Vergara.

R. Sternberg (1997), *La inteligencia exitosa*. Barcelona: Paidós.

A. Vallés y C. Vallés (1999), *Desarrollando la inteligencia emocional* I, II, III, IV, V. Madrid: Editorial EOS

A. Vallés y C. Vallés (2000), *Inteligencia emocional: Aplicaciones educativas*. Madrid: Editorial EOS.

19. LA EDUCACIÓN DE LAS EMOCIONES A TRAVÉS DE LA LECTURA

Josefa Sánchez Doreste
Universidad de Las Palmas de Gran Canaria

En la etapa de educación secundaria obligatoria, figura entre los objetivos generales de la enseñanza de la lengua y literatura el contribuir a desarrollar en los alumnos la capacidad de valorar la lectura, de reconocerla como fuente de enriquecimiento cultural y de placer personal. Una de las estrategias más utilizadas por los docentes consiste en potenciar la lectura en solitario. Pero el alumno, para ser evaluado de forma positiva, debe realizar un resumen y responder a un cuestionario sobre lo leído, actividades que no suponen un grado de implicación interna, por lo que no responden a la finalidad prevista. Es más, he podido comprobar que muchos jóvenes rechazan la lectura no por el hecho en sí, sino porque se resisten a realizar los ejercicios escritos que se derivan de ella.

Desde los inicios de mi actividad docente, en los primeros días de clase, paso una encuesta a mis alumnos cuyos resultados ya no me sorprenden, pues se vienen repitiendo año tras año: es rara la familia de cinco miembros con más de dos lectores asiduos; no es frecuente que ambos progenitores lean; el periódico es un elemento desconocido en muchos hogares; se prefieren las revistas del corazón, y muy pocos poseen una pequeña biblioteca con obras de valor literario. Aseguran que la televisión es el mejor invento del siglo, pasan ante su pantalla un número tal de horas que evito señalar y prefiero pasar por alto la relación de programas preferidos.

Estamos ante un hecho preocupante. Son tantos los estímulos que llegan a nuestros adolescentes desde el exterior, a través de imágenes y de sonidos, que, difícilmente, podremos acercarlos a la lectura. Me llama poderosamente la atención comprobar cómo llenan nuestros jóvenes esos momentos vacíos de sus días. ¿Quién no los ve, de forma continua, por la calle, por los pasillos del instituto, incluso durante los recreos, oyendo música con sus *walkman*? ¡Lo que daríamos por ver al menos a uno de ellos con un libro entre las manos!

Resulta bastante difícil hacer comprender a los jóvenes la importancia que tiene la lectura, no sólo para la estructuración del pensamiento y el desarrollo armónico de la personalidad, sino como una forma de llenar la vida. Las jubilaciones anticipadas y el aumento de la longevidad, entre otras cosas, están logrando que nuestro tiempo libre sea cada vez mayor. Pero un exceso de tiempo libre carente de contenido podría llegar a convertirse en un callejón sin salida, en una fuente de frustración personal, por lo que se hace necesario aprender a llenarlo de forma inteligente.

Nos preocupamos, digo frecuentemente a mis alumnos, por mantener ágil nuestro cuerpo haciendo deporte, y eso está muy bien, pero ¿y la mente?, ¿qué hacemos para conservarla?, porque dependiendo del uso y trato que le demos así nos durará. Pero no creo que estas reflexiones sirvan de mucho, pues ellos viven en otra "onda" a la que, sin duda, tendremos que acceder nosotros.

La lectura no puede convertirse en una imposición externa. Son numerosos los adultos que han llegado a rechazarla porque, precisamente, se acercaron a ella por obligación. Si queremos aumentar el número de lectores, tendremos que conseguir que esta actividad llegue a convertirse en una elección libre a la vez que gratificante. Teniendo en cuenta que el principal objetivo del ser humano es conseguir la felicidad, sentirse bien, vivir el mayor número posible de situaciones óptimas, nuestro reto deberá consistir en lograr que la lectura sea una actividad de disfrute. Pero ¿cómo hacerlo realidad?

Mihaly Csikszentmihalyi, en su obra *Fluir*, nos habla de un estado, que él denomina "flujo", en el que la persona se absorbe y centra su atención de tal manera en lo que está haciendo que se olvida de sí misma y del mundo que le rodea. El rendimiento que obtiene en ese estado óptimo es tal que, cuando vuelve a su estado habitual, es decir, a tomar conciencia de sí mismo y del mundo exterior y observa que ha obtenido unos resultados muy superiores a los habituales en la tarea que estaba realizando, se siente íntimamente satisfecha y orgullosa de sus logros, hasta tal punto que se desarrolla en ella la imperiosa necesidad de volver, cada vez con mayor frecuencia, a ese estado. Buscar estrategias que desarrollen en nuestros alumnos la capacidad de entrar en estados de "flujo", por medio de un buen libro, podría ser la solución al eterno problema del rechazo de la lectura.

El "flujo" es un estado interno que significa que el niño está comprometido en una tarea adecuada. Todo lo que tiene que hacer es encontrar algo que le guste y perseverar en ello. Cuando los alumnos se aburren en clase y se sienten desbordados por sus deberes, es cuando aumentan los niveles de indisciplina. Uno aprende mejor cuando encuentra algo que le gusta y disfruta comprometiéndose en ello. Y es en la búsqueda de ese "algo" donde tenemos que entrar nosotros.

Al buen lector hay que formarlo. Son muy pocas las personas que acceden a los libros de forma voluntaria prácticamente desde la cuna, como otras nacen con una predisposición especial hacia la música o hacia cualquier otra manifestación del arte. Nuestros jóvenes, en su inmensa mayoría, nacen sin ese talento particular, pero sí con una cierta capacidad artística. Corresponde a los docentes, en este caso a nosotros, ciñéndonos a la lectura, desarrollar esa habilidad, proporcionarles vías que les lleven a descubrir que ese "algo" que puede hacerles la vida más agradable puede ser buen libro.

Leer es algo más que pasear la vista sobre unas letras e interpretar de forma mecánica su significado. Leer es participar, es entrar en el mundo del emisor a través de su mensaje, supone adquirir nuevos aprendizajes, conseguir información sobre algo determinado. Leer es gozar. Podemos acercarnos a un libro simplemente porque lo necesitamos, porque queremos sentirnos bien, o porque lo que expresa el autor despierta en nosotros unos sentimientos y emociones que nos subliman, que nos ayudan a enriquecer nuestra personalidad.

Hay empatía entre un buen lector y un buen escritor. No existen límites de tiempo ni de espacio, porque les une algo que es eterno, un mundo de emociones. Podemos sentir empatía por Cervantes, por García Lorca o por cualquier autor que conecte con nuestro mundo interior, de ahí que todos tengamos nuestras preferencias en el mundo literario. Pero ¿cómo despertar esta sensación en nuestros alumnos? ¿Cómo facilitarles la entrada en ese estado de "flujo"?

Mihaly Csikszentmihalyi no ha inventado nada nuevo. Aristóteles, Kant, Descartes y una larga serie de filósofos e investigadores posteriores sostienen esta misma teoría, aunque haciendo uso de terminologías diferentes. Si la literatura es en gran medida emoción, ¿por qué no acercar a nuestros jóvenes a la lectura a través de sus propias emociones? ¿Por qué no utilizarlas para desarrollar en los más jóvenes el hábito de la lectura? ¿Cómo lograr que una tarea de clase se convierta en una fuente de disfrute y enriquecimiento personal? Y ¿qué finalidad persigue esta tarea?

Gardner, en su obra *Inteligencias múltiples*, presenta, defiende y confirma la existencia de, al menos, siete tipos de inteligencia. Añade que cada individuo posee, en embrión, tres o cuatro de ellas. Corresponde a la educación, añade el autor, desarrollar este potencial genético. Y yo señalo: es aquí donde entramos nosotros.

De las siete inteligencias presentadas por Gardner, a los docentes nos preocupan las centradas en el campo cognitivo. Vivimos obsesionados por desarrollar la capacidad intelectual de nuestros alumnos. Nos preocupa que éstos asimilen un sinfín de contenidos teóricos, y desatendemos, o postergamos, el dominio de otra serie de habilidades pertenecientes a su mundo emocional. Pasamos por alto el desarrollo de la inteligencia intrapersonal y de la inteligencia interpersonal, ambas presentes en la obra de Gardner. Olvidamos que de la adquisición de una serie de habilidades dependerá el éxito en la vida de esos jóvenes que, año tras año, van pasando por nuestras manos.

Pero las aportaciones de Gardner no son un hecho aislado. En 1990, Mayer y Salovey señalan como requisito indispensable para el éxito social, la capacidad de saber controlar las propias emociones, de saber guiar de forma inteligente nuestros comportamientos. En esta misma línea, seis años más tarde, Sternberg, en su libro *Inteligencia exitosa,* también señala la necesidad de ampliar los márgenes del concepto inteligencia, incluyendo una serie de habilidades de tipo práctico. En esta misma fecha, Goleman, con su *best-seller Inteligencia emocional,* extiende el término a una serie de habilidades que abarcan desde el propio conocimiento y la capacidad de motivarse a sí mismo, a la habilidad de empatizar y confiar en los demás. Apenas dos años más tarde, accede a nuestras librerías su *Práctica de la inteligencia emocional.*

Ante todo lo expuesto, los docentes no podemos seguir insistiendo en el desarrollo del cociente intelectual en detrimento de la inteligencia emocional. La educación para el siglo XXI señala como principal objetivo la educación integral, el desarrollo armónico de la personalidad. Se hace necesario dar un nuevo enfoque al acto de educar. Y es en esta línea en la que desarrollo mi trabajo.

El curso pasado decidí llevar a cabo con un grupo de alumnos de cuarto de ESO una experiencia que consistió en la puesta en práctica de todas las reflexiones que llevo expuestas hasta ahora. Entré en contacto con ellos a través de la asignatura propia de mi especialidad: lengua y literatura españolas. Por supuesto, les dije, la mejor técnica para dominar nuestra lengua es observar el uso que hacen de ella nuestros mejores escritores e intentar aprender de ellos. Así que, de entrada, rechacé cualquier tipo de manual. Esta idea les encantó pues todos sabemos por experiencia el rechazo que los alumnos sienten hacia los libros de texto.

«Veréis –les dije– comparo el "saber leer" con un día de playa. Una señora, muy bien peinada y maquillada, decide tomar un baño en el mar, pero le preocupa mucho no deteriorar su imagen, por lo que bracea con cuidado dejando la cabeza fuera del agua. Un poco más lejos, otra señora la observa, se anima y, sin más, se lanza de cabeza, se sumerge, bucea una y otra vez de forma incansable. En vuestra opinión, ¿cuál de las dos disfruta más?». Todos me respondieron sin titubear: «La segunda.» «Pues bien –continué– ante una obra literaria vosotros decidiréis qué tipo de bañista queréis ser. Así que ¡todos a la playa!» Y dicho esto comencé a repartirles unas fotocopias que serían el contenido de un buen número de clases.

La obra que elegí fue *El maleficio de la mariposa* de Federico García Lorca. Para captar el interés de mis alumnos y conseguir que entrasen en ese estado denominado de "flujo" tenía que lograr que se sintiesen bien, que "estuviesen" allí, en lo que estábamos haciendo, que dejasen aparcados a un lado sus problemas, anhelos y ansiedades. Todos sabemos que, a nivel de grupo, ésta es una tarea prácticamente imposible.

El maleficio de la mariposa posee todos los requisitos necesarios para atraer la atención de la totalidad de los alumnos. El hecho de que los protagonistas fuesen animales y de que se tratase de una historia de amor despertó en ellos ese interés que yo iba buscando. El primer paso estaba dado. El segundo fue todavía más fácil. Tenía que implicarlos aún más, tenía que mantener su atención, conseguir que concentrasen toda su energía en lo que estaban haciendo, que alejasen de sus conciencias todo aquello que pudiese distraerles. Trataba de convertir la actividad en una experiencia placentera que despertase en ellos el interés por repetirla.

«¿Quién está enamorado?», fue mi primera pregunta. Por supuesto, todos levantaron la mano, porque ¿quién no lo está a esas edades? «¿Quién es correspondido?», les seguí preguntando. Un buen número de ellos bajó el brazo y empezaron las lamentaciones. «¿Qué hacer cuando no logramos el amor de la persona amada?», fue mi tercera pregunta. Aquí hubo respuestas para todos los gustos. En lo que sí coincidieron fue en que si el desamor duraba mucho había que buscarse otra pareja.

Estábamos en la línea del "conócete a ti mismo" socrático, los alumnos estaban tomando conciencia de sus sentimientos y de su actitud ante los mismos. Habíamos dado un paso gigantesco. La toma de conciencia de las emociones constituye la habilidad emocional fundamental, el cimiento sobre el que se edifican otras habilidades de este tipo, como el autocontrol emocional, por ejemplo.

Yo también me uní al grupo en eso de alzar y bajar el brazo. Era la mejor forma de acercarme a ellos. Cuando un docente logra romper la barrera que le separa de sus alumnos, y consigue que éstos le acepten, puede estar seguro de que a partir de ese momento recibirán de buen grado todo lo que él quiera transmitirles.

En menos de quince minutos había conseguido que la totalidad del grupo entrase en estado de "flujo", la actividad que estábamos realizando fue aceptada como interesante, a la vez que estaba al alcance de todos. Ahora sólo me quedaba encauzarlos hacia el texto. Esta forma de iniciar la lectura, novedosa para ellos, les agradó. El primer día de clase sólo leímos el primer párrafo del prólogo, pero eso sí, varias veces. No teníamos prisa. Leíamos bajo una nueva luz, con un enfoque diferente, poniéndonos en el lugar del "otro".

En los días siguientes los introduje en el mundo del autor, situándolo en el tiempo y en el espacio. Les comenté anécdotas de su vida que pensé podrían interesarles. ¿Qué postura adoptan los poetas ante el desamor? ¿Es que tienen siempre la mala fortuna de enamorarse de un imposible? Así fue como nos adentramos en el tema de los sentimientos. Por asociación de ideas, nos acercamos a Gustavo Adolfo de Bécquer y posteriormente a Garcilaso de la Vega. Del primero leímos varios poemas, me interesaba sobre todo que se centrasen en el tema, en el análisis de las emociones expresadas en cada uno de ellos. «Hay varias clases de amor» –les dije–, así es que tendremos que diferenciarlos.» Centramos nuestra atención en la rima XI de Bécquer:

> *–Yo soy ardiente, yo soy morena,*
> *yo soy el símbolo de la pasión;*
> *de ansia de goces mi alma está llena.*
> *¿A mí me buscas? –No es a ti; no.*
>
> *–Mi frente es pálida; mis trenzas de oro;*
> *puedo brindarte dichas sin fin;*
> *yo de ternura guardo un tesoro;*
> *¿A mí me llamas? –No; no es a ti.*
>
> *–Yo soy un sueño, un imposible,*
> *vano fantasma de niebla y luz;*
> *soy incorpórea, soy intangible;*
> *no puedo amarte. –¡Oh, ven; ven tú!*

La leímos tantas veces, desmenuzamos de tal modo su lenguaje que llegamos a sentirla como nuestra. Llenaron prácticamente toda la pizarra con palabras que hacían referencia de alguna manera a los sentimientos expresados en cada uno de los versos del poema. Así, para la primera estrofa eligieron: arrebato, pasión, deseo, erotismo y sexo. Para la segunda: cariño, afecto, ternura, suspiros y sentimiento. A la última le asignaron: amor platónico, flechazo e ilusión. Una vez identificadas las emociones, había que elegir una forma kinésica para expresarlas. Para el amor pasión eligieron el abrazo apasionado y el beso en la boca; para la ternura, besos y abrazos, pero suaves y tiernos; para el tercer caso, la mirada. «Es intangible. No se puede tocar, sólo sentir», coincidieron. Tomé esta rima de Bécquer como hilo conductor de las que serían nuestras lecturas a lo largo de todo el curso. Los cuatro últimos versos del poema expresaban el mismo sentimiento que en *El maleficio de la mariposa* causó la muerte de Curianito. El amor expresado en cada una de las dos primeras estrofas lo verían ejemplificado en otras dos obras teatrales a las que accederíamos meses más tarde, y de las que hablaré más adelante.

Nos acercamos al soneto V de Garcilaso, prestando especial atención a los dos tercetos que, como broche de oro, dan rienda suelta al sentimiento:

> *Escrito está en mi alma vuestro gesto*
> *y cuanto yo escrebir de vos deseo:*
> *vos sola lo escrebistes, yo lo leo*
> *tan solo, que aun de vos me guardo en esto.*
>
> *En esto estoy y estaré siempre puesto,*
> *que aunque no cabe en mí cuanto en vos veo,*
> *de tanto bien lo que no entiendo creo,*
> *tomando ya la fe por presupuesto.*
>
> *Yo no nací sino para quereros;*
> *mi alma os ha cortado a su medida;*
> *por hábito del alma misma os quiero;*
>
> *cuanto tengo confieso yo deberos;*
> *por vos nací, por vos tengo la vida,*
> *por vos he de morir, y por vos muero.*

Pero ¿qué pasa con los poetas?, volvimos a preguntarnos. ¿Es que se enamoran del amor? Los dos tercetos, además de ser una hermosísima declaración de amor, ¿qué tenían en común con "nuestra" rima de Bécquer? ¿Con cuál de las tres estrofas relacionaremos estos versos? Consideré que, si quería centrarlos en la lectura, tenía que empezar por sensibilizarlos con

La educación

el tema. Así, y casi sin que se diesen cuenta, los fui acercando a la obra elegida. Ya centrados en *El maleficio de la mariposa,* dedicamos varias clases al contenido del prólogo. Siempre atentos al "amor", pusimos especial énfasis en frases como:

> Los insectos estaban contentos, sólo se preocupaban de beber tranquilos las gotas de rocío y de educar a sus hijuelos en el santo temor de sus dioses. Se amaban por costumbre y sin preocupaciones. El amor pasaba de padres a hijos como una joya vieja y exquisita que recibiera el primer insecto de las manos de Dios. Con la misma tranquilidad y la certeza que el polen de las flores se entrega al viento, ellos se gozaban del amor bajo la hierba húmeda» (García Lorca, s.f., pág. 168).

Nos llevó bastante tiempo definir y señalar todas las características de esa clase de "amor". Con esta actividad los alumnos manejaban la información, tomaban determinaciones, posturas, emitían juicios. En una palabra, estaban desarrollando su pensamiento, enriqueciendo su personalidad. Íbamos desgranando el lenguaje utilizado por el autor, comentando cada una de las expresiones utilizadas. Y seguimos leyendo:

> Pero un día... hubo un insecto que quiso ir más allá del amor. Se prendó de una visión de algo que estaba muy lejos de su vida... Quizá leyó con mucha dificultad algún libro de versos que dejó abandonado sobre el musgo un poeta de los pocos que van al campo, y se envenenó con aquello de "yo amo mujer imposible" (García Lorca, ob. cit., pág.168).

Este párrafo, su interpretación, dio mucho de sí. Enlazaba directamente con la última estrofa de "nuestra" rima de Bécquer. Analizamos los dos tipos de "amor" referidos en el texto y establecimos las características, ventajas y consecuencias de cada uno de ellos. Cada miembro de la clase se sintió directamente implicado y asumió la situación como suya. Fue tal el nivel de participación que se desencadenó un amplio y acalorado debate que hizo necesaria la presencia de un moderador. Ahora estábamos ante una nueva actividad: respetar el turno de palabra, aceptar la opinión del otro, saber escuchar, admitir que el mundo de cada uno finaliza donde empieza el de los demás. De los dos tipos de amor, todos eligieron el segundo. Eso de amarse "por costumbre y sin preocupaciones" no les convencía. «No es amor, no hay emoción», repetían. Todos coincidieron en aceptar el sufrimiento como un mal necesario. Si el goce llevaba aparejado el abatimiento, había que aceptarlo. Cualquier cosa menos la monotonía. «Lo importante es la emoción», insistían. Ya estaban en estado de "flujo", y esta vez por medio de la lectura.

La nuestra no fue una lectura impuesta ni forzada. Todo el grupo disfrutaba realmente con la actividad. Eran los propios alumnos quienes tomaban la iniciativa al inicio de cada clase, retomando el tema en el punto justo en que había quedado interrumpido en la jornada anterior. Cuento como anécdota que, con el fin de aprovechar el tiempo al máximo, me sugirieron que no pasase lista al inicio de las clases, como es habitual para controlar la asistencia, que ellos mismos me dirían quién faltaba. La idea me pareció estupenda, a la vez que razonable y, por supuesto, la acepté.

«Imaginemos –dije en una de las clases– que vamos a representar la obra en el teatro. Tendremos que empezar por decorar el escenario. Subrayad todos los elementos del prólogo que nos den aportaciones para ello.» La sorpresa fue enorme al comprobar que apenas habían podido subrayar nada. El siguiente paso fue hacerles caer en la cuenta de que precisamente lo que el prólogo expresaba era todo un mundo de emociones. ¿Cómo hacer llegar al público esas emociones? Ellos mismos llegaron a la respuesta: a través de la música. ¿Qué tipo de música elegir? Ésta tendría que ir acorde con las emociones, sensaciones que produce la lectura. Lo primero fue identificar el tipo de sensaciones que nos producía la lectura del prólogo: ¿alegría, melancolía, tristeza, pena, ira, nostalgia? ¿Qué palabras o expresiones del texto nos llevaban a identificar los sentimientos predominantes? Una vez identificados y definidos éstos, pasamos a elegir la música. Oímos varios fragmentos de piezas y autores clásicos y, finalmente, eligieron *El lago de los cisnes* de Chaikovski. Estábamos inmersos en todo un mundo de emociones, ahora sí que disfrutaban en clase.

A medida que íbamos avanzando en la lectura, centrábamos nuestra atención en el análisis de los sentimientos y en el lenguaje utilizado por el autor para expresarlos; trazábamos los rasgos del carácter de cada uno de los personajes, nos metíamos en la piel de cada uno de ellos. El amor de la Curianita Silvia, el amor del Curianito y el de la Mariposa. El análisis de este cruce de sentimientos nos ocupó varias clases. Desaprobaron el comportamiento de doña Curiana, que sólo se preocupaba del bienestar material de su hijo. No podían comprender que desatendiese los sentimientos de Curianito, que no le importase de quién estaba enamorado, que se empeñase en casarlo sólo por interés y con una joven a la que él no amaba. Las relaciones fraternales fueron el tema de un nuevo, largo y acalorado debate.

Curiosamente, el personaje que más les impactó y con el que se sintieron más identificados fue Alacrancito. Esto nos llevó a nuevas reflexiones. No era posible que un animalito que albergaba los peores sentimientos, que disfrutaba molestando a los demás, fuese el preferido, el que atrajese las simpatías de todo el grupo. Volvimos a leer, a petición de ellos y por segunda vez, la obra. Esta vez centramos toda nuestra atención sobre el malvado bichito. Nuevamente analizábamos sentimientos. Era más importante el nivel de implicación de cada uno de mis alumnos, repito, que la propia lectura del texto. No teníamos ninguna prisa en avanzar, sólo nos preocupaba disfrutar con la actividad que estábamos realizando.

En la lectura de *El maleficio de la mariposa* invertimos veintitrés horas de clase, lo que en la asignatura supuso casi la mitad del primer trimestre del curso, pero los resultados fueron sorprendentes. Al finalizar la obra, los alumnos querían seguir leyendo a García Lorca. He observado que cuando un autor les gusta prefieren dedicar más tiempo a éste y a otras obras suyas antes que abordar la lectura de alguien desconocido para ellos.

Durante algún tiempo, *El maleficio de la mariposa* fue nuestro "libro de texto", el punto de partida para la realización de tareas específicas del área de la lengua. No creo que haya otra obra en nuestra literatura más rica en casos de acentuación, ejemplos de hiatos, pronombres interrogativos y exclamativos, de profusión de adjetivos, ejemplos de sustantivación de verbos, etc. Sirva esto como un inciso, pues no me quiero detener en algo que por sí solo podría convertirse en materia de un nuevo trabajo: la programación de la materia de nuestra especialidad a través de una obra literaria. Vuelvo, pues, a centrarme en la lectura, núcleo de esta reflexión.

Dedicamos el primer trimestre del curso a Federico García Lorca. Seguimos con el poema «La casada infiel», que les cautivó. Nos recreamos en el lenguaje utilizado por el autor para expresar la profundidad de los sentimientos. A la hora de trasladar esta experiencia al papel he dudado entre transcribir el poema completo, de un tirón, o presentarlo fragmentado, con las actividades que realizamos en cada una de las estrofas y la forma en que las agrupamos. Pero la belleza del poema es tal que no quisiera privarles de su lectura y, además, tampoco me siento con valor para mutilarlo:

Y que yo me la llevé al río
creyendo que era mozuela
pero tenía marido.

Fue la noche de Santiago
y casi por compromiso.
Se apagaron los faroles
y se encendieron los grillos.
8 *En las últimas esquinas*

toqué sus pechos dormidos,
y se me abrieron de pronto
como ramos de jacintos.
El almidón de su enagua
me sonaba en el oído,
como una pieza de seda
rasgada por diez cuchillos.
Sin luz de plata en sus copas
los árboles han crecido
y un horizonte de perros
ladra muy lejos del río.
20 *Pasadas las zarzamoras,*
los juncos y los espinos,
bajo su mata de pelo
hice un hoyo sobre el limo.
Yo me quité la corbata.
Ella se quitó el vestido.
Yo el cinturón con revólver.
Ella sus cuatro corpiños.
Ni nardos ni caracolas
tienen el cutis tan fino,
ni los cristales con luna
relumbran con ese brillo.
32 *Sus muslos se me escapaban*
como peces sorprendidos,
la mitad llenos de lumbre,
la mitad llenos de frío.
36 *Aquella noche corrí*
el mejor de los caminos,
montado en potra de nácar
sin bridas y sin estribos.
40 *No quiero decir, por hombre,*
las cosas que ella me dijo.
La luz del entendimiento
me hace ser muy comedido.
44 *Sucia de besos y arena*
yo me la llevé del río.
Con el aire se batían
las espadas y los lirios.
48 *Me porté como quien soy.*

Como un gitano legítimo.
Le regalé un costurero
grande, de raso pajizo,
y no quise enamorarme
porque teniendo marido
me dijo que era mozuela
cuando la llevaba al río.

Lo que se inició "casi por compromiso" dio paso a un sentimiento que llevó al protagonista a rememorar aquella "noche de Santiago". Descubrieron que doce versos, los siete primeros y los cinco últimos, hacían referencia a sentimientos. Percibieron la nostalgia de la expresión «y no quise enamorarme». Era un dar razones para acallar la voz del corazón. Se imponía la razón, lo que llamamos "buen juicio". Y seguíamos haciendo descubrimientos. A partir del octavo verso y hasta el veintitrés, el poeta hace referencia al pasado, y se advierte claramente una emoción que va en aumento a medida que avanza el poema. Ya en el verso veinticuatro, las emociones son compartidas, está presente también el deseo de ella. Identificaron esta emoción con la pasión expresada en la primera estrofa de la que ya considerábamos "nuestra rima" de Bécquer.

El poema los subyugó. El tema del amor, los enamoramientos y las relaciones amorosas les atraía poderosamente. Después de varias lecturas, llegaron a comprender y valorar el poema en toda su profundidad. Memorizaron estrofas enteras. Recuerdo que en el momento de abrir el aula, mientras se sentaban, o cuando nos cruzábamos por algún pasillo, me obsequiaban con versos como «sucia de besos y arena yo me la llevé del río», «sus muslos se me escapaban como peces sorprendidos», «me porté como quien soy» o «montado en potra de nácar sin bridas y sin estribos». Cómplices, sonreíamos. Me satisfacía comprobar que mis alumnos habían aprendido a "bucear" en la literatura, a leer entre líneas, a descubrir el mensaje por sí mismos. Ya eran capaces de reconocer las metáforas, a la vez que apreciar la calidez de los versos. Me gustaría poder detenerme y trasladar al papel las sesiones dedicadas al comentario de este texto. Tarea imposible. Eso sería centrar toda la atención en lo que fue sólo un apartado, muy hermoso, por cierto, dentro de la programación de todo un curso escolar. Quede, pues, como asignatura pendiente para otro día y otro lugar.

Debo señalar que los espacios físicos donde se desarrollaron mis clases fueron el aula-biblioteca y el aula específica de la materia. La primera cuenta con más de quinientas obras literarias de autores españoles de todos los géneros y épocas, y la segunda con todos los adelantos en lo que a medios audiovisuales se refiere. De algunos autores y obras teníamos treinta ejemplares, lo que facilitó la realización de nuestro trabajo.

En las últimas clases del primer trimestre asumimos la lectura individual y silenciosa de García Lorca. Cuando algún alumno encontraba un poema que consideraba interesante, lo advertía a sus compañeros, todos lo buscaban en su libro y juntos lo comentaban. En el desarrollo de esas sesiones mi papel fue el de observadora y orientadora, ocupando siempre un segundo plano.

Pero hay otros dos sentimientos que planean sobre la vida de nuestros jóvenes: el ansia de libertad y la agresividad, ambos explicables en este período que es la adolescencia. Así es que buscamos estos temas en nuevas lecturas. Nos acercamos a la *Canción del pirata* de Espronceda y centramos nuestra atención en aquellas expresiones que exaltaban la libertad. Esto nos llevó a hablar de las actitudes, de las veinte mil formas que utilizan cada uno de ellos para identificarse, para demostrar que son diferentes, poseedores de un "yo" que defender, caiga quien caiga.

Descubrieron, sin dificultad, los versos más provocadores de todo el poema (Espronceda, 1986, pag. 66):

> *Sentenciado estoy a muerte.*
> *Yo me río;*
> *no me abandone la suerte,*
> *y al mismo que me condena,*
> *colgaré de una entena,*
> *quizá en su propio navío.*

Metafóricamente hablando, trasladamos estos versos al momento actual. ¿Qué relación podían tener con nuestra realidad escolar? El forcejeo, ese echar un pulso, ese medir fuerzas con quien ostenta la autoridad, «¿no os resulta familiar?», me aventuré a preguntar. El tema desembocó en los vaqueros rotos de Miguel, que dejaban al descubierto la rodilla izquierda y buena parte de la pantorrilla; en la variedad de colores del pelo de Juanma, amarillo ayer, azul hoy y rojo, tal vez, mañana; en los artilugios que adornan el ombligo de Sonia, la lengua de Raquel y la ceja izquierda de Ariel... «Todos signos externos», acabaron admitiendo. Llegaron a admitir que no tenían claro qué querían demostrar. El tomar conciencia de sí mismo, el descubrir la intencionalidad de cada acto, era un paso más hacia el desarrollo personal. Se iba acortando la distancia entre cada uno de ellos y el "otro", iban descubriendo el sin sentido de la enemistad. Aunque esta vez no se desarrolló un debate, hicieron uso de toda su sinceridad a la hora de expresarse. La lectura de este largo poema de Espronceda que, por problemas de espacio y porque es harto conocido, eludo presentar, nos había llevado nuevamente a reflexionar.

El tema de la agresividad fue analizado en poemas de Góngora y de Quevedo. A lo dicho por este último en un determinado poema buscaban la réplica en otro de Góngora. Y viceversa. Pese a la dificultad que ofrece a los jóvenes la lectura de estos poetas, mis alumnos se esforzaban por entenderlos.

En el segundo trimestre, siempre fieles al tema del amor, pusimos especial interés en descubrir cómo del dolor y del sufrimiento de un autor brotan sus mejores versos. De este modo nos acercamos a la poesía de Antonio Machado y de Miguel Hernández. Leímos varios poemas de cada uno de ellos, escudriñamos sus vidas, atentos siempre al sentimiento.

Volvimos nuevamente al teatro de García Lorca y elegimos una obra que aglutinaba todos los temas abordados hasta ahora: el amor, la libertad y la agresividad, nacida esta última del choque brutal entre el afán de libertad y la represión. En la lectura de *La casa de Bernarda Alba* identificaron perfectamente el amor de Adela por Pepe el Romano con el presentado en la primera estrofa de "nuestra rima" de Bécquer. El final de la pieza no les gustó, pero entendieron que era el adecuado. Les sugerí que buscasen todos los desenlaces posibles, por disparatados que les pareciesen. No faltó ninguno: desde la fuga de Adela con Pepe, en busca de la felicidad, al abandono del hogar por parte de todas las hermanas, no olvidando el encerrar a Bernarda y liberar a María Josefa. Ahora bien, ¿habría sido aceptada la obra por la sociedad? ¿Se habría representado? Terminaron por admitir que cualquier otro final habría sido inadmisible en aquella época. Pero ¿y hoy? Esto nos llevó a realizar un estudio comparativo de ambas sociedades, a analizar y comprender los sentimientos ajenos.

Al evaluar los resultados obtenidos con esta forma novedosa de acercarles a la lectura, pude comprobar la evolución de mis alumnos: estaban madurando; sus razonamientos, su espíritu crítico y su capacidad de percepción iban mejorando de forma notoria. Y todavía no había finalizado el curso.

Ya mediado el tercer trimestre les propuse una nueva obra teatral: *Tres sombreros de copa,* de Miguel Mihura. Pensé que se habían ganado el ver un poco de televisión, y, teniendo en cuenta lo mucho que les gusta, decidí premiarlos. Les comenté que se trataba de otra obra de crítica social, aunque esta vez no era un drama sino una comedia insólita, a primera vista disparatada y con una cierta tristeza de fondo. «La grabación no es buena» –les dije–, tiene un ligero zumbido que puede resultar un poco molesto, pero vale la pena verla.» Mi sorpresa fue enorme: Guillermo, uno de los chicos que al inicio del curso me había confesado que no le gustaba leer, me respondió: «¿Y por qué no la leemos?» Frases como ésta hacen que tenga sentido nuestro trabajo. No se puede expresar con palabras la satisfacción que experimenta un docente en momentos como éste. Son cosas que no se olvidan fácilmente. ¿Cabía mejor forma de evaluar nuestro trabajo?

Con la lectura de *Tres sombreros de copa* pasamos ratos muy agradables. A los elementos de crítica social encontrados unieron la caracterización de cada uno de los personajes. Atentos al tema del amor, descubrieron que el sentimiento de Dionisio hacia Margarita, su novia, era el mismo que señalaba García Lorca en *El maleficio de la mariposa*: se amaban por costumbre y sin preocupaciones, como el polen de las flores se entrega al viento, gozaba del amor. Sin embargo, descubrieron que el sentimiento que unía a Paula y Dionisio era el expresado por Bécquer en la segunda estrofa de la rima que ya habíamos asumido como nuestra: era un sentimiento noble, sincero, tierno y profundo, nacido del fondo del corazón. Eso sí era amor. Y todo esto lo descubrieron ellos. A medida que íbamos adelantando en el curso, a lo largo del tiempo, mis intervenciones eran cada vez menos frecuentes, eran ellos quienes iban descubriendo el mensaje de los textos.

«¿Seguirán leyendo en el futuro?» Fue la pregunta que me hice al finalizar el curso. No lo sé. Yo sólo pude evaluar los elementos de mi programación: el nivel de consecución de los objetivos, los contenidos, los procedimientos, las actitudes, la metodología, los recursos utilizados, las actividades y los resultados obtenidos. El nivel de participación de los alumnos fue altamente satisfactorio, el absentismo escolar disminuyó y no hubo problemas de disciplina. ¿Cabía pedir más?

A menudo, en nuestro trabajo en el aula, apenas prestamos atención a las emociones de los alumnos. Casi me atrevería a afirmar que no le prestamos ninguna. Los jóvenes casi no conocen sus emociones, confunden ira con enfado, desencanto con tristeza y, por supuesto, no distinguen los matices ni la gradación existente entre ellas. Cuando nos acercamos a nuestros alumnos lo hacemos ahogándolos con normas y conocimientos, somos invasores-destructores de su mundo y por eso se rebelan. ¡Si supiésemos llegar a ellos! Es muy difícil ser un profesor empático. Ese "ponerse en el lugar del otro" es sumamente complicado cuando nos separa de ese "otro" un buen número de años, cuando tenemos intereses distintos, cuando pertenecemos a mundos dispares, cuando nos desplazamos kilómetros y kilómetros para ir a trabajar a un barrio que nada tiene que ver con nuestra realidad. Pero existe una forma de contactar, hay algo en lo que coincidimos: todos tenemos un corazoncito. Intentemos ganar a nuestros alumnos a través de sus sentimientos. Ayudémosles a identificar sus emociones y, sobre todo, a saber vivir con ellas. Abordemos su educación emocional, sólo así estaremos contribuyendo al desarrollo de su personalidad. Sólo así tendremos la certeza de que estamos realizando bien nuestro trabajo.

Quiero creer que mis alumnos siguen leyendo. Todas las actividades que emprendemos en nuestra vida, y que de alguna manera nos enriquecen, requieren la confluencia de un sentido, del pensamiento y de una buena dosis de sentimiento. ¿Qué está ocurriendo en nuestra sociedad? El atractivo de la imagen (televisión, etc.) y el *walkman* consiste, precisamente, en que no obligan pensar, ayudan a evadirse de la realidad. Sin embargo, no se concibe la lectura sin el soporte del pensamiento. He aquí la piedra angular.

La lectura activa y enriquece el pensamiento, pero si nuestros jóvenes la rechazan, y además no les gusta estudiar, ¿cómo desarrollar su capacidad de razonar? Pensar estoy segura de que piensan, pero sus mentes son como un cajón de sastre: hay de todo, pero todo está sin clasificar y revuelto.

Mis alumnos de cuatro de ESO han desarrollado su capacidad de pensar, se han enriquecido, han aprendido a estructurar su pensamiento, a profundizar en los textos. Ya están en la línea de salida, ahora sólo les queda continuar el camino en solitario. A medida que vayan creciendo, pienso, irán madurando, irán eligiendo nuevos temas, ampliando su horizonte. Buscarán en la lectura respuesta a muchas situaciones que el día a día les irá presentando. Disfrutarán leyendo.

Ante mis alumnos, al inicio de cada curso, me propongo siempre dos objetivos: despertar en ellos el amor a la lectura y la educación de sus emociones. Al primero llego siempre a través del segundo. Si somos capaces de contactar con el mundo interior de nuestros jóvenes, si les damos pautas para encontrar ese "algo" en un buen libro, habremos aumentado el número de lectores, habremos contribuido al desarrollo de su personalidad y, en definitiva, a su felicidad. Porque ésa, y no otra, es la finalidad de la lectura.

Quiero terminar con unos versos de Bukowski (1998, pag. 14), que representan un homenaje a la Biblioteca Pública de Los Ángeles, devastada por las llamas, en la que transcurrió una buena parte de la vida del poeta. Un hogar para quien siempre careció de él. Un timón para alguien que, según palabras del propio poeta, «había tenido un hogar infernal».

> *[...]*
> *La vieja Biblioteca Pública de Los Ángeles*
> *muy probablemente evitó*
> *que me convirtiera en un*
> *suicida,*
> *un ladrón*
> *de bancos,*

un tipo
que pega a su mujer,
un carnicero o
un motorista de la policía
y, aunque reconozco que
puede que alguno sea estupendo,
gracias
a mi buena suerte
y al camino que tenía que recorrer,
aquella biblioteca estaba
allí cuando yo era
joven y buscaba
algo
a lo que aferrarme
y no parecía que hubiera
mucho.
[...]

Bibliografía

G.A. Bécquer, *Rimas y leyendas.* Editorial Edaf, S. A. 1985. Madrid.
Ch. Bukowski (1998), «El incendio de un sueño» en *20 Poemas.* Madrid: Mondadori.
M. Csikszentmihalyi (1996), *Fluir.* Barcelona: Editorial Kairós.
J. de Espronceda (1986), «Canción del pirata», *Obras poéticas.* Barcelona: Editorial Paneta S.A.
F. García Lorca (1996), *El maleficio de la mariposa. Obras completas, vol. IV.* Barcelona: Círculo de Lectores.
F. García Lorca (1996), «La casada infiel». *Obras completas, vol. I.* Barcelona: Círculo de Lectores.
F. García Lorca (1996), *La casa de Bernarda Alba. Obras completas, vol. V.* Barcelona: Círculo de Lectores. s.f.
Garcilaso de la Vega (1997), «Soneto V». *Poesía castellana completa.* Madrid: Ediciones Cátedra.
H. Gardner (1983), *Frames of mind: The theory of multiple intelligences.* Nueva York: Basic Books.
D. Goleman (1996), *Inteligencia emocional.* Barcelona: Editorial Kairós.
D. Goleman (1998), *Práctica de la inteligencia emocional.* Barcelona: Editorial Kairós.
J.D. Mayer, M. Di Paolo y P. Salovey (1990), «Perceiving affective content in ambiguous visual stimuli: A component of emotional intelligence». *Journal of Personality Assessment,* 54 (3-4), 772-781.
R.G. Sternberg (1997), *Inteligencia exitosa.* Barcelona: Paidós.

EL TRABAJO

20. LIDERAZGO INTELIGENTE EN LAS ORGANIZACIONES DEL SIGLO XXI

GUADALUPE FERNÁNDEZ DÁVILA
Socia de HayGroup

Líderes emocionales en la era del conocimiento

La nueva revolución del conocimiento

Estamos inmersos en la tercera revolución del conocimiento. La primera, ocurrió a raíz de la invención de la imprenta en 1455. La segunda, cuando la radio y la televisión se extendieron por los hogares del mundo, a partir de los años cincuenta. Y ésta, la revolución del conocimiento, la más vertiginosa y de mayor escala, está cambiando el mundo a un ritmo que excede todas las previsiones. Esta revolución tiene dos grandes protagonistas, cada vez más entrelazados entre sí.

El primero, la explosión del conocimiento de los últimos cincuenta años, que ha superado cualquier predicción lógica y ha abarcado todos los campos, desde los más alejados de nuestro día a día como la transmisión de los semiconductores, la química molecular, la física cuántica o la genética hasta los dominios más cercanos del conocimiento, como la salud, la nutrición o las telecomunicaciones. A principios de los años ochenta se estimaba que la mayor parte de la información existente en ese momento no tenía más de quince años de antigüedad. Y hoy se estima que el 90 % de los científicos que han pisado la Tierra están vivos en estos momentos.

El segundo protagonista de esta revolución del conocimiento es la expansión de Internet por todo el planeta en la última década del siglo XX. En enero de 2001 se contabilizaban más de 388 millones de usuarios de Internet en el mundo, y hay proyecciones que estiman un ritmo de crecimiento de

1.400 nuevos usuarios cada minuto. La cantidad de información contenida en Internet casi sobrepasa la comprensión humana. Con la incorporación de unas trescientas mil páginas a la semana, se calcula que la información en la red se duplica cada año. Si el conocimiento ha crecido exponencialmente en los últimos años, también ha crecido de forma similar la accesibilidad a él en todos los ámbitos: académico, empresarial, institucional, doméstico. Y esta accesibilidad crece a medida que aumenta la velocidad de los ordenadores. Se estima que la utilización de silicio en la fabricación de chips de ordenador llegará a incrementar cien veces su velocidad actual. Internet ha hecho posible que podamos acceder en cuestión de segundos a información y conocimientos a los que hace tan sólo unos años nos hubiera costado semanas o meses acceder, o que ni siquiera estaban a nuestro alcance porque no sabíamos que existieran.

El crecimiento y la accesibilidad del conocimiento están cambiando radicalmente la naturaleza del trabajo en la sociedad occidental, y cada vez más voces hablan de la "sociedad del conocimiento", un mundo donde los productos tangibles, los recursos naturales, el trabajo y el capital pierden importancia, y lo intangible gana fuerza. Se ha estimado que el valor de un producto tangible como el que más, un coche, está determinado en un 70 % por aspectos intangibles. Así, la competencia entre las distintas marcas de coches no se establece hoy en función de la calidad técnica, porque ya no hay coches malos, todos son buenos.

Las empresas, servicios y productos son cada vez más parecidos técnicamente y el nuevo campo de batalla competitivo está en los aspectos intangibles. Según un estudio del Brookings Institute, en 1982 los activos tangibles suponían un 62 % de valor de mercado de las compañías. En 1992 el porcentaje había bajado al 38 %, y hoy, al comienzo del siglo XXI se estima entre el 10 y el 15 %.

El descubrimiento de las emociones

Pero estos intangibles que van ganando poco a poco terreno son algo más que información, conocimientos, lógica, pensamiento. Son también emoción. Razón y emoción, mente y corazón es un antiguo dilema a lo largo de la historia que ha dividido a filósofos, pensadores, teólogos y escritores. Nuestro clásico Baltasar Gracián, ya en 1647, nos aconsejaba en *El arte de la prudencia:* «De nada vale que el entendimiento se adelante, si el corazón se queda atrás.». Sin embargo, el descubrimiento de las emociones en el mundo empresarial es reciente.

El primero en atraer la atención de empresarios y público en general hacia el mundo emocional ha sido Daniel Goleman, escritor científico formado en Harvard, que ha sabido integrar investigaciones hasta ahora inconexas para presentar convincentemente el concepto de inteligencia emocional. Definida como «capacidad de reconocer los propios sentimientos y los de los demás, de motivarse y controlar las emociones y de relacionarse eficientemente», la inteligencia emocional es, según Goleman, el ingrediente fundamental de la competitividad en el nuevo paradigma económico. Y en sus libros y artículos nos da claves para desarrollarla y aplicarla con éxito en el ámbito profesional y personal.

Goleman se apoya en los recientes hallazgos de Joseph LeDoux en la investigación neurofisiológica, para afirmar que la emoción es más rápida y poderosa que la razón. El sistema límbico, la parte más primitiva del cerebro, que gobierna nuestras emociones, reacciona más rápidamente que el neocórtex, el área evolutivamente más reciente del cerebro, donde se desarrollan los procesos de raciocinio y pensamiento. Las corazonadas, las intuiciones, las reacciones más inmediatas e instintivas van por delante de la lógica, los razonamientos, el pensamiento. Y ello es tan cierto en la esfera privada de nuestra vida –relaciones de pareja, familia, amigos– como en nuestro mundo profesional.

Muchos autores han recogido el testigo de Goleman y han apoyado y ampliado sus tesis posteriormente. Los investigadores suecos Ridderstrale y Nordstrom, que se encuentran entre los gurús europeos de mayor prestigio, describen la "empresa emocional" como aquella que sabe construir una relación emocional con sus *stakeholders*. Auguran que los clientes potenciales y los empleados demandarán que los productos, los servicios, las estrategias, los líderes y las organizaciones les emocionen. Defienden que los negocios con éxito se construyen sobre emociones, no sobre productos, y que las emociones, que nunca han sido el objetivo de las estrategias, ahora han de serlo. «La emoción es más fuerte que la razón», es el eslogan publicitario con el que un anuncio televisivo nos intenta persuadir de las bondades de un determinado automóvil. Cada vez es más evidente que el éxito viene de atraer emocionalmente al consumidor o a los colaboradores, no de convercerlos racionalmente. La "sociedad de las sensaciones" demanda que se tenga en cuenta los sentimientos y la fantasía de la gente para competir en el mercado.

El líder emocional

¿Cómo provocar la emoción de los clientes para que se entusiasmen con los productos y servicios de la empresa? ¿Cómo inspirar a los colaboradores para que se comprometan con un objetivo compartido? El éxito de los líderes empresariales depende cada vez menos de la capacidad de analizar, razonar y argumentar, y más de la capacidad de apelar a la imaginación, las ilusiones y el deseo de la gente. Los motivos para comprar una Harley-Davidson dependen muy poco de la razón (relación calidad/precio) y mucho de la emoción, el deseo, la fantasía. Y los motivos de un profesional para entregarse con entusiasmo a un proyecto dependen poco de las razones (la importancia del proyecto para la empresa, la necesidad de cumplir la planificación) y mucho del deseo de superar un reto, la ilusión de innovar, la pasión por aprender o el gusto por trabajar con compañeros apreciados.

Durante décadas, en las escuelas de negocio y en la literatura del *management* ha dominado la idea de que dirigir era cosa de la razón, no de la emoción. El mito del éxito profesional y directivo ligado a la razón y sin relación con las emociones ha venido apoyado por la investigación de la psicología experimental, que durante décadas ha centrado sus esfuerzos en los procesos de aprendizaje que se desarrollan en la corteza cerebral y dan lugar al raciocinio y el conocimiento, relegando las emociones a un segundo plano. Ha sido precisamente Daniel Goleman quien, desempolvando el concepto de inteligencia emocional, ya acuñado en los años treinta, ha reivindicado el papel de las emociones en la gestión empresarial, defendiendo que el verdadero líder es aquel que reconoce su realidad emocional y la gestiona adecuadamente, el que es capaz de equilibrar emoción y razón, mente y corazón. Puesto que la emoción es más rápida y poderosa que el pensamiento, las reacciones y decisiones de los directivos tienen en muchas ocasiones un componente emocional más fuerte que el racional, y sólo gestionándolo adecuadamente se pueden gestionar las emociones de los demás.

¿Quiere todo esto decir que la inteligencia no diferencia, entonces, a los líderes? Desde luego no exclusivamente. Desde que en la Primera Guerra Mundial se sistematizara la medida del cociente intelectual (CI) a través de tests, el concepto de inteligencia ha dominado en el mundo educativo y empresarial. Basándose en el descubrimiento de Howard Gardner de la existencia de inteligencias múltiples, Goleman demuestra que el éxito directivo, profesional y personal está más ligado a las competencias emocionales que al CI, y estima que entre un 70 y un 90 % del éxito en puestos directivos depende de competencias emocionales, y el resto de aptitudes intelectuales.

Si alguna vez nos hemos preguntado por qué muchas veces los inteligentes trabajan para los listos, ahora podemos entenderlo. Los listos –alta inteligencia emocional– dominan las situaciones sociales mejor que los inteligentes –alto cociente intelectual–.

Intuitivamente ya sabíamos que en una economía con un componente cada vez más fuerte de servicios, el éxito de los profesionales que ocupan puestos directivos, comerciales, docentes o de servicio interno o externo depende más de cualidades como el entender a los demás, manejar bien nuestras emociones y ser capaces de motivar e influir, que del CI, muy relacionado con la inteligencia lógico-matemática. Las aptitudes intelectuales no garantizan el éxito en posiciones de liderazgo. La Asociación Mensa, que reúne a personas con un CI superior a 130, cuenta entre sus asociados con directores generales, pero también con taxistas.

La guerra por el talento directivo

Bill Gates estima que si 20 de las personas esenciales de Microsoft se fuesen, la empresa estaría en riesgo de quiebra. En un reciente estudio del Corporate Leadership Council, una empresa de ordenadores reconoció que de sus 16.000 empleados, solamente 100 eran profesionales críticos para la organización; una empresa de *software* identificó 10 profesionales clave entre sus 11.000 empleados; y un grupo del sector de transporte consideró esenciales a 20 de sus 33.000 profesionales. «Las diferencias que separan los beneficios generados por la primera fila y la segunda fila son geométricas, no aritméticas», dice Randall E. Ross, profesor de empresariales en la Universidad de San José State.

El profesor de Harvard David McClelland y su equipo de Hay/McBer han investigado también qué diferencias en los resultados de negocio se deben a los distintos perfiles de los directivos, y qué caracteriza a aquellos que tienen mejores resultados. Las conclusiones indican que la diferencia entre los que utilizan eficientemente las competencias emocionales y los que no, puede suponer un aumento de 140 % en sus resultados de negocio. Un reciente estudio de McClelland y su equipo ilustra claramente estos hallazgos: en una empresa multinacional de gran consumo se comprobó que el 90 % de los directivos que mostraban 6 o más competencias emocionales críticas para el puesto se situaban en el tercio superior del bono anual concedido en función de resultados de negocio

El talento directivo es escaso. Así lo afirma Crainer y Dearlove en su reciente artículo «La falta del talento directivo» publicado en la *Harvard Deusto Business Review*. Reconoce que en la cumbre de la organización, la diferencia entre un consejero delegado de primera fila y uno de segunda fila es probablemente exponencial, y sostiene que las escuelas de negocio no desarrollan aquellas capacidades de los líderes de primera fila, aquellos que pueden llevar a su organización a los mejores resultados. La "guerra por el talento directivo" parece haber comenzado.

En España empezamos a ver signos del mismo fenómeno. Según una reciente encuesta realizada por Hay Group en colaboración con APD, considerando los grandes tipos de talento existentes –técnico, comercial, directivo e innovador–, dos son los más demandados en la actualidad por las empresas: el innovador y el directivo. Efectivamente, a pesar de que aún nos queda trecho para alcanzar el pleno empleo, estamos experimentando una lucha para atraer y retener talento, gente con alta capacidad directiva, innovadora y emprendedora, las capacidades que en estos momentos más contribuye al crecimiento de las organizaciones.

Los nuevos roles del liderazgo

En las organizaciones del siglo XXI la naturaleza de las funciones del líder está dando un giro de 180 grados. "Apagar incendios", ordenar el caos, controlar y mandar han dejado de ser las responsabilidades críticas, y otras nuevas emergen. Estamos presenciando un verdadero ocaso de la jerarquía. A medida que las empresas se orientan al cliente, y a medida que la información y el conocimiento se convierten en la base de la actividad laboral, la jerarquía deja de ser el mejor mecanismo para dirigir la actividad de las empresas.

El buen servicio al cliente requiere empleados de "primera línea" con libertad para actuar ante las infinitas demandas, expectativas o necesidades del cliente. Ningún procedimiento o norma burocrática puede garantizar plenamente la satisfacción de un cliente, siempre único e irrepetible, siempre con expectativas o requerimientos distintos. Según Jack Welch, el mítico presidente de General Electric, «una empresa jerárquica es una organización que mira hacia el presidente y da la espalda al cliente».

Por otra parte, el rápido avance de las tecnologías de la información ha hecho disminuir el tiempo y el espacio y ha reducido los múltiples niveles jerárquicos de las viejas empresas burocráticas. Un coche medio tiene más sistemas informáticos de los que tenía la nave espacial *Apolo* que condujo a los hombres a la Luna. Las tecnologías de la información han llegado a cada esquina de la empresa, y han revolucionado los procesos productivos, los sistemas y también las estructuras organizativas. Las empresas se hacen más planas, para reducir el tiempo que transcurre entre la detección y la solución del problema, entre la innovación y el desarrollo de nuevos productos, entre la puesta a punto de productos o servicios y su lanzamiento al mercado. Y en esta transformación el orden y el poder jerárquico va perdiendo terreno.

El fácil acceso de la gente a la información también contribuye a desafiar todo tipo de autoridad. Si en el pasado la información era poder, ahora la disponibilidad de la información, tanto interna de la empresa como externa, está suponiendo el rápido debilitamiento de las jerarquías. «El cambio hacia una economía basada en el conocimiento que "otorga poderes" a los individuos al proporcionarles acceso a la información, debilita las burocracias complejas y rígidas», afirma el sociólogo Francis Fukuyama.

El jefe tradicional tiene sus días contados. «El jefe ha muerto», proclaman provocadoramente los gurús suecos Ridderstrale y Nordstrom. En esta nueva era donde la jerarquía ya no sirve para dirigir a la gente y obtener resultados, emergen con fuerza nuevos roles que los líderes tienen que asumir: visión, gestión del talento, innovación, coordinación y alianzas, y valedor ético.

Visión

Vivimos en un mundo dominado por la sobreinformación, y al mismo tiempo por la incertidumbre, la rapidez de los cambios y la imposibilidad de predecir la evolución económica, tecnológica o social de nuestro entorno. Así las cosas, la definición de una visión que invite a la gente a comprometerse con ella nunca había sido tan imperiosamente necesaria en las organizaciones. La misión más importante del líder es proporcionar el rumbo, la inspiración y el sentido que la empresa necesita. No es necesario que la visión sea compleja o exótica. Sí es necesario que capture la imaginación y la ilusión de la gente. Walt Disney definió una visión muy sencilla, «hacer más feliz a la gente», y fue capaz de contagiarla a la organización. «De todas las cosas que yo he hecho, la más vital ha sido coordinar los talentos de los que trabajan para nosotros y dirigirlos hacia una determinada meta», afirmaba en una entrevista.

Y Jack Welch, reflexionando ante la dificultad de gestionar una compañía como General Electric, declaraba que el primer paso para un líder, antes de cualquier otro, era «definir el destino de la compañía en términos amplios pero claros, con un mensaje dominante, algo grande, pero sencillo y comprensible». La visión que el líder transmite a la organización, entendida como una meta grande y audaz, es según la investigación de Collins y Porras, uno de los factores diferenciadores de las empresas longevas, cuyo éxito perdura en el tiempo. Éstas son las características que ha de tener, según estos autores, la visión:

1. Ser tan clara y sugestiva que no necesite explicaciones.
2. Estar fuera de la zona de confort y exigir un esfuerzo heroico.
3. Tener la capacidad de comprometer a la gente y darle energía.
4. Debe ser tan audaz y emocionante que continúe estimulando el progreso aunque el líder desaparezca de la organización.

«El éxito, como la felicidad, no se puede buscar, llega en forma de efecto secundario de una dedicación personal a algo más importante y transcendente que uno mismo», decía el psiquiatra austriaco Victor Frankl. Cuando la visión está clara y moviliza la ilusión y los esfuerzos del equipo humano de la empresa, los resultados llegan solos, son un efecto secundario.

Gestión del talento

La capacidad de ejecutar una estrategia es más importante que la calidad de la estrategia en sí. Según un reciente artículo de la revista *Fortune*, «en un 70 % de los fracasos empresariales el verdadero problema no es una mala estrategia, sino su mala aplicación». Si el diseño de la estrategia puede confiarse a los expertos, bien sean éstos directivos de la empresa o consultores especializados, la ejecución de la misma a través del equipo humano de la compañía es misión de los líderes. Una función crítica del liderazgo del siglo XXI es atraer, retener, coordinar y motivar el talento para que la estrategia se haga realidad. Hasta finales de los años setenta la estrategia podía desarrollarse desde la cúpula de la organización a través de la planificación y el control. Estos sistemas, concebidos para las empresas industriales del siglo XIX y principios del XX no funcionan en el nuevo entorno económico, donde los cambios se suceden tan vertiginosamente. El alto porcentaje de estrategias que fracasan sólo puede explicarse por la inadecuación de sistemas que si bien fueron útiles en el pasado, se han quedado obsoletos en el contexto de la economía actual. Así pues, son necesarias nuevas formas de encauzar los esfuerzos de la gente para conseguir llevar a la realidad la estrategia empresarial.

Por ello, la ejecución de las decisiones estratégicas asciende en la lista de prioridades. Porque es en la implantación donde radican las mayores dificultades y porque solamente cuando las decisiones se han ejecutado podemos saber si las consecuencias son buenas o malas. El énfasis que los programas de formación de directivos tradicionalmente han puesto en el proceso de toma de decisiones está siendo poco a poco equiparado por la importancia de implantar adecuadamente las decisiones, de gestionar el talento para que las cosas ocurran.

La aplicación de la estrategia requiere, en primer lugar, que todos los empleados estén alineados y vinculados a la estrategia. Por ello el paso inicial, como hemos visto en el punto anterior, es definir una visión y unos valores, que estén ligados a la estrategia pero que también sean capaces de despertar el interés, la ilusión, los sueños y el compromiso de la gente. Un segundo paso es la definición, comunicación y seguimiento de los parámetros necesarios para gestionar tanto los aspectos tangibles más tradicionales como los activos intangibles que van adquiriendo mayor peso en los resultados de la empresa. El cuadro de mando integral, desarrollado por el profesor Harvard Robert Kaplan y el consultor de empresas David Norton es un enfoque contrastado que nos puede ayudar a definir estos parámetros de gestión y a utilizarlos para alinear cada recurso y cada actividad de la organización con la estrategia.

Definir una visión y unos valores, y utilizar eficientemente un cuadro de mando que cubra todos los parámetros de medida relevantes es importante, pero no es suficiente para atraer, retener y motivar a los mejores talentos para la organización. En la era de la "guerra del talento" ¿cuál es la clave para generar el compromiso de la gente con la compañía?

«Encuentra un trabajo que te guste y le añadirás cinco días a cada semana», sentenciaba el autor H. Jackson Brown. Efectivamente, una primera vía para retener y motivar es conseguir que la gente se divierta trabajando. La tradicional separación entre placer y trabajo, entre ocio y profesión, empieza a desaparecer a medida que nos adentramos en la sociedad del conocimiento, donde el trabajo intelectual va ganando terreno al trabajo físico. Si el 70 u 80 % del trabajo actual se realiza con la mente, el trabajo no se detiene cuando salimos del lugar de trabajo. Y si la barrera entre placer y trabajo se difumina, las expectativas de la gente de encontrar el trabajo atractivo crecen cada día.

En un estudio reciente realizado por Hay Group para investigar los factores de retención de una empresa consultora, se concluyó que casi el 60 % del deseo de permanecer en la empresa por parte de los consultores junior venía explicado por dos percepciones: divertirse trabajando y ser tratado con cordialidad y buen humor. «Si no disfruta con lo que hace, deje de hacerlo», nos recomiendan los gurús suecos Ridderstrale y Nordstrom. Según estos autores, mejor barómetro del rendimiento de una empresa es el promedio de veces que se ríe un empleado cada día.

Antes que poner en marcha sofisticados sistemas de retribución e imaginativos beneficios extrasalariales, los líderes han de estructurar y coordinar la actividad de los empleados de manera que se diviertan trabajando. «La idea es mantener a la gente tan ocupada divirtiéndose que ni siquiera oigan llamar a los cazatalentos», afirma un directivo de la multinacional Sun Microsystems.

Una segunda vía de retención y motivación es el aprendizaje continuo. Para ganarse a los mejores hay que darles la oportunidad de aprender constantemente. Y para ello el aula no es el mejor sitio. A medida que los cursos de universidades y escuelas de negocio ceden importancia como vía de aprendizaje de los profesionales, la empresa refuerza su papel educativo. En los últimos 13 años más de 100 universidades de Estados Unidos han cerrado sus puertas, y en el mismo periodo, el número de empresas con una universidad corporativa ha pasado de 400 a 1.600. Un estudio reciente demostró que es el lugar de trabajo donde la gente aprende el 70 % de lo que sabe para desempeñar su trabajo. Es, por tanto, misión de los líderes organizar y coordinar los esfuerzos para que la gente de talento aprenda continuamente en el desempeño de su trabajo. De forma paradójica, el mayor talento demanda mayor aprendizaje. Como indica el autor y humorista Don Herold, «mientras más brillante seas, más tienes que aprender».

Por último, una tercera vía importante de retención y motivación del talento es el trato individual y personalizado. Las modernas Intranets, que permiten a los empleados personalizar los servicios y prestaciones que reciben de la empresa pueden suponer un avance, pero no son suficiente. Es necesario el trato individualizado y único que, hasta ahora, sólo las personas pueden proporcionar. Y aquí los líderes tienen un papel insoslayable. Una relación positiva entre el jefe y el colaborador, donde se reconozcan, se respeten y se aprovechen las peculiaridades de la persona es una de las principales vías de retención del talento. Un estudio realizado por la profesora del IESE Nuria Chinchilla concluía que, en el 70 % de los casos en los que un directivo abandonaba su empresa, la razón principal era la falta de sintonía con su jefe.

Innovación

En el siglo XXI la riqueza no se crea reduciendo costes y deshaciéndose de gente. Tampoco se crea simplemente perfeccionando lo que ya conocemos. Y tampoco introduciendo caos en el orden, suprimiendo los fallos y eliminando el riesgo de error. Las llamadas políticas de denominador generan resultados a corto plazo, es cierto, pero a largo plazo sólo las políticas de numerador permiten ganar terreno en el mercado. Serán las empresas que potencien una cultura de innovación las que logren mayores niveles de crecimiento. Y aquí aparece un nuevo rol de los líderes: los líderes como adalides de la innovación y el aprendizaje de la organización. Los líderes no necesariamente han de innovar por sí mismos, pero sí deben ayudar a la gente a abandonar los caminos trillados, a salirse de la forma establecida de hacer las cosas e imaginar nuevas posibilidades, a conseguir que gente ordinaria haga cosas extraordinarias.

La innovación no es sólo misión de I+D. Atañe a todo el funcionamiento de la empresa: producción, administración, *marketing*, ventas, recursos humanos o finanzas. Para impulsar la innovación, los líderes necesitan animar a la gente a experimentar en todas las áreas de la organización. Necesitan crear las condiciones donde surja la creatividad. Y necesitan tolerar los fallos, porque sin fallos no hay desarrollo. Caer en la tentación de castigar los errores provoca que nadie se atreva a hacer nada. Aprendemos más cuando nos equivocamos que cuando acertamos.

Un verdadero líder innovador fue Edison. En contra de la imagen de genio solitario que siempre ha proyectado, quizás su obra más importante fuera la creación de un entorno organizativo donde la innovación e invención de un equipo de científicos fueron posibles. La creación de Menlo Park, el primer laboratorio de I+D del mundo, demostró que la innovación puede ser potenciada si un equipo se organiza y se gestiona de la forma adecuada. El laboratorio tenía una misión clara: «conseguir el desarrollo rápido y económico de invenciones»; unos objetivos ambiciosos: «una invención menor cada diez días y una invención importante cada seis meses», y una forma de trabajar que favorecía el intercambio de conocimientos y la utilización de ideas u objetos existentes en nuevas situaciones. Los resultados no defraudaron, en seis años se generaron más de 400 patentes.

Dice Jack Welch que «la capacidad de una empresa para aprender y transformar su aprendizaje en acción con rapidez es la mejor ventaja competitiva que existe». En el siglo XXI las empresas demandan de sus líderes que sean adalides de la innovación y el aprendizaje. El crecimiento y la riqueza surgen de la innovación y el aprendizaje de la organización, no de la optimización de los procesos o la reducción de costes. El terreno de batalla se sitúa ahora en la reducción del tiempo entre el hallazgo del conocimiento y su difusión en la empresa. En este contexto, liderazgo es introducir caos en el orden, duda en la certeza, crítica en la complacencia. Es saber formular preguntas más que dar respuestas. Un líder que no plantea preguntas es como un ordenador, y como sentenció Picasso, «los ordenadores son inútiles, sólo saben dar respuestas».

Coordinación y alianzas

Al inicio del nuevo siglo las empresas no sólo se hacen más planas, también surgen nuevas interrelaciones, se hacen más complejas. La clara separación entre el trabajo y las distintas funciones (producción, ventas, administración, etc.) empieza a ser historia. Las paredes internas de la organización comienzan a desvanecerse. Los problemas y oportunidades se dan atravesando distintas funciones, áreas, departamentos o países, y aparecen relaciones matriciales cada vez más complejas, donde se espera que la gente trabaje coordinadamente no sólo dentro de su equipo, sino también con otros equipos de distintas funciones, geografías o productos. Por ello el líder del siglo XXI ha de asumir un nuevo rol de facilitador de la compleja coordinación interna. Para ello muchas veces tendrá que luchar contra la inercia de los llamados "silos funcionales", los compartimentos estancos donde la gente se esfuerza por lograr sus objetivos, con frecuencia entrando en conflicto con otros departamentos o unidades porque no tienen la perspectiva del conjunto de la compañía.

Si las paredes internas de la organización se desmoronan, también lo hacen las paredes externas, para llegar a una empresa abierta, sin lindes claras. El trabajar como socios del cliente, la utilización de recursos externos, la cooperación con proveedores, las alianzas con negocios complementarios, y hasta la colaboración con competidores hacen que las relaciones con el exterior demanden nuevas exigencias a los líderes de la empresa. Ninguna cooperación está vedada, ni siquiera la cooperación con tus competidores ("coopetición"). Para que uno gane, no es necesario que otro pierda, es necesario que los líderes busquen imaginativamente soluciones *win-win* donde todos ganen.

Valedor ético

Una nueva función se perfila con nitidez en los líderes del siglo XXI: la de actuar como valedores éticos ante los distintos grupos de interés de la empresa: accionistas, clientes, empleados y comunidad. Muchos son los factores que hacen necesario este nuevo rol. En primer lugar, la ética no sólo no supone un límite a las oportunidades de negocio, como sostiene el experto en ética empresarial José Mª Ortiz, sino que se convierte en poderosa arma competitiva. Vemos cada vez con más frecuencia que los clientes y el mercado ponen finalmente en su lugar a aquellas empresas que han obtenido una ventaja competitiva a través de la violación de límites éticos. Poca gente quiere trabajar o invertir en una empresa que explota a niños o contamina el medio ambiente. La mayor sensibilidad del mercado y la sociedad hacia el impacto social y medioambiental de las prácticas empresariales hace que un número creciente de empresas esté definiendo un código ético para clarificar las reglas del juego y establecer límites claros a la actuación de la compañía, sus directivos y empleados.

En segundo lugar, las nuevas demandas sobre los comportamientos empresariales no se limitan a esperar que no se traspasen límites éticos. Crecen las expectativas de que la empresa actúe proactivamente para contribuir al desarrollo y la mejora de su comunidad o de países necesitados. Empresas como Sun Microsystems, 3M, Pfizer, Intel, IBM, Shell o Merck tienen ya una larga tradición de programas solidarios que canalizan el esfuerzo de los empleados o la contribución de la empresa en beneficio de la comunidad local o de organizaciones internacionales que trabajan para el desarrollo. La tendencia, iniciada por grandes corporaciones multinacionales, se va extendiendo cada vez a más empresas, independientemente de su tamaño o sector. Desde contribuciones millonarias, como la realizada recientemente por la compañía Merck, que aportó 100 millones de dólares a un programa de cinco años para la lucha contra el sida en Botswana, hasta contribuciones modestas, como la de una empresa consultora inmobiliaria que opera en España y que ayuda a las ONG a buscar locales donde ejercer su actividad sin cobrar la intermediación, las posibilidades de ayuda solidaria son infinitas.

Por último, la mayor responsabilidad de las empresas en el contexto social le dota al líder de un nuevo imperativo ético. Hoy son las empresas internacionales los nuevos imperios que dirigen, controlan y cambian el mundo. Según una reciente encuesta del diario francés *Le Monde*, el 64 % de las personas consultadas estiman que el mayor poder corresponde a los mercados financieros, por encima de los que creen que son los políticos (52 %) o los medios de comunicación (50 %) los que ostentan mayor poder. Las empresas rompen las fronteras geográficas y políticas y establecen nuevos territorios que, trascendiendo las lindes de lo nacional, impulsan la libre circulación de capitales, productos, valores culturales y personas. El Estado y la Iglesia van cediendo poder a las empresas, que se convierten en las instituciones sociales que verdaderamente dominan nuestra época. Sus líderes, por tanto, no pueden dejar de asumir el papel de valedores éticos de todos aquellos que tienen la potestad de influir significativamente en el destino de otros.

El perfil del líder emocional

¿Cuáles son las cualidades del líder? Quizás ningún otro tema de *management* ha merecido tanta atención. Cuando buscamos *leadership* (liderazgo) en un buscador de Internet aparecen casi 2.400.000 páginas donde se trata de este tema. Y cuando solicitamos ver los libros de liderazgo en la librería virtual Amazon.com tenemos que elegir entre casi 8.000 libros.

Centrándonos en las investigaciones más sólidas y rigurosas, un primer hito lo marca Richard Boyatzis, colaborador de McClelland y socio en la empresa común McBer and Company. En 1982 publica en su obra *The competent manager* los resultados de sus extensas investigaciones, en su mayor parte financiadas por la American Management Association, para conocer las cualidades comunes de los directivos competentes. Si el crecimiento de la economía está ligado al capital humano, y son los directivos los que obtienen resultados mediante ese capital humano, su competencia como jefes aparece como piedra angular en la eficiencia de las organizaciones y la prosperidad de la sociedad. Los resultados de la investigación perfilaban los contornos de ese manager competente en torno a cinco ejes:

1. *Objetivos y acción:* preocupación por el impacto, uso diagnóstico de los conceptos y orientación a la eficiencia.
2. *Liderazgo:* conceptualización, autoconfianza, uso de presentaciones orales.
3. *Gestión de los recursos humanos:* manejo de procesos de grupo, uso de poder socializado.
4. *Énfasis en los demás:* objetividad perceptual, autocontrol, resistencia y adaptabilidad.
5. *Conocimiento especializado.*

La línea de investigación iniciada por Richard Boyatzis fue continuada por otros colaboradores de McClelland, que siguieron intentando desvelar el misterio del liderazgo eficaz. Fruto de estas investigaciones es la identificación del perfil de competencias de distintos roles directivos, entre los que destaca el del líder emprendedor (cuadro 1).

Cuadro 1. Competencias del líder emprendedor.

En el más ambicioso estudio que se ha abordado para identificar las características personales que predicen el éxito de los emprendedores, la Agencia de los Estados Unidos para el Desarrollo Internacional identificó, a partir del análisis de una muestra de más de 200 emprendedores de distintos países, las competencias comunes a los empresarios que sacan adelante los negocios que inician. En un 80 % se trata de competencias emocionales:

1. Habilidad para detectar y aprovechar oportunidades: obtener financiación, ayuda, espacio para trabajar o recursos.
2. Iniciativa o capacidad de desarrollar nuevos productos o servicios, anticipándose a los acontecimientos o a las demandas.
3. Perseverancia y resistencia al desánimo ante los obstáculos.
4. Interés por realizar un trabajo de calidad, superando estándares.
5. Esfuerzo, dedicación y sacrificio para alcanzar los objetivos de trabajo o cumplir los compromisos con clientes.
6. Búsqueda de la eficiencia: hacer las cosas más rápidamente, con menor coste, con más rendimiento o calidad.
7. Autoconfianza para enfrentarse a los retos, y asertividad en las relaciones con los demás (abordar con firmeza los problemas que otros plantean, decirle claramente a los demás lo que deben hacer, etc.).

8. Capacidad de persuasión y utilización de estrategias de influencia, como por ejemplo recurrir a una persona de influencia para convencer a otros o utilizar selectivamente la información, para conseguir que los demás actúen de una determinada manera.
9. Reconocimiento de la importancia de las relaciones de negocios: esfuerzos por comportarse de forma correcta y cordial con los clientes, por ganarse la confianza de la gente y mantener relaciones a largo plazo.
10. Seguimiento y supervisión estrecha del trabajo para garantizar que las cosas se hacen correctamente y a tiempo.

En un 20 % las diferencias las marcan competencias cognitivas:

1. Capacidad de resolución de problemas e innovación, de generar nuevas ideas y aportar soluciones novedosas.
2. Análisis de alternativas, anticipación de obstáculos y planificación sistemática de acciones.

Las diferencias en experiencia, edad, estudios y otros factores demográficos no mostraron relación alguna con el éxito de los emprendedores. En la carrera profesional del emprendedor parece primar el principio de "igualdad de oportunidades".

Spencer & Spencer (1993), *Competence at work.*

Más recientemente, dos artículos de Daniel Goleman en la revista *Harvard Business Review* presentan de manera convincente los resultados acumulados de investigaciones realizadas en los más diversos contextos organizativos. En el primero, «What makes a leader» (Qué es lo que hace a un líder), publicado en 1998, se muestra cómo el verdadero diferencial es la inteligencia emocional. Los auténticos líderes no lo son por su CI (cociente intelectual) ni por sus conocimientos profesionales; lo son por sus competencias emocionales.

Cuadro 2. Las Cinco Dimensiones de la Inteligencia Emocional.

---

1. *Conocimiento de uno mismo:* comprensión de las reacciones emocionales propias y reconocimiento de las fortalezas y limitaciones.

2. *Gestión de uno mismo o autorregulación:* capacidad de controlar las emociones propias. Se refleja en el autocontrol, la adaptabilidad ante situaciones cambiantes y la coherencia de nuestras acciones con los valores y compromisos asumidos.

3. *Motivación de uno mismo:* energía necesaria para impulsarnos hacia el logro de nuestros objetivos. La iniciativa, el optimismo y el compromiso con el equipo y la organización son aspectos clave de esta dimensión.

4. *Comprensión social:* capacidad de entender los comportamientos y los sentimientos de los demás, así como las redes de influencia que afectan a las decisiones y las actuaciones de las personas en un grupo.

5. *Habilidades sociales:* todas aquellas capacidades que nos ayudan a cooperar y ejercer una influencia positiva en los demás, como trabajo en equipo, liderazgo, resolución de conflictos o capacidad de influencia.

Daniel Goleman (1999), *La practica de la inteligencia emocional* (1999)

Una investigación reciente que avala las tesis de Goleman acerca del líder emocional es la realizada por Hay/McBer para comprobar si la inteligencia emocional efectivamente diferencia a los mejores líderes. Se examinó la trayectoria de una muestra de profesionales con alto potencial en las empresas más admiradas según el estudio realizado por la revista *Fortune*. El grupo estaba compuesto por 23 altos directivos, 12 de los cuales llegaron al cargo de presidente y 11 que fueron desestimados para el cargo. En el cuadro 3 se muestran las diferencias en las competencias emocionales entre aquellas personas de alto potencial que llegaron al puesto de máximo ejecutivo de la compañía y aquellos que se quedaron en el camino. No todas las competencias emocionales diferenciaban a ambos grupos, pero sí al menos una competencia por cada una de las cinco dimensiones de la inteligencia emocional.

Cuadro 3. La inteligencia emocional diferencia a los mejores líderes.

Competencias emocionales	*Frecuencia demostrada*
Autoconfianza (conciencia de uno mismo)	× 2
Autocontrol (gestión de uno mismo)	× 7
Orientación al Logro (motivación de uno mismo)	× 2
Empatía (comprensión social)	× 3
Trabajo en Equipo (habilidades sociales)	× 2,5
Estudio de Hay/McBer (1999), *Las Empresas globales más admiradas.*	

En el segundo artículo, «Leadership That Gets Results» (Liderazgo que da resultados), Goleman se basa en la investigación de Hay/McBer para analizar qué estilos de liderazgo son más efectivos para crear el clima adecuado y mejorar los resultados. La investigación, realizada con una muestra aleatoria de 3.871 directivos seleccionados de una base de datos compuesta por más de 20.000 directivos en el ámbito mundial, identificó seis estilos de liderazgo distintos: coercitivo, orientativo, afiliativo, participativo, imitativo y desarrollador. Estos estilos parecen tener un impacto directo y real sobre el clima de trabajo del equipo o la unidad organizativa y a su vez sobre sus resultados. De hecho, un 70 % del clima existente en el equipo liderado por una persona se explica por los estilos de liderazgo que ésta utiliza, y un tercio de los resultados del equipo se explica por el clima percibido por los miembros del equipo.

La investigación realizó otros dos descubrimientos importantes. El primero, que los líderes que obtienen los mejores resultados no dependen únicamente de un estilo de liderazgo en particular, sino que tienden a utilizar una amplio abanico de estilos, eligiendo uno u otro en función de la situación a la que se enfrentan. El segundo, que no todos los estilos tienen el mismo impacto en el clima del equipo (Cuadro 4). Así los estilos orientativo, afiliativo, participativo y capacitador aparecen como positivos en una extensa variedad de situaciones, mientras que el Coercitivo e Imitativo aparecen como útiles en escasas situaciones, y fuera de ellas producen un impacto negativo en el clima.

Aprendiz de líder

¿Se puede desarrollar el talento directivo? ¿Se puede aprender a ser un líder? En esta vieja polémica, en un extremo se sitúan los defensores de la creencia de que "el líder nace" y poco podemos hacer para mejorar nuestra dotación genética. En el otro extremo, abanderados por los teóricos conductistas, se sitúan aquellos que defienden que todo en el ser humano puede ser cambiado: la inteligencia, los rasgos de personalidad y la orientación sexual. Las aportaciones de tres investigadores de este último cuarto de siglo, Howard Gardner, David McClelland y Martín Seligman, nos dan las claves más reveladoras en este debate.

Howard Gardner: inteligencias múltiples

En 1983 Howard Gardner, psicólogo de la Harvard School of Education, publica *Frames of mind*, un libro pionero que va a dar al traste con el dominio que la teoría del cociente intelectual (CI) había mantenido desde los tiempos de la Primera Guerra Mundial. Durante décadas las premisas aceptadas en el mundo de la educación acerca de la inteligencia habían pivotado en torno al concepto de CI: «Existe una forma monolítica de inteligencia que puede medirse con sencillos tests de papel y lápiz», «El éxito en la vida depende de lo inteligente que eres», «La gente nace con un determinado grado de inteligencia y nada se puede hacer para cambiarlo». A partir de sus investigaciones, Gardner revela la existencia de *inteligencias múltiples*. Específicamente diferencia siete tipos de inteligencia: lingüística, lógico-matemática, espacial, cinestésica (aptitud para el movimiento y la danza), musical, interpersonal o social, e intrapersonal.

Estas múltiples inteligencias son independientes, no correlacionadas con un factor común. Es decir, una faceta de la inteligencia muy desarrollada no garantiza el mismo nivel de desarrollo en otras. Beethoven, uno de los grandes genios musicales de toda la historia, era negado para el baile. No consiguió aprender a bailar a pesar del tiempo y el dinero invertido en clases de danza. Dalí, que poseía una extraordinaria inteligen-

Cuadro 4. Los seis estilos de liderazgo

	Coercitivo	Orientativo	Afiliativo	Participativo	Imitativo	Capacitador
El "modus operandi" del líder	Exige obediencia inmediata	Motiva a las personas hacia una visión	Crea armonía y fomenta relaciones	Crea consenso a través de la participación	Fija estándares de excelencia exigentes	Desarrolla a las personas para el futuro
El lema del estilo	«Haz lo que te digo»	«Ven conmigo»	«Las personas primero»	«¿Qué piensas?»	«Haz como yo»	«Inténtalo»
Las competencias de inteligencia emocional de base	Orientación al logro, iniciativa, autocontrol	Autoconfianza, empatía, catalizador del cambio	Empatía, desarrollo de relaciones, comunicación	Colaboración, liderazgo, comunicación	Constancia, orientación al logro, iniciativa	Desarrollo de otros, empatía, conciencia emocional
Cuándo funciona mejor	En momentos de crisis, para remontar un negocio o con empleados problemáticos	Cuando los cambios requieren una nueva visión o cuando es necesaria una dirección clara	En situaciones de estrés cuando es necesario motivar al equipo o para mejorar las relaciones en el equipo	Para fomentar un consenso o compromiso, o para conseguir que empleados con talento aporten	Para obtener resultados rápidos de un equipo muy motivado y experimentado	Para ayudar a los empleados a mejorar su desempeño o a desarrollar su potencial a largo plazo
Impacto global sobre el clima	Negativo	Casi siempre positivo	Positivo	Positivo	Negativo	Positivo

Daniel Goleman (2000), «*Leadership that get results*», *Harvard Business Review.*

cia espacial, tenía una reconocida incapacidad para desenvolverse en la vida cotidiana. Y Antonio Gala, uno de los grandes talentos literarios de nuestro tiempo reconocía en una entrevista que no logró sacarse el carné de conducir.

David McClelland: el talento está en relación con la naturaleza de la actividad que hemos de realizar y el contexto organizativo donde se desarrolla

David McClelland, profesor de psicología de la Universidad de Harvard, había comenzado en los años sesenta a estudiar qué es lo que determina el éxito profesional, qué es lo que hace que una persona destaque en una actividad laboral. En su artículo de 1973 «Testing for Competence rather than Intelligence» (Medir la competencia en vez de la inteligencia), publicado en la revista *American Psychologist*, McClelland aseguraba que las calificaciones escolares, los conocimientos académicos y el CI no predicen el buen desempeño en el trabajo. Para encontrar qué es lo que nos garantizará los buenos resultados en el puesto, McClelland sugiere comprobar qué "competencias" o características personales ponen en juego las personas con desempeño superior. Halló que lo que verdaderamente distinguía a los mejores era un conjunto de características de muy diversa índole (valores personales, autoimagen, rasgos de personalidad, motivaciones estables) que se reflejaban en pensamientos, emociones y comportamientos. A partir de la experiencia pionera de McClelland nació el concepto y el enfoque metodológico de competencias, una de las aportaciones más fructíferas del siglo XX en la gestión de relaciones humanas. en general y el desarrollo directivo en particular. El gran potencial del enfoque de competencias proviene de cinco rasgos clave:

1. Están causalmente relacionadas con los resultados en un puesto, y por tanto se puede cuantificar la mejora de los resultados de negocio originados por una mayor adecuación de las competencias del individuo.
2. Son características personales estables y en buena parte inconscientes, y por lo tanto tienen un impacto a largo plazo en el trabajo.
3. Se reflejan en comportamientos fácilmente identificables a través de la observación o entrevistas, y por tanto pueden ser medidas.
4. Son en gran parte adquiridas, por lo que se pueden desarrollar siempre que se emplee el enfoque adecuado.
5. Y por último, dependen de la cultura corporativa y la estrategia de cada organización.

Los perfiles de competencias no son, pues, intercambiables. El talento no es independiente del contexto organizativo. El perfil de director de oficina bancaria requerido en una entidad con una estrategia orientada a la innovación, la expansión y la agresividad comercial no será el mismo que el requerido en una entidad orientada a la fidelización de los clientes y la mejora de su rentabilidad. Esto nos obliga a investigar en cada organización cuáles son los perfiles de talento necesarios, y nos abre infinitas posibilidades para encontrar un ajuste entre el talento individual y las demandas organizativas.

Martín Seligman: qué podemos cambiar y qué no podemos cambiar

Martín Seligman, profesor de psicología de la Universidad de Pensilvania, ha pasado los últimos treinta años estudiando la adaptabilidad humana y los procesos de aprendizaje. Preocupado por la difusión de creencias que pueden inducir a la gente a esfuerzos inútiles («Usted puede cambiar», «Puede convertirse en un líder carismático») o a frustraciones innecesarias («El talento es innato», «El líder nace»), Seligman abordó un análisis exhaustivo de toda la investigación que ha examinado qué características humanas son innatas e inmutables y qué se puede cambiar con el aprendizaje. En su libro *What you can change and what you can't,* publicado en 1993, presenta sus conclusiones. En primer lugar, hay pocas cosas que estén completamente determinadas por la biología: la identidad sexual, la orientación sexual (homosexualidad/heterosexualidad) y la tendencia al sobrepeso. A partir de ahí, Seligman identifica una amplia zona de grises: la heredabilidad del cociente intelectual se estima en un 75 %, y los rasgos de personalidad tienen un componente innato de menos del 50 %, lo que indica que más de la mitad proviene de lo que uno hace, experimenta y aprende.

Las aportaciones de Seligman son clave para entender que efectivamente el talento directivo se puede desarrollar en todas sus facetas, pero también nos enseña que diferentes características tienen distinto margen de aprendizaje y cambio.

Los tres niveles del talento directivo

Para abordar de forma realista el desarrollo del talento directivo hemos de diferenciar tres grandes niveles:

1. *Conocimientos y habilidades.* Saberes y capacidades tales como ser Capaz de manejar una hoja de cálculo, interpretar un balance, hablar

inglés, conocer las tendencias macroeconómicas del país o saber las leyes de la termodinámica constituyen la parte más visible y tangible del talento. Es también la parte más fácil de adquirir y desarrollar. Para ello tenemos a nuestro alcance todas las técnicas y los recursos más tradicionales de la formación (manuales, clases, observación de expertos, etc.) y algunas técnicas más nuevas (formación asistida por ordenador, sistemas expertos, Internet, Intranet, realidad virtual) que aceleran y facilitan el proceso de aprendizaje.

2. *Competencias emocionales.* Las competencias emocionales, muy relacionadas con dos de las inteligencias identificadas por Howard Gardner –intrapersonal e interpersonal–, constituyen el nivel intermedio del talento. Se ha estimado que la heredabilidad de estas características está ligeramente por debajo del 50 %, y por ello hay un amplio margen para el desarrollo. Es decir, utilizando el adecuado enfoque de aprendizaje podemos mejorar sustancialmente competencias como el optimismo, el liderazgo, la autoconfianza y la capacidad de influencia.

3. *Aptitudes y rasgos estables.* Gran parte de las inteligencias diferenciadas por Howard Gardner (verbal, lógico-matemática, espacial, cinestésica y musical) se sitúa en el plano más estable, en el más determinado por la dotación genética. En este nivel puede incluirse el CI que posee un alto componente hereditario (se estima que solamente el 25 % del CI de un adulto es el resultado de las experiencias y el aprendizaje acumulado a lo largo de su vida, el resto está en los genes). Las competencias más cognitivas –la capacidad analítica y el pensamiento conceptual–, muy relacionadas con el cociente intelectual, se sitúan también en este nivel.

Y por último, se sitúan aquí las motivaciones individuales más arraigadas. El profesor David McClelland, en la obra más importante de este siglo sobre motivación humana, *Human motivation* (1985), y basándose en un sólido cuerpo de investigaciones, diferencia las tres motivaciones humanas básicas que explican un mayor número de conductas: logro, afiliación y poder. La motivación de logro nos impulsa a establecernos metas, superar retos, medirnos contra estándares exigentes. La motivación de afiliación nos empuja a buscar la compañía de los demás, a crear y mantener relaciones sólidas, a llevarnos bien con los que nos rodean. Y la motivación de poder nos lleva a querer influir sobre los otros, a hacer que actúen como deseamos. Son verdaderos motores internos que influyen en las preferencias profesionales, en los gustos de ocio y en las relaciones familiares y sociales.

Este nivel constituye la parte más estable, la más difícil de cambiar. Es cierto que en todas las facetas de este nivel más profundo y permanente del talento podemos hacer avances. Es posible, por ejemplo, mejorar nuestra capacidad de conceptualizar, de "ver el bosque", de descubrir tendencias y relaciones en la información que recibimos. Y es posible incluso desarrollar el gusto por influir en otros, aumentar nuestra motivación de poder. Pero la relación entre resultados esperados y esfuerzo requerido puede aconsejarnos orientar nuestros afanes de desarrollo hacia otras facetas del talento donde podamos rentabilizar más nuestros esfuerzos.

Para ilustrar los tres niveles del talento pongamos el ejemplo de un médico de prestigio reconocido por la excelente labor realizada con sus pacientes y con su equipo. Ser doctor en medicina, estar colegiado, leer en inglés y estar al día de los avances médicos, conocer los productos farmacéuticos de su especialidad son requisitos necesarios para su trabajo, pero no explican completamente por qué es un médico destacado en la profesión. Más allá de los conocimientos, las competencias emocionales –el autocontrol en situaciones de fuerte estrés, la empatía con el paciente, la capacidad para tranquilizar e infundir confianza, el liderazgo ejercido con su equipo– marcan en gran medida la diferencia. Y por último, sin un marcado "ojo clínico" que le hace intuir problemas y soluciones con información limitada, y sin una pasión por superar retos difíciles, no sería posible alcanzar un listón tan alto.

Dos formas de aprender

Un estudio reciente del Center for Creative Leadership reveló que el 40 % de los directivos que se incorporan a un nuevo rol fracasan en un periodo de 18 meses. ¿Será que el principio de Peter tiene gran parte de verdad? Efectivamente, muchos avanzan en su trayectoria profesional hasta que alcanzan su nivel de incompetencia. Pero el fracaso no suele ser por la falta de capacidad intelectual o conocimientos técnicos, sino por la carencia de las competencias emocionales que se requieren para desempeñar con éxito el rol directivo en cuestión.

Supongamos que una persona que ha tenido una brillante carrera en un tipo de puesto, finalmente es promovida a un puesto donde demuestra su incompetencia. Con frecuencia las personas que alcanzan su nivel de incompetencia son excelentes técnicos a los que la empresa, tomando como criterio su magnífico desempeño, ha ascendido a un puesto en el que necesitan gestionar a un equipo de técnicos. Y aquí empiezan las dificultades. Son incapaces de percibir las verdaderas razones detrás del comportamiento de los demás y no pueden anticipar las reacciones, no logran despertar la ilusión y el compromiso con los objetivos, no son capaces de resolver los conflictos que surgen entre los miembros del equipo.

Gran parte de los fracasos en la selección y el desarrollo de los directivos está provocada por dos creencias extendidas: 1) el éxito en el puesto depende sobre todo de la preparación técnica y el conocimiento especializado 2) las carencias en cuanto a competencias pueden suplirse con actividades formativas tradicionales. Ambas cosas son una falacia. La primera la sacó a la luz David McClelland y su equipo de McBer que, como ya se ha indicado, definieron el concepto de competencias como aquellas características personales que marcan la diferencia en los puestos, y que están relacionadas con las motivaciones, los rasgos de personalidad, los valores y las actitudes de las personas. La segunda, relativa al aprendizaje de las competencias, ha sido puesta de manifiesto por el Consortium for Research on Emotional Intelligence in Organizations. Este organismo, fundado por Daniel Goleman y otros expertos del mundo académico y empresarial, en un estudio basado en recientes hallazgos de la neurofisiología acerca del desarrollo de las competencias emocionales, habla de dos tipos de aprendizaje, claramente diferenciados pero no siempre reconocidos por los profesionales de la formación empresarial.

El primero es el aprendizaje intelectual, de los conocimientos, las técnicas y las habilidades, que se desarrolla en la corteza cerebral, la zona más joven del cerebro en la evolución humana; y el segundo, el aprendizaje emocional, que involucra tanto la corteza cerebral como el sistema límbico, la zona más arcaica del cerebro humano y la responsable de nuestras reacciones más rápidas e instintivas.

En el primer caso, cuando se trata de aprender, por ejemplo, a manejar una nueva aplicación informática, a interpretar un balance o a utilizar un sistema de dirección por objetivos, los manuales, las clases o las demostraciones prácticas son suficientes para el aprendizaje. Pero en el segundo caso, cuando se trata de aprender a trabajar en equipo, a desarrollar a los colaboradores o a dar un servicio de calidad a los clientes, las técnicas de formación tradicionales son ineficientes.

Cuando la formación no funciona

Muchas empresas invierten millones de pesetas en programas de formación que no funcionan porque siguen un modelo de aprendizaje equivocado. En un reciente estudio realizado por el Consejo de Estadísticas Laborales de Estados Unidos, se llegó a la conclusión de que el 70 % de lo que los empleados sabían acerca de su trabajo no lo habían aprendido meidante actividades formativas, sino que era consecuencia del aprendizaje informal ocurrido en el desempeño de su trabajo. Si esto es cierto, los cien billones de dólares que las empresas norteamericanas invierten en formación sólo cubrirían el 30 % de lo que los empleados conocen de su rol a desempeñar. Los resultados de este estudio fueron tan devastadores que el Education Development Center, una organización sin ánimo de lucro, de reconocido prestigio en el mundo de la investigación educativa, abordó un ambicioso estudio –The teaching firm– para conocer la naturaleza del aprendizaje en el lugar del trabajo. Un equipo de psicólogos, etnógrafos, antropólogos, expertos en aprendizaje y economistas hicieron un estudio piloto en Motorola, y con los resultados obtenidos, replicaron la investigación en otras seis empresas de alto rendimiento. En 1998 se publicaron los resultados:

1. Aproximadamente el 70 % de lo que aprenden los empleados de su trabajo es a través de aprendizaje informal.
2. La empresa y sus directivos pueden influir en el aprendizaje informal mediante sus sistemas y prácticas de gestión.
3. Los beneficios económicos del aprendizaje informal son estadísticamente significativos.

La eficacia limitada de los métodos tradicionales de formación en el lugar de trabajo está sin duda relacionada con el desconocimiento de qué capacidades son la clave del buen desempeño y cómo se desarrollan. Cuando no se reconoce que las capacidades críticas para el puesto tienen un marcado componente emocional y se aplican los métodos de enseñanza tradicionales, no hemos de sorprendernos de los escasos resultados.

El cerebro emocional aprende de una forma distinta del cerebro racional. Se trata de "reprogramar" los circuitos de nuestro sistema nervioso para adquirir nuevos hábitos de comportamiento, de desaprender primero para volver a aprender después.

Cómo se desarrolla el talento directivo

Una vez aceptada la premisa de que el talento directivo es en gran parte adquirido y se puede desarrollar, y entendiendo que la instrucción formal no funciona para ello, surge la pregunta ¿cómo hacerlo? El estudio realizado por la Revista *Fortune* (cuadro 5) en 1999 aportó conclusiones muy reveladoras sobre cómo las empresas desarrollan de forma eficaz el liderazgo. Las empresas más admiradas emplean primordialmente una asignación de responsabili-

Cuadro 5. El liderazgo en las empresas más admiradas

En 1999, por tercer año consecutivo la revista Fortune, *con la ayuda de Hay Group, realizó un estudio para identificar las empresas internacionales más admiradas del mundo. Posteriormente, como en años anteriores, se realizó un segundo estudio para conocer qué distingue a las empresas mejor posicionadas en el* ranking *de mejor valoradas en 24 sectores de actividad diferentes. Los resultados dieron una respuesta clara: el liderazgo en la organización.*

En el estudio inicial se consultó a 10.000 altos directivos, consejeros independientes y analistas financieros de 24 sectores de actividad, y se les pidió valorar a las empresas de su sector en los parámetros críticos para triunfar en un entorno económico global, tales como innovación, valor aportado a los accionistas, capacidad de atraer y retener talento, responsabilidad social y medioambiental y capacidad de trabajar internacionalmente. Una vez obtenido "el cuadro de honor", se comprobó que las mejor valoradas tenían un primer punto en común: obtenían un notable en la calidad del liderazgo ejercido en la organización, mientras que el resto de empresas se conformaba con un aprobado.

Para identificar y desarrollar el liderazgo, las empresas más admiradas mostraron otra diferencia significativa con el resto: una mayoría emplea modelos de competencias que les asegure que dan en el blanco a la hora de detectar el potencial y desarrollar las capacidades clave para un liderazgo eficaz en su organización. En vez de seleccionar de una lista de capacidades las que parecen lógicas, las empresas más admiradas se cercioran de qué competencias en la realidad diferencian a los líderes de éxito en su compañía, y posteriormente las utilizan como baremo para detectar el alto potencial y desarrollar el liderazgo.

Otra diferencia significativa se refiere al desarrollo del potencial de liderazgo. A diferencia del resto de las empresas, que utilizan como principal vía los cursos dentro de la organización, las más admiradas emplean primordialmente una asignación de responsabilidades planificada de tal forma que proporcione a la gente de alto potencial una rica variedad de experiencias útiles en su aprendizaje personal y profesional. Asumir misiones retadoras en un área geográfica nueva, un país extranjero, o una función o negocio distinto son formas habituales de desarrollo del liderazgo para empresas como Wal-Mart, Intel o Dell.

Como segunda vía prioritaria de desarrollo, y como complemento necesario de la anterior, las empresas más admiradas recurren al *coaching* individual, al apoyo personalizado en el proceso de aprendizaje y maduración. Más que cursos genéricos donde se presenten las técnicas o habilidades de los líderes eficientes, lo que marca la diferencia parece ser la capacidad de la organización de estimular y apoyar el esfuerzo personal de autodesarrollo: ayudar a identificar los puntos fuertes y débiles propios, a formular objetivos de mejora y a definir y llevar a cabo planes de cambio.

Por otra parte, se investigaron las diferencias, en términos de competencias emocionales, entre aquellas personas de alto potencial que llegaron al puesto de máximo ejecutivo de la compañía y aquellos que se quedaron en el camino. Se examinó la trayectoria de las personas con alto potencial en las empresas más admiradas, de las cuales se disponía de información en la base de datos de Hay Group: 23 altos directivos, 12 de los cuales fueron nombrados presidentes y 11 que fueron desestimados para el cargo. De 13 competencias emocionales:

1. Cinco fueron demostradas significativamente más a menudo en los directivos promovidos a presidente que en aquellos desestimados.
2. Las cinco competencias están repartidas entre las dimensiones de la inteligencia emocional.

Los que avanzaron más en su trayectoria mostraron una mayor frecuencia de conductas relacionadas con la orientación al logro, la autoconfianza, el trabajo en equipo, la empatía y el autocontrol.

dades planificada de tal forma que proporcione a la gente de alto potencial una rica variedad de experiencias útiles en su aprendizaje personal y profesional.

Y en línea también con estos resultados, se sitúan los de un estudio reciente aparecido en el *McKinsey Quarterly*, basado en la información proporcionada por 6.000 directivos de 50 grandes corporaciones norteamericanas. El aprendizaje más efectivo se realiza no en los cursos sino en el desempeño de determinados tipos de trabajo: asumir un nuevo rol de mayor responsabilidad, reflotar un negocio, comenzar una nueva línea de negocio, hacerse cargo de un proyecto de gran visibilidad y envergadura, o asumir un puesto de responsabilidad en un país extranjero.

Todas las investigaciones recientes parecen apuntar en la misma dirección: el liderazgo no se enseña en las aulas, se aprende en el lugar de trabajo. Y los mayores rendimientos se obtienen focalizándose en el segundo nivel del talento: las competencias emocionales. Estas competencias poseen un amplio margen de mejora, puesto que sólo moderadamente están condicionadas por los genes. En segundo lugar, explican un elevado porcentaje del éxito en los puestos. Y en tercer lugar, contamos con valiosas aportaciones recientes que nos ayudan a entender cómo desarrollarlas.

El enfoque más rigurosamente investigado y más ampliamente avalado por la experiencia es el propuesto por el Consortium for Research on Emotional Intelligence in Organizations. Este consorcio, que incluye entre sus miembros a algunas de las personas más autorizadas en el campo de las competencias, como Richard Boyatzis, Lyle Spencer y Daniel Goleman, a partir del estudio de los programas que han demostrado su efectividad en el desarrollo de competencias, presenta directrices claras, que se pueden resumir en el decálogo siguiente:

Cuadro 6. El decálogo del desarrollo del liderazgo.

1. Centrarse en las competencias que han demostrado ser críticas para el éxito en el rol directivo.
2. Evaluar las competencias de la persona a través de una visión externa y objetiva, como por ejemplo la evaluación 360°.
3. Identificar las fortalezas personales que servirán de cimientos en el proceso de desarrollo, así como las oportunidades de mejora.
4. En el desarrollo del liderazgo el aprendizaje solo ocurre cuando el cambio buscado ayuda al individuo a alcanzar sus objetivos personales. Los adultos sólo aprendemos si tenemos una motivación personal para ello.
5. El desarrollo ha de ser autodirigido. Los programas lectivos, la ayuda del jefe o de un *coach* externo sólo pueden orientar y apoyar los propios esfuerzos para aprender.
6. Centrarse en objetivos de desarrollo realistas.
7. Definir un plan de actuación claro.
9. La mejora del liderazgo requiere práctica y tiempo. No existe ningún curso que en unas pocas horas o días haga el milagro. Es difícil conseguir cambios sostenibles en los comportamientos en menos de seis meses.
9. Proporcionar apoyo externo que refuerce, incentive y reconozca la práctica sostenida de los nuevos comportamientos. Hay muchas posibles fórmulas: *coaching* externo o interno, grupo de apoyo, seguimiento del jefe, sistema de incentivos, etc.
10. Medir los cambios en las competencias y el desempeño a través de métodos válidos.

Este proceso, desarrollado en el entorno del lugar de trabajo, admite muchas modalidades. Unas ponen el énfasis en el apoyo del jefe o en el acceso a herramientas de autodesarrollo. Otras proponen un «coach» (entrenador) externo. Sin embargo, en todos los casos, es el individuo el propio motor de su aprendizaje, el que, a partir del conocimiento de sus puntos fuertes y oportunidades de mejora, trabaja en la mejora de capacidades que está seguro le ayudarán personal y profesionalmente.

Cuadro 7. Un caso práctico: Desarrollo del Liderazgo de Directores de Centros Docentes.

El Programa de Liderazgo para Directores de Centros Docentes del Reino Unido (*Leadership Programme for Serving Headteachers*), realizado recientemente por el Ministerio de Educación y Empleo británico con la colaboración de Hay Group es un ejemplo elocuente de cómo poner en práctica con éxito los principios de desarrollo del talento directivo.

La educación fue una prioridad del actual gabinete laborista al acceder al gobierno del Reino Unido. El objetivo era mejorar el nivel educativo, tanto en términos de calidad de la enseñanza como en el nivel de aprendizaje los alumnos, y se apostó por la mejora de la capacidad de liderazgo en le sistema educativo como principal vía de mejora de la enseñanza en el país. Para ello se abordó un ambicioso programa de desarrollo dirigido a los 25.000 directores de centros escolares del país, de enseñanza primaria, secundaria y especial.

El programa fue precedido de una fase de investigación donde se identificaron las competencias que diferenciaban a los directores de centros con mejor funcionamiento, sus estilos de dirección y el clima que generaban. Las competencias identificadas se agrupaban en seis factores:

1. *Valores personales y fuertes convicciones*
   Respeto por los demás
   Reto y apoyo
   Convicción personal

2. *Búsqueda de Información y compresión de las situaciones*
   Comprensión Social
   Escanear el entorno

3. *Definir y transmitir una visión de futuro*
   Pensamiento estratégico
   Afán de mejora

El trabajo

4. **Ganarse el compromiso y el apoyo**
   Impacto e influencia
   Responsabilizarse y responsabilizar
5. **Planificación**
   Pensamiento analítico
   Iniciativa
6. **Seguimiento, evaluación y mejora de resultados**
   Liderazgo transformacional
   Trabajo en equipo
   Comprensión de los demás
   Desarrollo del potencial

En cuanto a los estilos de dirección, de los 6 estilos que se midieron, la mayor utilización de cuatro de ellos diferenciaba a los directores de los centros más eficientes: orientativo, participativo, afiliativo y capacitador. los dos restantes, coercitivo e imitativo, eran utilizados más frecuentemente por los directores de los centros de peor funcionamiento.

Los resultados de esta investigación sirvieron para desarrollar las herramientas de medida de las competencias personales de cada participante en el programa, sus estilos directivos y el clima que generaban en su entorno.

La parte lectiva del programa consistía en un "taller" de cuatro días de duración en el que de forma participativa y experiencial se introducían los conceptos, se proporcionaba a cada participante *feedback* individualizado de sus competencias, estilos de dirección y clima organizativo, y se les ayudaba a identificar sus puntos fuertes, sus oportunidades de mejora, objetivos de desarrollo y plan de acción. Para realizar el seguimiento se creó una página web que pronto se convirtió en lugar de encuentro de la comunidad virtual compuesta por los participantes en los sucesivos programas celebrados.

Hasta la fecha, se han podido documentar excelentes resultados, medidos en tres niveles: el más inmediato y directo, basado en las percepciones de los participantes; un nivel intermedio, en el que se midieron los cambios experimentados en el clima organizativo del equipo docente; y un nivel de resultados finales, en el que se estimó el impacto del programa en la eficiencia del centro y la calidad de la enseñanza.

1. *Percepciones de los participantes: según una encuesta independiente llevada a cabo por la Universidad de Canterbury:*
   a) El 70 % de los participantes calificó el programa como el mejor de todos a los que había asistido.

b) El 92 % afirmó que el programa mejoraría el funcionamiento de su colegio y lo recomendaría a otros colegas.

2. Cambios experimentados: después de medir el clima del colegio de una muestra de 900 directores, antes y después del programa, se concluyó que:
a) La reducción media entre el clima real y el ideal era del 18 %.
b) En dos de los factores de clima más relevantes para los centros de enseñanza, estándares y claridad, la media de reducción entre la situación real e ideal fue de 26 % y 16 %, respectivamente.

3. Impacto en resultados organizativos: en un estudio con 42 colegios con directores que habían participado en el programa, a partir de los datos aportados por la inspección, se comprobó la relación entre mejora en la calidad de la enseñanza y mejora del clima en el colegio.

Referencias bibliográficas

R. Boyatzis (1982*), The competent manager: A model for effective performance*. Nueva York: John Wiley & Sons.

C. Cherniss y D. Goleman(1998), *Bringing emotional intelligence to the workplace*. (Estudio técnico editado por Consortium for Research on Emotional Intelligence in Organizations.)

J. Collins y J. Porras (1995), *Empresas que perduran*. Barcelona: Paidós.

F. Fukuyama (2000), *La gran ruptura*. Barcelona: Ediciones B.

H. Gardner (1995), *Inteligencias múltiples*. Barcelona: Paidós.

D. Goleman (1999), *La Práctica de la Inteligencia Emocional*. Madrid: Kairós.

B. Gracián (1993), *El arte de la prudencia*. Ediciones Temas de Hoy.

R.S. Kaplan y D.P. Norton (2000), *Cómo utilizar el cuadro de mando integral*. Gestión 2000.

J. Ledoux (1999), *EL cerebro emocional*. Ediciones Temas de Hoy.

J.M. Ortiz (1995*), La Hora de la Etica Empresarial*. Madrid: McGraw Hill.

J. Ridderstrale y K. Nordstrom (2000), *Funky Business*. Madrid: Pearson Education.

21. EN BUSCA DEL TALENTO

Rafael Vara
Gerente de HayGroup

Todo el mundo se queja de su memoria,
pero nadie de su inteligencia.
La Rochefoucould

Introducción

En este capítulo se pretende dar una visión global sobre la aplicabilidad de la inteligencia emocional fundamentalmente en el campo empresarial. La intención del escritor no ha sido otra que plasmar de forma sencilla y divulgativa conceptos, metodología y herramientas que se utilizan en las organizaciones.

¿Qué es la inteligencia emocional?

Si bien existen diversas frases que podrían definir la inteligencia emocional, la más divulgada es la de Daniel Goleman, que la define como: «La capacidad de reconocer nuestros propios sentimientos y los de los demás, para motivarnos a nosotros mismos y para gestionar las emociones en nosotros y en nuestras relaciones.»

¿Qué se entiende por competencias emocionales?

No tenemos que definir las competencias emocionales en el siglo XXI, dado que nos podemos remontar a 1973, cuando el profesor David McClelland publicó en *Harvard Business Review* el artículo «Testing for competence rether than intelligence». En este artículo McClelland demostró que los conocimientos académicos y el cociente intelectual no predecían el buen desempeño en el puesto de trabajo.

Ya por entonces definió el concepto de competencia como aquellas características personales que diferencian a las personas con desempeño superior.

Por ello la diferencia entre las cualidades requeridas para "realizar el trabajo" y aquellas que caracterizan a los que lo llevan a cabo de una manera excelente es igual a la diferencia entre los requerimientos de conocimientos y habilidades y las competencias. Así pues, se concluía, en este artículo, que el incremento de conocimientos no determina un mayor rendimiento laboral.

Esta frase que puede resultar excesivamente categórica hoy en día sigue más o menos vigente. Y podemos decir más o menos, debido a la explosión, en el último cuarto del siglo XX, de nuevos conocimientos, que son necesarios hoy por hoy para desempeñar nuestros puestos de trabajo.

Posteriormente el profesor Howard Gardner publica *Frames of mind* en 1983 donde reflejó y clasificó las inteligencias múltiples (verbal, logro, matemática, espacial, social, musical, etc.) y además señaló que la inteligencia social o interpersonal es diferenciadora del éxito en ciertas profesiones (comerciales, políticos, profesores, consultores, etc.).

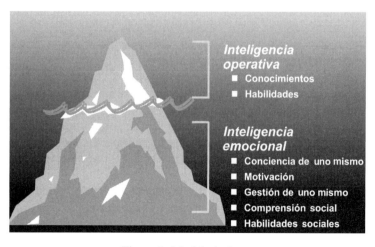

Figura 1. Modelo iceberg.

Años más tarde, en 1996, LeDoux publicó *El cerebro emocional* donde clarificó el papel de la amígdala en el sistema límbico como centro de las reacciones emocionales y demostró que "la emoción precede al pensamiento".

Como visión integradora de distintos investigadores, Daniel Goleman publicó inteligencia emocional en 1995 y *La práctica de la inteligencia emocional* en 1998. Goleman siguiendo la misma línea que el profesor David McClelland define las competencias emocionales como rasgos personales o un conjunto de hábitos que llevan a un desempeño profesional superior, es decir, una habilidad que aumenta el valor económico que una persona realiza en el mundo laboral.

Figura 2. Modelo de Competencias emocionales.

¿Se puede medir y evaluar el grado de inteligencia emocional de una persona?

Conceptos preliminares

No, o no se debe. En principio no debemos evaluar a las personas como se venía haciendo con el CI. No existe ninguna herramienta científica probada que nos permita decir «Usted tiene una inteligencia emocional de

93 %». ¿Se podría desarrollar esta herramienta? A mi entender si lo hiciéramos tal cual no estaríamos comprendiendo el significado. ¿Y por qué? Porque el concepto de inteligencia emocional es más amplio y la inteligencia emocional, tal y como hemos detallado en el epígrafe anterior, engloba una serie de competencias que se caracterizan porque:

1. Algunas son complementarias.
2. Algunas son sustitutivas.
3. Algunas son primarias (es necesario tenerlas desarrolladas en cierto grado para poder obtener otras competencias).
4. Algunas son conductoras (el tener una implica mucha facilidad de obtener otras).
5. Algunas son finales (se obtienen y desarrollan si se tienen otras).

Pedro es una persona que dirige el departamento de calidad de una fábrica y tiene a su cargo, cinco personas. Obtiene muy buenos resultados en su puesto de trabajo y su director siempre dice que tiene inteligencia emocional. No posee la capacidad de dirigir y organizar, pero sí la paciencia para enseñar y desarrollar personas (competencias sustitutivas). No es una persona excesivamente innovadora o conceptual, pero posee gran capacidad de análisis (competencias complementarias). Pedro escucha y comprende a los demás; es decir, tiene empatía, esta competencia (primaria) la utiliza para convencer y persuadir a los otros (impacto es una competencia conductora), de esta forma le es fácil ser líder (competencia final).

Por todo ello quizá no podemos tener una cifra por persona, pero sí podemos evaluar y medir las competencias emocionales de forma individual, y también por ello podemos descubrir cuáles son las competencias emocionales que más utiliza una persona, saber cuáles son las prioridades de desarrollo, saber el porqué y cómo actúa una persona en un momento determinado, en definitiva saber dónde se puede mejorar, y con qué ocupaciones y tareas la persona se siente más satisfecha.

A la hora de evaluar competencias emocionales tenemos dos alternativas básicas:

1. Medir todas las competencias emocionales posibles.
2. Medir una serie de competencias que nos interesen (perfil de competencias).

Si bien es útil en el ámbito personal conocerse a sí mismo y por ello evaluar un conjunto de competencias amplio, en el ámbito empresarial esto se complica.

Muchas veces podemos caer en el error de querer medir muchas competencias. Esto en las empresas suele complicar tanto los procesos de gestión como la toma de decisiones. Por ello, cada vez más, tendremos que tener claro las ventajas e inconvenientes de cada alternativa en el ámbito empresarial.

Si optáramos por la segunda alternativa, tendremos que construir un "perfil de competencias emocionales". Entendemos por perfil de competencias emocionales un conjunto de competencias que predicen un desempeño superior en un rol determinado. Desde el punto de vista empresarial esto es una herramienta de gestión tremendamente útil, ya que es un "metro de medir personas" que nos permite hacer trajes a medida, seleccionar la tela, tratarla y confeccionarla...

Realmente he aquí la dificultad de la gestión por competencias emocionales: la construcción del perfil. El proceso más recomendado es el siguiente:

1. Recabar información sobre el rol y su evolución futura.
2. Entender cuál es el deseo de la organización sobre las competencias que debe poseer ese rol (información deductiva).
3. Observar a las personas que ocupan el rol con resultados superiores (información inductiva) para ver qué hacen y cómo lo hacen.
4. Estudiar qué hacen otras organizaciones (información de mercado).

Una vez recogida la información, se agrega. De esta manera, y tras un laborioso análisis, podemos obtener un perfil de competencias emocionales.

Herramientas de evaluación de la inteligencia emocional

Una vez tenemos claros los principios y criterios para medir la inteligencia emocional (perfiles), es el momento de poder desarrollar las herramientas que nos permitan cuantificarla. Lo primero que tenemos que aclarar es para qué vamos a utilizar los resultados que obtengamos. Si estamos evaluándonos para desarrollarnos en el campo personal o profesional, la evaluación es más sencilla, porque se supone que no tendremos miedo a los resultados que obtengamos. El miedo es una angustia producida por un peligro real o imaginario. Esta aprensión suele aparecer en mayor o menor grado cuando se evalúa la inteligencia emocional en el campo profesional. Esto, sin embargo, disminuye e incluso desaparece si el proceso de evaluación lo demandamos nosotros mismos. Además, en el caso de querer evaluarnos a nosotros mismos sin ningún otro objetivo que el de desarrollarnos, entonces, no necesitaremos un patrón estricto (perfil) de medida; es decir, podremos evaluar todas las competencias emocionales.

Esto no es tan sencillo cuando lo hacemos en el campo organizacional; en primer lugar, porque introducimos el factor miedo; y en segundo lugar, es aconsejable partir de un perfil de competencias emocionales. Es aquí cuando la labor de evaluación es más compleja.

Si revisamos la literatura sobre las herramientas de evaluación de inteligencia emocional, nos damos cuenta de que existen muchas y distintas alternativas, y sin embargo pocas de estas herramientas están contrastadas o tenemos referencias claras del nivel de predictibilidad.

Muchas de las herramientas y técnicas que hemos venido utilizando, desde las organizaciones, para detectar la inteligencia emocional nos demuestran que no son predictivas y que muchas veces hemos pecado de tomar decisiones organizativas importantes (promoción, selección, incrementos retributivos, etc.) en base a herramientas y técnicas poco contrastadas y en ocasiones nada predictivas. Recordemos cómo David McClelland realizó una investigación para el Departamento de Estado de Estados Unidos. Este departamento seleccionaba a jóvenes agregados culturales para representar a Estados Unidos en otros países. Una de las herramientas que utilizaba era el test FSO. Las investigaciones demostraron que el coeficiente de correlación entre los resultados del test y el desempeño en el puesto era incluso negativo.

David McClelland, profesor de la Universidad de Harvard y gran investigador sobre la motivación humana, demostró que existía una serie de competencias emocionales que eran necesarias para desarrollar con éxito este rol en el extranjero (la empatía transcultural, la rápida comprensión de las redes de influencia y la actitud positiva a pesar de la provocación), y no tanto las características o habilidades que recogía el test FSO. Éste es un ejemplo más de las muchas veces que las organizaciones nos equivocamos en la utilización de técnicas y herramientas de evaluación. Pero esto no es lo grave, lo peor son las decisiones que tomamos sobre las personas a partir de los resultados de estas pruebas.

Así pues, es sumamente importante que en el siglo XXI aprovechemos la experiencia y las investigaciones pasadas para utilizar técnicas y herramientas que realmente sean predictivas de éxito. Para ello es tan fundamental medir bien a la persona como el rol o puesto de trabajo que va a desempeñar.

Tabla 1. Coeficientes de correlación estadística

Método de evaluación	Correlacción estadística*
Assesment center	0,65
Entrevista de incidentes críticos	0,61
Tests de ejemplos de trabajo	0,54
Tests de habilidades	0,53
Tests de personalidad "modernos"	0,39
Datos biográficos	0,38
Referencias	0,23
Entrevistas tradicionales	0,05

* «Can behavioral interviews produce results?», *Guidance an Assesment Review*, 4 (1) Leicester, Reino Unido: Psychological Society.

Basándonos en la experiencia de HayGroup, empresa de consultoría líder mundial en el campo de las organizaciones y los recursos humanos, existen básicamente tres herramientas muy útiles a la hora de medir la Inteligencia emocional de las personas:

1. Assessment center.
2. Entrevista de incidentes críticos/focalizada.
3. Cuestionarios de competencias.

Assessment center

El *assessment center* es una técnica que consiste en una batería de pruebas que simula las actividades del puesto de trabajo concreto. Algunos autores defienden la teoría de que estas pruebas deben representar de forma fidedigna el día a día del puesto con el que se está comparando. De esta manera el participante demostrará en qué grado utiliza las competencias emocionales necesarias para el trabajo.

Sin embargo, otros autores, entre los que me encuentro, pensamos que la representación exacta del puesto objeto de análisis puede provocar más desventajas que ventajas, ya que al ser el *assessment* un conjunto de pruebas en las que participan simultáneamente varios participantes, es probable que algunos de ellos perciban que se están evaluando sus conocimientos y no sus competencias emocionales. Por ello, si bien es bueno que las distintas pruebas se asemejen a la actividad diaria, no siempre es aconsejable que representen de forma idéntica la realidad.

Esta herramienta es muy recomendada dado su alto valor predictivo y su posible conexión con el desarrollo de las competencias emocionales; es decir, se puede evaluar a la par de estar desarrollando la inteligencia emocional.

Entrevista de incidentes críticos o focalizada

La entrevista de incidentes críticos es una herramienta más de evaluación por competencias emocionales. Esta herramienta consiste básicamente en preguntar a la persona sobre algún acontecimiento reciente donde haya desempeñando un papel de protagonista. Las respuestas ante estas preguntas son historias abiertas no condicionadas. Esto provoca que las personas muestren de forma espontánea las conductas y comportamientos que suelen utilizar en su vida cotidiana. Estos comportamientos están asociados a competencias emocionales y por ello es relativamente fácil evaluar.

Este tipo de entrevistas muestran dos modalidades básicas:

1. Entrevista abierta: se utiliza en el campo de la empresa cuando ésta no cuenta con perfiles. Por ello, y como no cuenta con perfil de referencia, también es útil para la evaluación de las competencias emocionales de nuestra vida personal.
2. Entrevista focalizada: la metodología es básicamente similar, pero cuenta con un perfil de puesto con el que comparar. Ello hace que se focalice en las competencias emocionales del perfil.

La entrevista de incidentes críticos abierta suele tener una duración de entre dos y tres horas aproximadamente. Este tiempo está estructurado de la siguiente manera:

1. Trayectoria profesional.
2. Descripción del puesto actual.
3. Antecedentes críticos.

El hecho de solicitar la trayectoria en el primer momento tiene como objetivo hacer que la persona entre en calor a la persona, dado que todos nos sentimos de alguna manera cómodos contando nuestro pasado. Una vez realizada esta parte, a manera de una entrevista curricular, continuamos con el segundo paso: descripción del puesto de trabajo actual. El objeto de esta fase es entender y comprender con profundidad el rol profesional de la persona. Éste es un momento importante dado que posteriormente la persona va a relatar historias profesionales y por ello es necesario entender su puesto en el entorno de una organización determinada. Además, esta parte es de gran utilidad en el caso de que la persona, llegados al punto tres, no recuerde ninguna historia y por tanto haya que ayudarle a refrescar algún acontecimiento pasado. En este momento el entrevistador puede recurrir a las explicaciones de su puesto y comentarle sus distintas áreas de responsabilidad con el objeto de encontrar entre éstas alguna historia concreta.

Una vez identificada la primera historia que la persona ha decidido contar, es importante, de cara a abordar con éxito la entrevista, realizar una pequeña ficha resumen que permita al entrevistador ver de manera global la historia. Esta ficha contendrá un título (esto fuerza a la persona a visualizar la historia, como si fuese una "película", y por ende facilita bajar al detalle de los diálogos), la duración, personajes que intervienen y los hitos más importantes de su intervención. Completada esta ficha, pasamos al detalle de la historia. En este momento el entrevistador tiene que escuchar atentamente y dirigir la entrevista. Para ello se centrará fundamentalmente en preguntar qué es lo que la persona hizo, dijo, pensó o sintió en un momento determinado y excluirá al máximo todas las preguntas que conlleven respuestas generales o deseos. Esto provoca que todas las respuestas sean evidencias reales de comportamientos realizados en el pasado. Estos comportamientos son pruebas fehacientes de la utilización en el pasado de competencias emocionales, y por ello se puede predecir que la persona utiliza tanto en su vida personal como en la profesional esas competencias.

En las entrevistas de incidentes críticos focalizadas la metodología es similar. La diferencia básica es que, llegados al punto tres, se pregunta por situaciones donde la respuesta facilite la observación de las competencias emocionales que estamos buscando (en función del perfil).

Por ejemplo, si queremos contratar a una persona que vaya a ocupar el papel de jefe de ventas, nos interesará buscar competencias emocionales como liderazgo, dirección de equipos o desarrollo de personas. Para ello haremos preguntas tipo: «¿Me puedes contar alguna historia donde hayas tenido que gestionar a un equipo de personas?» El resto de la entrevista sólo se diferenciará en el tiempo de duración, ya que en el caso de la focalizada suele rondar la hora y media.

Hasta ahora siempre hemos hablado de "historias profesionales" pero, ¿por qué no preguntamos por otro tipo de historias? La verdad es que si queremos evaluar el capital intelectual de una persona, teniendo en cuenta las competencias emocionales, podríamos perfectamente utilizar otro tipo de historias: las personales. Esto es lícito dentro de la técnica, ya que partimos de la base de que la inteligencia emocional es consustancial a la vida de la persona, y se tiene o no se tiene (en un momento determinado); por ello da igual el tipo de antecedente que la persona cuente.

Una vez llevada a cabo la entrevista, llega la hora de analizarla (codificarla). La entrevista ha podido ser grabada en audio; si es así, y se quiere acometer con mucha rigurosidad su análisis, entonces se transcribirá a papel y se codificará según un diccionario de competencias. Este tipo de diccionario contiene una serie de competencias emocionales definidas y niveladas en comportamientos de menor a mayor grado de complejidad. La codificación consiste en ir equiparando un comportamiento determinado de la entrevista a un nivel de una de las competencias emocionales.

A la hora de realizar este análisis podemos utilizar las competencias emocionales de Daniel Goleman o el *Diccionario milenium* de HayGroup. Asimismo, se podrán utilizar diccionarios específicos de empresas determinadas.

Al finalizar el proceso se contará con un informe minucioso de la entrevista, éste nos reflejará cuáles son las competencias emocionales que la persona entrevistada utiliza con mayor frecuencia y cuáles son las oportunidades para aprender a emplear otras competencias emocionales. Si la entrevista no hubiese sido grabada, la metodología de análisis es la misma, pero partiremos de las notas tomadas durante su ejecución.

–¿Qué hiciste?

–Con referencia al préstamo de coches, estuve con él una hora explicándole los criterios que él tenía que tener en cuenta para ver, por ejemplo, si la operación era buena o no, cómo tenía que calcular las tarifas, lo que tenía que preguntar al cliente y lo que no...

Competencia: NIVEL:	DESARROLLO DE PERSONAS 2 Dedica tiempo a dar instrucciones, explicaciones, demostraciones o sugerencias a los demás para que aprendan el trabajo.

Ejemplo de un fragmento codificado de una entrevista de incidentes críticos.

Cuestionarios de competencias emocionales

Cuando es necesario evaluar a un gran número de personas, o no tenemos ningún profesional que nos evalúe y lo queramos hacer de una forma rápida, es cuando debemos utilizar los cuestionarios.

En las empresas, los cuestionarios de competencias emocionales sirven para poner a disposición de jefes y directivos una herramienta sencilla de evaluación de personas. En Internet, en revistas y otros medios de difusión podemos encontrar cuestionarios de competencias emocionales que son útiles para autoevaluarnos y ver nuestro grado de "capital intelectual".

Los cuestionarios de competencias consisten en preguntar a una persona sobre otra o sobre sí misma por la frecuencia con la que utiliza una serie de comportamientos.

Comportamientos	Nunca	A veces	A menudo	Casi siempre	Siempre	No procede
1. Consulta y aprovecha las fuentes de información que la entidad le proporciona.	O	X	O	O	O	O
2. Actúa para desarrollar un ambiente de trabajo con buen clima y espíritu de cooperación.	O	O	O	X	O	O
3. Da servicio al cliente de forma eficiente y cordial.	O	O	X	O	O	O
4. Conoce la estructura formal tanto de la entidad como de otras organizaciones del grupo o clientes (la "cadena de mando", las normas, los procedimientos operativos establecidos, etc.).	O	O	O	O	X	O
5. Reacciona en el momento para adaptarse a la situación o a la persona.	O	O	X	O	O	O
6. Cambia su postura o ideas iniciales ante una nueva información o evidencia contraria.	O	O	O	O	X	O
7. Comprueba la calidad del trabajo de los demás para asegurarse de que se siguen los procedimientos o planes establecidos.	O	O	O	X	O	O

Ejemplo de cuestionario de evaluación 360° de competencias emocionales.

El preguntar sobre sí mismo implica lo que se denomina la autoevaluación. Por gracia o por desgracia, normalmente la autoevaluación no se corresponde de forma exacta con la realidad. Por ello, en el campo empresarial, se tiende a recabar información sobre una persona a través de más fuentes. Si recurrimos al superior inmediato, a los colaterales y a los subordinados, estaremos utilizando lo que se denomina el "enfoque 360º". Si suprimimos a los colaterales o subordinados, estaremos utilizando el "enfoque 180º". En el mundo empresarial cada vez se utiliza más esta herramienta, si bien en España todavía existe, en algunos sectores de la economía, cierta reticencia al empleo de esta herramienta.

En otros países como Estados Unidos también se utiliza de forma más amplia, dando la posibilidad a amigos, familia o, incluso, vecinos a cumplimentar este cuestionario. En ese país, la cultura de medición está mucho más desarrollada y asentada.

Competencias emocionales - Benchmarking 360º
1. Gráfico de síntesis

	1	2	3	4	5
Habilidades sociales		♦	♥		
1. Desarrollo de los demás			♥ ♦		
2. Orientación al cliente	♥ ♦				
3. Liderazgo				♦	♥
4. Influencia	♦	♥			
5. Desarrollo de relaciones			♦		♥
6. Trabajo en equipo				♦ ♥	
7. Gestión de conflictos	♦		♥		
8. Impulso del cambio		♦	♥		
9. Colaboración y *networking*		♦	♥		
Comprensión social			♦	♥	
10. Empatía				♦ ♥	
11. Valoración adecuada de otros	♦	♥			
12. Comprensión organizativa			♥	♦	
Motivación		♦	♥		
13. Optimismo				♦ ♥	
14. Iniciativa				♦	♥
15. Orientación al logro				♦	♥
16. Compromiso	♦ ♥				
Gestión de uno mismo			♦	♥	
17. Autoconfianza			♥ ♦		
18. Adaptabilidad				♥ ♦	
19. Coherencia	♦	♥			
20. Compromiso			♦		♥
Autoconocimiento			♦ ♥		
21.Valoración adecuada de uno			♦	♥	
22. Comprensión de sus emociones				♥ ♦	
	1	2	3	4	5

♥ Uno mismo.
♦ Todos (excepto uno mismo).
Base de datos de comparación:
30% de desempeño superior / contribuidores individuales / empresas españolas.

Ejemplo de resultados de evaluación en 360º de competencias emocionales.

La agregación de datos implica una visión global de la persona, y también "cómo le perciben" otros colectivos o miembros de la organización.

¿Cuándo y para qué se debe medir la inteligencia emocional?

Siempre que optemos por evaluarnos la inteligencia emocional deberemos saber el porqué lo estamos haciendo.

Desde el punto de vista personal existen diversas razones: desde la simple curiosidad del autoconocimiento hasta el querer desarrollarnos personalmente. Cualquier razón es válida y lícita. En el campo profesional el cuándo y para qué se complica. Desde el punto de vista del empresario el objetivo de evaluar el capital intelectual puede estar claro, aunque es necesario y "obligatorio" contar con el permiso de la persona que va a ser evaluada. Entre las diversas razones que puede tener un empresario para llevar a cabo esta medición nos encontramos la selección, la formación, el desarrollo profesional, la evaluación del desempeño, la retribución, etc.

En función de la razón por la que hagamos la evaluación escogemos el cuándo y cuántas veces realizarlo.

¿Qué se hace posteriormente?

Una vez tenemos un diagnóstico con nuestras competencias emocionales, podemos:

1. Como empresarios: tomar una decisión de carácter laboral (seleccionar, formar, desarrollar).
2. Como personas individuales: reflexionar sobre los resultados y solventar nuestras carencias.

Hoy por hoy la medición se realiza en la mayoría de los casos para personal y profesionalmente.

Bases conceptuales para el desarrollo

Cuando experimentamos algo, en el mejor de los casos, pensamos y sentimos al mismo tiempo, pero la mayoría de veces sentimos antes de pensar.

Los estímulos sensoriales van al tálamo, de donde parte una doble conexión: una hacia la amígdala, el núcleo del sistema límbico, otra hacia el neocórtex.

1. El sistema límbico, la parte más antigua en la evolución del cerebro, es el centro de las emociones, la pasión y la memoria.
2. Por suerte el neocórtex, la parte más joven del cerebro. Es el lugar donde ocurren los procesos de raciocinio y pensamiento.

La amígdala puede "ordenar" reacciones anteriores o en contradicción con las "órdenes" del neocórtex. [CAPÍTULO 3: EMOCIONES CEREBRALES.]

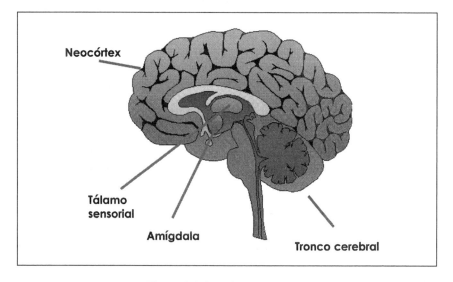

Figura 3. El cerebro emocional.

Conclusiones de recientes investigaciones acerca del cerebro afirman que:

1. Las personas sienten (emociones) antes de pensar y actuar.
2. Es posible reajustar las reacciones de las personas a partir de las emociones (desaprender y aprender de nuevo).
3. El "reajuste" cambia las conductas individuales y del equipo.
4. Las nuevas conductas mejoran los resultados en el trabajo.

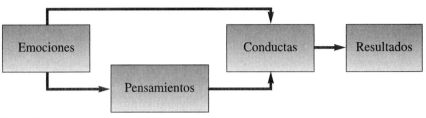

Fuente: HayGroup.

Figura 4. Relaciones entre las emociones, los pensamientos y las conductas.

En la figura 4, se resumen las relaciones existentes entre las emociones, los pensamientos y las conductas.

En la tabla 2, se muestra cómo diferentes tipos de conocimientos, habilidades y competencias pueden enseñarse, así como algunas de sus características.

Tabla 2. Formas de aprendizaje.

	Conocimientos y habilidades	Competencias (pensamientos + emoción + acción)
Ejemplos	Cómo leer un balance, cómo utilizar una hoja de cálculo	Cómo delegar, cómo negociar, cómo trabajar en equipo
Núcleo del aprendizaje	Neocórtex	Sistema límbico y neocórtex
Técnica de aprendizaje	Estudio, experimentación, observación, escucha	"Reprogramación de circuitos"
Programas	Cursos tradicionales de formación	Autodesarrollo, *coaching*, *mentoring*, formación *outdoor*, formación en el puesto
Resultados de la formación	A corto plazo	A medio y largo plazo
Impacto en el desempeño	Necesarios para desempeñar el puesto	Diferencian a los mejores en el puesto

La inteligencia emocional puede desarrollarse y las mejoras conseguidas pueden mantenerse.

La investigación aplicada realizada por Richard Boyatzis, profesor de la Case Wesern Reserve University, demuestra que las competencias emocionales pueden desarrollarse como parte de la educación universitaria.

Resultados de dos estudios longitudinales con estudiantes de MBA:

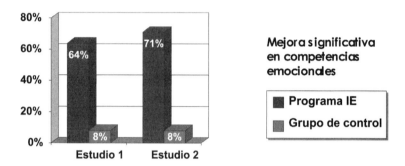

Figura 5. Resultados de dos estudios longitudinales con estudiantes de MBA (Boyatzis).

Figura 6. Modelo de desarrollo de competencias emocionales de HayGroup.

Como se aprecia en la figura 5, las mejoras en competencias emocionales en el grupo de estudiantes que siguieron un programa de inteligencia emocional fueron notables.

En la figura 6, se presenta el Modelo de desarrollo de competencias emocionales seguido por Hay Group.

Bibliografía

D. Goleman (1999), *La práctica de la inteligencia emocional*. Barcelona: Kairós.

D. Goleman (1997), *El punto ciego*. Barcelona: Plaza & Janés.

Hay Group, SAD (2000), *Factbook recursos humanos,* Aranzadi and Thomson.

HayGroup (2000), *Manual práctico de dirección y motivación en la empresa*. Barcelona: Cinco Días.D.C. McClelland (1987), *Human Motivation*, Cambridge University.

T. Hooghiemstra (1996), *Las Competencias: llave para una gestión integrada de los recursos humanos*. Bilbao: Deusto.

R. Lepsinger y A.D. Lucia (1997), *The art and science of 360º feedback*, Pfeiffer.

L.M. Spencer Jr., D.C. McClelland, S.M. Spencer (1992), *Competency Assessment Methods; History and State of the Art*, Hay/McBer Research Press.

EL CAMBIO EMOCIONAL

22. LA REGULACIÓN DE LAS EMOCIONES

ITZIAR ETXEBARRIA
Universidad del País Vasco

Todos hemos oído en más de una ocasión que conviene contar hasta diez antes de decir o hacer nada cuando estamos enfadados, que es sano no reprimir el llanto cuando estamos tristes, que a veces hay que saber quitar hierro a las cosas, tomarlas con cierta distancia, con humor, etc. Consejos de este tipo podemos encontrarlos no sólo en boca de padres y educadores o en los manuales de autoayuda, sino, dispersos aquí y allá, en muchas obras de literatura y pensamiento de todos los tiempos. Ello es reflejo del enorme interés de los humanos por controlar las emociones, eso que parece constituir la sal de la vida y que, sin embargo, a menudo nos plantea tantos problemas.

En el pasado este interés era doble, en cuanto que, al menos en nuestra cultura, dominaba una visión bastante negativa de las emociones. Recordemos aquí el influjo que han ejercido en ella tanto el modelo racionalista del ser humano dominante en la ciencia y la sociedad postcartesianas, en el que la emoción se consideraba algo de menor rango, que nos emparentaba con el mundo animal, como ciertas corrientes puritanas de pensamiento que, desde la antigüedad –desde los estoicos, pasando por la filosofía cristiana de la Edad Media o Spinoza– hasta no hace mucho han insistido en el carácter "animal", peligroso e, incluso, pecaminoso de los sentimientos humanos. Desde esta concepción, las emociones aparecían como algo a someter, a mantener bajo control. Hoy en día las cosas han cambiado sustancialmente. De hecho, más bien parece que asistimos a una cierta "moda" de lo emocional. En las últimas décadas, en las sociedades económicamente más desarrolladas, amplios sectores de la población parecen identificar la plenitud de la vida con la experimentación de emociones más o menos intensas o "fuertes". Se observa, así, una permanente búsqueda de lo emocionante, lo nuevo, lo inédito, lo inesperado, lo "excitante", etc. (algo de lo que los publicistas y las agencias de viajes se han percatado, sin duda, antes que los psicólogos). Las emociones no son ya algo peligroso que haya de mantenerse bajo control, sino algo positivo, a propiciar, que se estimula y que la gente busca activamente, incluso, de forma compulsiva. En este nuevo contexto, caracterizado además por la exaltación de la espontaneidad, para muchas personas cualquier intento de control de las emociones aparece como una forma de represión que, aparte de carecer de sentido alguno, puede ser perjudicial.

Como veremos más adelante, aunque a menudo se recurra a la psicología para tratar de justificar tales posiciones, no está nada claro que desde el punto de vista del bienestar psicológico de la persona lo mejor sea expresar las emociones sin ninguna cortapisa. En cualquier caso, parece oportuno preguntarse, antes de nada, por qué habríamos de controlar las emociones.

¿Por qué regular las emociones?

Una primera respuesta es obvia: porque a menudo lo pasamos mal con ellas (como ocurre, por ejemplo, cuando estamos tristes), y porque a veces dificultan nuestro funcionamiento (como, por ejemplo, cuando estamos nerviosos ante un examen, una entrevista de trabajo o una actuación en público). Pero hay más. En toda sociedad existen no sólo unas "reglas de expresión" de las emociones, sino también unas "reglas de sentimiento" que exigen de sus miembros un cierto control emocional.

A principios de los años setenta, Paul Ekman y Wallace Friesen, dos investigadores de la emoción de orientación neodarwinista,[1] propusieron el concepto de "reglas de expresión" (*display rules*) para explicar la gran diversidad cultural de las expresiones emocionales a pesar de la existencia de expresiones faciales universales. El término hace referencia a toda una serie de reglas más o menos implícitas acerca de cómo se han de *expresar* las emociones. Estas reglas varían de una cultura a otra –compárese, por ejemplo, la expresividad corporal de los italianos con la contención expresiva de los británicos, especialmente, los de clase social alta– y, dentro de una misma cultura, en función de la clase social, el sexo y los cambios sociales e históricos. Así, el llanto está peor aceptado en los varones que en las mujeres, la manifestación de la ira, por el contrario, ha de ser más contenida en éstas que en ellos, un estudiante con un mínimo de delicadeza no dará saltos de alegría por haber obtenido una buena calificación si el de al lado ha suspendido, y, desde luego, los subordinados no podrán expresar sus enfados o desagrados con la misma libertad que sus jefes.

En 1983, la socióloga Arlie Russell Hochschild planteó la existencia de otro tipo de reglas relativas a las emociones, a las que denominó *feeling rules* o "reglas de sentimiento".[2] Este término designa toda una serie de reglas o normas acerca de lo que se debe o no se debe *sentir* –no simplemente expresar– en una determinada situación, reglas de acuerdo a las cuales determinados sentimientos pueden considerarse adecuados o inadecuados. Estas normas varían también de unos grupos a otros, en función del sexo, la procedencia cultural y religiosa, la clase social, etc. Aquí podríamos incluir desde el «Amarás a tu padre y a tu madre» de la Biblia hasta las prescripciones sociales de odio-asco-miedo hacia los judíos, los negros, los homosexuales, los mendigos, los drogadictos, etc., pasando por las normas religiosas acerca de la culpa-vergüenza que se ha de sentir ante determinados sentimientos como el deseo de la "mujer del prójimo" o el de personas del propio sexo.

La existencia de estos dos tipos de reglas implica que las personas tenemos que cuidar no sólo cómo expresamos lo que sentimos, sino incluso lo que sentimos. Estos dos tipos de reglas presionan sobre nosotros –la mayoría de las veces sin ninguna conciencia por nuestra parte– para que adecuemos en un cierto sentido tanto la expresión exterior de las emociones como la naturaleza misma de nuestros sentimientos.

Sin embargo, el hecho de que estas reglas nos exijan controlar nuestras emociones no significa que tengamos que hacerlo. Muchas de estas reglas, si nos paramos a pensar en ellas, resultan bastante absurdas, cuando no dañinas al tiempo que sospechosas. Es evidente que al menos algunas de ellas cumplen fundamentalmente una función de control social.[3] En ese sentido, quizás más bien lo que habría que plantearse es cómo subvertirlas. Sin embargo, el hecho de que muchas de estas reglas sean discutibles no significa que en el terreno de las emociones –como, al igual que en otros ámbitos, muchas personas parecen haber concluido en los últimos tiempos– todo valga: «Cada cual siente las cosas como las siente y expresa sus sentimientos como le viene en gana.» Ni todo se puede expresar, ni todos los sentimientos, aunque no se expresen, son igualmente buenos.

Ciertamente, como poder, se puede expresar lo que se quiera. Sin embargo, aunque la expresión libre de lo que a uno le apetece, sin consideración alguna por los demás, a menudo se confunda con la libertad de expresión, no parece que la insensibilidad para con los otros y la mala educación constituyan el mejor camino para desarrollar una vida emocional no alienada. Y tampoco hay por qué dar por bueno cualquier sentimiento. Hay que decirlo bien claro: hay sentimientos malos, al margen de que contravengan o no alguna norma social al respecto. Por ejemplo, el sentir odio hacia los judíos podía estar bien visto –más aún, ser lo socialmente prescrito– en la Alemania nazi, y no por ello deja de ser un sentimiento execrable. Así pues, podemos decir que, más allá del interés personal y la convención social, hay razones morales para tratar de regular las emociones.

Pero aquí cabría plantear una pega: puede que algunos sentimientos, efectivamente, sean moralmente rechazables, pero ¿qué se puede hacer si uno los tiene?, ¿es que acaso tenemos alguna elección sobre nuestras vivencias emocionales? Pues bien, la respuesta es sí, bastante más –al menos– de lo que habitualmente se cree. Frente a lo que a menudo se supone –que uno tiene capacidad de elección sobre sus acciones, pero no así sobre sus sentimientos–, lo cierto es que podemos controlar en buena medida lo que sentimos. Y es que lo que sentimos en nuestro fuero interno no es una mera reacción pasiva ante las situaciones. En buena medida depende de aspectos sobre los que sí tenemos algún control. Depende, por ejemplo, de nuestros valores (así, no es casual que a algunas personas les den asco los homosexuales o miedo los inmigrantes), y los valores, aunque sea un ejercicio costoso y que pocas veces emprendemos, pueden ser sometidos a un análisis crítico. Hay, pues, modos de influir en lo que sentimos y modificarlo, aunque a veces –como en el caso de los ejemplos citados– no resulten sencillos y sólo consigan su objetivo a medio o largo plazo. De ello vamos a hablar precisamente en este capítulo, de los distintos modos de regular las emociones.

La regulación emocional

El término "regulación emocional" se utiliza en psicología para designar los diversos procesos que tienen la función de modificar en algún sentido –atenuar, fortalecer o transformar– tanto la expresión exterior como la experiencia subjetiva de cualquier emoción, positiva o negativa.

El control de la expresión exterior de las emociones no parece guardar grandes secretos. Una vez que se tiene una mínima conciencia de todo lo que se puede comunicar a los demás con la cara, los gestos, etc., no ofrece muchas dificultades su control voluntario. Si se aprende adecuadamente en la infancia, a través de la instrucción por parte de los adultos o de la mera imitación, este control se convierte en un hábito y no requiere ningún esfuerzo. En este capítulo nos centraremos, por tanto, en la regulación de la *experiencia emocional subjetiva*, que es lo que habitualmente más nos preocupa y parece conllevar una mayor dificultad. Hay que decir que, además, el término "regulación emocional" la mayoría de las veces se suele utilizar en este sentido.

Cuando pensamos en la regulación de la experiencia emocional subjetiva inmediatamente tendemos a pensar en la *atenuación* de las *emociones negativas*, emociones cuya vivencia resulta displacentera, desagradable (ansiedad, ira, tristeza, etc.). Sin embargo, a veces también nos interesa *intensificar* este tipo de emociones y hacemos un esfuerzo en ese sentido. Así, una persona puede tratar de intensificar la pena y la preocupación por el sufrimiento de un progenitor enfermo al que cree que debería profesar más cariño, y, para ello, trata de recordar los buenos momentos con él en la infancia. Por otra parte, a veces también estamos interesados en modificar *emociones positivas*, emociones cuya vivencia nos resulta placentera, como, por ejemplo, la alegría. Puede interesarnos tanto *atenuarlas* como *intensificarlas*. Pensemos en el caso en que uno se descubre a sí mismo un tanto miserable, alegrándose del mal ajeno o bien incapaz de alegrarse de la buena suerte de su amigo. Al hablar de la regulación emocional nos estamos refiriendo a todo este tipo de situaciones.[4] Así pues, el análisis que realizaremos en este capítulo vale para cualquiera de ellas, si bien insistiremos más en la atenuación de las emociones negativas, por ser lo que con más frecuencia nos preocupa.

Y bien, ¿cómo podemos regular la experiencia emocional subjetiva en todos estos casos?, ¿cuál o cuáles son los mejores modos de hacerlo? Para responder a estos interrogantes conviene analizar previamente qué es una emoción y, más concretamente, de qué depende la experiencia emocional subjetiva.

¿Qué es una emoción?

Aunque, todavía hoy, son muchas las cuestiones sujetas a debate en torno al carácter de la emoción, la mayoría de los estudiosos del tema coincide en dos puntos: en que las emociones son respuestas a sucesos o eventos especialmente relevantes para el sujeto, y en definirlas en términos de una serie de componentes.

Efectivamente, la emoción es una respuesta a acontecimientos relevantes para el sujeto, una respuesta a hechos que le *afectan* en aspectos fundamentales. Así, en muchos animales son observables reacciones emocionales en respuesta a sucesos o situaciones que pueden afectar a su supervivencia: reacciones agresivas ante el ataque de otro animal, paralización ante un estímulo desconocido, huida ante un peligro, etc., por no hablar de la tristeza de los monitos a los que separan de sus madres. En los seres humanos también podemos observar este tipo reacciones, pero en éstos la relevancia de los eventos depende sobre todo del *significado* que la persona, desde sus valores, preferencias, metas, planes, expectativas, etc., otorga a los mismos. Tanto es así que podemos decir que las emociones nos radiografían; a menudo reflejan mejor que cualquier declaración de principios cuáles son nuestros verdaderos valores y preocupaciones.

Parece claro que sólo nos provoca reacciones emocionales aquello que nos afecta realmente en algún sentido importante (aquello que afecta a nuestra supervivencia, nuestros valores, gustos, deseos, metas, etc.), pero ¿de qué depende el que un acontecimiento o un hecho determinado provoque una determinada emoción (miedo o rabia, orgullo o tristeza)?

Ello parece depender de ciertos *rasgos del evento*. En diversas investigaciones transculturales se ha constatado que en todas las culturas la alegría se asocia con refuerzos sociales o gratificaciones materiales, situaciones en las que la persona ha alcanzado lo que se proponía o percibe que lo logrará sin problemas; la tristeza se asocia con situaciones en las que el sujeto ha perdido algo valorado el miedo se relaciona con situaciones amenazantes, con resultados inciertos y con aquellas en las que el individuo no sabe si será capaz de enfrentarse; la cólera se asocia con situaciones en las que se impide o dificulta la realización de objetivos por parte de un agente que ha violado ciertos compromisos, etc.[5]

Pero el que un acontecimiento determinado se perciba con ciertos rasgos o con otros depende a su vez, en gran medida, de la *interpretación* que el sujeto haga de dicho acontecimiento. La interpretación de un mismo hecho, el significado que se atribuye al mismo, puede variar enormemente de una cultura a otra y de un individuo a otro. Así, lo que en una cultura puede considerarse una crueldad y una salvajada, en otra puede tomarse como normal, cuando no loable, y lo que un individuo puede interpretar como un tropezón o un comentario inocente, otro lo puede tomar como un ataque deliberado. Esto es lo que explica que un mismo tipo de evento pueda provocar emociones muy distintas no sólo en personas de diferentes culturas, sino en individuos de una misma cultura.

En conclusión, el hecho de responder con una emoción específica a un suceso determinado depende de que percibamos en él ciertos rasgos, lo cual a su vez está influido en buena medida por nuestros propios valores, deseos, metas previas, etc.

Por supuesto, afirmar que nuestras emociones dependen de cómo interpretemos las situaciones en ningún caso implica sostener que todo –la pobreza, la miseria, las humillaciones, etc.– dependa de cómo se lo tome uno (en el extremo, de cuán susceptible sea). Ahora bien, sin caer en subjetivismos extremos, es evidente que la interpretación de los eventos desempeña un papel de primer orden en la emoción. Esta interpretación no sólo es fundamental en la activación de la misma, determinando qué emoción concreta y con qué intensidad se siente, sino que forma parte consustancial de la experiencia emocional subjetiva. Dicha interpretación, junto con los pensamientos, imágenes, recuerdos, etc. que puede desencadenar, es lo que determina el contenido de dicha experiencia, sus matices y fluctuaciones. Cuando los procesos mentales en marcha dan lugar a un cambio en la interpretación de los hechos –por ejemplo, cuando se pasa de interpretar una conducta negativa como deliberada a verla como no intencionada– la emoción cambia sustancialmente.

Por otra parte, como se ha señalado, habitualmente se suelen distinguir en la emoción una serie de componentes. Aquí nos interesa destacar tres fundamentales. En primer lugar, el que en este capítulo más nos interesa y al cual nos acabamos de referir: la *experiencia emocional subjetiva*, la vivencia subjetiva de la emoción, lo que la persona siente en su fuero interno cuando reacciona emocionalmente, esa sensación especial que hace que nos sepamos emocionados, afectados por los acontecimientos en un sentido u otro (tristes o contentos, enfadados o avergonzados), y no simplemente apercibidos de lo que ocurre a nuestro alrededor. Junto a dicha vivencia a menudo podemos observar en las emociones –sobre todo cuando son intensas– *reacciones fisiológicas* de diverso tipo: cambios en la temperatura cutánea, el ritmo cardiaco, sudoración, etc. Y así en el lenguaje cotidiano –por no hablar de la literatura, donde podemos encontrar expresiones aún más ricas– decimos «Me quedé helado», «Me acaloré», «el corazón me dio un vuelco», «Tenía un nudo en la garganta», «Sudaba como un condenado», etc. Por último, toda emoción conlleva una serie de *tendencias expresivas y conductuales* más o menos específicas, aunque no siempre se manifiesten en el exterior. Son especialmente claras –y está demostrado que son universales– las expresiones faciales de emociones básicas como la ira, la alegría, la tristeza, el miedo, la sorpresa o el asco. Pero las emociones también se distinguen por el volumen, el timbre y la inflexión de las vocalizaciones (compárese, por ejemplo, el modo de hablar de una persona enfadada y el de una persona que está triste), por los gestos (de nuevo, pensemos en la persona iracunda, o en quien siente vergüenza, entusiasmo, abatimiento, etc.), y por diversas tendencias de acción: a la lucha, en el caso de la ira, a escapar en el del miedo, a esconderse en el de la vergüenza, a ayudar en el de la compasión, a reparar el daño en el de los sentimientos de culpa, etc. A partir del análisis de las expresiones y tendencias de acción comunes en los animales y en los seres humanos de muy diversas culturas, Charles Darwin dedujo que las emociones tenían una función adaptativa, y autores neodarwinistas como Silvan

Tomkins o Carroll Izard han defendido que las emociones constituyen el principal sistema motivacional humano.

Efectivamente, el análisis de las tendencias expresivas y conductuales de las distintas emociones nos revela que las emociones no sólo son reacciones ante cierto tipo de acontecimientos, sino que nos posicionan con respecto a los mismos, nos dicen cuál es la acción que corresponde en cada caso. En definitiva, si la razón nos ayuda a entender el mundo, la emoción, su hermana torpe, su acompañante molesta, no sólo nos indica –mucho antes de que la razón se pare a analizarlo– el significado de lo que sucede en relación con lo que realmente nos preocupa, sino que nos orienta sobre qué hacer al respecto.

> *Toda emoción*
> *sigue ordenadamente una pauta,*
> *obedece a un dictado,*
> *interpreta concienzudamente la vida.*
>
> *Siempre nos dice algo sabroso y repentino*
> *sobre la realidad que examina.*
>
> *Tiene rigor de axioma, pero no sólo eso,*
> *deduce sin titubear,*
> *no vacila como la claudicante razón,*
> *menesterosa, torpe, indecisa.*

CARLOS BOUSOÑO
Investigación del tormento

¿De qué depende la experiencia emocional subjetiva?

La interpretación de los eventos, junto con los pensamientos, imágenes, recuerdos, etc., activados por la misma constituyen, muy probablemente, los determinantes fundamentales de la cualidad e intensidad de la vivencia emocional subjetiva. Por tanto, son aspectos a los que habremos de prestar especial atención a la hora de plantearnos la regulación de dicha vivencia. Pero los otros dos componentes de la emoción –las reacciones fisiológicas y las tendencias expresivas y conductuales– también ejercen cierto influjo en la experiencia emocional subjetiva. Conocer dicho influjo nos puede sugerir nuevas vías para la regulación de la experiencia emocional. Veamos, por tanto, esta cuestión.

Respecto al papel de las reacciones fisiológicas en la vivencia emocional, existe evidencia empírica de que la activación fisiológica influye en la intensidad de los estados emocionales. Así, se ha comprobado que el aumento de la activación –provocado por el ejercicio físico o la inyección de ciertas sustancias como, por ejemplo, la epinefrina– puede intensificar una emoción ya existente.[6] Asimismo, se ha constatado que la activación residual de una situación previa, cuando se combina con la activación de una situación nueva, a menudo intensifica la respuesta emocional en la nueva situación.[7]

En cuanto a las tendencias expresivas y conductuales, existe también evidencia empírica de que las expresiones faciales influyen en la intensidad de las emociones: la exageración de las expresiones faciales aumenta la experiencia emocional, y la supresión de las expresiones faciales modera la intensidad de la misma.[8] Éste es un dato interesante, pues sugiere que se puede moderar o intensificar la experiencia emocional que se produce naturalmente controlando –suprimiendo o intensificando– las expresiones faciales.

Hoy en día no se discute que la expresión facial contribuya a la experiencia emocional, pero sí en qué medida lo hace. Algunos autores son muy escépticos a este respecto, y sostienen que el papel de la expresión facial en la vivencia subjetiva es insignificante. Habría otros factores mucho más importantes, a los cuales convendría, por tanto, prestar mayor atención: por ejemplo, con toda seguridad el cese de la vivencia emocional ante un suceso negativo depende mucho más del cese de la "rumiación"[9] mental del suceso que del hecho de poner *al mal tiempo* –literalmente– *buena cara*.

Este tipo de planteamientos, en los que se subraya la importacia de los procesos cognitivos en la emoción, son sin duda muy atinados. Como ya hemos comentado anteriormente, es muy probable que los procesos cognitivos constituyan el principal determinante de las variaciones cuantitativas y cualitativas de la emoción. Ahora bien, hay que decir que existe evidencia empírica de que no sólo la expresión facial, sino también la vocal, la postural y los movimientos de la persona, influyen en la experiencia emocional subjetiva.[10]

En definitiva, a la pregunta que nos hacíamos al principio, –¿de qué depende la experiencia emocional subjetiva?–, podemos responder diciendo que ésta depende básicamente:

1. De lo que nos sucede realmente.
2. De cómo lo interpretamos, del significado que le damos, y del conjunto de procesos cognitivos que se activan a partir de ese momento.
3. De las reacciones fisiológicas que acompañan a la vivencia.
4. De las expresiones emocionales.

A partir de este breve análisis de los factores que influyen en la vivencia emocional subjetiva, veamos cómo podemos regularla.

Vías para regular la experiencia emocional subjetiva

El análisis precedente permite apreciar que existen diversas vías para conseguir modificar lo que sentimos. Concretamente, podemos alcanzar nuestro objetivo a través de cuatro vías fundamentales:

1. La regulación de la confrontación con los hechos.
2. La regulación del procesamiento de la información tanto externa como interna.
3. La regulación de las reacciones fisiológicas.
4. La regulación de las tendencias expresivas y conductuales.

Veamos a continuación las múltiples posibilidades de modificar las emociones que estas vías nos abren y cuáles de ellas serían, en principio, las más adecuadas.

La regulación de la confrontación con los hechos

Como hemos visto, lo que sentimos depende, en primer lugar, de lo que nos sucede: en general, a todas las personas las enfermedades, aparte de sufrimiento físico, nos generan preocupación y ansiedad; el sufrimiento de otros, en especial el de los más cercanos y los más indefensos, compasión; que se nos trate injustamente, ira; los éxitos, alegría y las pérdidas, tristeza (otra cosa es qué interprete cada cual como injusticia, éxito o pérdida). De aquí se deduce que un primer modo en que podemos modificar lo que sentimos es regulando nuestra exposición a los acontecimientos o situaciones que nos provocan emociones. Esto lo podemos hacer a través de la acción: exponiéndonos a circunstancias o situaciones agradables, que nos provocan emociones positivas, y evitando las situaciones desagradables o, cuando ello no es posible, tratando de que pasen o se resuelvan cuanto antes. Lo podemos hacer, también, a través de procesos atencionales: simplemente, atendiendo a los sucesos agradables y no atendiendo a los desagradables.

Esta forma de regulación emocional es algo que aplicamos continuamente, aunque no nos demos cuenta de ello. Por ejemplo, a menudo evitamos los estímulos o situaciones que nos producen miedo y en cambio volvemos una y otra vez sobre aquellos que nos producen emociones positivas. Escapamos del sufrimiento empático o de la ira apagando la tele, dejando de leer los periódicos, eludiendo hablar de ciertos temas, etc. Tratamos de pensar en otra cosa mientras nos están sacando una muela o nos distraemos con múltiples actividades para no sentir nostalgia cuando estamos lejos de casa. En todos estos casos estamos tratando de regular las emociones controlando, a través de la acción o la atención, la confrontación con los sucesos que las provocan.

La regulación de la confrontación con los eventos es lo que subyace en estrategias reguladoras como las conductas evitativas típicas de las fobias (la evitación de viajar en avión, por ejemplo, si a uno le produce pánico volar), la atención selectiva (atender sólo a lo que a uno le interesa o le resulta más agradable, y no fijarse en el resto), el acopio de información (por ejemplo, en el caso de un diagnóstico de cáncer, para ver todo tipo de posibilidades de cura), o la distracción conductual y cognitiva (hacer deporte o distraerse con una película o un libro para no pensar en algo que nos preocupa o nos pone tristes).

Todas estas formas de regulación pueden ser eficaces –es decir, pueden servir para modificar la experiencia emocional– en mayor o en menor medida. Pero es evidente que no todas ellas son igualmente buenas. Aunque no se pueda afirmar taxativamente cuáles son positivas y cuáles no –más adelante insistiremos sobre esta cuestión–, podemos destacar algunas de ellas como especialmente adecuadas. Por ejemplo, merece destacarse, en los casos de sufrimiento, ansiedad o preocupación por situaciones dolorosas (un diagnóstico de cancer, un problema laboral, etc.), todo lo que es el afrontamiento activo de la situación y la resolución del problema desencadenante de la situación. Cuando lo que se trata de regular es la ira desencadenada por una situación poco importante, son particularmente recomendables las estrategias de distracción cognitivas o conductuales, en lugar de seguir dándole vueltas al problema.

> Para algunas de las indignidades de la vida, el mejor remedio es la acción directa. Para las indignidades menores, el mejor remedio es una película de Charlie Chaplin. La parte difícil es ver la diferencia.
>
> CAROL TAVRIS
> *Anger: The misunderstood emotion*

El manejo de la confrontación con la realidad sugiere, junto a las citadas, otra forma de regulación emocional, ésta más a largo plazo: se trata de regular las experiencias emocionales seleccionando y creando –hasta donde nos sea posible– circunstancias de vida que planteen demandas emocionales agradables y manejables, no excesivamente exigentes. Éste quizás sea uno de los modos más inteligentes de regular las emociones. Pensemos cuántas veces, en la vida actual, nos sentimos sobrepasados por las circunstancias, estresados y ansiosos. Entonces queremos una solución rápida, un buen psicólogo, algún método de control mental con absoluta garantía de eficacia o, mejor aún, algún producto que nos ponga rápidamente en forma. Y, sin embargo, la fórmula mágica, rápida y eficaz, sin contraindicaciones y que nos permita seguir felices con el mismo ritmo, no existe. Todo resultaría mucho más fácil con que, simplemente, dedicáramos un poco de tiempo a pensar y organizar de forma más sensata las distintas cosas a las que queremos atender en la vida.

La regulación del procesamiento de la información externa e interna

Si, como hemos visto, lo que sentimos depende también en gran medida de la interpretación que hacemos de los hechos y del conjunto de procesos cognitivos que se activan a partir de ese momento, junto a la anterior, una de las principales vías para regular la vivencia emocional consiste en la modificación de las interpretaciones, los pensamientos, imágenes, etc. activados por los sucesos emocionales. Esto es algo que en realidad hacemos frecuentemente, aunque no nos demos cuenta de ello. Nico Frijda, uno de los autores más importantes en el campo de la emoción, lo denomina "afrontamiento intrapsíquico".

El «afrontamiento intrapsíquico» a menudo implica una cierta distorsión de la realidad o al menos un debilitamiento de la relación con la misma, por lo que suele considerarse una forma de reinterpretación o reevaluación defensiva. Esto es así, ciertamente, en el caso de la negación (no aceptar, hasta el punto de no percibirla, una realidad que resulta dolorosa), las reacciones de desapego (aquí se incluyen desde la intelectualización a respuestas automáticas como el embotamiento afectivo o la despersonalización), la racionalización (justificar desde el punto de vista lógico, racional o moral algo cuyas verdaderas razones resulta doloroso o desagradable aceptar), la proyección (percibir en otros algo que no se quiere admitir en uno mismo) o lo que los anglosajones denominan *wishful thinking* (confundir los deseos con la realidad).

Sin embargo, no todo el afrontamiento intrapsíquico es de carácter defensivo. Por ejemplo, no lo son el distanciarse un poco de las cosas y mirarlas con cierta perspectiva, ni el bromear o ironizar sobre las mismas, dos formas de distanciamiento particularmente saludables. En estos casos puede hablarse de una reevaluación constructiva, en cuanto que no se produce exactamente una distorsión de la realidad, sino, simplemente, un enfoque más positivo de la misma. La reevaluación constructiva puede tomar muchas otras formas: por ejemplo, percibir los eventos como retos, como necesarios o como dotados de sentido; comparar la propia situación con la de otros que están aún peor; verle ciertos aspectos positivos a la situación («No hay mal que por bien no venga»), y un largo etcétera. Todas estas estrategias, además de ser efectivas, constituyen en general formas bastante adecuadas de regular las emociones (aunque, ciertamente, a nadie se le escapa que los límites entre lo que es una reevaluación defensiva y una reevaluación constructiva son bastante difusos). El recurrir a este tipo de estrategias, ya sólo por la oportunidad que ofrece de cuestionar y revisar muchas interpretaciones a menudo erróneas o sesgadas de la realidad y el ejercicio de flexibilidad mental que supone, resulta especialmente recomendable.[11]

Entre las múltiples formas de reinterpretación constructiva, merecen especial atención las referidas a las causas de los acontecimientos negativos y, en particular, a la posibilidad de controlar dichos acontecimientos. Media un abismo entre la interpretación de una circunstancia negativa como incontrolable («No hay nada que hacer») y la interpretación de la misma como –al menos– relativamente controlable. La diferencia entre una interpretación y otra afecta sustancialmente a lo que se siente: desesperanza y abatimiento en el primer caso, esperanza y ganas de luchar en el segundo. El paso de una interpretación a otra constituye una forma de reestructuración cognitiva decisiva para muchas personas entrampadas en situaciones adversas de lo más variadas (paro, fracaso escolar, dificultades en las relaciones interpersonales, etc.).

Hagamos aquí un pequeño paréntesis para subrayar la importancia de dicho paso. Se ha comprobado que la percepción de control, al amortiguar el estrés, reduce los efectos nocivos de éste en la salud física (está demostrado que el estrés afecta al sistema inmunitario, el sistema circulatorio, las reservas de energía, la sexualidad, el ciclo menstrual, etc.). Asimismo, se ha constatado que la percepción de control no sólo protege de la enfermedad, sino que aplaza la muerte. Así, por ejemplo, en varios estudios hoy en día famosos, Ellen Langer y Judith Rodin encontraron que, al aumentar la percepción de control en un grupo de ancianos de una residencia, éstos no sólo se mostraban más activos y decían sentirse mejor, sino que, al cabo de un año, presentaban mejores condiciones físicas y psíquicas y menos muertes que un grupo de ancianos similar, de la misma residencia, en los que no se realizó tal intervención. En otro estudio sobre varones con sida, realizado por Shelley Taylor y colaboradores a principios de los noventa, los que creían que podrían vencer la enfermedad –aunque esta creencia fuera ilusoria– murieron hasta nueve meses después que los más realistas respecto a sus probabilidades de sobrevivir. La percepción de control –aun siendo un tanto ilusoria– se ha revelado igualmente beneficiosa en muchos casos de cáncer.

No obstante, conviene ser prudentes a la hora de plantearse las implicaciones prácticas de estos estudios pues la elevada percepción de control es un arma de doble filo. Por señalar sólo un problema, la creencia en la posibilidad de controlar algo que en realidad es inevitable puede llevar a la persona a derrumbarse aún más o a culpabilizarse cuando lo inevitable sucede.[12]

Dentro de esta segunda vía que venimos comentando se ha de considerar no sólo el procesamiento de la información externa, sino también el de la información interna. En efecto, también podemos regular la emoción modificando la interpretación de las señales internas de activación emocional. Podemos, por ejemplo, interpretar la activación fisiológica anterior a comenzar una actuación en público como algo plenamente normal y hasta positivo, que puede favorecer la actuación posterior, en lugar de verla como un síntoma de ansiedad de efectos negativos.

Las dos vías hasta aquí analizadas –la regulación de la confrontación con los sucesos y la del procesamiento de la información externa e interna– constituyen probablemente las principales vías para modificar la experiencia emocional. Pero aún hay otras manera de influir en ésta.

La regulación de las reacciones fisiológicas

Como hemos visto, la activación fisiológica influye en la intensidad de la experiencia emocional subjetiva. Ello sugiere una tercera vía para regular las emociones: la regulación de las reacciones fisiológicas.

Las respuestas fisiológicas pueden ser reguladas mediante tranquilizantes, sedantes, alcohol, etc., también, hasta cierto punto, por técnicas de biorretroalimentación (*biofeedback*). Éstas consisten básicamente en registrar las respuestas fisiológicas de una persona y suministrarle al mismo tiempo dicha información en forma de señales visuales o auditivas fáciles de entender, de modo que la persona pueda tomar conciencia de las variaciones en las mismas: por ejemplo, cada vez que la tensión muscular se afloja, la señal luminosa que aparece en una pantalla puede volverse más brillante. La persona ha de intentar controlar los cambios en la imagen (o el sonido). De este modo, poco a poco acaba aprendiendo a controlar voluntariamente las respuestas fisiológicas. Estas técnicas se han revelado útiles en muchos casos, pero lo cierto es que diversos métodos de relajación y ejercicios de respiración, más sencillos y que no exigen equipos tan costosos, brindan beneficios similares.

La regulación de las tendencias expresivas y conductuales

El control de las tendencias expresivas y conductuales de la emoción no sólo lo llevamos a cabo para controlar sus consecuencias sociales, sino también como forma de regular la propia experiencia subjetiva. Esto tiene su lógica, toda vez que, como hemos visto antes, las expresiones faciales, vocales, posturales, etc., influyen en la intensidad de la vivencia emocional.

Tanto el dar rienda suelta a las expresiones y conductas emocionales como su supresión o inhibición sirven para regular la experiencia emocional. La inhibición o supresión de las expresiones emocionales, en especial adoptando intencionadamente una expresión o actitud diferente, incompatible con la tendencia natural de una emoción dada, además de afectar directamente a dicha tendencia, puede llevar a descubrir que tal actitud, como actitud interna, es posible en esa situación, y puede, asimismo, llevar a buscar apoyo externo para una interpretación diferente de la situación. Todo ello puede afectar a la experiencia emocional subjetiva.

Sin embargo, la supresión de la respuesta emocional externa, por sí misma, no siempre elimina ni debilita la experiencia emocional interna. A menudo –especialmente cuando la activación es muy fuerte– tiene poco efecto sobre la vivencia interna e incluso genera más tensión. En tales casos, y en muchos otros, el abandono de todo control se experimenta como un alivio e incluso parece ser el prerrequisito para acabar con una emoción negativa demasiado intensa. Pero, el abandono de todo control, el puro desahogo emocional, ¿aporta realmente el beneficio que habitualmente se le atribuye?

Se ha discutido mucho entre los psicólogos si realmente la catarsis –entendida como liberación de las emociones sin ningún control– tiene los efectos que se le suponen. Aunque, hoy por hoy, la cuestión no pueda darse por zanjada, la mayoría de los estudios más bien contradicen la hipótesis.[13] Es cierto que, a veces, ceder a la ira o llorar "a moco tendido" relaja mucho y hace que la emoción pierda fuerza. Sin embargo, también lo es que, a menudo, ello, además de intensificar la activación fisiológica, supone una focalización excesiva en los hechos desencadenantes, que empiezan a tomar dimensiones cada vez mayores. El resultado es la intensificación de la vivencia emocional negativa. Además, el dar rienda suelta a lo que se siente, sobre todo en el caso de la ira, puede resultar tan reforzante que lleve a la persona a reaccionar siempre del mismo modo, no recurriendo a otras formas de regulación que podrían resultar mucho más adecuadas. Concretamente, mucho mejor sería tratar de ver las cosas de otro modo (no atender sólo a los aspectos más oscuros de la situación en el caso de la tristeza, cuestionar los pensamientos automáticos en los que se suele tender a caer en el caso de la ira) y, si ello no es posible, tratar de distraerse realizando alguna actividad que aleje nuestra mente del problema.

La regulación con la ayuda de otros

Al analizar la regulación emocional es importante tener en cuenta que ésta no es un proceso meramente individual. En ella intervienen también los demás, en especial los más íntimos. Esto es especialmente evidente en los primeros años de vida: cuando los niños lloran, a menudo tratamos de distraerlos llamándoles la atención sobre algo que les puede resultar atractivo, tratamos de provocar en ellos la emoción contraria dándoles un juguete o una galleta, les decimos que no se preocupen, que su madre volverá pronto, etc. Pero el papel de los otros en la regulación de las emociones es fundamental a lo largo de todo el ciclo vital. Los demás nos ayudan de muchos modos a regular las emociones: guían la atención sobre determinados rasgos o aspectos de los hechos, dictan en buena medida su significado, apoyan determinadas interpretaciones y valoraciones, corrigen o discuten otras, permiten o no el desahogo, se muestran más o menos comprensivos, etc.

La influencia de los otros, como puede apreciarse, es en gran medida indirecta: tiene lugar a través de su influjo sobre alguno de los procesos reguladores –atencionales, cognitivos, conductuales, etc.– mencionados en el punto anterior. Ahora bien, es muy probable que, al margen de cualquiera de esos procesos, en cuanto seres intrínsecamente sociales que somos, la sola atención y comprensión de los otros aporte un elemento fundamental para la regulación emocional, una especie de calmante psíquico natural.

La ayuda de los demás, que tiene un gran valor en el día a día, puede considerarse inestimable cuando nos encontramos en situaciones altamente estresantes. Cualquiera que esté en contacto con enfermos de cáncer, sida, ancianos, etc. sabe por experiencia propia la enorme importancia que tiene para estas personas el contar con la compañía, el apoyo y la comprensión de los otros. Pero, además, existen numerosos estudios empíricos que demuestran la gran importancia del apoyo social, en éstos y en muchos otros casos, tanto para el bienestar psíquico como para la salud física.

En 1976 Stanley Cobb publicó un novedoso artículo en el que demostró los beneficios que reportaba para la salud mantener una red social de amistades durante los momentos de tensión. A través de diversos estudios, demostró que una amistad o una red de apoyo protegía a las personas de la enfermedad y la muerte tras un amplio abanico de tragedias. Cientos de estudios posteriores han apoyado sus conclusiones. Por citar tan sólo los resultados de algunos de ellos, se ha encontrado que los problemas de salud después de una violación, un aborto espontáneo, la muerte de una persona cercana, la pérdida del trabajo, un divorcio, y muchos otros sucesos estresantes disminuyen en gran medida si las personas cuentan con amigos en quienes apoyarse. Asimismo, se ha encontrado que las personas que obtienen puntuaciones altas en las escalas de soledad presentan una función inmunitaria menor, y que aquéllas con cónyuge y/o amigos íntimos tienen mayor esperanza de vida. También se ha encontrado que los padres de niños muertos en la guerra o en un accidente corren mayor riesgo de morir durante el período de duelo si carecen de apoyo social. Un último estudio que merece destacarse aquí es el realizado por David Spiegel y colaboradores en el que se observó que la terapia de grupo no sólo mejoraba el estado de ánimo y disminuía el dolor de las mujeres que estaban siendo tratadas de cáncer de mama con metástasis, sino que prolongaba significativamente su vida en comparación con la de otras mujeres en circunstancias similares que no asistían a sesiones de terapia de grupo. Efectos similares del apoyo social se han encontrado en pacientes que han sufrido trasplante de médula ósea, en ancianos que han sobrevivido a un ataque cardiaco, etc.[14]

Los amigos pueden amortiguar los efectos del estrés de muchos modos, entre otros, porporcionando apoyo material –dinero, cobijo, información, etc.–, comprensión y una perspectiva exterior que ayude a hacer frente a la situación más adecuadamente. Esto último es muy importante. Cuando la situación es realmente traumática, la persona puede llegar a dudar de sí misma, y la red de amigos puede ser decisiva para ayudarle a mantener una visión estable del mundo y de sí misma, no permitiéndole que se deje arrastrar por interpretaciones altamente dañinas: por ejemplo, señalándole que no tiene ninguna responsabilidad en que alguien la atacara cuando paseaba sola, que no es verdad que no encuentre trabajo porque sea una persona inútil, que no es verdad que todo esté perdido y no haya nada que hacer (recuérdese lo dicho anteriormente acerca de la importancia de la percepción de controlabilidad de las situaciones estresantes), etc.

Uno de los beneficios más importantes del apoyo social es que proporciona la posibilidad de hablar de lo que a uno íntimamente le preocupa. En relación con esto, merecen destacarse aquí los trabajos de James Pennebaker y colaboradores en torno a la importancia de hablar con otros de nuestros pensamientos y sentimientos más íntimos.[15] Este grupo de psicólogos ha demostrado con toda una serie de experimentos bien controlados que guardarse o inhibir deliberadamente una experiencia traumática o dolorosa puede ser nocivo. Según pasa el tiempo, la inhibición va minando las defensas del organismo y, al igual que otros factores productores de estrés, puede afectar a la función inmunológica, a la actividad del corazón y a los sistemas vasculares, incluso al funcionamiento bioquímico del cerebro y al sistema nervioso. Por el contrario, la confrontación de la experiencia –y de los pensamientos y sentimientos a ella asociados– que uno ha estado inhibiendo durante mucho tiempo, el mero hecho de hablar de ello con alguien, tiene efectos beneficiosos no sólo en la salud mental, sino también en la física.

La importancia de poder hablar con alguien de lo que a uno más le preocupa o le duele en su interior es algo que siempre se ha reconocido. La mayoría de los terapeutas está también de acuerdo en que hablar resulta de gran ayuda. Lo que no está tan claro es el porqué. Sigmund Freud en un principio –en el período del "método catárquico", de 1880 a 1895– lo explicaba básicamente por la "abreacción" o descarga emocional que se suele producir, pero progresivamente fue subrayando cada vez más la importancia de la oportunidad que la objetivación del acontecimiento traumático a través del lenguaje ofrece para elaborar psíquicamente la experiencia. En la actualidad ciertas terapias "alternativas" sostienen que la mera descarga de las emociones mediante el llanto, la risa o la rabia puede mejorar de manera permanente la salud psíquica y física. ¿Es esto cierto? ¿Por qué hablar resulta beneficioso?

Para Pennebaker, que ha desarrollado varias investigaciones para responder a la cuestión, guardarse de manera activa los sentimientos puede, desde luego, ser estresante y tener efectos similares a los del estrés, pero la razón fundamental del beneficio de hablar no reside en que la descarga emocional reduce los costes de la inhibición. La razón fundamental se encuentra en la oportunidad que ofrece para comprender las causas y los efectos de lo que nos pasa, para dotar de algún sentido a la experiencia. Es la comprensión de la experiencia lo que nos cura. En este sentido, se ha demostrado que el escribir sobre las experiencias más íntimas puede tener efectos en la salud mental y física muy similares al hecho de hablar sobre las mismas.

Pero una cosa es hablar o escribir sobre las emociones y los traumas más íntimos, y otra bien diferente rumiar, darle vueltas una y otra vez a un mismo acontecimiento doloroso, desconcertante o preocupante, bien en solitario o contándoselo prolijamente al primero que se nos presenta. Es muy probable que lo que lleva a rumiar durante horas –o incluso días– una injusticia, una ofensa o un desprecio a muchas personas no particularmente rencorosas sea en buena medida esa necesidad de entender lo que ocurrió: por qué se portó así, por qué a mí, qué le hice, qué significa su comportamiento, qué pretendía, etc. Sin embargo, esta "rumiación", sobre todo si no encuentra un interlocutor que ayude a clarificar las distintas cuestiones en juego y a avanzar en la reflexión, puede ser más un obstáculo que una ayuda para regular la experiencia dolorosa. Con la carga emocional, resulta difícil ordenar las ideas, éstas tienden a agolparse y enmarañarse, volviendo cada vez más confuso el problema. Y el mismo pensamiento confuso exige seguir pensando, para tratar de encontrar alguna luz que lo ilumine. Pero si se sigue pensando, la atención continúa centrándose en el acontecimiento desencadenante, y quizás en el recuerdo de ocasiones similares, y la imagen del suceso, en lugar de desvanecerse, alejarse o volverse más nítida y manejable, comienza a hacerse cada vez más grande y más confusa.

La tendencia a la "rumiación" es mayor en las mujeres que en los varones. Ello quizás tenga que ver con su mayor preocupación por las relaciones interpersonales y su menor tendencia a evitar o eludir el afrontamiento de los problemas que a menudo se plantean en dichas relaciones, algo que en principio puede considerarse más bien positivo. Sin embargo, la tendencia a la "rumiación" no tiene nada de bueno y es algo que conviene controlar.[16] ¿Cómo podemos hacerlo? Dejando a un lado situaciones patológicas donde lo que se dan son auténticas obsesiones, la "rumiación" puede controlarse de diversos modos. Cuando el problema desencadenante es grave, quizás lo mejor sea ponerse en manos de un amigo o alguien que nos pueda ayudar a interpretar correctamente la situación, al tiempo que sepa ayudarnos a distanciarnos y nos proporcione apoyo emocional. Esto hay muchas personas que, sin ser psicólogos, saben hacerlo muy bien. Cuando el problema es menor, lo mejor es "no darle más vueltas" y distraerse con cualquier actividad física o mental que nos absorba plenamente. La meditación, si se tiene un cierto entrenamiento en ella, es también un buen recurso.[17]

¿Y los estados de ánimo?

Hasta ahora nos hemos referido básicamente a los diversos modos de controlar las reacciones emocionales provocadas por hechos, sucesos o situaciones más o menos concretas. Sin embargo, todos tenemos la experiencia de sentirnos a veces irritables, deprimidos, ansiosos o eufóricos sin ninguna causa aparente. Son lo que denominamos estados de ánimo. Éstos suelen distinguirse de las emociones propiamente dichas por ser en general, en comparación con éstas, menos intensos, más prolongados –lo más común es que duren por lo menos todo un día o varios días– y, sobre todo, por su relativa inespecificidad o ausencia de objeto (nos enfadamos o nos ponemos tristes por algo concreto, pero a menudo nos sentimos irritados o deprimidos por todo y por nada en particular). Este último rasgo sería el fundamental. No lo serían tanto la menor intensidad y la mayor duración, pues algunos estados de ánimo pueden ser bastante intensos y existen reacciones afectivas que, aun siendo prolongadas en el tiempo, nadie consideraría como estados de ánimo, puesto que se hallan claramente motivadas por un objeto o situación. En el caso de los estados de ánimo, precisamente por su relativa inespecificidad, al no encontrarles ninguna causa aparente, al no entender por qué surgen o de dónde provienen, a menudo nos sentimos aún más desorientados que en el caso de las reacciones emocionales concretas sobre qué hacer para cambiarlos. Merece la pena, por tanto, dedicar aquí un breve espacio a la regulación de estos estados emocionales "sin objeto".

Dentro del campo de los fenómenos afectivos –todo él, aunque ahora esté cobrando gran fuerza, bastante descuidado por la psicología hasta hace sólo unas décadas–, los estados de ánimo son uno de los fenómenos donde la investigación es más escasa. Uno de los autores que más ha trabajado sobre el tema es Robert Thayer. Este autor ha elaborado una teoría muy sencilla pero con gran capacidad explicativa y muy útil para lo que aquí nos interesa: hacernos con algunas pistas para comprender de dónde provienen los estados de ánimo y aprender a regularlos o, al menos, alcanzar cierto control sobre los mismos.[18]

Thayer plantea que los estados de ánimo –a diferencia de la emociones, que responden sobre todo al curso de los acontecimientos relevantes para el sujeto– tienen una fuerte base biológica: provienen de estados generales de activación corporal. Este autor distingue dos dimensiones continuas de activación: una que va del polo de la *energía* al del cansancio y otra que va del polo de la *tensión* al de la calma. Todavía no está claro si estas dos dimensiones son capaces de explicar por sí solas todos los estados de ánimo, pero la mayoría de los científicos está de acuerdo en que muchos aspectos fundamentales de los estados de ánimo cotidianos pueden atribuirse a dichas dimensiones.

A partir de estas dos dimensiones podemos distinguir cuatro tipos de estados de activación básicos: calma-energía, calma-cansancio, tensión-energía y tensión-cansancio (figura 1).

Estos estados, que poseen un sustrato fisiológico diferenciado, son experimentados subjetivamente de forma diferente. El estado de *calma-energía* es el estado ideal, es el estado en el que uno se siente con energía, seguro, tranquilo, bien, "en plena forma". El estado de *calma-cansancio* sigue siendo positivo. Es el estado en el que, por ejemplo, nos podemos sentir al final de un día más o menos bueno. Estamos cansados, sí, pero sin demasiadas preocupaciones. Puede que no nos sintamos con ganas de salir de marcha, pero en cambio disfrutamos oyendo música o leyendo una novela. El estado de *tensión-energía*, aunque para algunas personas resulta agradable, es muy diferente al de calma-energía. Es el estado en el que podemos sentirnos, por ejemplo, en el trabajo, cuando tenemos que abordar distintos problemas pero, a pesar de ello, nos sentimos con fuerzas suficientes para afrontarlos, de modo que incluso podemos vivirlos más como retos que como

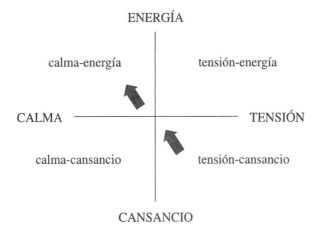

Figura 1. Estados de activación. Las flechas indican la dirección en que habitualmente se trata de cambiar los estados de ánimo.

amenazas. Por último, el estado de *tensión-cansancio* es un estado desagradable. Es cuando, además de experimentar un alto grado de tensión, nos sentimos agotados, sin fuerzas. La mayor parte de los estados de ánimo que consideramos negativos, son estados de tensión-cansancio. Este estado es molesto y tratamos de evitarlo; desgraciadamente, a menudo lo hacemos con conductas no deseables. Así, por ejemplo, algunos estudios sobre bulímicos sugieren que sería el estado de tensión-cansancio el que lleva a estas personas a comer compulsivamente: estas personas dicen sentirse irritables y débiles justo antes de darse el atracón.[19] Éste sería también el estado en que tienden a romperse las dietas, se suele volver a fumar, a beber o a tomar drogas.

La energía y la tensión influyen en nuestros pensamientos. Así, por ejemplo, está demostrado y todos tenemos la experiencia de que en el estado de tensión-cansancio cualquier problema se agranda. En cambio, en un estado de tensión baja o moderada y alta energía las cosas se ven con mayor optimismo. Pues bien, la combinación de la tensión y la energía, conjuntamente con la influencia que ejercen en los pensamientos, es lo que constituye lo que la mayoría de las personas denomina estados de ánimo.

En definitiva, en los estados de ánimo intervienen tres elementos fundamentales: la energía, la tensión y los pensamientos. Estos últimos, como acabamos de ver, se derivan de los anteriores, pero ¿de qué dependen la energía y la tensión?

La energía depende de muy diversos factores: la alimentación (la relación entre este factor y la energía subjetiva puede que no resulte clara para quienes comen normalmente, pero es evidente en los casos de desnutrición extrema), la salud, el sueño, el ejercicio físico, los ritmos circadianos, etc. Por su parte, la tensión posee un componente más cognitivo. Depende, sobre todo, de cómo valoremos y abordemos toda una serie de circunstancias y demandas que la vida nos va presentando. Pero la tensión no es ajena a influencias biológicas. Así, por ejemplo, aunque es una cuestión que todavía se discute, parece que puede hablarse de un aumento de la tensión en las mujeres hacia el final del ciclo menstrual.[20] Y lo que aquí más nos interesa, la tensión se ve influida por los cambios en la energía. Por otra parte, la energía tampoco es ajena a los procesos cognitivos, puesto que, a su vez, se halla influida por la tensión.

Veamos con más detenimiento esto que se acaba de decir. ¿Qué relación guardan entre sí la tensión y la energía?

Se ha constatado que una y otra se desarrollan paralelamente hasta un cierto punto, pero, después, a medida que una aumenta la otra disminuye. En efecto, a medida que se incrementa la tensión, la energía crece, pero sólo hasta un nivel moderado; a partir de ahí, el aumento de la tensión reduce la energía. Del mismo modo, cuando la energía aumenta alcanzando niveles muy elevados, la tensión se reduce. Por último, cuando la energía disminuye hasta el agotamiento, la tensión también decrece (figura 2).

Este breve análisis de los elementos que intervienen en los estados de ánimo y de los factores que influyen en cada uno de ellos nos proporciona pistas muy valiosas para su regulación. Veamos ahora esta cuestión.

Los estados de tensión-cansancio, los estados en que los problemas se agrandan y que nos interesa especialmente aprender a regular, aparecen bien porque la persona se ha tenido que enfrentar a situaciones estresantes con un nivel bajo de energía (lo que hace que las situaciones generen aún más tensión, lo cual, a su vez, merma todavía más la energía), bien porque aunque comenzara con un buen nivel energía la tensión excesiva ha acabado por agotarla. Para evitar o superar dichos estados tenemos, por tanto, varias alternativas: aumentar la energía, reducir la tensión o, mejor, combinar ambas cosas.

Para aumentar la energía, por supuesto, lo fundamental es cuidar la salud, la alimentación, el sueño, etc. Pero hay un modo sencillo de conseguirlo a corto plazo: el ejercicio. Está demostrado que un paseo de diez minutos aumenta el nivel de energía posterior durante un período de treinta a noventa minutos. Thayer y colaboradores, en un estudio en el que trataron de ver si el ejercicio podía sustituir a la tendencia a picar dulces –una conducta que

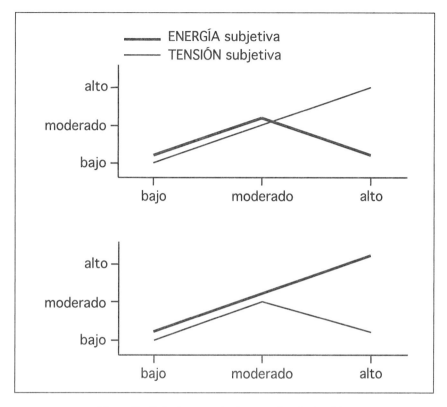

Figura 2 . Relaciones entre la energía y la tensión.

mucha gente utiliza, sin darse cuenta, para salir del estado de tensión-cansancio–, observaron que el ejercicio moderado amortiguaba el impulso de comer; además, aumentaba la energía y, aunque menos, hacía que la tensión disminuyera.[21] Para conseguir un aumento de energía a corto plazo es mejor el ejercicio moderado. El ejercicio intenso es muy bueno para descargar la tensión, y a la larga aumenta la energía, pero a nivel inmediato produce fatiga.

Para reducir la tensión, además del ejercicio fuerte, que es un buen recurso, contamos con muchas otras alternativas. Por ejemplo, se puede recurrir a la meditación. Ésta seguramente funciona porque implica control del pensamiento (dejar la mente en blanco) y relajación muscular. Podemos recurrir también a diversas técnicas de relajación activas y pasivas, a hacer yoga, tomar duchas calientes, masajes, a cantar, bailar, escuchar música, etc. Existen prácticamente tantos recursos como gustos personales.

Aunque todas estas alternativas ayudan a corto plazo, lo cierto es que, en la medida en que la tensión tiene que ver con los problemas del mundo real y el modo de abordarlos, no podemos esperar de ellas soluciones definitivas. La reducción de la tensión a largo plazo exige revisar las tareas y situaciones a las que nos enfrentamos y el modo de hacerlo. Sin embargo, ello no siempre es fácil y, en determinadas situaciones, ni siquiera factible, al menos a corto o medio plazo. Por ello, conviene no olvidar que el análisis de la relación entre la tensión y la energía sugiere otro buen modo de reducir la tensión a priori: aumentar la energía. En efecto, cuando nos encontramos débiles, cansados, cualquier problema nos desborda. En cambio, cuando nos sentimos fuertes nos sentimos también más capaces de abordar los problemas y éstos nos resultan menos estresantes.

Por último, en cuanto a los pensamientos y preocupaciones que aparecen cuando nos encontramos en un estado de ánimo negativo, sabemos que muchos de ellos son en buena medida secundarios y, por tanto, el esfuerzo por controlarlos no parece ser la mejor vía para conseguir modificar dicho estado. Ahora bien, no está de más tratar de atenuarlos. Sobre cómo hacerlo, ya se ha dicho algo en el apartado «Vías para regular la experiencia emocional subjetiva». La mera conciencia de que tales preocupaciones y pensamientos se hallan en buena medida provocados por los niveles de energía y tensión, el saber –y repetírnoslo– que tienen una base más biológica que objetiva también puede ser de ayuda en ese sentido.

Advertencia final: no hay recetas mágicas, la regulación perfecta no existe (afortunadamente)

A lo largo de las páginas precedentes hemos visto que existen muchas formas de regular tanto las reacciones emocionales ante situaciones o acontecimientos específicos como los estados de ánimo relativamente inespecíficos. Hemos ido viendo también, tanto en un caso como en el otro, cuáles serían en principio las estrategias de regulación más adecuadas. Sería de desear que todo ello fuera de alguna ayuda para quien esté interesado por mejorar su habilidad en este terreno. Pero no sería bueno, de ningún modo, generar falsas expectativas. Antes de acabar, conviene decirlo bien claro: ni existe una forma de regulación que sirva siempre y en todo lugar, ni la regulación emocional es algo que, aún con esfuerzo, se aprenda de una vez por todas.

Aquí, como en muchos otros terrenos de la psicología, y aunque a veces parezca lo contrario, no hay fórmulas mágicas. La mayor parte de los autores que trabaja en este campo plantea que no puede considerarse ninguna forma de regulación intrínsecamente mejor o peor que otra. Una estrategia puede ser excelente en muchos casos y, en cambio, desastrosa en otros, y viceversa. Así, por ejemplo, normalmente se considera que una de las mejores formas de afrontar situaciones estresantes y emocionalmente dolorosas es que la persona realice esfuerzos activos por resolver el problema o situación desencadenante. Sin embargo, cuando las situaciones son incontrolables, este tipo de esfuerzos a menudo no sirven más que para prolongar el sufrimiento. La novela de Honoré de Balzac *La búsqueda de lo absoluto* refleja muy bien las trágicas consecuencias que puede acarrear el empeñarse en controlar lo incontrolable. En tales casos, la simple aceptación de que las cosas son como son –el mundo es así o Dios así lo ha querido– puede ser de mucha más ayuda. Por el contrario, la negación, que se suele considerar muy negativa, y hasta índice de la presencia de tendencias psicóticas, para Richard Lazarus y muchos otros autores que han profundizado en el estrés y las estrategias de afrontamiento, podría considerarse adaptativa en ciertas situaciones o en determinadas fases de una situación (por ejemplo, al principio de un suceso muy traumático). Otro ejemplo: la distracción, tanto cognitiva como conductual, parecen en principio estrategias de regulación emocional bastante inteligentes y, desde luego, distraerse jugando un partido de fútbol o de tenis, leyendo una novela o incluso aturdiéndose con un programa-basura (siempre que no sea todos los días, a todas horas) puede estar muy bien. Sin embargo, volcarse en el trabajo o en la política para olvidarse de los problemas familiares, aunque sirva efectivamente, no parece constituir una forma de regulación emocional adecuada. Y un último ejemplo, relativo a la confrontación de las experiencias dolorosas a través de la escritura, que muestra trágicamente el enorme cuidado que hay que tener para afirmar qué es lo mejor en cada caso: mientras que la escritura salvó por un tiempo –pero, desgraciadamente, sólo por un tiempo– a Primo Levi tras la experiencia del *lager*,[22] Jorge Semprún sólo pudo escribir sobre dicha experiencia mucho más tarde, porque, como él mismo confiesa en *La escritura o la vida*, si lo hubiera hecho antes, no habría podido seguir viviendo.

En definitiva, cuál sea el mejor modo de regulación emocional puede variar mucho en función de las circunstancias, los individuos, etc.

Por ello, quizás más interesante que hacerse con un listado de formas de regulación emocional recomendadas por los psicólogos sea entender qué procesos intervienen en la regulación emocional (esperemos que el presente capítulo haya servido en este sentido), prestar atención a nuestras emociones y a lo que en ellas subyace, sobre todo a las interpretaciones y valores que en ellas se están reflejando, y ser flexibles para ser capaces de ver qué es lo más adecuado en cada caso en función de los acontecimientos, el contexto, el propio estado físico y anímico, etc. Y, finalmente, admitir que la regulación perfecta no existe, que nadie es perfecto, y que, en más de una ocasión, nos seguiremos dejando arrastrar por emociones que no nos gustan lo más mínimo o haciéndolo francamente mal. Pero ¿es que acaso nos interesaba un mundo emocional perfectamente plano?

Notas

1. En esta corriente se enmarca un grupo de investigadores cuyo trabajo hunde sus raíces en las observaciones y teorías de Charles Darwin en *La expresión de las emociones en los animales y en el hombre* (1872) (editada en castellano por la Editorial Alianza). Junto a Ekman y Friesen, son autores a destacar Tomkins, Izard, Plutchik y Campos. Todos ellos postulan la existencia de una serie de emociones básicas universales e innatas, cada una de ellas elicitada por un tipo particular de eventos y caracterizada por un patrón facial y unas tendencias de acción particulares. Dichas emociones se han ido configurando a lo largo de la filogénesis, mediante selección natural, por su valor para la supervivencia, y tienen una función adaptativa.
2. A.R. Hochschild (1983), *The managed heart. Commercialization of human feeling*. Berkeley, California: University of California Press.
3. Esta función de control social ha sido especialmente subrayada por los investigadores de la emoción de orientación constructivista (Harré, Armon-Jones, Averill, etc.), investigadores que subrayan las raíces de las emociones en el mundo social y destacan el influjo de la cultura en las reacciones emocionales.
4. El concepto de regulación emocional, como se puede apreciar, se halla estrechamente relacionado con los de "afrontamiento" y "mecanismos de defensa". ¿En qué se diferencia de éstos? Los conceptos de "estrategias de afrontamiento" y "mecanismos de defensa", pese a haber sido propuestos desde perspectivas teóricas muy diferentes, tienen algo fundamental en común: ambos designan los diversos esfuerzos de la persona para librarse de experiencias emocionales desagradables. Aquí residiría precisamente la diferencia fundamental con el concepto de regulación emocional. Éste hace referencia a todo tipo de emociones, no limitándose a las negativas. Aunque la diferencia pueda parecer poco importante, el concepto de regulación emocional supone una nueva perspectiva de análisis. Esta nueva perspectiva, más amplia, permite una visión más comprensiva del manejo de las emociones, corrigiendo anteriores visiones excesivamente centradas en las emociones negativas y en situaciones más o menos traumáticas y patologizantes, y arroja nueva luz sobre –entre otros aspectos– los muy diversos modos en que podemos regular las emociones en la vida cotidiana. No obstante, esto no significa invalidar el ingente e interesantísimo trabajo teórico y empírico realizado en torno a los mecanimos de afrontamiento y defensa. Por otra parte, hay que decir que, hoy por hoy, la mayor parte de los estudios realizados en este campo sigue centrándose en las emociones y los estados de ánimo negativos. La atención a las emociones positivas sigue siendo menor tanto en los desarrollos teóricos como, sobre todo, en la investigación empírica.
5. K.R. Scherer, B. Rimé, y P.E. Chipp (1989). L'expérience émotionnelle dans la culture européenne. En B. Rimé y K.S. Scherer (Eds.), *Les emotions*. Neuchatel: Delachaux et Niestlé.
6. R. Reisenzein (1983), «The Schachter theory of emotion: Two decades later», *Psychological Bulletin*, 94, 239-264.
7. D. Zillman (1983), «Transfer of excitation in emotional behavior», en J. Cacioppo y R. Petty (eds.), *Social psychophysiology*. Nueva York: Guilford Press.
8. J.T. Lanzetta, J. Cartwright-Smith y R.E. Kleck (1976), «Effects of nonverbal dissimulation on emotional experience and autonomic arousal». *Journal of Personality and Social Psychology*, 33,

354-370. En este estudio se demostró al mismo tiempo que los cambios en las expresiones faciales influían también en la intensidad de las reacciones fisiológicas.

9. El término correcto sería "rumia", pero entre los estudiosos de tales tendencias obsesivas está mucho más extendido el término "rumiación".

10. Para una amplia revisión de este punto, véase E. Hatfield, J.T. Cacioppo, y R.L. Rapson (1994), *Emotional contagion*. Nueva York: Cambridge University Press.

11. Sobre el uso de este tipo de estrategias cognitivas para superar la ira puede consultarse H.D. Weisinger (1988), *Técnicas para el control del comportamiento agresivo*. Barcelona: Martínez Roca.

12. Una presentación de la investigación sobre el estrés y sus efectos muy completa y amena, altamente recomendable, en la cual se insiste en la importancia –y los peligros– de la percepción de control, se encuentra en: R.M. Sapolsky (1995). *¿Por qué las cebras no tienen úlcera?* Madrid: Alianza. Los estudios sobre los ancianos y los varones con sida se exponen respectivamente en: E. Langer, y J. Rodin (1976), «The effects of choice and enhanced personal responsibility for the aged: A field experiment in a institutionalized setting», *Journal of Personality and Social Psychology*, 34, 191-198; y G.M. Reed, M.E. Kemeny, S.E. Taylor, H.Y.J. Wang y colaboradores. (1994), «Realistic acceptance as a predictor of decreased survival time in gay men with AIDS», *Health Psychology*, 13, 299-307. Sobre la importancia de la percepción de control, la "ilusión de control" y otras "ilusiones positivas", se ha publicado en castellano un texto divulgativo de Shelley E. Taylor, una de las personas que más ha investigado en el tema y que recibió por tal motivo el Distinguished Scientific Contribution Award de la American Psychological Association: S E. Taylor (1991), *Seamos optimistas. Ilusiones positivas*. Barcelona: Martínez Roca. Otros textos de interés sobre estos temas, también de carácter divulgativo, son: M.E.P. Seligman (1998), *Aprenda optimismo*. Barcelona: Grijalbo; y M.A. Avia y C. Vázquez (1998). *Optimismo inteligente*. Madrid: Alianza.

13. Véase R.G. Geen, y M.B. Quanty (1977), «The catharsis of aggression: An evaluation of a hypothesis», en L. Berkowitz (ed.), *Advances in Experimental Social Psychology*. Nueva York: Academic Press. Otros estudios más recientes que muestran la poca efectividad del desahogo emocional como estrategia de regulación emocional son: L. Fichman, R. Koestner, D.C. Zuroff, y L. Gordon, (1999), «Depressive styles and the regulation of negative affect: A daily experience study. *Cognitive Therapy and Research, 23*, 483-495; y P. Totterdell y B. Parkinson (1999), «Use and effectiveness of self-regulation strategies for improving mood in a group of trainee teachers», *Journal of Occupational Health Psychology*, 4, 219-232.

14. El famoso artículo de Cobb puede encontrarse en: Cobb, S. (1976), «Social support as a moderator of life stress», *Psychosomatic Medicine*, 38, 300-314. Sobre estudios bien controlados que muestran la relación entre apoyo social y salud véase también: J.S. House, K.R. Landis, y D. Umberson (1988), «Social relationships and health». *Science*, 241, 540-545. Para profundizar en este punto, véase asimismo el meta-análisis de diversas investigaciones sobre el tema realizado por Smith y colaboradores, en el que se concluye que los efectos del apoyo social en la salud no están tan claros: C. E. Smith, K. Fernengel, C. Holcroft, K. Gerald y colaboradores (1994), «Meta-analysis of the associations between social support and health outcomes». *Annals of Behavioral Medicine*, 16, 352-362. El estudio sobre pacientes de cáncer que se cita se encuentra expuesto en: D. Spiegel, J.R. Bloom, H.C. Kraemer y E. Gottheil (1989), «Effect of psychosocial treatment on survival of patients with metastatic breast cancer». *Lancet*, 14, 2, 888-91.

15. Una presentación amena y bastante completa de estos trabajos puede encontrarse en castellano en: J.W. Pennebaker (1994), *El arte de confiar en los demás*. Madrid: Alianza. Otros textos de interés sobre la importancia de la confrontación de las experiencias dolorosas son: J.W. Pennebaker (ed.) (1995), *Emotion, disclosure, and health*. Washington, DC, Estados Unidos: American Psychological Association; y H. Dienstfrey (1999), «Disclosure and health: An interview with James W. Pennebaker». *Advances in Mind Body Medicine*, 15, 161-171.

16. Para algunos autores, la tendencia a la "rumiación" sería uno de los factores que contribuiría a la prevalencia de la depresión entre las mujeres. Véanse, sobre este punto: S. Nolen-Hoeksema (1987), «Sex differences in unipolar depression: Evidence and theory», *Psychological Bulletin*, 101, 259-282; S. Nolen-Hoeksema (1991), «Responses to depression and their effects on the dura-

tion of depressive episodes». *Journal of Abnormal Psychology*, 100, 569-582; y E. McGrath, G.P. Keita, B.R. Strickland, y N.F. Russo (1990), *Women and depression: Risk factors and treatment issues*. Washington, DC: American Psychological Association.

17. Sobre la supresión de los pensamientos, las obsesiones y las compulsiones pueden consultarse: S.J. Rachman y R.J. Hodgson (1980), *Obsessions and compulsions*. Englewood Cliffs, NJ: Prentice-Hall; J. Rappaport (1988), *The boy who couldn't stop washing*. Nueva York: Dutton; y D.M. Wegner, (1989), *White bears and other unwanted thoughts: Suppression, obsession, and the psychology of mental control*. Nueva York: Viking.

18. Es posible acceder en castellano a buena parte del trabajo de este autor en: R.E. Thayer (1998), *El origen de los estados de ánimo cotidianos. El equilibrio entre la tensión, la energía y el estrés*. Barcelona: Paidós.

19. Johnson, C. y Larson, R. (1982). Bulimia: An analysis of moods and behavior. *Psychosomatic Medicine*, 44, 341-351.

20. Aunque algunos investigadores –y la misma Asociación Americana de Psicología– consideran que la evidencia empírica al respecto es insuficiente, la Asociación Americana de Psiquiatría votó a favor de incluir el síndrome premenstrual en la cuarta edición del Manual estadístico y diagnóstico de los trastornos mentales (DSM IV).

21. R.E. Thayer, D.P. Peters, y A.M. Birkhead-Flight (1993), «Mood and behavior (smoking and sugar snacking) following moderate exercise: A partial test of self-regulation theory», *Personality and Individual Differences*, 14, 97-104.

22. Este autor ha dejado escritas páginas de impagable valor moral sobre dicha experiencia en *Si esto es un hombre, La tregua* y *Los hundidos y los salvados*. Primo Levi se suicidó el 11 de Abril de 1987.

23. LO QUE PODRÍA HABER SIDO

SUSANA SEGURA
Universidad de Málaga

El futuro nos tortura y el pasado nos encadena.
He ahí porque se nos escapa el presente.

GUSTAVE FLAUBERT

¿Por qué lo hice?, ¿por qué?, ¿por qué? Soy una estúpida. Desearía no haberlo hecho. Si pudiera eliminar el día de hoy… Si pudiera volver a esta mañana… Si por lo menos pudiera cambiar lo que le dije… Estuvo mal. Desearía no haberlo dicho. Si pudiera cambiar mi respuesta, sería muy feliz. Ahora me siento culpable y ya nada podrá borrar ese momento. Siempre me lo reprochará. Siempre.

En más de una ocasión hemos vivido situaciones de este tipo. Lo que suele continuar a este tipo de pensamientos es imaginarnos que no ha sido verdad lo que ha sucedido, que volvemos atrás porque en realidad nunca ocurrió nada de lo que debamos arrepentirnos. Imaginamos que ha sido un sueño. ¡Qué alivio! Sería una maravilla poder hacer desaparecer ciertos acontecimientos de nuestra vida a nuestro antojo cuando estamos despiertos. Y pensamos: «¡Desde luego, el individuo que invente la máquina del tiempo se hará millonario!»

Pero, para nuestra desgracia, no podemos borrar el pasado. Sólo en nuestras representaciones mentales, en las que el hecho indeseable no ha tenido lugar, puede vivir un mundo sobre lo que podría haber sido. Sin embargo, a pesar de la resistencia de la realidad a ser modificada nos preocupan sobremanera las posibles alternativas a determinadas situaciones vitales. ¿Por qué? La respuesta es bien conocida: para aprender de experiencias anteriores. Pero ¿en qué consisten estos pensamientos? ¿En qué condiciones aparecen? ¿Cuál es su relación con las emociones? ¿Cuándo deben detenerse? ¿Cómo pueden ayudarnos en la consecución de nuestros objetivos?

Para empezar, no siempre que hemos imaginado que las cosas podrían haber sido de otro modo hemos sentido emociones particulares. En efecto, alguna vez, todos nos hemos hecho preguntas sobre cómo serían nuestras vidas si nuestros padres no se hubiesen conocido nunca, si hubiésemos nacido en otro país, si tuviésemos la capacidad de hacernos invisibles o de ver a la gente desnuda o, incluso, si pudiéramos vivir eternamente. ¿Qué haríamos si pudiéramos congelar a los demás en el tiempo? ¿Nos dedicaríamos a robar todo el dinero que pudiésemos? ¿Cambiaríamos datos informáticos? ¿Salvaríamos vidas? ¿Descubriríamos los secretos de los que nos rodean?… Todo eso estaría muy bien pero, claro, el problema vendría de la contrapartida de saber otras consecuencias de tal hipótesis. Por ejemplo: envejeceríamos más deprisa que el resto de las personas o sentiríamos una responsabilidad extrema, lo que acabaría siendo agotador. Como vemos, este razonamiento sobre lo que podría haber sido puede ser un mero acto de imaginación que podemos usar en los juegos mentales y que responde a una capacidad del intelecto humano.

Efectivamente, el pensamiento sobre lo que podría haber sido es un rasgo de inteligencia y es, de hecho, una herramienta muy útil en el análisis de la historia o en la política. Forma parte del razonamiento lógico y comparte sus propiedades. También desempeña un papel en la creatividad y la solución de problemas, en cómo establecemos que ciertos acontecimientos son causas de determinados efectos y, por último, en la toma de decisiones. Además, tiene que ver con aquellos procesos en los que uno se imagina cómo piensan y sienten otras personas, favoreciendo la comunicación y relación con ellos.

Cuando llevamos a cabo razonamientos de este tipo, denominados *razonamientos contrafácticos*,* lo que estamos haciendo es comparar la realidad establecida con una alternativa imaginaria. Pero esta generación de alternativas tiene restricciones pues no comparamos la realidad con cualquier opción posible: por un lado, los escenarios que representamos suelen suponer un cambio mínimo de la realidad, es decir, solemos imaginar alternativas plausibles en lugar de suponer escenarios remotos; por el otro, tende-

---

*   Este término (que significa, literalmente, contrario a los hechos) procede del estudio filosófico de las afirmaciones condicionales hipotéticas, que se contraponen a las afirmaciones condicionales ordinarias.

mos a representar escenarios en los que se han borrado mentalmente uno o varios acontecimientos pasados más que añadiendo en nuestra imaginación eventos nuevos que no han tenido lugar.

Para entender en qué consiste este razonamiento sobre alternativas imaginemos la siguiente situación: el señor A y el señor B toman el mismo taxi para ir al aeropuerto para realizar un viaje de negocios. No obstante, mientras que al señor A le dicen que su vuelo ha salido cinco minutos antes de que él llegara, al señor B le dicen que ha salido media hora antes de que él apareciese. ¿Quién se sentirá más molesto? Cuando a las personas se les ofrece este escenario, evidentemente, la respuesta más frecuente es que el señor A se siente más molesto que el señor B porque casi llega a tiempo. La cuestión es que los dos han perdido el vuelo, pero la interpretación que se realiza de la realidad puede ser diferente. El proceso mental que hay detrás de esta interpretación se explica por la facilidad con que vienen situaciones alternativas a la mente en la que el señor A coge el avión. Es muy fácil imaginar un escenario en el que un retraso en la facturación del equipaje o una mayor destreza del taxista harían posible al señor A tomar el vuelo previsto. Esa facilidad para imaginarnos distintas situaciones hacen más probable escenarios que son simplemente plausibles y de ahí el enfado, la indignación o la rabia que este tipo de acontecimientos suele producir.[1]

La experiencia de imaginar otros mundos posibles es común a cada uno de nosotros. Sin embargo, no generamos razonamientos alternativos de una manera constante sino sólo en determinadas circunstancias. Parece que en nuestra vida diaria las personas nos arrepentimos, sobre todo, cuando nos encontramos ante eventos negativos como resultado de acontecimientos anteriores. Esto tiene sentido, pues parece claro que no solemos pensar sobre lo que podría haber sido cuando las cosas van bien. En concreto, pensamos en alternativas imaginarias a las que han tenido lugar cuando, por ejemplo, nos hemos casado demasiado pronto o hemos invertido poco en nuestra educación. También ocurre cuando hemos tenido relaciones personales insatisfactorias. En general, estos pensamientos ocurren cuando pensamos sobre nuestras vidas y consideramos sucesos que son inusuales, sucesos que se alejan mucho del resultado ideal o que terminaron prematuramente.[2]

Actualmente, sabemos en qué situaciones que preceden a un suceso negativo, realizamos razonamientos sobre alternativas imaginarias. Para empezar, los hacemos ante sucesos que son excepcionales más que ante sucesos que son rutinarios. Ante determinados acontecimientos las personas entendemos que si todo hubiese seguido igual el resultado no habría tenido lugar. La explicación viene dada por el hecho de que los acontecimientos anormales nos sacan de nuestra rutina diaria. Por tanto, es más fácil imaginar la alternativa a esa opción, puesto que esta alternativa es el suceso rutinario mismo. Sin embargo, en condiciones normales, uno espera que todo siga igual porque supone un esfuerzo mental mayor el simular cómo podía haber sido diferente.[3]

Podemos dar una explicación al hecho de que las personas nos arrepentimos en mayor medida de nuestras acciones que de nuestras omisiones ante resultados negativos, ya que cualquier acción que emprendamos, como puede ser cambiarnos de trabajo, nos saca de la normalidad y la alternativa está muy disponible en nuestra memoria, puesto que consiste en que todo siga igual. No obstante, este efecto sólo ocurre a corto plazo, pues a largo plazo las personas nos arrepentimos más de aquello que no hicimos que de lo que dejamos de hacer. Parece que existe una explicación psicológica a la clásica idea de que el tiempo cambia la percepción de nuestros comportamientos: lo que ocurre es que, a largo plazo, pensamos en las ventajas que se han producido como consecuencias de nuestras acciones que en un primer momento tuvieron resultados negativos. Sin embargo, no realizamos este trabajo mental cuando pensamos en nuestras omisiones, por lo que nos centramos, en mayor medida que en que el caso anterior, en las consecuencias negativas. De este modo, percibimos que las acciones nos llevan a resultados positivos mientras que las omisiones nos conducen a resultados negativos.[1]

Asimismo, es más fácil imaginar alternativas a la realidad cuando los sucesos que consideramos son dinámicos que cuando son estáticos. Por poner un ejemplo, nos arrepentimos de no haber estudiado más para un examen, pero no de no ser más inteligentes.[3] Aunque existen distintas explicaciones de este fenómeno, podría interpretarse que estos casos parecen ser situaciones específicas de otras situaciones generales en las que solemos arrepentirnos de lo que controlamos más que de lo que no podemos controlar. Para ilustrar esta idea, podemos imaginarnos situaciones en las que habríamos cambiado una de nuestras conductas, como decir una inconveniencia, pero no en las que habríamos cambiado el escenario en el que se ha producido, o la conducta de los otros o las situaciones en las que el suceso no tiene lugar. En general, cuanto menor sea el número de alternativas a una acción que tenga la persona que la ejecuta, más probable será que la persona deshaga mentalmente esta acción en lugar de deshacer cualquiera de las circunstancias. Esto es debido a que si las circunstancias permanecen estables, la conducta del sujeto que actúa se percibe como excepcional.[4]

Finalmente, cuando consideramos los distintos acontecimientos previos al resultado final pueden ocurrir dos fenómenos diferentes. Por un lado, cuando estos acontecimientos están asociados en una cadena en la que cada uno es la causa del siguiente, tendemos a pensar que es el primer suceso el que no debería haber tenido lugar:[5] si, pongamos por caso, nos retrasamos por encontrarnos con distintos obstáculos en el tráfico, tendemos a eliminar mentalmente el primero, pues entendemos que es la causa que ha permitido que surjan los demás. Por el otro, cuando los eventos previos al resultado aparecen independientemente tendemos a pensar que es el último suceso el que no debiera haber aparecido:[6] siguiendo con el caso anterior, en condiciones de tráfico normales, contemplamos las tareas que hemos realizado antes de salir de nuestra casa o del trabajo, y si son equivalentes e independientes, tendemos a deshacer mentalmente la última por entender que es la causa de nuestra impuntualidad. Estos efectos reflejan dos fenómenos bien diferentes: el primero se produce porque no nos molestamos en seguir buscando posibles causas del resultado final; mientras que el segundo se produce porque fijamos o asumimos mentalmente la primera parte de la información y nos centramos en la última.

En realidad, algunos de estos factores del razonamiento sobre lo que podría haber sido pueden actuar conjuntamente en la conformación de nuestros pensamientos, pero todos ellos reflejan un principio muy simple, a saber: la tendencia que las personas tenemos a no realizar esfuerzos mentales y tratar de entender la realidad de la manera más efectiva y con el menor coste psicológico posible. La generación de alternativas obedece a unos principios de economía mental. No podemos atender, memorizar ni razonar sobre todo lo que nos rodea debido a que tenemos unos recursos mentales limitados por lo que no contemplamos todas las opciones posibles a una situación dada.

A pesar de estas limitaciones, la producción de alternativas mentales a la realidad cuenta con un poderoso aliado: las emociones. Unas emociones que suelen ir asociadas a estos pensamientos: los amplifican y realzan al tiempo que pueden potenciar otros nuevos. Leamos un pasaje del libro de Khalil Gibran, *El jardín del profeta*:

> Pero había también un magnánimo príncipe que plantó sus tiendas de seda entre el monte y el desierto, y mandó a sus criados que encendieran una hoguera para que sirviese de señal al extranjero y al caminante extraviados, y que envió a sus esclavos para que atisbaran por senderos y caminos en busca de un huésped a quien invitar. Pero senderos y caminos se hallaban solitarios, y no encontraron a nadie.
>
> Hubiera sido preferible para ese príncipe ser un hombre sin patria, sin tiempo y sin destino, que buscase alimento y cobijo. Hubiese sido preferible para él ser un vagabundo sin más posesiones que una túnica, un báculo y una

escudilla, porque en ese caso, al caer la noche, se hubiese reunido con sus iguales y con los poetas sin hogar y sin tiempo, y habría compartido con ellos su pobreza, sus recuerdos y sus sueños.[7]

Suele ocurrir que los pensamientos de que las cosas podrían haber ido mejor están asociados a sentimientos negativos como el de tristeza. La tristeza surge ante pérdidas, así que, en estos casos, se producen duelos por pérdidas no reales, aunque el individuo las viva como tales. Otras veces están asociados a la ira, que aparece ante la perturbación de las actividades que van encaminadas a un fin. Por último, no están desligados de la angustia, reacción emocional que se produce ante la separación o fracaso. Pero, probablemente la emoción propiamente asociada a este tipo de razonamiento es, sin duda alguna, la culpa.

La culpa es un sentimiento producto de la violación de los valores de un grupo social. Las normas sociales son reglas, no necesariamente explícitas, que los grupos establecen para regular la conducta de sus miembros. Por tanto, es necesario cumplir esas normas para la integración del individuo en su medio ambiente social, para establecer su pertenencia a un grupo. Siguiendo estas normas se sabe lo que se debe y lo que no se debe hacer. Es necesaria, por tanto, la culpa, pues su ausencia nos convierte en psicópatas o personas antisociales, y nos expulsa, automáticamente, de nuestra sociedad. Este establecimiento de lo que está permitido y lo que no está permitido facilita la adaptación social, y así se entiende que la culpabilidad esté tradicionalmente asociada, sobre todo, a conductas que se consideran egoístas, pues amenazan la supervivencia del grupo al anteponer los intereses del individuo. Por todo, la culpa es necesaria: uno puede culparse a sí mismo pero también puede culpar a otro cuando transgrede una norma, y la diferencia con la vergüenza consiste en que, en el primer caso, las alternativas a la realidad se producen cuando se cambian mentalmente acciones específicas («Si no hubiese bebido aquella noche, no habría dicho cosas tan desagradables»), mientras que en la vergüenza las alternativas se producen sobre las habilidades («Si no hubiese sido tan irresponsable, no habría perdido mi trabajo»).

En general, las sociedades tradicionalmente religiosas, como la de los judíos ortodoxos o el catolicismo tradicional, generan un mayor número de individuos que se sienten culpables. Las sociedades occidentales poseen, cada vez más, conductas asociadas a la culpa que tienen que ver con la salud más que con la religión: nos sentimos culpables por actos como comer demasiados dulces o fumar. Ahora bien, como la culpa está relacionada con actividades pasadas sólo puede aliviarse con la confesión o con la reparación. En algunas religiones es suficiente con la confesión no obstante, la mayoría de los individuos siente la necesidad de reparar las consecuencias de sus actos o compensar a los perjudicados.[8]

En raras ocasiones, los pensamientos que estamos tratando están asociados a sentimientos positivos y esta circunstancia ocurre cuando imaginamos que las cosas podrían haber sido peores con el objeto de que esa comparación, por un efecto de contraste, nos haga sentir mejor. Esto es lo que suele ocurrir en los consejos: con la idea de consolar al que ha sufrido un hecho dramático o que tiene que tomar una decisión, se le insta a imaginar que las cosas podrían ser peores y compararlas con las actuales. Esto es lo que ocurre cuando las personas han sufrido un accidente de automóvil, pues para los demás suele ser posible imaginar cualquier otra situación más traumática. Probablemente, en muchas ocasiones, este tipo de comparaciones aparece en un segundo término, precisamente para evitar la tensión que provocan las emociones negativas antes señaladas.

El fin de la tensión y la consecución de logros están detrás de los sentimientos de alivio y satisfacción y, aunque este tipo de contrastes suelen ser realizados por individuos que tienen una mayor autoestima, las situaciones también delimitan la dirección de estos pensamientos y las emociones asociadas a ellos. Un caso curioso que ejemplifica esta delimitación lo representan los atletas que ganaron medallas en los Juegos Olímpicos celebrados en Barcelona en el 1992, pues su satisfacción variaba según la posición final que habían alcanzado, pero no siempre en el sentido esperado. Aquellos que habían conseguido una medalla de oro se sentían, lógicamente, más satisfechos que los demás. Sin embargo, los que habían conseguido una medalla de plata estaban menos satisfechos que los que habían logrado una medalla de bronce. La única explicación viene determinada por el hecho de que los atletas ganadores habían evaluado sus logros comparándolos con lo que podría haber sido, y mientras los que se llevaron la plata podrían haber conseguido el oro, los que se llevaron el bronce, podrían no haber ganado nada: las experiencias no se evalúan sólo por lo que son objetivamente, sino también por lo que no son pero podrían haber sido. Y lo realmente importante de estos hallazgos es que nuestras conductas están basadas en esa realidad percibida, imaginada, que incluye aquella otra que nunca tuvo lugar. [9]

Como observamos, las emociones y los pensamientos sobre lo que podría haber sido suelen estar estrechamente unidos: las emociones pueden ser la causa de que estos pensamientos aparezcan (por ejemplo, nuestra tristeza puede hacer que imaginemos un mundo en el que el acontecimiento que la genera no tiene lugar), pero también pueden surgir como consecuencia (por ejemplo, la culpa que se sigue después de haber cometido una imprudencia y haber imaginado una situación en la que la hubiésemos evitado). En el primer caso, las emociones promueven la aparición de estos pensamientos; en el segundo, los realzan o intensifican. Por consiguiente, las emociones son beneficiosas para la generación de estas comparaciones del mundo actual con el que podría haber sido, que, sobre todo, nos ayuda a aprender de experiencias pasadas.

Sin embargo, en determinadas ocasiones, las sensaciones pueden hacer que estos pensamientos sean contraproducentes porque vuelven a nuestra mente una y otra vez en un proceso de rumiación que nos impide tanto prestar atención a otras tareas como ejecutar otro tipo de razonamientos. Tal y como hemos afirmado, tenemos unos recursos mentales limitados y cuando se utilizan inútilmente y de manera constante en torturarnos con las mismas ideas, nuestra capacidad para atender a las demandas externas disminuye. En otras ocasiones, se exagera el límite de nuestras responsabilidades, ya que somos capaces de imaginar lo que podríamos haber hecho para evitar un resultado. También puede suceder que las emociones, provocadas por estos pensamientos, se conviertan en agentes de estrés en sí mismas, y el resultado de una alerta constante nos debilita y sensibiliza ante trastornos físicos y psicológicos. Por todo lo anterior, no debemos permitir que ciertos pensamientos inunden nuestra mente, pues es entonces cuando nos quedamos anclados en el pasado. Los sentimientos, en estas ocasiones, nos hacen pensar en círculos, y pueden llegar a conseguir que tengamos una percepción distorsionada de la realidad, lo que puede hacernos reaccionar de una forma exagerada o impedir que actuemos de cualquier modo. Aparece el arrepentimiento anticipado, y la pasión, en lugar de favorecer las decisiones, hace que nos instalemos en la duda, ya que el futuro puede atormentarnos ante la posibilidad de equivocarnos de nuevo.

Es posible imaginar distintas situaciones en las que nuestras reacciones ante la realidad son desmedidas debido a que, especialmente cuando son negativas, dependen de algo más que de los eventos objetivos. Por ejemplo, sufrir experiencias de tristeza o depresión después de un accidente o de la muerte de un ser querido es, por supuesto, una reacción natural. Sin embargo, sentirse culpable o arrepentirse por no haberlo evitado es algo muy diferente. Nuestra tendencia a cambiar el pasado en nuestra mente se produce para que podamos aprender, por lo tanto, es necesario ser conscientes de esto, pues habrá que distinguir cuándo ya no podemos cambiar nada más y, por dramática y única que sea la experiencia, hemos de detener nuestra imaginación y nuestras emociones asociadas.

Algunos trastornos como la anorexia nerviosa o los trastornos obsesivo compulsivos son ejemplos de esta desconexión con la realidad producida por la relación entre emociones como la culpa y estos razonamientos. En estos casos, se tienen unos criterios muy estrictos acerca de cómo realizar adecuadamente determinadas conductas, debido a las posibles consecuencias indeseables. La falta de cumplimiento de éstas de manera pertinente genera una representación de cómo debería haberse realizado y un sentimiento de culpa asociado a esta representación. Este sentimiento de culpa sólo se supera, de forma momentánea, llevando a cabo las conductas de manera adecuada, lo que puede llevar a no querer ingerir ningún alimento (en el caso de la anorexia) o a repetir una y otra vez las conductas, dejando de llevar a cabo cualquier otro comportamiento (como ocurre en los trastornos obsesivo compulsivos). Éste es el principal motivo por el que los psiquiatras plantean como una de sus primeras preguntas para detectar trastornos mentales si la persona en cuestión se siente culpable, en general, por muchas de las conductas que realiza en su vida diaria. Ahora sabemos que uno de los procesos psicológicos que hay detrás de estos trastornos es la tendencia que tenemos las personas a borrar mentalmente el pasado. Y, lógicamente, estas disfunciones del razonamiento sobre alternativas y sus consecuencias negativas se ven favorecidas por el hecho de que esta tendencia, tal y como hemos explicado, se produce con los acontecimientos que podemos controlar.

No se trata de evitar estos pensamientos; muy al contrario, de potenciarlos y desarrollarlos, pero minimizando las consecuencias negativas que pueden derivarse de su generación. Si nos sentimos extremadamente culpables, debemos aliviar la tensión que genera confesándolo a quien sea pertinente o compensando a quien creemos hemos dañado, por ejemplo, pidiendo perdón. Otro modo de aliviar tensiones puede ser imaginando cómo podría haber sido peor. Pero, sobre todo, no hay que fustigarse: existe un punto en el que hay que aceptar las cosas tal y como son, y que lo hecho, hecho está: no tiene sentido darle más vueltas. En ese punto, tendremos que pensar que tomamos la mejor decisión que pudimos o supimos con la información de que disponíamos y que el contemplar ciertas situaciones "a posteriori" sólo debe servirnos para no realizar las mismas acciones y tropezar dos veces con la misma piedra.

Decía Platón que si los sentimientos son los caballos que llevan al hombre a su destino, los pensamientos son las riendas. Ciertamente las emociones son un fuerte motor para promover pensamientos eficaces y adaptativos, pero para lograr este deseo debemos diferenciar ambos procesos. Nuestros sentimientos necesitan ser directivos; nuestros pensamientos, claros. Cuando lo que escriben o cuentan otros es insuficiente para comprender sus experiencias: analice la realidad, compare lo que fue con lo que podría, pudo o debería haber sido, obtenga conclusiones y después, siga adelante en la consecución de sus metas.

El cambio emocional

Si, a pesar de las recomendaciones anteriores, no puede deshacerse de los pensamientos sobre lo que podría haber sido, utilice, de nuevo, estos razonamientos hipotéticos e imagine: ¿cómo actuaría si no tuviese remordimientos?, y proceda en consecuencia. Tal y como describe el eficaz libro de Spencer Johnson, *¿Quién se ha llevado mi queso?*, en un mundo de constante cambio las personas se aferran a las circunstancias en las que se encuentran, empeorando su situación en muchos casos. No quieren cambiar por miedo a lo desconocido y no se dan cuenta de que la realidad ya es distinta y no se puede seguir pensando con los patrones anteriores porque están perdiendo el tiempo que necesitan para buscar soluciones. Lo que deberían hacer es plantearse cómo actuarían si no tuviesen miedo y comportarse como si así fuese. La capacidad para ver una nueva perspectiva de las cosas ayuda a resolver problemas y tomar decisiones en la vida diaria. En un mundo laboral, familiar y personal que sufre constantes modificaciones como el actual, se necesita de esta capacidad para preparar el futuro y afrontar sucesos que provocan estrés.[10]

En resumen, los pensamientos sobre lo que podría haber sido son un rasgo de inteligencia que consiste en comparar cualquier situación con una alternativa imaginaria. Estos razonamientos suelen aparecer ante sucesos negativos que han tenido lugar en nuestro pasado con la finalidad de aprender de ellos y, en consecuencia, estar preparados para posibles actuaciones en el futuro. Además, nos ayudan a sentirnos mejor y a afrontar acontecimientos estresantes. Por lo general, están asociados a determinadas emociones que los favorecen, como puede ser la culpa, aunque en ocasiones estas sensaciones pueden hacer que la generación de alternativas a la realidad sea contraproducente. Sin embargo, estas consecuencias negativas pueden evitarse y estos pensamientos pueden colaborar en nuestra tarea diaria de tratar de vivir de una manera satisfactoria. El conocimiento de las circunstancias en las que aparecen y de sus consecuencias debería contribuir definitivamente a esta labor. En conclusión, deberíamos ser capaces de hacer verdad lo que la sabiduría popular ha afirmado desde siempre: «Si miras mucho atrás, a parte alguna llegarás».

Referencias bibliografías

1. D. Kahneman y A. Tversky (1982), «The simulation heuristic», en D. Kahneman, P. Slovic y A. Tversky (eds.), *Judgements under uncertainty: heuristics and biases*. Nueva York: Cambridge University Press.
2. J. Landman y M. Manis (1992), «What might have been: Counterfactual thought concerning personal decisions», *British Journal of Psychology*, 83, 473-477.

3. D. Kahneman y D.T. Miller (1986), «Norm theory: Comparing reality to its alternatives», *Psychological Review*, 93, 136-153.
4. V. Girotto, P. Legrenzi y A. Rizzo (1991), «Event controllability in counterfactual thinking», *Acta Psychologica*, 78, 111-133.
5. G.L. Wells, B.R. Taylor y J.W. Turtle (1987), «The undoing of scenarios», *Journal of Personality and Social Psychology*, 53, 421-430.
6. D.T. Miller y S. Gunasegaram (1990), «Temporal order and the perceived mutability of events: Implications for blame assignment», *Journal of Personality and Social Psychology*, 59, 1111-1118.
7. K. Gibran (1999), «El jardín del profeta», Madrid: Edimat.
8. C. Castilla del Pino (1991), «La culpa», Madrid: Alianza Editorial.
9. T. Gilovich y V.H. Medvec (1994), «The temporal pattern to the experience of regret», *Journal of Personality and Social Psychology*, 67, 357-365.
10. S. Johnson (1999), *¿Quién se ha llevado mi queso?* Barcelona: Urano.

24. EL CAMBIO A TRAVÉS DE LA COMUNICACIÓN

Natalia Ramos Díaz
Pablo Fernández Berrocal
Universidad de Málaga

Introducción

Posiblemente el término "comunicación emocional" sugiera muchas cosas y cosas distintas a cada persona. Algunos pensarán en una melodía que consigue alejarlos de sus preocupaciones cotidianas, otros se imaginarán hablando con su pareja de sus sentimientos más íntimos e incluso habrá quienes opinen que la comunicación emocional es una esfera reservada a los grandes genios de la literatura. Todos, en cualquier caso, entienden que la comunicación emocional está relacionada con lo más íntimo de cada individuo, y paradójicamente lo que nos hace iguales, porque independientemente de la condición social, nadie logra escapar a su propio mundo emocional.

Desde la psicología, al hablar de comunicación emocional nos referimos al hecho de manifestar nuestros estados emocionales a través de la expresión verbal y no verbal. Una persona comunica sus emociones cuando en sus emisiones utiliza un gran número de términos emocionales, que pueden ser de naturaleza positiva o negativa.

Sin embargo, cuando hablamos de inhibición emocional nos referimos a la incapacidad para manifestar sentimientos íntimos o hacerlo utilizando un reducido número de términos de naturaleza emocional.[1]

Los objetivos que nos proponemos en este capítulo vienen recogidos a continuación.

1. Analizar por qué no todos los individuos sienten la misma necesidad de expresar sus estados emocionales. Observaremos como existen individuos más propensos a la comunicación, mientras otros se muestran más reservados y analizaremos las razones de estas diferencias.
2. Analizar los efectos que sobre el bienestar del individuo tiene el hecho de comunicar los estados emocionales. Como numerosas investigaciones han puesto de manifiesto, la confrontación emocional lleva asociadas mejoras tanto en el ámbito psicológico como físico.
3. Determinar los cambios cognitivos que se producen en el individuo cuando comunica sus sentimientos, y cuáles de estas modificaciones en la forma de percibir la realidad son determinantes del bienestar emocional.
4. Establecer bajo qué condiciones la comunicación emocional será especialmente beneficiosa y, por el contrario, en qué circunstancias la misma, lejos de ayudar al individuo a integrar la experiencia, puede dejarlo inmovilizado ante el suceso vivido.

Confrontación frente a inhibición de los estados emocionales

Atendiendo a las emisiones emocionales de los individuos observamos que algunos son proclives a la confrontación o expresión libre de sus estados emocionales, mientras, otros parecen optar por la inhibición o ausencia de manifestación de sus emociones.

A pesar de estas diferencias, todo ser humano precisa de la comunicación, y más específicamente de la comunicación emocional. Cuando Chuck Noland (Tom Hanks en la película de *Náufrago*), lejos de todo ser viviente se ve en la necesidad de crear o construir un ser con el que compartir sus estados emocionales, sus planes de acción, sus frustraciones y sueños, parece quedar claro que la existencia misma deja de tener sentido cuando no hay nadie con quién compartirla. Esto no significa que todo el mundo experimente la misma necesidad de expresar su mundo emocional. En nuestro entorno más próximo (familia, trabajo, etc.), podemos comprobar cómo determinadas personas entran por la puerta contando todo lo que les ha sucedido, mientras que otras tan sólo ante nuestras indagaciones, y a veces ni de esta forma, son capaces de comunicar libremente sus vivencias emocionales.

Son varias las razones que pueden explicar estas diferencias individuales. Así, la tendencia a inhibir pensamientos y sentimientos parece tener bases genéticas claras. Este hecho ha sido demostrado por algunas investigaciones llevadas a cabo con gemelos univitelinos (personas exactamente iguales, cuyas diferencias obedecen exclusivamente a la experiencia), de forma sorprendente estos gemelos, independientemente de haber sido criados juntos o separados, manifestaban un grado similar de inhibición. Sin embargo, los gemelos bivitelinos (personas que comparten sólo un 50 % de sus genes), sólo manifiestan un grado de inhibición parecido cuando han sido criados en el mismo entorno familiar.[2]

Esta última investigación refleja cómo una familia, con su propio estilo de interacción, puede facilitar o frenar la expresión libre de sentimientos. El análisis del contexto en el que una persona ha alcanzado la edad adulta es de especial importancia para entender por qué un sujeto en cuestión se manifiesta más o menos inhibido, y al mismo tiempo comprender cómo gestiona sus emociones.

Determinados entornos familiares ponen un gran énfasis en la vida sentimental de sus miembros. Sin embargo, se muestran poco diestros a la hora de responder correctamente a las emisiones emocionales. Quizá no sancionan al niño que llora desconsoladamente, pero tampoco lo instruyen de manera adecuada sobre la emoción que experimenta, el porqué de esta emoción y la forma apropiada de hacerse con ella. En casos de este tipo, es posible que en el futuro el chico no reprima sus estados emocionales, pero que esta expresión, lejos de ser beneficiosa, conllevarle más problemas.

En otros contextos comprobamos cómo cualquier forma de expresión emocional es sancionada. De forma sistemática, cuando los niños expresan sus estados emocionales los progenitores desvían la atención e instan a sus miembros a mantener ocultos este tipo de experiencias. Lógicamente, en este entorno se favorece la formación de adultos inhibidos que manifestarán este patrón característico en futuras interacciones con sus semejantes.

Finalmente, encontramos familias que no dan la espalda a las vivencias emocionales de sus miembros. Más bien, tratan de ayudar al niño a comprender y hacer frente a sus experiencias emocionales. En estos entornos se propicia la expresión adecuada de los estados emocionales. Expresión que como veremos a continuación tiene consecuencias beneficiosas tanto física como psicológicamente.

Por tanto, en la génesis de la *confrontación/inhibición* de estados emocionales, tanto las bases genéticas como los estilos de aprendizaje serán determinantes fundamentales que afectarán al desarrollo de dicha capacidad.

Efecto de la confrontación emocional sobre el bienestar individual

Hablar o escribir sobre un acontecimiento repercute de forma positiva en el individuo tanto psicológica como físicamente. Algunas investigaciones revelaron que a través de la confrontación de diferentes acontecimientos de naturaleza negativa los individuos consiguen reducir sus visitas al médico, experimentan un menor estrés y manifiestan mejoras incluso en su sistema inmunitario.

Los primeros estudios dirigidos a comprobar los efectos positivos de la comunicación emocional fueron llevados a cabo en contextos naturales. Este tipo de investigaciones reflejó los efectos beneficiosos de la comunicación. Así, por ejemplo, aquellos hombres cuyas mujeres habían fallecido inesperadamente, cuando relataban lo ocurrido experimentaban un menor número de pensamientos intrusivos (repetitivos e involuntarios) y manifestaban un mayor bienestar emocional.[3] Del mismo modo, entre los trabajadores de una corporación, aquellos que vivieron una experiencia traumática en su infancia y no pudieron comunicarla manifestaron un mayor número de problemas asociados a la salud.[4]

El problema de este tipo de estudios es que no permiten concluir que los efectos observados sean debidos a la confrontación al margen de otro tipo de variables, entre las que se incluyen: diferencias individuales de los participantes, contexto social en el cual están inmersos, así como factores de tipo cognitivo (estilo particular de integrar la experiencia vivida). Esto ha llevado a diversos autores a realizar una serie de estudios en el laboratorio donde los participantes son animados a escribir o hablar sobre experiencias personales dolorosas y en los cuales es posible recoger medidas tanto del estado psicológico tras la confrontación como de tipo fisiológico relacionadas con la actividad del sistema nervioso autónomo y el sistema inmunológico.

Pennebaker y Beall son investigadores dedicados a analizar los efectos de la confrontación emocional sobre el bienestar físico y psicológico de los individuos. En uno de sus estudios seleccionaron a 46 estudiantes universitarios, que fueron divididos en dos grupos. A un grupo se le pidió que escribiera sobre la experiencia más traumática de su vida y al otro que lo hiciera sobre una serie de tópicos (sin demasiada importancia). En ambos grupos la escritura se llevó a cabo durante cuatro días consecutivos.

Del grupo de participantes que tenían que comunicar la experiencia traumática, a algunos se les pidió que revelasen los hechos ocurridos durante el trauma (condición fáctica), a otros se les pidió que revelasen sentimientos relacionados con el trauma (condición emocional) y a un tercer grupo se le pidió que revelase pensamientos y sentimientos relacionados con el trauma (condición mixta).

Los resultados de esta investigación reflejaron que los participantes asignados a la condición emocional y a la condición mixta informaron de mayor malestar y actividad autonómica después de cada sesión de escritura en comparación al grupo control (el que escribió sobre tópicos sin importancia), así como, frente a los participantes asignados a la condición fáctica. Sin embargo, seis meses después del experimento los individuos asignados a la condición mixta visitaron menos el centro de salud que sus compañeros asignados a otras condiciones experimentales. Este estudio sirvió para mostrar los efectos beneficiosos de la comunicación sobre el bienestar físico de los individuos. Los autores subrayaron además la importancia de analizar el tipo de comunicación que es preciso para alcanzar un mayor bienestar. En este caso, era importante para los participantes comunicar no sólo el suceso, sino también las emociones relacionadas con el mismo.[5] En un apartado posterior analizaremos diferentes tipos de comunicación y sus efectos en el bienestar individual.

Lo que manifiestan distintas investigaciones en este ámbito es que la inhibición emocional está asociada a una mayor activación fisiológica. Así, mientras que a corto plazo parece estar relacionada con un incremento de la actividad autonómica, del nivel de conductancia electrodermal y una activación selectiva del sistema nervioso central, a largo plazo, la inhibición se convierte en una fuente adicional de estrés que puede ser causa o suponer un agravamiento de los problemas de salud.

Los procesos internos que se producen en el individuo cuando comunica sus sentimientos

Tanto los estudios realizados en el entorno natural del individuo, como aquellos otros llevados a cabo en el laboratorio muestran los beneficios obtenidos a través de la comunicación libre de nuestros estados emocionales. Nos interesa especialmente comprender qué ocurre en la mente del sujeto al confrontar pensamientos y sentimientos relacionados con sucesos de naturaleza estresante.

Cuando las personas viven una experiencia emocional intensa, experimentan cierta confusión. Son muchas y diferentes las emociones generadas y encuentran difícil dotarlas de sentido. Así, inmediatamente después del acontecimiento los individuos se encuentran abrumados por sus propias emociones, muchos de ellos experimentan frecuentes cambios de humor y numerosos pensamientos repetitivos e involuntarios sobre el suceso que los generó.

Quizá estas experiencias promuevan la comunicación de sentimientos. Posiblemente, los individuos buscan con quien poner orden a sus pensamientos y emociones, o simplemente tratan de reducir la angustia experimentada.

Pero es precisamente el mismo hecho de compartir sus experiencias lo que puede ayudar a dar sentido al incidente o, en todo caso, a estructurar sus emociones y comprender su forma particular de responder al acontecimiento. La comunicación emocional mantenida en el tiempo ofrece la posibilidad de reducir la intensidad de las emociones experimentadas, así como a disminuir el número de pensamientos de naturaleza intrusiva.

En la siguiente figura se recoge un modelo explicativo de cómo la comunicación de estados emocionales favorece que la experiencia emocional sea debidamente integrada.[6]

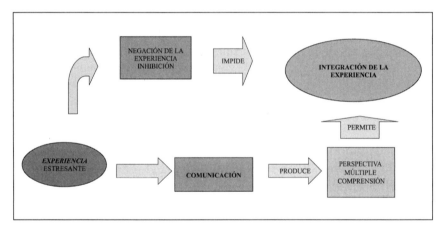

Figura 1. La comunicación de los estados emocionales.

Como puede verse, ante el acontecimiento estresante el individuo opta por comunicar sus estados emocionales, sentimientos y pensamientos asociados al hecho, y esto le permite comprender lo que ha sucedido, analizarlo desde diferentes perspectivas y, finalmente, darle sentido a la experiencia e integrarla en su forma particular de comprender la realidad.

No obstante, el sujeto también podría optar por no comunicar lo ocurrido y negar la experiencia, lo que frecuentemente va asociado a un incremento de las intrusiones relacionadas y hace difícil la comprensión del suceso vivido.

¿Es siempre beneficiosa la comunicación emocional?

En este apartado trataremos de aclarar si el hecho de comunicar nuestras emociones será siempre una forma adecuada de resolver nuestros conflictos emocionales o si, por el contrario, en determinadas situaciones, puede ser una estrategia inadecuada.

Distintas investigaciones demuestran que en la mayoría de los casos es mejor comunicar un acontecimiento de naturaleza emocional intensa que mantenerlo oculto. Lo que no permite concluir que la comunicación del acontecimiento sea beneficiosa para el individuo en todas las circunstancias.

En principio y como norma general defenderemos que la comunicación emocional tendrá un beneficio directo para la persona cuando le ayude a clarificar y dar sentido a la experiencia vivida, permitiéndole integrar lo sucedido y su manera particular de responder al hecho.

Para lograr este objetivo es fundamental comunicar en varias ocasiones los pensamientos y sentimientos relacionados con la experiencia vivida. De este modo, será más fácil que en algún momento la experiencia se contemple desde otra perspectiva. Desgraciadamente es posible que el individuo de manera sistemática realice de la misma interpretación del acontecimiento, lo que le impedirá integrarlo de forma adecuada.

A continuación expondremos un caso en el cual la forma de comunicar las emociones y pensamientos relacionados con una experiencia estresante (en este caso una ruptura sentimental), lejos de ayudar a integrar la experiencia, favoreció que se mantuvieran emociones de naturaleza negativa.

> Antonio se sintió desolado cuando su novia lo abandonó poco antes de contraer matrimonio. Este hecho lo impulsó a compartir con unos y otros su experiencia. En principio se acercó a sus seres queridos y les transmitió la enorme desolación que sentía por la pérdida; se sentía humillado y despreciado. Cuando estas personas trataron de ayudarle a ver las cosas desde otro punto de vista o lo incitaron a realizar actividades que le mantuvieran alejado de sus preocupaciones, él rechazó las sugerencias e intentó encontrar a otras personas con las que poder expresar sus sentimientos de angustia. Poco a poco, descubrió que sólo podía compartir estas experiencias con personas que estaban atravesando las mismas dificultades porque de este modo podía comunicar sus sentimientos sin verse obligado a analizar alternativas a su si-

tuación. Así, la comunicación potenciaba sus sentimientos de inseguridad y, poco a poco, se encontró en un estado de tristeza crónica.

Por tanto, a través del habla o la escritura de pensamientos y sentimientos relacionados con un hecho emocional intenso se puede alcanzar una nueva perspectiva desde la cual interpretar los sentimientos y pensamientos experimentados, pero el habla y la escritura por sí mismas no garantizan la consecución del objetivo deseado.

Para que un acontecimiento emocional sea analizado desde diferentes perspectivas es necesario que el individuo tenga la posibilidad de discutir con alguien que lo confronte de forma adecuada y, al mismo tiempo, que sepa crear un clima distendido en el que se encuentre libre para expresar sus sentimientos y pensamientos ocultos.

Un fenómeno frecuentemente analizado en la literatura es el de "presión social". La presión social tiene lugar cuando las personas que buscan apoyo perciben que otras no son receptivas a sus emisiones, se mantienen distantes o frías ante sus revelaciones o tratan de impedir que relaten lo que les sucedió.[7]

Incluiría aquellas situaciones sociales en las que el individuo, tras una experiencia dolorosa, no se siente respaldado por su entorno social y concluye que es mejor mantener ocultos a los demás sus sentimientos.

La presión social no siempre tiene su origen en el entorno social, a menudo es fruto de la percepción particular del que recibe ayuda y de sus características personales. Así, aunque el entorno esté atento a las emisiones de la víctima y trate de prestarle apoyo, el individuo puede percibir lo contrario.

Cabe preguntarse sobre las razones que llevan a las personas a mostrarse poco receptivas ante las revelaciones de otros que buscan su apoyo. Estas razones pueden ser de distinta índole.

Cuando el acontecimiento sufrido no sólo afecta a una persona en cuestión sino a todo su grupo, como la muerte de un recién nacido, todos los miembros de la familia se encuentran afectados, y es difícil que entre ellos puedan prestarse un apoyo adecuado.

Los desastres que afectan a la comunidad quedarían englobados dentro de este grupo. Así, un terremoto o una guerra afecta de tal forma a las personas que lo experimentan que éstas no sólo se convierten en víctimas de lo sucedido sino también en una fuente de apoyo no adecuado para otros miembros de la comunidad.

En otras ocasiones, la red de apoyo social podría manifestarse insensible al problema o minimizarlo, lo que generará angustia al emisor y puede conducirlo directamente hacia la inhibición. La red de apoyo podría incluso reaccionar de forma negativa a las revelaciones de la víctima.

Cuando el estresor es considerable, las personas cercanas podrían evitar al sujeto que lo padece porque no se sienten capacitadas para asistirla. La revelación de las víctimas puede repercutir en las creencias sobre la propia valía del receptor, que puede sentirse poco diestro o inadecuado para proporcionar apoyo a la persona que sufre.

Las personas que rodean a la víctima podrían generar temores al respecto de que a ellos les sucediese lo mismo, y esto tendría repercusiones negativas en el apoyo que podrían proporcionar. Un acontecimiento traumático no sólo amenaza las creencias básicas de quien lo padece, sino también las creencias que poseen las personas de su entorno social. Esto significa que no sólo la víctima ve amenazadas sus ideas de invulnerabilidad y seguridad, sino que también su entorno social puede ver peligrar dichas creencias sobre el mundo. En estos casos el receptor, a fin de superar sus propios temores, puede incluso culpabilizar a la víctima del suceso vivido.

Cuando las personas escuchan las revelaciones negativas de otros individuos, pueden experimentar cierto malestar al mismo tiempo que su interlocutor siente un cierto alivio. Esto explicaría por qué algunas personas se mantienen alejadas de otras que intentan trasmitirles un acontecimiento negativo.

En un estudio llevado a cabo por Shortt y Pennebaker[8] se tomaron las medidas fisiológicas de 63 universitarios mientras observaban en vídeo entrevistas realizadas a los supervivientes del holocausto nazi en las que revelaban sus experiencias durante la Segunda Guerra Mundial. En un estudio anterior, a los supervivientes que eran expuestos en el vídeo, se les habían recogido sus respuestas fisiológicas mientras comunicaban sus experiencias.

Los resultados reflejaron claras diferencias en las respuestas fisiológicas dadas por los individuos que escuchaban el trauma frente a los individuos que lo comunicaban. Así, los autores encontraron una relación inversa entre los niveles de conductancia electrodermal de ambos grupos. Estos niveles eran más elevados entre los sujeto que observaban el vídeo, quienes además manifestaron sentimientos de agitación y angustia. Parece como si el malestar emocional experimentado por la víctima se instalara directamente sobre la persona que escucha.

Tras la experiencia emocional, es necesario analizar el tipo de interacciones entre el individuo y sus fuentes de apoyo más próximas, a fin de discriminar claramente el apoyo social de otro tipo de respuestas que pueden provocar mayor malestar en la víctima e, incluso, interferir en el procesamiento cognitivo de la experiencia.

Cuando necesitamos apoyo y observamos que las personas que pueden proporcionárnoslo no responden como deseamos, lo más normal es que optemos por mantener ocultos nuestros sentimientos en sucesivos encuentros, y esta inhibición será la responsable de un peor ajuste al acontecimiento. También es posible interpretar que nuestros sentimientos y pensamientos son inadecuados, lo que nos llevará a intentar apartarlos de nuestra mente, lo cual, paradójicamente, provoca el efecto contrario.

Ahora imaginemos que tras vivir una experiencia emocional intensa, nuestro interlocutor se muestra muy receptivo a nuestras emisiones, asiente ante lo que decimos y comprende sobremanera las emociones que estamos experimentando. ¿Este tipo de comportamiento facilita el cambio emocional? Lamentablemente, tampoco este tipo de respuesta garantiza el cambio. Es posible que en estas circunstancias no optemos por la inhibición, pero el interlocutor tampoco nos deja la oportunidad de contemplar lo ocurrido desde otra perspectiva, él/ella acepta nuestra posición y esta aceptación incondicional nos mantendrá anclados en el sufrimiento.

Retomando el ejemplo anterior, cuando Antonio comunicó sus emociones a los seres queridos y no aceptó otra forma de interpretar la ruptura propició que sus fuentes de apoyo se cansaran de escuchar una y otra vez sus lamentaciones. En este caso, más que optar por la inhibición, lo que hizo Antonio es acudir a personas que estaban experimentando las mismas experiencias, por lo que fueron muy receptivas a sus emisiones pero, lejos de poder ayudarlo, incrementaron la fuerza y número de sus emociones negativas.

Llegados a este punto, debemos concluir que cuando el interlocutor es totalmente receptivo no favorece el cambio, y al mismo tiempo cuando se muestra distante o minimiza el problema, tampoco logra ayudarnos, puesto que nos conduce directamente a la inhibición emocional.

En este capítulo proponemos una forma de apoyo incondicional ante lo que la persona es y siente, lo que implica determinadas respuestas de tipo empático y colaborador, pero al mismo tiempo incidimos en la necesidad de que en algún momento el interlocutor sea capaz de confrontar a la persona de manera adecuada.

Miller y Rollnick son psicólogos que trabajan con individuos que presentan conductas de tipo adictivo y en su labor aconsejan utilizar lo que ellos llaman "entrevista motivacional"[9]. Estos autores subrayan la necesidad de respeto y confianza en los recursos individuales de cada individuo y en sus propias capacidades para hacer frente a la situación. Pero además subrayan la importante labor que puede tener el terapeuta al facilitar la motivación para el cambio. Esta motivación no responderá a una confrontación

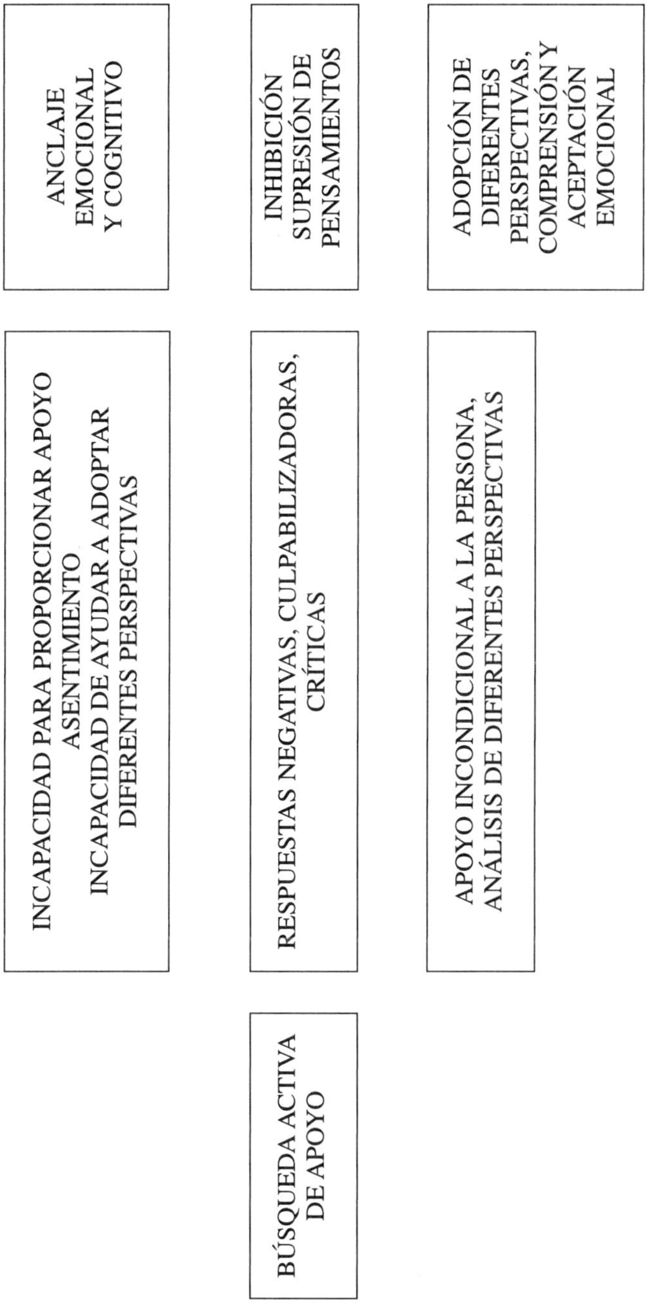

ANCLAJE
EMOCIONAL
Y COGNITIVO

INHIBICIÓN
SUPRESIÓN DE
PENSAMIENTOS

ADOPCIÓN DE
DIFERENTES
PERSPECTIVAS,
COMPRENSIÓN Y
ACEPTACIÓN
EMOCIONAL

INCAPACIDAD PARA PROPORCIONAR APOYO
ASENTIMIENTO
INCAPACIDAD DE AYUDAR A ADOPTAR
DIFERENTES PERSPECTIVAS

RESPUESTAS NEGATIVAS, CULPABILIZADORAS,
CRÍTICAS

APOYO INCONDICIONAL A LA PERSONA,
ANÁLISIS DE DIFERENTES PERSPECTIVAS

BÚSQUEDA ACTIVA
DE APOYO

Figura 2. Respuestas a la petición de apoyo y consecuencias asociadas al tipo de respuesta.

acusadora sobre el problema que plantea el cliente, sino más bien a indagar conjuntamente (terapeuta y cliente) las ventajas e inconvenientes de mantener sus pensamientos y comportamiento como hasta el momento presente.

Creemos que, de la misma forma, cuando los individuos experimentan un suceso emocional negativo debemos ser especialmente respetuosos y comprensivos con su forma particular de interpretar lo ocurrido, pero en algún momento debemos ayudar a la persona que tenemos enfrente a analizar las ventajas e inconvenientes de contemplar el acontecimiento de la forma en que lo hace y elaborar conjuntamente posibles alternativas para interpretar y afrontar lo ocurrido.

A nuestro alrededor encontraremos personas que sin ser terapeutas parecen estar especialmente capacitadas para desarrollar este tipo de comunicación. Otros, a los que evitaremos constantemente, se mostrarán fríos y distantes ante nuestras revelaciones o utilizarán un lenguaje culpabilizador. Por último, habrá a quienes recordemos por ser excesivamente comprensivos, personas con las que estuvimos llorando toda la tarde, pero frente a las cuales nuestro problema se mantuvo en el mismo punto.

Para finalizar diremos que expresar las emociones parece ser una vía adecuada para facilitar el cambio emocional, aunque, como hemos puesto de manifiesto, por sí sola esta vía no garantiza una nueva perspectiva desde la que interpretar los hechos. En numerosas ocasiones es necesaria la presencia de una persona cualificada que sepa guiar al interlocutor en este proceso. A continuación recogemos una síntesis explicativa donde se analizan posibles respuestas ante la búsqueda de apoyo y las consecuencias que unas y otras pueden tener sobre el individuo que solicita ayuda.

Notas

1. J.W. Pennebaker (1990), «Opening up: The healing power of confiding in others». Nueva York: W. Morrow. [Trad. Cast. El arte de confiar en los demás. Alianza Editorial, 1994.]
2. Tellegen Auke, D.T. Lykken, T.J. Bouchard, K.J. Wilcox, N.L. Segal, y S. Rich (1988), «Personality similarity in twins reared apart and together», Journal of Personality and Social Psychology, vol 54 (6), 1031-1039.
3. J.W. Pennebaker y R.C. O'Heeron (1984), «Confiding in others and illness rate among spouses of suicide», Journal of abnormal Psychology, vol 93 (4), 473-476
4. J.W. Pennebaker, y J.R. Susman (1988), «Disclosure of traumas and psychosomatic processes». Social Science and Medicine, vol 26 (3), 327-332.
5. J.W. Pennebaker, y S.K. Beall (1986), «Confronting a traumatic event: Toward an understanding of inhibition and disease». Journal of Abnormal Psychology, 95 (3), 274-281.
6. L.F. Clark (1993), «Stress and the cognitive-conversational benefits of social interaction», Journal of Social and Clinical Psychology, 12, (1), 25-55.

7. S.J. Lepore (1992), «Social conflict, social support, and psychological distress», Journal of Personality and Social Psychology, vol 63 (5).
8. J.W. Shortt, y J.W. Pennebaker (1992), «Talking versus hearing about Holocaust experiences», Basic and Applied Social Psychology, vol 13 (2).
9. W.R. Miller y S. Rollnick (1999), *Entrevista motivacional: Preparar para el cambio de conductas adictivas*, Barcelona: Paidós.

EPÍLOGO

25. LOS SENTIMIENTOS EN EL NUEVO MILENIO

PABLO FERNÁNDEZ BERROCAL
Universidad de Málaga

Kismet presume de ser el primer robot con sentimientos. Uno de los institutos de investigación más prestigioso del mundo, el Instituto de Tecnología de Massachusetts (MIT, en Estados Unidos), está desarrollando un robot autónomo diseñado expresamente para la interacción social con humanos. Este organismo artificial domina emociones básicas como la alegría, la tristeza, el miedo, el asco o el enfado. Si una persona le sonríe o su cara está triste, *Kismet* reconoce esta expresión facial y el sentimiento asociado a ella. Es más, *Kismet* responde a su vez con una expresión que refleja lo que él/ella (no sabemos si este androide tiene sexo) siente en ese momento, pudiéndose modificar su estado de ánimo dependiendo de la interacción que se produzca con la persona. No se trata de un mecanismo simple de copia o imitación de expresiones por parte de la máquina. *Kismet* tiene sus propias necesidades, motivaciones y gustos. Se cansa, se aburre y duerme la siesta como el mejor de nosotros.

Las pretensiones últimas de los creadores de *Kismet* son que sea capaz de reconocer las emociones complejas de otras personas y comunicarse con los demás. Un ente de aluminio que aprenda y comprenda su entorno social de forma progresiva tal como lo hace un niño, que sepa llorar y reír dependiendo de la situación. Una máquina que, quizá algún día, será nuestro amigo.

¿Por qué queremos máquinas que sientan? No hemos tenido suficiente con desear que piensen y ver cómo vencen al mejor jugador de ajedrez del mundo. La respuesta es sencilla.

Pasamos horas y horas solos, rodeados e interaccionando con máquinas frías e insensibles a nuestros estados de ánimo, como el coche, el ordenador o la cocina con sus múltiples electrodomésticos. Sería fantástico que estos cacharros, además de cumplir sus funciones, nos alegraran las mañanas o nos tranquilizaran por las noches para conciliar el sueño, que nos calmaran cuando estamos nerviosos o angustiados, que nos animaran cuando la presión en el trabajo es insoportable o que nos acompañaran en nuestra soledad y les pudiésemos contar nuestros más profundos secretos sin miedo al reproche.

Más allá de estos sueños futuristas, estamos preocupados por construir máquinas que sientan, porque cada vez somos más conscientes de que estamos rodeados de personas que sienten tanto o tan poco como nuestro frigorífico o nuestra lavadora. No sé si lograremos máquinas que se parezcan a lo mejor de nosotros mismos. En cambio, nosotros sí hemos tenido éxito en parecernos a las máquinas. Hasta tal punto que pronto resultará difícil precisar los límites.

Una colega me señalaba al respecto que es muy peligroso que los robots tengan sentimientos porque, además de difuminar aún más el concepto de lo que es propiamente humano, muchas personas tendrían la tentación de probar a relacionarse con ellos. Y quizá tras hacerlo concluyeran que es más agradable y más reconfortante el trato con el androide que con el vecino. En parte, esa realidad ya existe. Algunas personas optan por el contacto virtual a través de Internet con seres que quizá ni existen o, al menos, son en gran medida producto de nuestra imaginación. Otras prefieren la compañía de su perro o su gato a la de sus amigos o familiares, y no porque sus mascotas sean más inteligentes que los humanos (¡podría darse el caso!), sino porque la calidad afectiva y emocional que les proporcionan es en algunos casos mayor. No en vano, en nuestra cultura llamamos al perro el "mejor amigo del hombre".

Nuestra sociedad ha descuidado tanto las emociones que hemos decidido construirlas artificialmente. Seremos dioses que fabricaremos máquinas a nuestra imagen y semejanza, las cuales nos comprenderán como sólo nosotros mismos sabemos hacerlo en el silencio de las tardes de domingo. Con nuestros antecedentes, quizá con el contacto, la confianza y el tiempo nos enamoremos de *Kismet* en lugar de hacerlo de Michelle Pfeiffer o de nuestra vecinita del quinto. Lo cual, probablemente, provocará nuevos e interesantes dilemas a la ciencia, a la ética y al derecho. ¿Será posible el matrimonio entre humanos y androides o estará perseguido por la sociedad y las leyes?

En Estados Unidos, se está invirtiendo mucho tiempo y dinero en el estudio de las emociones y en cómo trasladarlas a sistemas artificiales. La industria se ha dado cuenta de las virtudes de las emociones y del capital que hay escondido tras ellas.

Las emociones son capaces de conseguir situaciones que resultan inalcanzables por otros métodos como la inteligencia. Ese uso práctico de las emociones hace que algunas personas posean una habilidad tan natural que logran casi cualquier cosa que se propongan. Personas que sin tener unas habilidades intelectuales especiales, sin ser demasiado brillantes académicamente, desbordan la capacidad de los que presumen ser todo eso. Conectan enseguida con los demás, pulsan los mecanismos apropiados para que el *no* se convierta en un *sí*. Dibujan una sonrisa en la cara del otro que sucumbe a su atractivo, complacido, sin esfuerzo como esa melodía pegajosa que se introduce en nuestra cabeza y susurramos sin querer. Seres agradables, cuya sola presencia nos alegra y nos hace más felices.

En los momentos más decisivos de nuestra vida, ya sean alegres o tristes, no buscamos a nuestro alrededor las personas más inteligentes, sino las más simpáticas, comprensivas, empáticas, equilibradas y sociables. Este artículo no es un alegato contra la inteligencia abstracta, lógica y académica, sino un recordatorio, en el inicio de un nuevo milenio, de la necesidad de potenciar en la familia y en la escuela el crecimiento afectivo y emocional de nuestros hijos, porque estas cualidades serán cada vez más decisivas. Los padres, tan preocupados siempre por el éxito académico y profesional, se obsesionan con que sus hijos sean muy inteligentes y aprendan muchas matemáticas, ciencias o idiomas, y olvidan, como muchas investigaciones han demostrado recientemente, que el éxito en la vida y, mucho menos, la felicidad no dependen de estas habilidades.

¿Será posible que un robot posea estas cualidades tan humanas?

Tal vez sí. En especial, si los androides del futuro incluyen materiales biológicos entre sus componentes y no sólo aluminio –como decía el poeta: sangre, sudor y hierro– y si los científicos logran que sean capaces de aprender a relacionarse y a interaccionar con las personas de forma natural.

Aunque realmente lo que me preocupa es que esta pregunta se nos convierta en que necesitemos un test para saber si nuestro vecino es una persona o una máquina. No porque la ciencia haya progresado tanto técnicamente que los androides sean muy sofisticados, sino porque haya avanzado nuestro analfabetismo emocional hasta la frialdad del aluminio.

No sabemos si estos androides del futuro cercano, además de sentir, soñarán. Acaso en las noches de luna llena el sueño de *Kismet* sea la felicidad o, en la lógica de su sistema informático, el equilibrio o, quién sabe, el parecerse a R2-D2, el simpático y asustadizo robot de la *Guerra de las galaxias*.

Pero volviendo a nosotros, los seres humanos, que sí soñamos casi todas las noches, ¿cuál es nuestro sueño? Espero que sea algo parecido al de Kismet. Sea cual sea, este libro pretende recordarnos que no sería *inteligente* olvidar el *corazón* en nuestro viaje al nuevo milenio.

Pablo Fernández Berrocal es doctor en psicología y profesor de la Facultad de Psicología de la Universidad de Málaga. Es coautor del libro *Razonamiento y comprensión* y de *Interacción social en contextos educativos*. E mail: berrocal@uma.es.

Natalia Ramos Díaz es doctora en psicología y profesora de la Facultad de Psicología de la Universidad de Málaga. E-mail: nsramos@uma.es.

Ambos colaboran de forma habitual en numerosas revistas científicas nacionales e internacionales.